ओलिम्पस

यूनानी मिथकों का भारतीय पुनर्कथन

ओलिम्पस

यूनानी मिथकों का भारतीय पुनर्कथन

देवदत्त पट्टनायक

लेखक द्वारा चित्रांकन

राजपाल

अनुवाद

मंजुला वालिया

₹ 475

ISBN : 9789386534347

पहला संस्करण : 2018, दूसरा संस्करण : 2025

OLYMPUS: YUNANI MITHAKON KA BHARATIYA PUNARKATHAN
(Mythology) by Devdutt Pattanaik

(Hindi translation of *Olympus An Indian Retalling of the Greek Myths*)

मुद्रक : जी.एस. ऑफसेट, दिल्ली

राजपाल एण्ड सन्ज़

1590, मदरसा रोड, कश्मीरी गेट, दिल्ली-110006

फोन : 011-23869812, 23865483, 23867791

e-mail : sales@rajpalpublishing.com

www.rajpalpublishing.com

www.facebook.com/rajpalandsons

यह पुस्तक समर्पित है

होमर, हेसियाड और सुकरात

और व्यास, वाल्मीकि और याज्ञवल्क्य को

इन सबने विश्व को एक नई दृष्टि से देखा।

अनन्त पुराणों में छिपा है सनातन सत्य,
इसे पूर्णतः किसने देखा है?
वरुण के हैं नयन हज़ार,
इन्द्र के सौ,
आपके मेरे केवल दो।

क्रम

अनुवादक की ओर से

यह पुस्तक परम्परागत अवधारणाओं और विचारों को एक नये दृष्टिकोण से प्रस्तुत करती है और कहना अनुचित नहीं होगा कि यह एक पथप्रदर्शक पुस्तक है। मूल पुस्तक अंग्रेज़ी में लिखी गयी थी और इसे हिन्दी में अनूदित करने की कई चुनौतियाँ थीं। एक तो यह कि कई चीज़ों के बारे में सोच और समझ का मापदंड दोनों भाषाओं में काफ़ी भिन्न हो सकता है। जो बात एक भाषा में सहजता से कही जाती है उसी को दूसरी भाषा में कहने के लिए थोड़ा संदर्भ और विस्तार देना आवश्यक हो जाता है। पाठकों से अनुरोध है कि पुस्तक पढ़ते हुए इस बात का ध्यान रखें।

इस पुस्तक की विषयवस्तु है प्राचीन यूनानी पौराणिक गाथाएँ, और उनकी भारतीय पौराणिक गाथाओं से समानता। हिन्दी पाठक यूनानी नाम से अधिक परिचित नहीं हैं इसलिए सुविधा के लिए जहाँ भी किसी पात्र या स्थान का नाम पहली बार आया है तो कोष्ठक में अंग्रेज़ी में भी वह नाम दिया गया है। इस पुस्तक में Alexander के लिए सिकंदर शब्द का प्रयोग किया है क्योंकि भारत में यही अधिक प्रचलित है। अंग्रेज़ी शब्द, chaos, के कई अर्थ हैं और उन सभी के हिन्दी में सटीक पर्याय नहीं हैं। chaos शब्द अलग-अलग जगह पर अपने अलग अर्थ से प्रयोग हुआ है और इसलिए जहाँ भी मूल अंग्रेज़ी पुस्तक में chaos शब्द का प्रयोग है, तो इस पुस्तक में अनूदित शब्द या वाक्यांश के साथ chaos शब्द को कोष्ठक में भी दिया है।

लेखक की व्याख्या विषय की परम्परागत समझ को न तो किसी तरह से कम करती है और न ही उससे दूर ले जाती है। इस विषय के प्रति लोगों में जो आदर या श्रद्धा की भावना है, लेखक की व्याख्या उस अभ्यारोपण से कम नहीं करती है और न किसी भी तरीके से विषय के सम्मान और महत्त्व को दूसरों की समझ से कमतर आँकती है।

लेखकीय टिप्पणी

छाया और प्रकाश

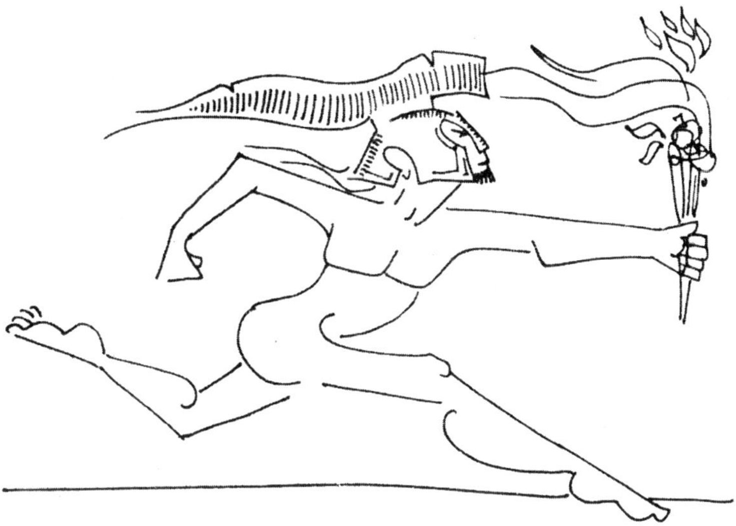

लगभग पच्चीस सौ वर्ष पूर्व यूनानी चारणों ने 'मिथकों' या परम्परागत कथाओं का वर्णन किया जिनमें विश्व का अभिप्राय जानने की चेष्टा थी। लेकिन यूनानी दार्शनिकों ने विश्व का अभिप्राय जानने के लिए तर्क (logos) को प्राथमिकता दी। यूनानी बुद्धिजीवियों के लिए तर्क को प्राथमिकता देना प्रबुद्धता का सूचक था; मिथकों को प्राथमिकता केवल 'बर्बर' देते थे। पौराणिक कथाओं और तर्क के इस प्राचीन विभाजन से मिथकशास्त्र पर दर्शन तथा कथाओं पर अवधारणाओं और विचारों की प्राथमिकता की शुरुआत होती है।

लेकिन यह विभाजन सतही है। चूँकि मिथकशास्त्र और दर्शनशास्त्र दोनों एक ही विचार प्रस्तुत करते हैं; पहला संकेतों एवं अनुष्ठानों के साथ कथाओं के माध्यम से सूचित करता है, जबकि दूसरा तथ्यपरक भाषा का प्रयोग करता है। मिथकशास्त्र अधिक स्थूल अनुभव की रचना करता है जो केवल बुद्धिजीवी ही नहीं अपितु जनसामान्य को भी पसंद आता है।

अगर यूनानी चारणों ने उन नायकों की बात कही जो अराजकता (chaos) से लड़ते हैं और विश्व-व्यवस्था या विधान (cosmos or order) की तलाश करते हैं, तो यूनानी दार्शनिकों ने अज्ञान की छायामयी गुफ़ाओं और उससे बाहर के ज्ञान के प्रकाशित संसार की बात की। जो दार्शनिकों के लिए छाया थी वही चारणों

या भाटों के लिए अराजकता (chaos) थी। जो दार्शनिकों के लिए प्रकाश था वह चारणों के लिए सुव्यवस्था थी।

अगर यूनानी दार्शनिक और यूनानी चारण में कोई अन्तर था तो वह यह था कि पहले ने जो समझा उसे साझा किया, जबकि दूसरे ने जो पाया उसी का प्रसारण किया। परन्तु किसी ने भी वास्तव में उस 'सुनिश्चित रैखिक संरचना' (finite linear structure) का परित्याग नहीं किया : अव्यवस्था (chaos) से विश्व-व्यवस्था (order) की ओर, छाया (shadows) से प्रकाश (sunlight) की ओर, इधर-से-उधर।

यूनानी मिथकशास्त्र इब्राहमी मिथकशास्त्र से हमेशा से ही भिड़ंत में रहा है, जो कालांतर में यहूदी, ईसाई व इस्लामी धर्म का आधार रहा है। यूनानी मिथकशास्त्र ने प्रकृति व संस्कृति के व्यक्तिगत चिंतन को अधिक मूल्यवान माना है, जबकि इब्राहमी विचारधारा एक अलौकिक शक्ति के समक्ष समर्पण की माँग करती है।

फिर भी, दोनों में अनेक समानताएँ हैं : दोनों एक सुनिश्चित रैखिक संरचना का अनुगमन करती हैं। इब्राहमी मिथक अव्यवस्था (chaos) की जगह नकली देवताओं की उच्छृंखलता की बात कहता है और विश्व-व्यवस्था की जगह इब्राहम के एक सच्चे ईश्वर द्वारा प्रदत्त स्थल (Promised Land) की। अगर यूनानी मिथकशास्त्र गंतव्य, जीवट व खोज के बारे में है, तो इब्राहमी मिथकशास्त्र हताश साहसिक के खोए घर में वापस आने के बारे में है।

इन्हीं दोनों सुनिश्चित रैखिक मिथकशास्त्रों—यूनानी व इब्राहमी—का संघर्ष अधिकांशत: पश्चिमी विचारधारा को आकार देता है। आधुनिक धर्मनिरपेक्ष विचार दरअसल यूनानी दर्शन और मिथकशास्त्र का ही अन्य 'अवतार' है और यह और भी

- प्राचीन यूनानियों ने 'सिद्धांत' (theory) की खोज की, जिसका अर्थ है ईश्वर (theoin) या विश्व को देखना (orao), और यही बात हिन्दू शास्त्रों के 'दर्शन' में प्रतिबिंबित है।
- मिथकशास्त्र के प्रति आम असहजता का कारण यूनानियों की गैर-बौद्धिकों के प्रति व इब्राहम की किन्हीं अन्य वृत्तांतों के प्रति अवज्ञा ही है, जो विश्व भर की आधुनिक वैज्ञानिक शिक्षण पद्धति तक को निर्देशित करता है।
- अपने सर्वाधिक आदिम स्वरूप में मिथकशास्त्र अनुष्ठानों/रिवाज़ों से बना है, जिससे प्रतीक और कहानियाँ उभरती हैं। ये भाषा के ही भिन्न प्रकार हैं।
- औपनिवेशिक काल में अनेक भारतीय बुद्धिजीवियों ने उपनिषदों के उदात्त विचारों को वरीयता दी व पौराणिक कथाओं और जनसामान्य के धार्मिक कर्मकाण्डों के प्रति पाश्चात्य अवज्ञा भाव का अनुसरण किया।

स्पष्ट हो जाता है जब हम पाश्चात्य इतिहास को यह परिभाषित करने के प्रयासों की शृंखला के रूप में देखते हैं कि कौन से कारक छाया को संस्थापित करते हैं और कौन से प्रकाश को—अनेक ईश्वर, एक ईश्वर, या अनीश्वर। यहाँ 'पश्चिम' से अर्थ विश्व के उस विस्तार से है जो मेसोपोटेमिया और भूमध्य सागर द्वारा पर्शिया व अरब से यूरोप और अब अमेरिका तक है।

यूनानी सिटी स्टेट्स से पर्शियन साम्राज्य

प्राचीन यूनानी 'पोलीस' (polis), सिटी स्टेट्स, में विश्वास करते थे साम्राज्य में नहीं; प्रजातंत्र में विश्वास करते थे राजशाही में नहीं; सर्वसम्मति में विश्वास करते थे आधिपत्य में नहीं; और उन नायकों में विश्वास करते थे जिन्होंने स्वयं को सनकी और मनमौजी देवताओं से पहले रखा, किसी एक सर्वशक्तिशाली देव-सम्राट में नहीं। उनके लिए मिस्री और फ़ारसी बर्बर थे, क्योंकि वे तर्क की परवाह नहीं करते थे और इसके बजाय उन्होंने अपने देव-सम्राटों के आदेशों का अंधानुकरण चुना था।

यूनानी कला व्यक्तिपरक और वास्तविकता का अनुकरण करती हुई यथार्थवादी थी। इसके विपरीत प्राचीन मिस्र व प्राचीन फ़ारस की कला व्यक्तिगत अभिव्यक्ति की स्वतन्त्रता न होकर केन्द्र द्वारा नियंत्रित राजसी प्रचार थी। जहाँ यूनानी चित्रों में मानव आकृतियाँ भाव व्यक्त करती हुईं और सुपुष्ट मांसल-रूपी दिखाई गयी थीं, बिना किसी सुनिश्चित फ्रेम या बलात् एकरूपता के क्रियारत उकेरी गयी थीं, मिस्री व फ़ारसी कलाचित्र निहायत ही औपचारिक, रूढ़, सरल और एक सुनिश्चित फ्रेम में निहित थे। यही मिस्री और फ़ारसी विश्वदृष्टियाँ अन्ततः इब्राहमी एकेश्वरवाद की सहायक धाराएँ सिद्ध हुईं।

करीब तेईस सौ वर्ष पूर्व, यूनानी शैली में दीक्षित, मकदूनिया का सिकंदर (Alexander) विश्व विजय के इरादे से निकला। उसने मिस्र पर कब्ज़ा किया और पर्शिया के सम्राट को परास्त कर दिया। यूनानी प्रतीकों के प्रसार के इरादे से, जहाँ भी वह गया, उसने ऐलैक्ज़ैंड्रिया (Alexandria) नाम से शहरों की स्थापना की।

आखिरकार सिकंदर ने भी एक ही 'देव-सम्राट' के विचार को स्वीकारा, जो अलग-अलग सभ्यताओं एवं साम्राज्यों को एक छतरी के नीचे ला पाने में सक्षम हो सकता था। वह स्वयं को ऐसे ही एकीकृत करनेवाले देव-सम्राट के रूप में देखने लगा और उसके मिस्त्री व फ़ारसी प्रजाजनों ने उसकी अधीनता स्वीकार कर ली। स्वतन्त्र विचार रखने वाले उसके यूनानी साथी इस बात से प्रसन्न नहीं थे।

- जब सिकंदर सिंधु नदी के तट पर पहुँचा तो जिस भारतवर्ष का सामना उसे करना पड़ा उसमें स्थानिक जनपदों सहित अनेक हिन्दू राज्य थे, जिनमें सर्वाधिक शक्तिशाली गंगा नदी के मैदानों में स्थित थे। यह एक ऐसी दुनिया थी जहाँ यजमानों (भोगियों) और श्रमणों (योगियों) के बीच तनाव था।
- सिकंदर की वापसी के कुछ ही समय बाद भारत ने केन्द्रीकृत शासन के फ़ारसी सिद्धांतों पर आधारित मौर्यों द्वारा स्थापित एकछत्र साम्राज्य पहली बार देखा, जिसकी राजधानी मगध का पाटलिपुत्र (बिहार) थी। प्रथम मौर्य शासक चन्द्रगुप्त था, जिसने बाद में अपनी गद्दी छोड़ दी और जैन मुनि बन गया। उसके पौत्र अशोक ने बौद्ध धर्म की मठवादी व्यवस्था को लोकप्रिय बनाने में महत्त्वपूर्ण भूमिका निभाई।
- त्याग, साधना एवं शान्तिवाद के सिद्धान्तों पर आधारित बौद्ध धर्म भारत से होता हुआ मध्य एशिया, दक्षिणपूर्व एशिया और अंततः पूर्व एशिया तक फैला। जन्म-जन्मांतर के बंधन से मुक्ति की अवधारणा भी व्यापार-मार्गों से होकर यूरोप पहुँची। इन विचारों ने निकटवर्ती पूरब व यूरोप के मठवादी रहस्यमय सम्प्रदायों जैसे मिथरा (Mithraism), औरफ़िक (Orphism) और तदन्तर ईसाई धर्म पर भी प्रभाव डाला।
- विद्वानों का मत है कि यूनानियों ने भारत को प्रस्तर-शिल्प से परिचित कराया, हालाँकि यूनानी व भारतीय शिल्प में अन्तर स्पष्ट है। यूनानी कृतियाँ अति व्यक्तिपरक, विषम, मांसल व मर्दाना हैं, तो देवताओं का स्वरूप दंभी (imperious) है, जबकि भारतीय कृतियाँ प्रतिनिधित्ववादी, सममित, कोमल और लगभग जनाना हैं, देवता हँसते हुए और क्रीड़ारत हैं।

रोम साम्राज्य से धार्मिक रोम साम्राज्य तक

यह तथ्य रोचक है कि ये रोम निवासी ही थे जो यूनानी विचारों को अगले चरण तक ले गये। यथार्थवादी दृष्टिकोण वाला रोम, इटली का एक ऐसा शहर था जो शान्तिकाल में प्रजातंत्र और युद्धकाल में तानाशाही में विश्वास रखता था। यूनानियों की भाँति रोम निवासी भी बर्बरों के प्रति अवज्ञापूर्ण थे। दो हज़ार साल पहले उन्होंने

सड़कों का जाल बिछाते हुए, जिसके अधीन सारा भूमध्य सागर था, ऐसे साम्राज्य की स्थापना की, जिससे होकर सारे विजित प्रांतों तक सैन्य दलों की कारगर आवाजाही हो सके और अपरिमित सम्पत्ति रोम तक लाई जा सके।

यूनानियों से विपरीत जिनकी साम्राज्यवाद और केन्द्रीय शासन में विरक्ति थी, रोम ने समेकन व एकीकरण पद्धति को अपनाया। ऐसा तीन चरणों में हुआ।

पहले चरण में, जिसका प्रारम्भ लगभग तेईस सौ वर्ष पहले हुआ, रोमन गणराज्य को उन्होंने अपने संसार का केन्द्र बनाया, और रोम की अवधारणा या विचार किसी भी रोम के नागरिक से बढ़कर माना गया।

दूसरे चरण में सीज़र्स (Caesars) ने रोम की गणतांत्रिक सभा की उपेक्षा करते हुए खुद को स्थायी तानाशाह का रूप दिया और अतीत के देव-सम्राटों की तरह काम करने लगा। यह दो हज़ार वर्ष पहले हुआ।

तीसरे चरण में, जो करीब सत्रह सौ साल पहले हुआ, जब उत्तर के जंगली जर्मनी कबीलों द्वारा हुए आक्रमण ने सीज़र्स को पूर्व के बाईज़ैन्टियम (Byzantium) (नया रोम) की ओर जाने को मजबूर किया। सीज़र कॉन्सटेनटाइन (Constantine) ने अन्य सभी विरोधी 'गैर-ईसाई' मतों को मिटाकर ईसाई ईश्वरवाद (Christian monotheism) को अपना लिया।

धार्मिक रोम साम्राज्य या ईसाई जगत के उदय से हज़ारों साल की ग्रेको-रोमन (Graeco-Roman) सभ्यता का अन्त हुआ। इब्राहम का ईश्वर यूनानी मिथक व यूनानी तर्क दोनों को ही ग्रस गया। माना गया कि विश्व किसी अशरीरी, दखलअंदाज़ी करने वाला और झगड़ालू देवता द्वारा नहीं, बल्कि एक शरीरधारी देवता द्वारा संचालित था। स्वतन्त्र विचारशीलता अक्खड़पन मानी गयी, विनम्रता की अपेक्षा रखी गयी। चर्च सभी मतों का नियंत्रक और संरक्षक बन गया। विश्वास को सूर्य के प्रकाश की भाँति देखा गया और तर्क जैसे छायाएँ। बाद के इतिहासकारों ने इस समय को 'अंधा युग' (Dark Ages) का नाम दिया। ऐसा हज़ारों सालों तक चला।

- जब ईसाई धर्म ने साम्राज्यवादी रोम पर शिकंजा कसा, भारत ने उत्तर के गुप्त राजाओं के संरक्षण में, जिसे आज क्लासिक-पौराणिक-हिन्दुत्व कहते हैं, का उदय देखा। दूसरे शब्दों में, जैसे यूरोप में यूनानी मिथकशास्त्र ईसाई मिथकशास्त्र द्वारा प्रतिस्थापित हुआ वैसे ही भारत में वैदिक मिथकशास्त्र पौराणिक मिथकशास्त्र द्वारा प्रतिस्थापित हुआ।
- भारतीय उपमहाद्वीप के भीतर बौद्ध धर्म के फैलाव पर पौराणिक हिन्दू धर्म के उदय का नकारात्मक प्रभाव पड़ा। मठवादी अनुशासन के रूप में बौद्ध धर्म में सांसारिकता का कोई मूल्य नहीं था। पौराणिक हिन्दू धर्म ने संन्यास की अपेक्षा गृहस्थ जीवन का समर्थन किया। बौद्ध विहार एवं गुफ़ाओं ने कालांतर में हिन्दू मंदिर-परिसरों के विकसित होने में मदद दी, जहाँ कला और संस्कृति का विकास हुआ। यहाँ भोग उतना ही मूल्यवान था जितना योग।
- भारतवर्ष 'सोने की चिड़िया' के नाम से जाना जाता था, क्योंकि भारतीय व्यापारी सारी दुनिया से, जहाँ भी भारतीय वस्त्रों एवं मसालों की बेहद माँग थी, केवल स्वर्ण लेते थे।
- यहाँ यह महत्त्वपूर्ण है कि लगभग उसी समय जब रोम के सम्राट अपने साम्राज्य को विघटन से बचाने के लिए ईसाई हुए, सुई (Sui) वंश के चीनी सम्राट चीन को एकजुट करने के लिए बौद्ध धर्म की ओर उन्मुख हुए।

धर्मयुद्ध से प्रबोधन की ओर

चौदह सौ साल पहले, अरब में एक नये धर्म का उदय हुआ—इस्लाम। ईसाई धर्म की तरह इस्लाम ने भी एक ईश्वर, मूल पाप और मुक्ति की बात कही। पर ईसाई धर्म के विपरीत इसने यीशू को ईश्वर के पुत्र के रूप में नहीं वरन् ईश्वर के अनेक पैगम्बरों में से एक की तरह देखा। इस्लाम के अनुसार मुहम्मद अन्तिम पैगम्बर थे जिनके माध्यम से ईश्वर ने अपनी इच्छा व्यक्त की और जिसे *कुरान* नामक धर्मग्रंथ के रूप में संकलित किया गया।

इस्लाम बड़ी तेज़ी से फ़ारस, भारत, चीन, अफ़्रीका में फैला और जल्दी ही स्पेन होते हुए यूरोप के द्वार तक आ पहुँचा। यहाँ इसकी प्रगति को रोका और विपरीत दिशा में ढकेला, यूरोप के ईसाई नेताओं ने, जो बाईज़ैन्टियम (Byzantium) स्थित पूर्वी रोमन साम्राज्य के सम्राटों से अलग पोप की अगुवाई में बने तथाकथित पश्चिमी रोमन साम्राज्य का हिस्सा बने।

इसके बाद धर्मयुद्ध (Crusades) हुए, ईसाई और इस्लामी संसारों के बीच

की जंग, जिसका खूनी अन्त पाँच सौ वर्ष पहले बाईज़ैन्टियम पर मुस्लिम जीत और होली रोमन एम्पायर (Holy Roman Empire) अंधे युग (the Dark Ages) के समापन के साथ हुआ।

बाईज़ैन्टियम के अन्त होने के साथ, विद्वानों और दार्शनिकों के झुंड अपने साथ विलुप्त होते यूनानी ज्ञान व क्रांतिकारी अरब विज्ञान को लेकर रोम के पश्चिम की ओर पलायन कर गये। इससे रेनसाँ (Renaissance) अथवा यूनानी विचारधारा का पुनराविष्कार और प्रबोधन (Age of Enlightenment) का उदय हुआ जिसने विश्व को सदा के लिए बदल दिया।

अब विज्ञान ही 'प्रकाश' था और विश्वास बन गया था 'छाया'। चर्च, पोप, और रोमन सम्राट की सत्ता पर सवाल उठे। एक सर्वसम्मत ईसाई जगत ने अंग्रेज़ी, फ्रांसीसी, जर्मनी और रूसी साम्राज्य को राह दी। अठारहवीं सदी तक राजशाही की धारणा पूरी तरह से खारिज हो गयी, पहले फ्रांसीसी क्रांति और तत्पश्चात् संयुक्त राज्य अमेरिका के गठन से।

राजनीतिक बदलाव के साथ-साथ आया तकनीकी और आर्थिक बदलाव। पुरातन अरब विचारकों से प्रभावित यूरोपीय दार्शनिक यूनानी दर्शन को राजनीति और समाज के विषय से कहीं आगे ले गये। इस तरह विज्ञान का प्रस्फुटन हुआ : भौतिकी, रसायनशास्त्र, जीवविज्ञान, भूगर्भशास्त्र, वनस्पतिशास्त्र, प्राणीविज्ञान और खगोलशास्त्र। आविष्कार व खोज की एक समूची शृंखला औद्योगिक क्रांति (Industrial Revolution) के रूप में फलित हुई। प्रिंटिंग प्रेस ने ज्ञान को पादरियों के नियंत्रण से मुक्त किया। समुद्री मार्ग खोजे गये। कारखाने स्थापित हुए। स्वतन्त्र देशों पर कब्ज़ा कर उपनिवेशी राज्य का आरम्भ हुआ। भारत जैसे पुराने व्यावसायिक साझेदार क्रमशः यूरोप के कारखानों के लिए कच्चे माल का स्रोत भर रह गये। राजा और उनकी सेना का अब दुनिया पर नियंत्रण नहीं रहा। अब उद्योगपति व व्यावसायिक घराने ही शक्ति का प्रतीक माने जाने लगे।

- लगभग हज़ार वर्ष सी.ई. (Christian Era) से मध्य एशिया के युद्धनायकों ने, जिन्होंने इस्लाम अपना लिया था, बौद्ध धर्म के अवशेषों को नष्ट करते हुए और हिन्दुत्व की नींव को हिलाते हुए, भारत पर चढ़ाई की।
- भारत के लोग तेज़ी से अन्तर्मुखी होते गए; समुद्री यात्राओं का भार अरबों पर डालने के बाद व्यापारी अब दूर देशों की यात्राएँ नहीं करते थे; स्त्रियों की स्थिति का ह्रास हो गया; कुछ व्यवसायों को अन्य से उत्तम मानते हुए जातिवाद उत्तरोत्तर रूढ़ और कठोर हो गया।
- शिक्षितों की भाषा संस्कृत को, शाही दरबार में पारसी राजशाही की भाषा, फ़ारसी से कड़ी प्रतिद्वंद्विता मिली। इस सम्मिश्रण ने एक बौद्धिक क्रांति को जन्म दिया : जिसमें आंचलिक साहित्य जैसे हिन्दी, मराठी, ओड़िया, असमी, बाँग्ला, तमिल, तेलुगु, कन्नड़ और मलयाली का उदय और भक्ति का विस्तार हुआ।
- जब यूरोप में प्रबोधन के युग का उदय हो रहा था, भारत में मुगलों ने अपनी सल्तनत स्थापित की। जबकि यूरोप औद्योगिक हो रहा था, भारत कृषिप्रधान ही रहा।
- अठारहवीं शताब्दी में मुगलों को परास्त करने के बाद अंग्रेज़ भारत में रेलमार्ग और शिक्षा लेकर आए। रेलवे ने यहाँ वही भूमिका निभाई जो सड़कों ने रोमन साम्राज्य में : भूगोल पर नियंत्रण रखने में उपनिवेशवादियों की मदद। स्कूल व कॉलेज, उनके विस्तृत प्रशासनिक तंत्र के लिए क्लर्क मुहैया कराने के अलावा भारतीयों के मनो-मस्तिष्क से स्वदेशी दृष्टिकोण को निष्प्रभ करते हुए पाश्चात्य दृष्टिकोण को स्थापित करने में सफल रहे। उपनिवेशवादियों की नज़र में यह असभ्यों को सभ्य बनाने जैसा उत्कृष्ट कार्य था। भारत अब औपनिवेशिक साँचे में परिभाषित होने लगा।

साम्राज्यवाद से राष्ट्रवाद की ओर

विज्ञान, तथ्यों पर केन्द्रित है; और, और अधिक तथ्य व उनकी और अधिक व्याख्या से ही वैज्ञानिक सत्य विस्तारित होते हैं। लेकिन धार्मिक सत्य अपरिवर्तनशील रहता है। स्वाभाविक रूप से, भौतिक जगत की मूलभूत धारणाओं पर वैज्ञानिक तथ्यों की चुनौती का सामना करने में धार्मिक सत्य असफल रहा। अतः वैज्ञानिकों ने उत्तर के लिए सुकरात, प्लेटो व अरस्तु जैसे यूनानी दार्शनिकों का रुख किया।

सिवाय एक विषाद की अनुभूति के, यूरोप में यूनानी दर्शन के पुनरान्वेषण के साथ यूनानी मिथकशास्त्र का पुनरुत्थान नहीं हुआ। अनेक ईश्वर की बजाय

लोगों ने एक ईश्वर की कहानी अधिक पसंद की। यूनानी दर्शन और ईसाई मीमांसा का यह अद्‌भुत सम्मिश्रण सोच की एक नई धारा में फलित हुआ जिसे हम धर्मनिरपेक्षवाद कहते हैं।

प्राचीन यूनानियों की भाँति धर्मनिरपेक्ष विचारकों ने भी व्यक्तिनिष्ठ सोच को मूल्यवान माना, लेकिन प्राचीन यूनानियों के विपरीत उन्होंने समानता और व्यक्ति-स्वातंत्र्य पर ज़ोर दिया, जो ईसाई मूल्य थे। कंत (Kant), रूसो (Rousseau) और हेगल (Hegel) जैसे मानवता-वादियों ने तर्कशक्ति (power of reason) में विश्वास किया, जिसने मनुष्य को स्वयं से मुक्त होने में सक्षम किया। परन्तु नीत्शे, मार्क्स, फ्रायड जैसे मानवता-विरोधियों ने मानव-स्वभाव की तर्क-संगतता पर ही सवाल खड़े किये और सभी क्रियाकलापों का कारण अचेतन प्रेरक को माना। अगर मानवता-वादियों ने विश्व-व्यवस्था को परिभाषित किया तो मानवता-विरोधियों ने विश्व-व्यवस्था में अराजकता (chaos) को देखा। जीवन में सब कुछ जटिल हो गया, एक छाया, प्रकाश के लिए स्वयं की छटपटाहट को सघन करती हुई।

इक्कीसवीं सदी की ओर प्रयाण में कई साम्राज्य ढह गये, उपनिवेशित क्षेत्र राष्ट्रों में बदल गये, क्रमगत विकास (evolution) और महाविस्फ़ोट (Big Bang theory) जैसे सिद्धान्तों का जन्म हुआ। विज्ञान, प्रौद्योगिकी, औद्योगीकरण और पूँजीवाद के साथ अनीश्वरवाद उभरा और धर्म, कट्टरपंथी आतंकवाद के प्रमुख कारक के रूप में देखा जाने लगा। परन्तु सामाजिक न्याय और मानवाधिकार के अन्वेषक अभी भी किसी धर्मप्रचारक की भाँति संसार को बदलने व लोगों को प्रकाशोन्मुख करने को कृतसंकल्प हैं। 'बेहतर जीवन' के लिए 'बेहतर संघर्ष' की बात की जाती है। लेकिन विश्व-व्यवस्था (cosmos) के लिए यह पिपासा लगता है जो विश्व को और भी अव्यवस्था (chaos) की ओर ढकेल रही है।

- आधुनिक भारत में शिक्षित प्रबुद्ध वर्ग स्वयं को तर्क का अग्रणी मानता है इसलिए धर्म-निरपेक्ष व आधुनिक होने की धुन में सभी धार्मिक बातें अस्वीकार करता है। वे आम जनता को वैसे ही देखते हैं जैसे यूनानी बर्बरों को, अर्थात् सामंती, प्रजातंत्रविरोधी, हिन्दू धर्म या मुस्लिम मिथों को माननेवाले। इसी का परिणाम है 'भारत' और 'इंडिया' का कुख्यात विभाजन। 'भारत', 'इंडिया' पर 'पाश्चात्य' होने का आरोप लगाता है, जबकि 'इंडिया' को उम्मीद है, 'भारत' अन्तत: आधुनिक हो ही जाएगा।

राष्ट्रवाद से वैश्वीकरण की ओर

आज पश्चिम खुद को मिथकोत्तर, धर्मोत्तर और संरचना से आगे आधुनिक जगत के रूप में देखता है। लेकिन मिथकीय दृष्टि इससे सहमत नहीं है। आधुनिकता, दृढ़ता से, सुनिश्चित रेखांकित संरचना को पकड़े रहती है। पत्रकारिता व हॉलीवुड सिनेमा में 'हीरो' मिथ हावी रहता है। राजनैतिक संभाषण दबंग टाइटन जैसे शक्तिशाली व्यक्तित्व प्रस्तुत करता है जिन्हें युवा ओलिम्पियंस द्वारा पराजित किये जाने की आवश्यकता है। डॉक्टर बीमारियों को विकृति के रूप में देखते हैं जिन्हें चिकित्सा व शल्यचिकित्सा द्वारा दूर करना होता है। व्यावसायिक जगत में टार्गेट पूरा करना किसी ओलिम्पियन पराक्रम जैसा ही समझा जाता है। प्रौद्योगिकी इन सबके लिए नया रामबाण है। मानवतावादी और मानवता-विरोधी, रूढ़िवादी और प्रगतिशील का टकराव कहीं-न-कहीं अपोलो की पारदर्शिता और डायनोसियन (Dionysian) रहस्यमयता के टकराव का ही प्रतिबिंब है, जिस पर प्रभुत्व ज़ियुस का ही होना है।

यह नवीन/धर्मनिरपेक्ष/यूनानी विश्वधारणा जबरन हिन्दू मिथकशास्त्र को यूनानी या ईसाई ढाँचे में समाहित करती है। इस तरह हिन्दू देवता हर्मीस (Hermes) जैसे लैंगिक व ज़ियुस जैसे व्यभिचारी बन जाते हैं और असुर ईसाई शैतान या यूनानी टाइटन (Titan) के रूप में परिभाषित किये जाते हैं।

अत: विश्वधारणा सिद्ध करती है कि भारत छाया से घिरा है और इसे प्रकाश में लाने की आवश्यकता है और पुनर्जन्म की सभी धारणाओं को अंधविश्वास मानकर खारिज कर देता है।

भारतीय मिथकशास्त्र—हिन्दू, बौद्ध और जैन—उस रैखिक संरचना को नहीं मानते जिसे यूनानी कथाकार (अव्यवस्था से व्यवस्था तक—chaos to cosmos) या यूनानी दार्शनिक (विश्वास से तर्क तक) या ईसाई मिशनरी (अनेक ईश्वर से एक ईश्वर) या वैज्ञानिक और समाजसेवी (अन्यायपूर्ण सामंती निष्ठा से न्यायोचित समान विकास) महत्त्व देते हैं। भारतीय मिथकशास्त्र की चक्रीय संरचना है।

पश्चिमी मिथकशास्त्र इस धारणा का प्रचार करता है कि विश्व को यूनानी नायकों द्वारा, या इब्राहमिक पैगम्बरों और राजाओं द्वारा, या फिर वैज्ञानिकों, समाजसेवियों व पूँजीपतियों द्वारा परिवर्तन की आवश्यकता है। भारतीय मिथकशास्त्र यह विचार प्रस्तुत करता है कि यह संसार इंसानी हस्तक्षेप के बिना भी अनवरत रूप से बदल रहा है। यहाँ न नायक है न खलनायक, न शोषक न शोषित, न ही रक्षक न हुतात्मा (शहीद) हैं। केवल वास्तविकता को देखने के अलग-अलग तरीके हैं। इसीलिए पश्चिम स्वयं को मर्दाना, सक्रिय, निर्णायक, हिंसक व स्पष्टवादी मानता है और भारतीय विचारधारा को ज़नाना, निष्क्रिय, अस्पष्ट, अहिंसक परन्तु धूर्त समझता है।

'गुफ़ा के रूपक' के माध्यम से भारतीय ऋषियों ने 'बाहर' के प्रकाश को एवं 'भीतर' की छाया को विशेष महत्त्व दिया। जो किसी एक के लिए प्रकाश है वही दूसरे के लिए छाया। अगर कोई किसी एक संदर्भ में प्रकाश में है तो वह दूसरे संदर्भ में छाया में है। इसीलिए जिज्ञासु बहस की अपेक्षा सहानुभूतिपूर्वक परस्पर विरोधी विचारों का निरीक्षण करने के लिए प्रेरित किया जाता है। यहाँ सापेक्षता को उतना ही महत्त्व दिया गया है जितना निरपेक्षता को, यात्रा अनेकता की ओर है, एकल की ओर नहीं। आशय छद्म ज्ञान को सत्य ज्ञान से बदलने का नहीं, आशय मानस के विस्तार से है, जो सभी प्रकार के ज्ञान का समायोजन करने में सक्षम हो।

इस प्रकार अपने सिवाय किसी भी नवीन संभावना से विमुख होकर पश्चिम, भारतीय विश्वधारणा को अव्यवस्था (chaos) कहकर अस्वीकार कर देता है। आश्चर्य नहीं कि पश्चिमी विद्वानों की अनेक पुस्तकें हैं जो हिन्दू मिथकशास्त्र का 'विश्लेषण' करती हैं, पर भारतीय विद्वानों द्वारा लिखी पुस्तकें बहुत कम हैं, जो पश्चिमी मिथकशास्त्र का अवलोकन करने की चिंता करती हैं।

यह पुस्तक इसी अन्तर को कम करने का प्रयास है।

मैं वस्तुनिष्ठता का दावा नहीं करता। व्यक्तिनिष्ठता से मैं संतुष्ट हूँ, और

अपने भारतीय दृष्टिकोण का मुझे ज्ञान है। मैं छाया से भयभीत नहीं हूँ, पर प्रकाश का भी दावा नहीं करता। मैं केवल यूनानी मिथों के अपने सच को प्रस्तुत करता हूँ और आशा करता हूँ यह आपके सच को समृद्ध और विकसित करेगा। अत: यह ध्यान में रखते हुए इस पुस्तक को पढ़ें :

अनन्त पुराणों में छिपा है सनातन सत्य,
इसे पूर्णत: किसने देखा है?
वरुण के हैं नयन हज़ार,
इन्द्र के सौ,
आपके मेरे केवल दो।

- यूनानी मिथकशास्त्र के सामान्य स्रोत, यूनानी सिटी स्टेट के उत्थान से रोमन साम्राज्य के धार्मिक रोमन साम्राज्य में बदलने तक के हज़ार वर्षों तक फैले समय से आते हैं। इन स्रोतों में सम्मिलित हैं :
- होमर के प्राचीन ग्रंथ (*इलियड* और *औडिसी*) और हेसियाड (*थियोगौनी*) और सातवीं शताब्दी बी.सी.ई. के ईश्वर के होमरकृत (Homeric) भजन।
- अब लुप्तप्राय : ग्रंथमाला जिनमें सिप्रिया (पेलियस के विवाह से एक्लीस के श्राप की कहानी), एथियोपीस (हैक्टर की मृत्यु से, अमेज़न और इथियोपियंस के आक्रमण से होते हुए एक्लीस की मृत्यु को चिन्हित करने के लिए आयोजित खेलों तक की कहानी), लिटिल इलियड (जो फिलोक्टेटस की कहानी कहती है और ट्रोजन हॉर्स के साथ खत्म होती है), इल्युपर्सिस (ट्राय के ध्वंस की कहानी), नोस्टोइ (यूनानी नायकों की वापसी की कहानी) और टेलेगौनी (सर्सी से हुए ओडिसियस के बेटे टेलीगोनस की कहानी)।
- चौथी सदी बी.सी.ई. (Before Christian Era) के यूनानी क्लासिक नाटक यूरिपाइडस, इस्कीलस और सोफोक्लीस, साथ ही हेरोडौटस, प्लुटार्क, पॉसानियस और अपोलोडोरस के लेखन।
- लैटिन में रोमन लेखन जैसे ओविद की मैटामोर्फिसिस, विरजिल की *एनीड*, हाइजेनस की *फैबुली* और लगभग पहली और दूसरी शताब्दी में लिखी स्युडोअपोलोडोरस की *बाइब्लिओथिका*।
- स्मिरना के क्विंटस द्वारा लिखी पोस्थोमेरिका हमें ट्रोजन युद्ध के बाद के हिस्से की अनेक कहानियाँ बताती है।
- यूनानी मिथकशास्त्र यूरोपीय, तदनन्तर अमेरिकी कवियों के लिए रूपकों और दृष्टांतों का सर्वमान्य स्रोत है।

प्रस्तावना

यूनानी विजय

सिकंदर (Alexander) के सैनिकों ने आगे बढ़ने से इनकार कर दिया। उन्होंने एनातोलिया, मेसोपोटामिया, लेवंत, मिस्र, फ़ारस और गांधार को जीत लिया था और अब सिंधु नदी के तट पर डेरा डाला था। वे थक गये थे। इससे पहले कि वे देश जो उन्होंने जीते थे उन्हें लील लें, वे वापस लौट जाना चाहते थे।

साहसिक अभियानों ने सिकंदर को थका दिया था, नहीं? अब वह पहले-सा यूनानी युवक नहीं रहा जो अपनी जीत के लिए निकला था। अब पूरब के रंग में रंगा, पूर्वी परिधान से सज्जित, चापलूस दरबारियों से घिरे सुदूरवर्ती फ़ारस के देव-सम्राटों से किंचित भी भिन्न नहीं था। नहीं, उसके प्रमाद में वे अब और साथ नहीं देंगे। ओलिम्पस में उसे स्थान दिलाने के लिए बहुत कुछ किया जा चुका था। यह घर वापसी का वक्त था।

इस सुगबुगाहट की भनक सिकंदर तक पहुँची। "वह नंगा इंसान ही इसकी वजह है!" उसके गुप्तचरों ने बताया, "दिन-रात कुछ करने की बजाय वह एक शिला पर बैठा आकाश और तारों को निहारता रहता है। पास जाओ तो सवाल पूछता है। अजीबोगरीब बातों से उसने सैनिकों के दिमाग में ज़हर भर दिया है।"

सिकंदर के गुरु अरस्तु ने उसे ऐसे लोगों के बारे में बताया था जो बाज़ारों में घूमते रहते और लोगों से सवाल पूछकर जीवन पर प्रकाश डालने और इस बारे में अपने विचार रखने को बाध्य करते। अरस्तु का शिक्षक प्लेटो स्वयं ऐसे ही एक व्यक्ति सुकरात का शिष्य था। ऐसे लोग खतरनाक थे। वे सामाजिक व्यवस्था को चुनौती देते। अक्सर ऐसे लोग मार दिये जाते। जैसे कि सुकरात।

सिकंदर ने पता लगाने का निश्चय किया। ऐसे लोगों से वह डरता नहीं था। उनका वह आदर करता था। उसे आश्चर्य था, कैसे एक व्यक्ति समूची सेना को निरस्त्र कर सकता है, उन्हें यश-अर्जन के स्वप्नों से दूर कर सकता है।

"नाम क्या है उसका?" सिकंदर ने पूछा।

जासूसों ने बताया, "महाराज, आप तो भूमि हासिल करके महान हुए, लेकिन यह व्यक्ति और इसके जैसे कई अन्य अपना सब कुछ परित्याग करके महान हुए हैं, जैसे भूमि, राज्य, परिजन, घोड़े, मवेशी, आभूषण, शस्त्र यहाँ तक कि अपना नाम भी।"

कुछ दिनों बाद भोर होने से पहले बिना किसी को सूचित किये आम नागरिक की पोशाक में सिकंदर अपनी छावनी से निकला और इस विचित्र व्यक्ति से मिलने चल पड़ा, जिसके विषय में उसने इतना कुछ सुना था।

सिकंदर ने उस व्यक्ति को नदी के तट पर पाया, नंगा, एक चट्टान पर बैठा था आकाश व तारों को निहारता हुआ। वह यूनानी सम्राट से आयु में ज़्यादा बड़ा नहीं था। पर क्या वह बुद्धिमान था? केवल तभी, वह नागा बन सकता था, नंगा विद्वान, जो भारत के जंगलों में अकेले भ्रमण करनेवाले होते हैं, जिनके बारे में गांधार और फ़ारस के पार इतना कुछ कहा जा चुका था। किंवदंती यह थी कि वे पानी पर चल सकते थे और हवा में तैर सकते थे।

"तुम क्या कर रहे हो?" सिकंदर ने इस उम्मीद के साथ पूछा कि वह आदमी उसकी भाषा से परिचित होगा।

"शून्य का अनुभव," नागा साधु ने ऐसी भाषा में कहा जो सिकंदर समझ सकता था। सिकंदर प्रभावित हुआ।

"और तुम? तुम क्या कर रहे हो?" साधु ने पूछा।

"दुनिया जीत रहा हूँ," सिकंदर ने कहा।

"क्यों?"

"महान होने के लिए। चिरस्मरणीय होने के लिए। ओलिम्पस पर्वत पर देवताओं के साथ स्थान पाने के लिए।"

"ओलिम्पस पर्वत क्या है?" आगे को झुकते हुए साधु ने पूछा। नागा साधु की आँखों में कौतूहल था, उसे कथाएँ सुनना अच्छा लगता था।

ऊपर मानसून के बादल मंडरा रहे थे। कहीं दूर हाथी के चिंघाड़ने की आवाज़ आ रही थी। आकाश लाल था, सूर्य की प्रतीक्षा में। एक मोर उत्तेजना में काँपा। एक योद्धा और एक साधु के बीच एक उपनिषद् होने को था।

सुनहरे केशोंवाला, युद्धक्षत विश्वविजेता, एक कथाकार में बदल गया और वे कहानियाँ दोहराने लगा जो उसने अपने माता-पिता, नौकरों, दासों, सैनिकों और शिक्षकों से सुनी थीं।

- जैन मिथक तीन प्रकार के व्यक्तियों की बात कहते हैं : वसुदेव (नायक), चक्रवर्ती (राजा) और तीर्थंकर (तपस्वी)। सिकंदर की छवि उग्र वसुदेव की है, जो चक्रवर्ती होने का अभिलाषी है, विश्व का छत्रपति सम्राट, जो सारी दुनिया पर हुकूमत करता है। साधु का बिम्ब या अभिलाषा, तीर्थंकर होने की है, उस तपस्वी की, जो शासन की आकांक्षा न रखते हुए जगत का यथार्थ अवलोकन उसकी सम्पूर्णता में करता है।
- इसमें संदेह नहीं कि सिकंदर भारत समेत जहाँ भी गया, दार्शनिकों के साथ वार्तालाप किया, हालाँकि यह हो सकता है कि ऐसे वार्तालाप होने की बात बाद में जोड़ी गयी हो। क्या वे दार्शनिक जैन मुनि थे या बौद्ध भिक्षु या फिर हिन्दू योगी? हम कभी जान नहीं सकेंगे, सिर्फ़ अंदाज़ा लगा सकते हैं।
- भारतवर्ष में सिकंदर महान या उसके प्रतिनिधि वनसीक्रीटस् (Onesicritus) का साक्षात्कार स्थानीय साधुओं से हुआ जिसमें एक दंडामिस (दंडपाणि?) था जो तक्षशिला के पास रहता था। दंडामिस का एक शिष्य कलानस (कल्याण?) सिकंदर के साथ पश्चिम तक गया था, जहाँ उसकी मृत्यु हो गयी। साक्षात्कार और कलानस की मृत्यु की कहानी का वर्णन अन्य कई स्रोतों में है जैसे निकोमेडिया के यूनानी लेखक एरियन (Arrian) की *अनाबेसस ऑफ़ ऐलेक्ज़ेंडर*।
- यूनानी और बाद के रोमन लेखन में भारतीय योगी या नागा साधुओं का उल्लेख नग्न व बिना किसी सुख-सुविधा के जंगलों में रहनेवालों के रूप में किया गया है। इससे यह निष्कर्ष निकलता है कि वे या तो शर्मन थे या वन में रहनेवाले तपस्वी, जिन्होंने गृहस्थ जीवन का त्याग किया और अपना सारा समय ध्यान, चिंतन व इच्छाओं पर विजय पाने में लगा दिया। दंडामिस व कलानस संभवत: वैदिक तपस्वी, योगी, सिद्ध या जैन मुनि या बौद्ध भिक्षु रहे होंगे।
- पोरफिरस (Porphyrus) एक रोमन विद्वान, जो सिकंदर से पाँच सदी बाद हुआ। उसने नागा साधुओं को दो वर्गों में बाँटा : ब्राकमैन्स (ब्राह्मण), जो किसी दैवी स्रोत से ज्ञान प्राप्त करते थे और जिनके मुखिया अन्य मुखियों द्वारा चुने जाते थे और शैमेनियन्स (शर्मन) जो गुरु चुनते थे और ज्ञानप्राप्ति का प्रयास करते थे।
- 'कुछ नहीं' (nothingness) या 'शून्य' बौद्धिक विचारधारा का मूल तत्व है, जैसे 'अनन्त' हिन्दू विचारधारा का मूल तत्व। इन्हीं दार्शनिक विचारों से ज़ीरो और इन्फ़िनिटी की अवधारणा का जन्म हुआ, जो अरब संस्कृति के माध्यम से दसवीं शताब्दी में यूरोप पहुँची। इसने उस विषय को जन्म दिया जिसे आज हम सांख्यिकी कहते हैं।

खंड एक

ज़ियुस
(Zeus)

सिकंदर ने कहना शुरू किया, "जहाँ ज़मीन आसमान को छूती है माऊंट ओलिम्पस वहाँ है। वहाँ बैठता है मेरा पिता, ज़ियुस, देवताओं का राजा। वह गरुड़ की सवारी करता है, वज्र फेंकता है और हाथों में तराजू उठा रखा है जिससे कि दुनिया में सदैव संतुलन और न्याय बना रहे।"

यूरेनस (Uranus)

आरम्भ में केवल अव्यवस्था (chaos) थी : अंधकार से भरा शून्य या खालीपन। तब आयी देवी गाया (Gaia) जो है पृथ्वी और समस्त जीवन का अखाड़ा।

गाया में से निकला यूरेनस (Uranus), जो है तारों भरा आसमान। यूरेनस गाया का प्रेमी बना, उससे कसकर लिपटा और उसके ऊपर लेट गया।

गाया और यूरेनस की बहुत संतानें हुईं। वे सभी भयंकर और विकृत थीं : हेकेटनकायरेस (Hecantonchires) जिसके सौ हाथ थे और साइक्लोप्स (Cyclopes) जिसकी सिर्फ़ एक आँख थी। यूरेनस नहीं चाहता था कि ये संतानें गाया के गर्भ से बाहर आएँ, क्योंकि उसे उनसे वितृष्णा थी। फिर यूरेनस बारह सुन्दर टाइटंस (Titans) का पिता बना, लेकिन उन्होंने उसे असुरक्षित कर दिया। अत: किसी भी बच्चे को माँ की कोख से बाहर आने से रोकने के लिए वह और भी कसकर गाया से लिपट गया।

हताश गाया ने टाइटंस को चकमक पत्थर से बना चाकू दिया और अपने पिता को बधिया करने को कहा। किसी ने हिम्मत नहीं की सिवाय क्रोनस (Cronus) के। उसने पिता के जननांग को काटा, इस प्रकार धरती और आसमान को अलग करते हुए माँ की कोख से बाहर आया और तब पिता के जननांग को समुद्र में फेंक दिया।

समय का आरम्भ क्रोनस से होता है। वह सबका अन्त कर सकता था और उन्हें पुन: आरम्भ भी कर सकता था।

यूरेनस के घाव से लहू फूटा और समुद्र में छलक गया जिससे क्रुद्ध

राक्षस और प्रतिशोधी शक्तियाँ विकसित हुईं, जो माता-पिता के प्रति किए अपराध की सज़ा देती हैं। रक्तरंजित जल फेनिल हो गया था। उसके झाग से निकली—अफ्रोदिति (Aphrodite), प्रेम की देवी जो बिछुड़े लोगों का मिलाप कराती है। उसके साथ आया उसका बेटा पंखोंवाला इरोस (Eros), जो कामनाओं के बाण चलाता है और आप में भविष्य और अतीत के लिए चाहत जगाता है।

- भारतीय मिथकशास्त्र में अव्यवस्था (chaos) से सुव्यवस्था की ओर कोई प्रस्थान नहीं। कुछ भी स्थायी नहीं है, न अव्यवस्था (chaos) न सुव्यवस्था; एक कालचक्रीय निरन्तरता के साथ दोनों एक-दूसरे के आगे-पीछे आते हैं। हमारा संसार उदित होता है जब हम जागते हैं और विलीन होता है जब हम सोते हैं, शयनमुद्रा में विष्णु की कथा के माध्यम से यह धारणा पुष्ट होती है।
- सृष्टि की यूनानी कहानी का स्रोत सातवीं शताब्दी बी.सी.ई. में हेसियाड (Hesiod) लिखित महाकाव्य *थियोगौनी* (Theogony) है। यह वही समय था जब गंगा नदी के तट पर उपनिषद् रचे जा रहे थे।
- सृष्टि-रचना की औरफ़िक परंपरा की कथाओं में प्रेम के देवता इरोस को विशेष महत्त्व दिया गया है। विद्वानों ने इसे वैदिक स्तोत्रों से जोड़ा है जिसके अनुसार काम या वासना ही सभी चीज़ों का उत्स है जो लोगों को रिक्तता और अंधकार से निकालता है।
- यूनानी आश्वस्त थे कि प्रारम्भ में केवल अव्यवस्था (chaos) थी और संसार का प्रयोजन व्यवस्था की ओर प्रस्थान था; अस्तु यात्रा उथलपुथल (chaos) से अन्धकार और प्रकाश, गाया और यूरेनस से उनके द्वारा जन्मे विकृत जन्तुओं से होते हुए टाइटन, बाद में ओलिम्पियंस की ओर थी जो तदनन्तर तर्कशक्ति में सक्षम जीवों की रचना करते हैं। ये मानव देवताओं को परास्त कर सकते हैं—इस तरह धर्म का प्रादुर्भाव होता है।
- आकाश और धरती का पृथक होना कई मिथकशास्त्रों का मूल विषय है। जैसे यूनानी मिथकशास्त्र में क्रोनस, गाया और यूरेनस को पृथक करता है, वैदिक मिथकशास्त्र में इन्द्र, द्यौस और धरती को अलग करता है।

क्रोनस (Cronus)

क्रोनस ने अपनी एक आँख व सौ हाथों वाले विकृत भाइयों को टार्टरस (Tartarus) नामक अँधेरे गर्त में कैद कर लिया और खुद को टाइटंस का नेता बना लिया। इस तरह सारी कुरूपता और अव्यवस्था को दूर कर वह दुनिया को बेहतर बनाने में लग गया और अपने भाई–बहनों को भी ऐसा करने को प्रेरित किया।

टाइटन भाइयों ने टाइटन बहनों से विवाह किया। हाइपेरियन (Hyperion) और थिया (Theia) के मिलन से हीलियस (Helios) यानी सूर्य, सेलन (Selene) यानी चंद्रमा और ईयौस (Eos) यानी भोर आये।

ओशनस (Oceanus) ने धरती का चक्कर लगाया और टेथिस (Tethys) के साथ मिलकर धरती पर झरनों और नदियों को जन्म दिया।

पर जब क्रोनस ने रिया (Rhea) से शादी की, तो गाया ने क्रोनस़ को आगाह किया कि उसकी संतानें भी उसे वैसे ही मिटा देंगी जैसे उसने अपने पिता के साथ किया था। भय और महत्वाकांक्षा से ग्रसित क्रोनस हर बच्चे को खा गया जिन्हें रिया ने जन्म दिया : तीन बेटियाँ और दो बेटे। जब छठा बच्चा ज़ियुस (Zeus) पैदा हुआ तो हारकर रिया ने उसे जंगल की अप्सराओं को पालने के लिए दे दिया, और बच्चे के बदले अपने पति को एक पत्थर दे दिया। क्रोनस ने, जो रिया की बात पर बहुत कम ध्यान देता था, पत्थर निगल लिया और डकार लेकर आश्वस्त हो गया।

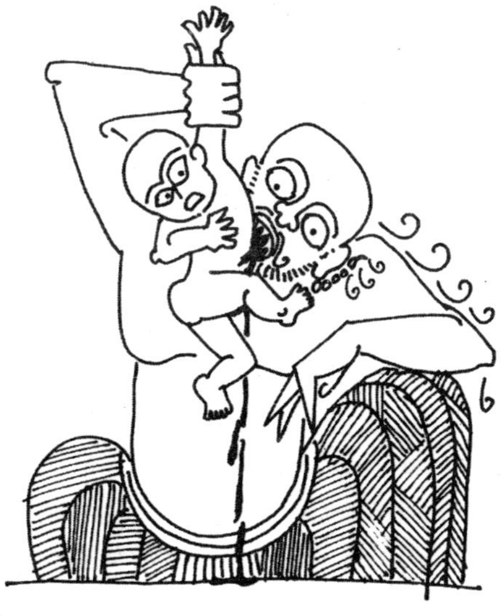

एक पेड़ की शाखाओं से लटकाये गये पालने में शिशु ज़ियुस को रखा गया। ज़मीन, आसमान और समुद्र के बीच क्रोनस, झूलते पालने में पल रहे शिशु ज़ियुस के जन्म के बारे में अनजान था। रिया के भक्त, नृत्य करने वाले कोरीट्स (Kouretes), अपनी तलवार से ढाल पर प्रहार कर

और ज़मीन पर पैर पटक कर इतना शोर मचाते कि क्रोनस कभी ज़ियुस का रोना ही सुन नहीं पाया।

ज़ियुस अमाल्थिया (Amalthea) बकरी के दूध पर पला-बढ़ा। उसमें ऐसा बल था कि एक दिन उसने अमाल्थिया का एक सींग तोड़ दिया। यही सींग कार्नूकोपिया (cornucopia) यानी प्रचुरता का सींग बना। जब अमाल्थिया मर गयी, ज़ियुस ने उसकी खाल खिंचवाकर अपनी ढाल बनवाई—जिसे एजिस (Aegis) के नाम से जाना गया।

- रोमन मिथकशास्त्र में क्रोनस को सैटर्न (Saturn) के रूप में माना जाता है। वह समय है, जिसे ग्रिम रीपर (Grim Reaper) या मृत्यु के रूप में परिकल्पित किया जाता है। जैसे हिन्दू मिथकशास्त्र में शनि जो बाधाओं और विलम्बित आरम्भ का प्रतीक है।
- यूनानी मिथकशास्त्र में प्रचुरता का सींग कभी न रिक्त होने वाला पात्र हो जाता है, जैसे हिन्दू मिथकशास्त्र में अक्षय-पात्र।
- टाइटंस परिकल्पित हैं पहले की विरूप-बेडौल आकृतियों के स्थान पर नये रूपाकार की रचना द्वारा विश्व में बढ़ती सुगढ़ता लाने वालों के रूप में। इस प्रकार हर नयी पीढ़ी के साथ एक प्रस्थान है, विरूपता (chaos) और उलझन से नियमितता और स्पष्टता की ओर।
- अपने ही पिता से आक्रांत पुत्र के गोपनीय ढंग से पालन का उल्लेख यूनानी मिथकशास्त्र में कई बार हुआ है। ज़ियुस की कथा इसका पहला उदाहरण है। कृष्ण की कथा भी पितृतुल्य मामा कंस से बालक कृष्ण को भय की बात कहती है। कृष्ण की कथा सर्वप्रथम 400 सी.ई. में *हरिवंश पुराण* में पायी गयी, बाद में इसकी जानकारी यवन या इंडो-यूनानियों को हुई, जो सिकंदर के बाद आये और जिनका देश के उत्तर-पश्चिमी भाग में गहरा प्रभाव पड़ा।
- अमाल्थिया बकरी को कई बार मकर राशि से जोड़ा गया है।

ज़ियुस (Zeus)

जब ज़ियुस सयाना हुआ, उसने अपने भाइयों को स्वतन्त्र कराने का निश्चय किया। उसने साक़ी का वेश बनाया और क्रोनस को जाम दिया, जिससे उसे उल्टी आयी। उस उल्टी में बाहर आया वह पत्थर जिसे क्रोनस ने ज़ियुस के बदले निगला था, और साथ ही सभी बच्चे जिन्हें रिया ने जन्म दिया था; बेटे पॉज़ाइडन (Poseidon) और हेडस (Hades), बेटियाँ हेस्तिया (Hestia), दीमितर (Demeter) और हेरा (Hera)। और वे सभी जीवित थे।

सबसे छोटा होने के बावजूद ज़ियुस ने सभी भाई-बहनों को पिता के विरुद्ध युद्ध के लिए तैयार किया। हैरानकुन क्रोनस आसानी से पराजित हो गया और टार्टरस में कैद कर लिया गया। विजित ज़ियुस ने स्वयं को राजा घोषित कर लिया और ओलिम्पस पर्वत को अपना घर बनाया, जिसके कारण उसकी संतानें स्वयं को ओलिम्पियंस कहती हैं।

कुछ टाइटंस ने एटलस (Atlas) के नेतृत्व में ज़ियुस की सत्ता को चुनौती दी। लेकिन प्रोमेथियस (Prometheus) और एपिमेथियस (Epimetheus) और कुछ अन्य ने ज़ियुस का समर्थन करना पसन्द किया। प्रोमेथियस भविष्य देख सकता था और उसे पता था अन्तत: ज़ियुस विजयी होगा। एटलस ने उस पर यकीन नहीं किया और ओलिम्पियंस पर हमला कर दिया। यह लड़ाई टाइटनमाची (Titanomacy) के नाम से जानी गयी।

इस महान और लम्बे युद्ध में साइक्लोप्स द्वारा ज़ियुस के लिए बनाए वज्र की वजह से ओलिम्पियंस प्रबल रहे। चूँकि टाइटंस ने उन्हें कैद किया था इसके लिए साइक्लोप्स ने टाइटंस को कभी माफ़ नहीं किया और साइक्लोप्स ने ज़ियुस से हाथ मिलाया जिसने उन्हें आज़ाद किया था।

पराजित टाइटंस भी टार्टरस में डाल दिये गये। उनके नेता एटलस को हमेशा के लिए आकाश का भार अपने कंधों पर उठाने को विवश कर दिया।

- प्रोमेथियस भविष्य देख सकता था, यह इस बात का द्योतक है कि प्राचीन यूनानियों का विश्वास था कि भविष्य पूर्वनिर्धारित है। भविष्योक्ति की धारणा इसकी पुष्टि करती है। हिन्दू मिथकशास्त्र में भविष्य-दर्शन ज्योतिष-शास्त्र द्वारा संभव है।
- जब यूरोपीय प्राच्यविद वेद और पुराण से परिचित हुए और युद्धों की कहानियाँ पढ़ीं, उन्होंने उसके समानांतर यूनानी मिथक ढूँढ़े। उन्होंने कयास लगाया, देवताओं के शत्रु असुर टाइटंस थे और देवों का राजा इन्द्र था ज़ियुस। किन्तु टाइटंस के विपरीत जिन्हें पराजित कर सदा के लिए टार्टरस में कैद कर दिया गया था, असुरों की पराजय स्थायी नहीं है, जैसे देवताओं की हमेशा जीत नहीं होती। टाइटन-ओलिम्पियन युद्ध रैखिक कथ्य है जिसका सुनिश्चित अन्त है, जबकि देव-दानवों के युद्ध का कथ्य चक्राकार है जिसका अन्त निश्चित नहीं है।
- टार्टरस एक अंधकारयुक्त शून्य है, जो गाया के पहले से था, सो यह प्रकृति (chaos) का भी प्राकृत (chaos) रूप है जिसका पहले क्रोनस और बाद में ज़ियुस उन सबके लिए यातनागृह की तरह प्रयोग करता है जो उसके लिए खतरा हैं या उसकी आज्ञा का उल्लंघन करते हैं। कालांतर में यह ईसाई मिथक में नरक और इस्लामी मिथक में जहन्नुम का पर्याय बन गया। ऐसी कोई धारणा हिन्दू मिथक में नहीं है।

टाइफ़न (Typhon)

टाइटंस के प्रति ओलिम्पियंस का यह दुर्व्यवहार गाया को पसन्द नहीं था। इसलिए उसने ज़ियुस को नष्ट करने के लिए भयावह दानव टाइफ़न (Typhon) की रचना की। इस दानव से भयभीत देवताओं ने जानवरों का रूप धारण किया और भाग गये। हेरा ने गाय का रूप लिया, अफ्रोदिति और इरोस मछलियाँ बन गये। ज़ियुस जंगली सुअर बन गया और टाइफ़न पर आक्रमण किया। सारे भाग गये लेकिन ज़ियुस डटा रहा और वज्र गिरा-गिरा कर दानव से लड़ता रहा।

टाइफ़न की पराजय के बाद गाया ने यूरेनस के रक्त से जन्मे कुछ राक्षसों को ओलिम्पियंस पर हमला करने को ललकारा। उन्होंने पहाड़ पर पहाड़ खड़े किये और ज़ियुस और उसके बच्चों के घर को घेर लिया। पर ज़ियुस ने घेराबंदी तोड़ दी, राक्षसों को टार्टरस में कैद कर लिया और खुद दुनिया का निर्विवाद मालिक बन बैठा।

गाया ने तब ज़ियुस के भाई पॉज़ाइडन और बहन हेरा को उसके खिलाफ़ भड़काना शुरू किया पर ज़ियुस ने उन्हें अपनी सत्ता पर सवाल उठाने के विरुद्ध

चेतावनी दी। तीनों लोकों को गुँजाते स्वर में ज़ियुस ने कहा, "अगर तुम मुझे आसमान से नीचे खींचने की कोशिश करते हो तो जान लो, मैं धरती और समुद्र ऊपर खींच लूँगा और तुम्हें हवा में लटका दूँगा।" इसके बाद ओलिम्पियंस ने कभी बगावत की सोची भी नहीं। ज़ियुस ब्रह्मांड का स्वामी बन गया।

गाया इसके बाद शान्त हो गयी और अन्ततः भुला दी गयी।

- *ऋग्वेद* में इन्द्र वृत्र नामक दानव को हराता है। *जैमिनी ब्राह्मण* में यह वृत्तांत है कि कैसे इन्द्र कुत्स को दीर्घजीवी नामक लंपट नरभक्षी को बरगलाने और पराजित करने के लिए भेजता है जिसने पवित्र अमृत चुराया था। ये कहानियाँ यूनानी नायकों और देवताओं के पराक्रम प्रतिबिंबित करते ठेठ इंडो-यूरोपियन नायकों की बात करती हैं। तथापि पौराणिक काल में, देवताओं की सर्वशक्तिमान माता 'देवी' हैं, जो इन्द्र के शत्रु असुरों का विनाश करती हैं।
- ज़ियुस के हाथों टाइफ़न की पराजय के कई विवरण हैं। एक वृत्तांत के अनुसार भाग्य, दानव को घातक भोजन खिलाकर क्षीण कर देता है। एक अन्य आख्यान के अनुसार दानव उसकी मांसपेशियाँ चीर कर उसे गतिहीन कर देता है। नायक कैडमस अपना पाइप बजाकर उसका ध्यान बँटाता है, जिससे ज़ियुस फिर से अपनी शक्तियाँ प्राप्त कर ले और समय पाकर टाइफ़न का विनाश कर दे। टाइफ़न अन्त में माऊंट एटना के ज्वालामुखी के नीचे दफ़ना दिया जाता है।
- टाइफ़न का अन्त मेसोपोटामिया के महाकाव्य *इन्यूमा अलीश* (Enuma Elish) को प्रतिबिंबित करता है जिसमें मार्डुक (Marduk) दानवों की रानी तिआमत (Tiamat) को हराता है। यहीं से देवियों का अन्त और पितृसत्तात्मक देवों का उदय होता है।

- सृष्टि के संदर्भ में एक पुराना विवरण भी है जब मानव संस्कृति पर देवी का आधिपत्य था। इसके अनुसार देवी युरिनोम (Eurynome) प्रकृति से पैदा हुई, धरती और आकाश को अलग किया, नग्नावस्था में उसने पानी पर नृत्य किया, अपनी हथेलियाँ हवा में रगड़ कर ओफ़ियन (Ophion) नामक साँप पैदा किया, उसके साथ विवाह किया और गर्भवती हो गयी। तब वह कबूतरी बन गयी और उसने एक अंडा दिया। ओफ़ियन उस डिम्ब पर कुंडली मारकर सेने बैठ गया। उस डिम्ब से ब्रह्मांड और अन्य आकाशीय पिंड उत्पन्न हुए। पर ओफ़ियन ने ब्रह्मांड का रचयिता होने का दावा किया, और युरिनोम ने उसे निर्वासित कर दिया।
- प्रकृति की नारी रूप में पूजा हिन्दू धर्म में बाद के समय में मुखर हुई है—*देवी पुराण* के लिखने और 700 सी.ई. में तंत्रमंत्र की शुरुआत के बाद। तथापि प्रकृति को वैदिक काल से ही सम्मान की दृष्टि से देखा गया है, भय से नहीं। जहाँ यूनानी मिथकों में प्रकृति को अव्यवस्था (chaos) माना है, हिन्दू मिथक में प्रकृति को संस्कृति से भिन्न समझा गया है, उससे हीन नहीं। प्रकृति माँ काली और संस्कृति मानवता (ब्रह्मा) की पुत्री (गौरी) है।

ओलिम्पस (Olympus)

ज़ियुस और उसके दोनों भाइयों, पॉज़ाइडन और हेडस ने ब्रह्मांड का बँटवारा कर लिया सिवाय अपनी दादी गाया के।

ज़ियुस माऊंट ओलिम्पस के शिखर पर बैठ समय-समय पर वज्र गिराता और धरती पर निगरानी रखता हुआ आकाश का स्वामी बन बैठा। पॉज़ाइडन ने खुद को सागर और नदियों का शासक घोषित कर दिया, जो कभी-कभी भूकम्प पैदा करता। हेडस मृतकों पर दावा कर पाताल लोक का राजा बन गया।

हेस्तिया, ज़ियुस की बड़ी बहन अँगीठी की देवी बनी; दीमितर जीवनदायी अन्न की, और हेरा गृहस्थी की। इस प्रकार सबकी भूमिका तय हो जाने पर ओलिम्पियंस ने मधु-अमृत छककर जश्न मनाया।

- तीन लोकों की धारणा लगभग सभी मिथकों में है। वेदों में धरती, आकाश और बीच में अन्तरिक्ष की बात कही है। पुराण भूलोक, देवों के वासस्थान स्वर्गलोक और धरती के नीचे असुर व नागों का स्थान पाताललोक की बात करते हैं। *बाइबल* में धरती, स्वर्ग और नरक हैं।
- रोमन मिथक में ज़ियुस जुपिटर (Jupiter), हेडस प्लूटो (Pluto) और पॉज़ाइडन नेप्ट्यून (Neptune) के नाम से जाना गया है।
- ओलिम्पियन देवताओं द्वारा संसार के ऐसे बँटवारे से यह ज़ाहिर है कि धरती का ईश्वर नाम की कोई चीज़ नहीं है। धरती स्वयं देवी है जो गाया, दीमितर, रिया यहाँ तक कि हेकेटी (Hecate) जैसे अवतारों से जुड़ी है। दीमितर के अन्न, हेस्तिया के अँगीठी और हेरा के गृहस्थी सँभालने के साथ ही हम मानव सभ्यता और स्त्रियों को मिली भूमिका का उदय होते देखते हैं।
- जैसे ओलिम्पियंस के टाइटंस से कटु सम्बन्ध हैं, वैसे ही ज़ियुस के भी हेडस और पॉज़ाइडन से कटु सम्बन्ध हैं। ईर्ष्या से भरा पॉज़ाइडन तूफ़ान और भूचाल लाता है। वैसे ही ईर्ष्यालु हेडस मरे हुए को जीवितों के लोक में वापस नहीं आने देता।
- ओलिम्पस विश्व की केंद्रीय धुरी माना गया है, ऐक्सिस मुंडी (Axis Mundi), जैसे मेरू पर्वत या कैलाश पर्वत हिन्दू पुराणों में।
- हिन्दू मिथकशास्त्र में यम मृत्यु का देवता है। वह पहला मनुष्य है जो अपना वंशज छोड़े बिना मर गया है, अतः सदा के लिए मृतकों के लोक में फँस गया है, हेडस की तरह नहीं जिसने मर्त्यलोक का शासक होना खुद चुना है।
- हेडस को धनी माना जाता है, क्योंकि वह मृतकों से कर लिये बिना उन्हें मर्त्यलोक में आने नहीं देता। दफ़नाए जाने से पहले मृतक की आँखों और मुँह पर सिक्के रखे जाते हैं। हिन्दू संस्कारों में भी कई बार मृतक के हाथों पर सिक्के रखे जाते हैं।
- मृत्यु का देवता थैनाटोस (Thanatos) मृतकों के शासक हेडस से भिन्न है, जैसे मौत की देवी मृत्यु को मृतकों के शासक यम से अलग समझना आवश्यक है।
- हिन्दू मिथकशास्त्र से अलग जहाँ मृत्यु के प्रति विक्षिप्तप्राय भय है और इसलिए अमृत, अमरत्व की औषधि जो देवताओं के पास है, की चाह है, यूनानी मिथकशास्त्र में ऐसी कोई सनक नहीं है। अमरत्व की ऐसी चाहत मेसोपोटामिया के महाकाव्य *गिलगमेश* (Gilgamesh) में भी पायी गयी है। तथापि यूनानी नायकों में ऐसी आकांक्षा नहीं है, अमरत्व केवल देवताओं के लिए आरक्षित है, मनुष्यों के लिए मृत्यु। मृत्यु के भय को जीतने का यूनानी तरीका असाधारण जीवन जीना है जो चारणों को महाकाव्य रचने को प्रेरित करे। दूसरा उपाय है वंशवृद्धि, जिसका अनुमोदन हिन्दू धर्मशास्त्रों ने भी किया है।

आइरिस (Iris) और आर्के (Arke)

आइरिस (Iris) और आर्के (Arke) टाइटंस की दो बेटियाँ थीं, जिन्होंने तीनों लोक लाँघ लिये—आसमान से ऊपर, और समुद्र से होते हुए पाताल लोक तक। दोनों के पंख थे और दोनों ने इन्द्रधनुष का रूप लिया।

टाइटंस और ओलिम्पियंस के युद्ध में आर्के ने टाइटंस का पक्ष लिया और आइरिस ने ओलिम्पियंस का।

जब युद्ध समाप्त हुआ तो ज़ियुस ने आर्के के पंख नोच लिये और उसे टार्टरस में फेंक दिया जिससे उसका इन्द्रधनुष गायब हो गया। इसीलिए आसमान में सिर्फ़ एक ही इन्द्रधनुष दिखता है। आर्के नायकों, राजाओं व रानियों के कानों में फुसफुसाती और याद दिलाती कि वे ओलिम्पियंस से बैर न लें। पंखोंवाली परी, आइरिस, देवताओं का दूत बन गयी।

- हिन्दू मिथकशास्त्र में इन्द्रधनुष, आकाश के देवता इन्द्र का धनुष कहलाता है।
- नारद मुनि, जो हिन्दू मिथकशास्त्र में वर्णित तीनों लोकों में घूमते रहते हैं—कथावाचक एवं झगड़े करानेवाले के रूप में कुख्यात हैं।
- नये और पुराने देवताओं का यह स्पष्ट विभाजन—नये का स्वीकार और पुराने का अस्वीकार—हिन्दू मिथकशास्त्र में नहीं है। सभी हिन्दू देवता एक ही व्यवस्था के अंग हैं।

साइबेली (Cybele)

एक बार ज़ियुस घास पर लेटा था। नींद में घास पर ही उसने वीर्यपात किया। इससे एक अद्‌भुत जीव उत्पन्न हुआ : जिसके नर और मादा दोनों के अंग थे और जिसने खुद को अग्डिस्टिस (Agdistis) बताया। उस जीव के रूप से घबराकर ओलिम्पियंस ने उसके पुरुष अंग काट दिये और उसे उभयलिंगी अग्डिस्टिस से

देवी साइबेली (Cybele) बना दिया।

उस जीव के पुरुषांग ज़मीन पर गिरे और बादाम के पेड़ में बदल गये। एक स्थानीय नदी के देवता की बेटी ने बादाम खा लिये और वह गर्भवती हो गयी और एक सुन्दर पुरुष एटिस (Attis) को जन्म दिया।

जब एटिस फ्रिजिया (Phrygia) की राजकुमारी से विवाह करने जा रहा था, साइबेली ने उसे देख लिया और उसे एटिस से प्रेम हो गया। किसी अन्य से विवाह न होने देने को कटिबद्ध साइबेली ने एटिस को पागल कर दिया। विवाह समारोह में एटिस ने चाकू उठाया और खुद को बधिया कर लिया। अत्यधिक रक्तस्राव से वह मर गया।

साइबेली ने एटिस को पुनर्जीवित कर अपना पति बना लिया।

- किसी साधु या देवता द्वारा धरती पर वीर्यपात और इस तरह पिता होने का प्रसंग हिन्दू मिथकशास्त्र में भी कई बार आया है। *महाभारत* के अनुसार, द्रोण का जन्म तब होता है जब किसी अप्सरा को देखकर उसका पिता एक पात्र में अपना वीर्य गिराता है।
- *शिव पुराण* में अर्धनारीश्वर का वर्णन है—देवता जो अर्धनारी हैं जिससे आदम उभयलिंगी उत्पन्न हुआ।
- भारत में हिजड़े, मुर्गे पर सवार देवी बहुचरा माता के नाम पर स्वयं को बधिया करते हैं। क्या इसका कोई सम्बन्ध साइबेली की हिजड़ा-पुजारी गैली (Galli) से है? इस बारे में हम केवल अनुमान ही लगा सकते हैं।
- साइबेली का सम्बन्ध गाया, रिया, दीमितर, हेकाटी यहाँ तक कि भविष्यवक्ता

से भी है। साइबेली को ज़ियुस की संतान बनाकर यह कहानी ठसे ज़ियुस का अधीनस्थ बना देती है।

- साइबेली के पंथ की शुरुआत अनातोलिया—आज का टर्की—से हुई थी, और यूनान होते हुए रोम तक फैली, जहाँ उसे मैग्ना मेटर (Magna Mater–महती माता) के नाम से जाना गया। यह प्राचीन मातृ-देवी पंथ है।
- साइबेली के बारे में अनेक स्रोतों से सूचना मिलती है। इनमें सबसे पुराने हैं होमर (Homer) द्वारा लिखे देवी-माता के भजन। ये भजन सातवीं सदी बी.सी.ई. के हैं और इनका श्रेय होमर को है, चूँकि इनके छंद और अंदाज़ वही हैं जो उसके महाकाव्य के हैं।
- देवी-पूजन में पुरुष गौण है, मात्र बीज-प्रदाता और संरक्षक है। स्त्री पवित्र है, क्योंकि वह बच्चों को—अगली पीढ़ी को जन्म देती है। यहाँ उर्वरकता ही शक्ति है, जो ऐसे समय का सूचक है जब मनुष्य तत्वों की दया पर थे, कृषि और पशुपालन में सक्षम नहीं थे।
- आदि उभयलिंगी से नर-मादा की उत्पत्ति का सिद्धांत सभी मिथकशास्त्रों में एक-सा है। कुछ अनुवादों में इब्राहम के ईश्वर द्वारा पैदा किया पहला जीव आदम था, जो उभयलिंगी था और ईव को उसमें से खींचकर निकालने के बाद पुरुष बना।

ग्रेसिस (Graces) और म्यूज़िस (Muses)

ज़ियुस अनेक स्त्रियों के साथ रहा : टाइटन, ओलिम्पियन, अप्सराएँ, यहाँ तक कि मनुष्य। हरेक से ज़ियुस की संतानें हुईं, जो देवता थीं या नायक।

संसार को खुशियों से भरने के लिए युरिनोम से ज़ियुस तीन ग्रेसिस (Graces) का पिता बना। अक्सर अफ्रोदिति व इरोस के इर्द-गिर्द ये तीन स्त्रियाँ नंगी नाचती देखी गयीं।

नेमोसाइन (Mnemosyne) से ज़ियुस नौ म्यूज़िस (Muses) का पिता हुआ जिन्होंने कवियों, कलाकारों और लेखकों को कलाकृतियाँ, संगीत, नाटक, कहानियाँ लिखने को प्रेरित किया, जिससे लोग अपनी चिंताएँ

भूलकर आनन्द अनुभव कर सकें। यह कैसी अजीब बात है कि 'मेमोरी' (memory) यानी स्मृति की बेटियाँ ऐसी कलाकृतियों की रचना में सहायक थीं जिससे लोग 'भूल' सकें।

इस प्रकार ज़ियुस द्वारा खुशहाली और रचनात्मकता की धारणा आयी।

- हिन्दू मिथकशास्त्र में सरस्वती कला की देवी है और लक्ष्मी अनुग्रह की। अप्सरा नाम से जानी जानेवाली युवतियाँ आमोद-प्रमोद का प्रतीक भी हैं और कलाकारों की कला की भी।
- ज़ियुस को ब्रह्मा के पुत्र कश्यप से जोड़ा जा सकता है जिसकी अनेक पत्नियाँ थीं, जिनसे वह संसार की जनसंख्या में वृद्धि करता है।
- ज़ियुस गरुड़ (उकाब) की सवारी करता और वज्र गिराता हुआ दिखाया गया है। हिन्दू मिथकशास्त्र में भी इन्द्र बिजलियाँ गिराता है, आकाश और वर्षा से संबद्ध है, पर ज़ियुस की भाँति वह पितृछवि या शासक नहीं है। यह छवि विष्णु की है जो ज़ियुस की भाँति गरुड़ पर सवार है और संसार का संरक्षक है। ज़ियुस की तरह विष्णु भी चमत्कारी, शातिर, शक्तिशाली है और उसकी पत्नी लक्ष्मी में हेरा और दीमितर दोनों के गुण हैं। यहाँ दिलचस्प बात यह है कि यूनानी मिथकशास्त्र में अवतार की कोई अवधारणा नहीं है : ओलिम्पियंस मर्त्यलोक में मनुष्य की भाँति जन्म नहीं लेते।
- प्रत्येक म्यूज़ के हाथ में अलग-अलग वस्तुएँ होती हैं और इसी से उनकी पहचान होती है।
- हाईमन विवाह का देवता है और वह एक म्यूज़ का बेटा था। ऐसा माना जाता था कि हाईमन किसी विवाह में सम्मिलित न हो तो वह विवाह सुखद साबित नहीं होगा।

होराई (Horai) और मोराई (Morai)

सुव्यवस्था की टाइटन देवी थिमिस (Themis) से ज़ियुस होराई (Horai) और मोराई (Morai) का पिता हुआ। होराई तीन थीं, यूनोमेनिया (Eunomania) जो कानून लायी, डाइक (Dike) जो न्याय लायी, और आईरिन (Irene) जो शान्ति लायी।

मोराई, यानी भाग्य भी तीन थे जो सबका भाग्य तय करते : क्लोथो (Clotho) जीवन के धागे बुनता, लैकेसिस (Lachesis) उसे नापता और ऐट्रोपोस (Atropos) इसे काटता, इस प्रकार मृत्यु निश्चित करता।

इस तरह से ज़ियुस के द्वारा न्याय और भाग्य की धारणा आयी।

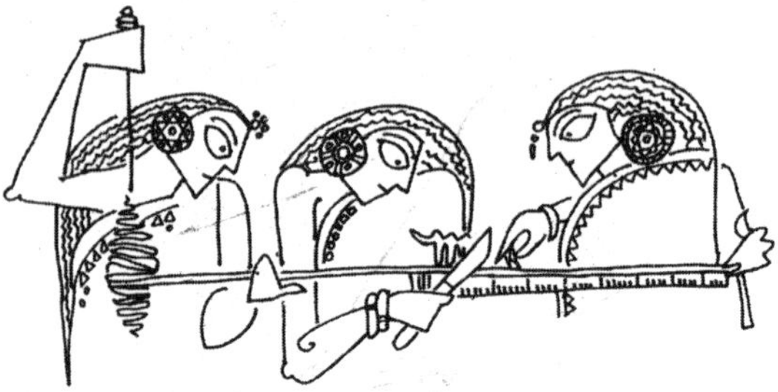

- हिन्दू मिथकशास्त्र में भाग्य की भूमिका षष्ठी देवी, लोककथाओं में सतवाई नाम से प्रसिद्ध हैं जो बच्चों के जन्म के छह दिन बाद आकर बच्चों के ललाट पर उनका भाग्य लिखती हैं। पर यह बात 'देसी परम्परा' की है 'मार्गी परम्परा' की नहीं जिसके अनुसार भाग्य का निर्धारण कर्म से होता है।
- हिन्दू मिथकशास्त्र में ब्रह्मा अपनी ही पुत्री सरस्वती के पीछे भागता है, जैसे ज़ियुस अपनी बहन के पीछे। यहाँ ब्रह्मा का उद्देश्य संसार की रचना (संतानोत्पत्ति) नहीं वरन् रचयिता का अपनी ही रचना के प्रति मुग्ध होना है।
- ज़ियुस की इतनी पत्नियाँ क्यों हैं? इस सवाल के कई उत्तर हैं। एक व्यंजनापूर्ण कारण यह है कि ज़ियुस मतीस (बुद्धि) और थिमिस (न्याय) के गुण आत्मसात् करने के लिए उनसे विवाह करता है। ऐतिहासिक दृष्टिकोण से ज़ियुस पितृसत्ता का परिचायक है, और देवियाँ व अप्सराएँ, जिन्हें ज़ियुस सम्मोहित करता है, मातृसत्ता की। हेतुविज्ञान के दृष्टिकोण से मानवियों से जन्मे महान नायकों की महानता का कारण उनके पिता ज़ियुस का दैवी होना है।
- सोने के जूतोंवाली परी नाईक (Nike), ज़ियुस की बेटी, विजय की देवी थी, जो पीले पत्तोंवाला हार विजेता को देती। रोमन मिथकशास्त्र में उसे विक्टोरिया (Victoria) कहा गया है।
- रोमन मिथकशास्त्र में डाइक को जस्टीशिया (Justitia) कहा गया है। उसका चित्रण आँखों पर पट्टी, एक हाथ में तराजू, दूसरे हाथ में तलवार के साथ किया गया है। वह न्याय का प्रतीक बन गयी। तराजू को राशिचक्र के चिन्ह तुला से भी जोड़ा गया था, जिसका युद्धकाल में ज़ियुस द्वारा यह देखने के लिए प्रयोग किया जाता था कि जीत के लिए भाग्य का इंगित किस ओर है। डाइक जो स्वर्णिम काल में पृथ्वी पर थी, धरती को छोड़कर चली गयी, जब लोग भ्रष्ट हो गये और उन्होंने न्याय की चिंता छोड़ दी।
- यह बहस का विषय है कि ज़ियुस भाग्य का निर्धारक था या भाग्य के आगे समर्पित। यूनानी मिथकशास्त्र में ज़ियुस न्याय का सर्वोच्च नियंत्रक और वितरक था, ईसाई जेहोवा का अग्रदूत।

एथिना (Athena)

ज़ियुस को टाइटंस की देवी, मतीस (Metis), से प्रेम हो गया था और उसने उससे शारीरिक सम्बन्ध बनाये। लेकिन जब ज़ियुस को यह मालूम हुआ कि मतीस से जो उसकी संतान होगी वह उसको उसी के सिंहासन से हटा देगी; तो जैसे ही मतीस गर्भवती हुई, ज़ियुस उसे समूचा निगल गया।

कुछ दिनों बाद ज़ियुस को भयंकर सिरदर्द हुआ, जिससे उसका सिर फट गया और शिल्प और बुद्धिमत्ता की देवी एथिना (Athena) बाहर आयी। चूँकि एथिना मतीस से नहीं, ज़ियुस से उत्पन्न हुई थी, वह उसके प्रति निष्ठावान थी और उसका नाश नहीं करने वाली थी। उसने पिता से वादा किया कि वह किसी पुरुष को अपना पति नहीं चुनेगी और एक वफ़ादार बेटी की तरह उसके शासन की रक्षा करते हुए उसकी सेवा करेगी। अन्दर से ही सही मंत्रणा देते हुए मतीस ज़ियुस के शरीर के भीतर ही रही।

एथिना हालाँकि अन्य ओलिम्पियंस की भाँति होशियार और संयमी थी, पर अपने प्रतिद्वन्द्वियों के प्रति असहिष्णु थी। एक बार उसने राजकुमारी अराक्ने (Arachne) के बारे में सुना, जिसका दावा था कि वह एथिना से बेहतर कपड़े बुन सकती है। सो एथिना ने अराक्ने को दीवार पर लगने वाली कढ़ाई (टैपस्ट्री) बनाने की प्रतिस्पर्धा में चुनौती दी। दोनों दो करघों पर बैठ गयीं और कहानी सुनाते हुए टैपस्ट्री बुनने लगीं—एथिना मूर्ख मनुष्यों की जो देवताओं को चुनौती देने का दुस्साहस करते थे और अराक्ने दम्भी देवताओं की जो मनुष्यों का अपमान करते थे। दोनों की रचनाएँ एक-सी सुन्दर थीं, सो क्रोधित एथिना ने हार तो स्वीकार कर ली लेकिन अराक्ने को श्राप दिया कि वह मकड़ी बन जाएगी और हमेशा के लिए जाले बुनती रहेगी।

- हिन्दू मिथकशास्त्र के अनुसार माँ के गर्भ से जन्म न लेनेवाला बच्चा अयोनिज कहलाता था और विशेष माना जाता था। एथिना को भी अयोनिज कहा जा सकता है। उसकी सेक्स के प्रति उदासीनता और शिल्प व प्रज्ञा के प्रति रुझान इस विश्वास को प्रतिबिंबित करता है कि नारीसुलभ गृहदक्षता को ज्ञान और कला से अलग रखा गया है। विवेकशील मनीषी स्त्री या पुरुष, दोनों से अविवाहित रहने की अपेक्षा की जाती है। दुर्गा व लक्ष्मी जिनका सम्बन्ध क्रमशः शक्ति व धन से है, के विपरीत ज्ञान की देवी सरस्वती एथिना के समकक्ष हैं, जिनका शायद ही गृहदक्षता से सम्बन्ध है।
- अराक्नोफ़ोबिया शब्द, जिसका अर्थ मकड़ी का डर है, राजकुमारी अराक्ने, जिसे एथिना ने मकड़ी बना दिया था, की कहानी से ही निकला है।
- मतीस मूर्तरूप है मेधा का। मतीस को निगलकर ज़ियुस बुद्धिमत्ता को आत्मसात् कर लेता है, जो ज़ियुस की क्रूर शक्ति का पूरक बनती है जिससे ज़ियुस ने टाइटंस को वश में किया; इससे वह ओलिम्पियंस का कुशल नेता बनता है।
- ओलिम्पियन देवियों को दो श्रेणी में बाँटा जा सकता है : एक श्रेणी उन देवियों की जिनका जन्म ज़ियुस से हुआ और दूसरी श्रेणी उन देवियों की जिनका जन्म ज़ियुस से पहले का या ज़ियुस के समकाल का है। पहली श्रेणी की देवियाँ, ज़िनमें एथिना भी सम्मिलित है, और जिसे कुमारी माना जाता है, अपनी सैक्सुएलिटी को स्वीकारने से इनकार करती हैं; उनका सम्बन्ध शिल्प और नीति से है। दूसरी श्रेणी की देवियाँ अपनी सैक्सुएलिटी को पूरी तरह स्वीकारती हैं और इस श्रेणी में अफ्रोदिति और हेरा सम्मिलित हैं।
- एथिना को ऐथन्स शहर से जोड़ा गया है। विद्वानों के बीच यह बहस का विषय है कि एथिना का नाम ऐथन्स से पड़ा या ऐथन्स का एथिना से।
- एथिना की कल्पना कवच के साथ है; हाथ में भाला और गौरगन (Gorgon—साँप के बालोंवाली युवती) के चित्रवाली ढाल और कंधे पर उल्लू। अपनी गोल आँखों से उल्लू सब कुछ देखता है।
- वह अक्सर पलस–एथिना (Pallas-Athena) कहलाती है। पलस (Pallas) उसका बचपन का दोस्त था, जिसे तलवार का प्रयोग सीखते हुए उसने दुर्घटनावश मार दिया था।

दीमितर (Demeter) और पर्सीफ़ोन (Persephone)

दीमितर और ज़ियुस की बेटी पैदा हुई, पर्सीफ़ोन (Persephone), जिसके सौन्दर्य ने मृतकों के देश के शासक, एकाकी हेडस का ध्यान आकर्षित किया। जब पर्सीफ़ोन की माता देख नहीं रही थीं, हेडस ने उसका अपहरण कर लिया और उसे स्टैक्स (Styx) नदी से पार, जीवितों के देश से दूर ले गया और अपनी रानी बना लिया।

दीमितर को खुश होना चाहिए था, पर वह अपनी बेटी से जुदाई नहीं सह सकी और उसने ज़ियुस से पर्सीफ़ोन को वापस लाने की प्रार्थना की। दीमितर ने कसम खाई कि जब तक पर्सीफ़ोन वापस नहीं आ जाती, वह किसी भी पौधे पर फूल, पत्ते या फल नहीं आने देगी।

पर्सीफ़ोन को छोड़ने के लिए हेडस को राज़ी करने में ज़ियुस को अपनी सारी ताकत लगानी पड़ी। "पर्सीफ़ोन जा सकती है अगर उसने मृतकों के देश की कोई वस्तु न खाई हो," हेडस घुरघुराया।

बदकिस्मती से जब मृतकों के देश में थी, पर्सीफ़ोन ने अनार के कुछ बीज खा लिये थे। अत: यह घोषित किया गया कि साल के छह महीने पर्सीफ़ोन अपने पति हेडस के साथ रहेगी और छह महीने अपनी माँ दीमितर के साथ।

- हिन्दू पुराणों में धरती को भूदेवी कहा गया है और सारी वनस्पतियाँ उसकी संतानें, इसलिए वह गाया भी है और दीमितर भी।
- यूरोप में शरद ऋतु मौसम में स्पष्ट बदलाव लाती है, जबकि भारत में मौसम में बदलाव मानसून से आता है। शीतकाल को दीमितर की पुत्री के हेडस द्वारा अपहरणकाल के रूप में परिभाषित किया गया है, जबकि वर्षा ऋतु की व्याख्या वर्षा और बिजलियों के माध्यम से इन्द्र और धरती के विलास के रूप में की गयी है।
- दीमितर फ़सल की देवी है। रोम में वह सिरीस (Ceres) कहलाती थी।
- पर्सीफ़ोन उसकी पुत्री है जो उपज के साथ उगती है और जाड़े में चली जाती है और उसे 'हाथ में मक्के की बाली' के साथ चित्रित किया गया है। वह मिथुन राशि के साथ जोड़ी गयी है।

- हेकाटी के साथ मिलकर दीमितर और पर्सीफ़ोन त्रिदेवियाँ बनती हैं; वृद्धा, माता और कुमारी।
- ओलिम्पियंस के उदय से पहले प्राचीन यूनानी कृषि-रहस्यों में इन तीन देवियों की महत्त्वपूर्ण भूमिका रही है।
- दीमितर कभी भी युगल रूप में चित्रित नहीं की गयी है सिवाय एक अपवाद आइसियन (Iasion) के, जो उसके साथ विलासरत रहा पर ज़ियुस के वज्र से मारा गया।

पॉज़ाइडन (Poseidon)

केवल समुद्रों पर शासन करके पॉज़ाइडन संतुष्ट नहीं था। वह धरती पर भी अपना शासन चाहता था, कम-से-कम कुछ हिस्से ही सही, चाहे एकाध द्वीप या फिर महादेशों के तटवर्ती इलाके। पर उसने जितनी भी कोशिशें कीं, वह असफल रहा। कोरिन्थ (Corinth) सूर्य देवता हीलियस की उपासना करता; आरगोस (Argos) गृहस्थी की देवी हेरा को पूजता और ऐथन्स के लोग एथिना की पूजा करते क्योंकि एथिना ने उन्हें जैतून के पेड़ दिये थे, जबकि पॉज़ाइडन ने उन्हें दिया था सिर्फ़ खारा पानी।

पॉज़ाइडन ने घोड़े पैदा किये जो पानी पर लहरों की तरह दौड़ते थे, फिर भी वह चहेता ओलिम्पियन नहीं बन पाया। सो पॉज़ाइडन ने धरती पर भूकम्प और समुद्र में तूफ़ान लाकर उन सबका जीवन दूभर करने की कसम खाई, जो धरती पर रहते हैं।

अन्ततः पॉज़ाइडन ने समुद्र की जलपरी ऐम्फ़िट्राईट (Amphitrite) से विवाह किया, पर वह उसकी संगत से दूर भागती रही, जब तक कि एक डॉलफ़िन के समझाने पर ऐम्फ़िट्राईट ने अपना इरादा नहीं बदल लिया।

ज़ियुस की तरह पॉज़ाइडन भी अक्सर समुद्र से बाहर निकल जाता और समुद्र किनारे की स्त्रियों से प्रेम करता, विशेषकर वे जिन्हें समुद्री पानी से खेलना और उसके झाग अपनी जँघाओं के बीच डालना प्रिय था।

एक बार पॉज़ाइडन केनीस (Caenis) नाम की नवयुवती संग प्रेममग्न था और उसने केनीस की जो भी इच्छा हो, उसे पूरी करने का प्रस्ताव किया। केनीस ने पुरुष बन जाने की इच्छा व्यक्त की। पॉज़ाइडन ने केनीस को कैनियस (Caeneus) बनाकर उसकी इच्छा पूरी की और साथ ही उसे ऐसी त्वचा दी जिसे कोई भी हथियार न छेद सके। कैनियस की असलियत का पता लगने पर किन्नरों ने उसका उपहास किया। जब वे कैनियस को हथियारों से नहीं मार सके तो उसे पेड़ों के तनों से कुचल दिया।

- हिन्दू मिथकशास्त्र में पॉज़ाइडन का समकक्ष वरुण है जो मत्स्य या सागर-दैत्य मकर पर सवार है। वरुण धन की देवी लक्ष्मी का पिता है जो अत्यंत उदार माना जाता है, मानवों को नमक और मछली देता है और बदले में कुछ भी नहीं माँगता। पॉज़ाइडन की तरह वह झगड़ालू नहीं है, और उसमें पुराने समुद्री देवता—पोंतस (Pontus) और ओशनस (Oceanus)—से अधिक साम्य है।
- पॉज़ाइडन हाथ में त्रिशूल लिये लहरों पर सवारी करते हुए चित्रित किया गया है, जैसे लहरें घोड़ा या डॉलफ़िन हों।
- रोमन में पॉज़ाइडन नेप्ट्यून के नाम से जाना गया है।
- दार्शनिक प्लेटो कहानी सुनाता है, कैसे पॉज़ाइडन ने एक मानवी क्लितो के पुत्र एटलस को पैदा किया। एटलस ने अटलांटिस की स्थापना की जिसने ऐथन्स को जीतने की चेष्टा की पर असफल रहा, क्योंकि ऐथन्स एक सुशासित शहर था, जबकि अटलांटिस के लोगों का लालची मानव स्वभाव उनके अनुशासित देवस्वरूप पर हावी था।

हेरा (Hera)

ज़ियुस ने अपनी बहन हेरा (Hera) को अपनी पत्नी के रूप में लिया और ओलिम्पस की रानी बनाया। उसने उसे बहुत-सी संतानें दीं। उनमें हीबि (Hebe) नामक देवी थी, जो मधु बाँटती है और सबको प्रसन्न रखती है। एरिस (Eris) कलह की देवी, जो झगड़े करवाती है और हरेक को दुखी करती है। ऐरेस (Ares) था युद्ध का सुन्दर देवता और हेफ़ीस्तस (Hephaestus) बदसूरत और विकृत, शिल्प का देवता।

हेरा हेफ़ीस्तस को बिलकुल भी पसन्द नहीं करती थी, क्योंकि वह बेढंगे पैरों के साथ पैदा हुआ था। उसने उसे जन्म के साथ ही ओलिम्पस से बाहर फेंक दिया। वह धरती पर गिरा और अप्सराओं द्वारा पाला गया। खुद को पत्थर, लकड़ी

और धातु के शिल्प और औज़ार बनाने में पारंगत करता हुआ हेफ़ीस्तस बड़ा हुआ। एक दिन उसने एक सिंहासन बनाया और सभी ओलिम्पियंस को उस पर बैठने को आमंत्रित किया। सभी ने उसके सुन्दर और आरामदेह होने की प्रशंसा की। तथापि जब हेरा बैठी, सिंहासन बंद हो गया और उसको फँसा लिया। हेफ़ीस्तस ने हेरा को आज़ाद करने से इनकार कर दिया, जब तक कि वह उसे निर्वासित करने के लिए माफ़ी न माँगे। सिवाय माफ़ी माँगने के हेरा के पास कोई चारा नहीं था।

- हिन्दू मिथकशास्त्र में काली का घरेलू अवतार गौरी गृहस्थी की देवी है। वह शिव को सामाजिक जीव बनाती है और संन्यासी को गृहस्थ में परिवर्तित करती है। अक्सर गौरी शिव से नाराज़ होती है, जब वह उन्हें अपनी दासियों की ओर अनपेक्षित रूप से ध्यान देते हुए देखती है, पर उसमें हेरा जैसी उग्र प्रतिशोध की भावना नहीं है। हेरा की ईर्ष्या का कारण प्राचीन मातृसत्तात्मक परम्पराओं पर पितृसत्तात्मक कबीलों का उभर कर आना था, जो ज़ियुस का सम्मान करते थे।
- यूनानी मिथकशास्त्र के ऐरेस की भाँति शिव का पुत्र कार्तिकेय युद्ध का हिन्दू देवता है, जो असुरों के विरुद्ध युद्ध में देवताओं की दैवी सेना का नेतृत्व करता है।
- रोमन मिथकशास्त्र में हेरा जूनो (Juno) के नाम से जानी जाती है। वह अपने हाथ में अनार रखती है, जो उर्वरता से उसके जुड़ाव का सूचक है। वह मोरों द्वारा खींचे रथ पर सवार है।
- इस कहानी से, कि कैसे हेरा हेफ़ीस्तस से घृणा करती है क्योंकि वह लँगड़ा है, हम यूनानी मिथकशास्त्र में सौन्दर्य का संतुलन से और विकृति का बेडौलपन से जुड़ाव देखते हैं। सो यही अवधारणा आगे जाकर अच्छाई को प्रकाश से जोड़ती है और बुराई को अंधकार से। इससे असुन्दर, बेडौल और अँधेरों से इंसानों में भय का विस्तार होना भी प्रतिबिंबित होता है।
- हेरा ने लामिया (Lamia) के बच्चों को मार डाला, जब उसे ज़ियुस के साथ लामिया के सम्बन्धों का पता लगा। लीबिया की रानी, कातर लामिया एक दैत्य में बदल गयी जो बच्चों को तभी खा जाती थी जब वे अपनी माँ की कोख में होते थे।

हेफ़ीस्तस (Hephaestus)

हेफ़ीस्तस की उपेक्षा करने का ज़ियुस को अफ़सोस था। इसलिए उसने हेफ़ीस्तस को ओलिम्पस आने का न्यौता दिया पर हेफ़ीस्तस ने एक शर्त रखी। माता द्वारा अवहेलित और पिता द्वारा उपेक्षित हेफ़ीस्तस ने सुन्दरता की देवी, अफ़्रोदिति, उसे पत्नी के रूप में दी जाए। ज़ियुस के पास ऐसा करने के अलावा और कोई चारा नहीं था।

यह कोई सुखद विवाह नहीं था। हेफ़ीस्तस को अभियांत्रिकी (इंजीनियरिंग) से लगाव था और रोमांस की उसे कतई समझ नहीं थी। वह वस्तुओं की नापतोल करता था, और अफ़्रोदिति रूप-सज्जा व संगीत में रस लेती थी। वह निरा पशु था तो अफ़्रोदिति को सुरुचि पसन्द थी। प्रेम की देवी अफ़्रोदिति उत्साही और जोशीले युद्ध के देवता ऐरेस को पसन्द करती थी। "दोनों ज़ियुस के पुत्र हैं, जबकि मेरा पति हथियार बनाता है, युद्ध में उनका इस्तेमाल ऐरेस ही जानता है," उसने अपनी सहेलियों से कहा। और इस तरह जब हेफ़ीस्तस अपनी कार्यशाला में व्यस्त होता, उकताई हुई अफ़्रोदिति ऐरेस को अपनी शय्या पर बुलाने लगी।

अन्ततः हेफ़ीस्तस ने अफ़वाहें सुनीं जिन्हें अफ़्रोदिति ने नकार दिया। आहत और अपमानित होकर हेफ़ीस्तस ने गुप्त रूप से एक विशेष पलंग बनाया। जब प्रेमी-युगल उस पर लेटे, एक बारीक, लगभग अदृश्य-सा जाल उन्हें फाँसता हुआ उन पर आ गिरा। अब सारी दुनिया की नज़र के सामने अफ़्रोदिति और ऐरेस, नग्न पड़े थे एक-दूसरे की बाँहों में, हेफ़ीस्तस के जाल में जकड़े। एक बार जैसे अपनी माँ को शर्मिंदा किया था, वैसे ही हेफ़ीस्तस ने अपनी पत्नी को शर्मसार किया।

- हेफ़ीस्तस का समकक्ष हिन्दू मिथकशास्त्र में विश्वकर्मा है। और उसके भी विश्वकर्मा की भाँति सूर्य से घनिष्ठ सम्बन्ध हैं। अगर विश्वकर्मा देवताओं का वास्तुकार है तो माया असुरों की। दोनों हथियार गढ़ते हैं और नगरों का निर्माण करते हैं।

- हेफ़ीस्तस रोमन मिथकशास्त्र में वल्कन (Vulcan) के नाम से प्रसिद्ध है। उसके हाथ में लोहार का हथौड़ा है और उसका स्वरूप झुका हुआ, बदसूरत, लँगड़ा है।
- एथिना की भाँति वह शिल्प से जुड़ा है, पर उसे एथिना से कहीं नीचा और अपरिष्कृत माना जाता है।
- हेफ़ीस्तस का सम्बन्ध ज्वालामुखी पर्वतों से है जो उसकी कार्यशाला है, जहाँ वह धातु का काम करता है।

अफ्रोदिति (Aphrodite)

अफ्रोदिति (Aphrodite) का जन्म ओलिम्पस की स्थापना से पहले हुआ था, जब यूरेनस का विक्षत जननांग समुद्र से टकराया था। पर कुछ लोगों का कहना है कि ज़ियुस ने उसे टाइटंस की देवी डायोनी (Dione) से पैदा किया था। वह लोगों के हृदय में लिंग, उम्र, सामाजिक रुतबे आदि नियमों की उपेक्षा करते हुए चाहत जगाती। इससे अफ्रोदिति और भी खतरनाक बन जाती, विशेषकर जब वह अपनी खास करधनी कमर में पहन लेती थी। तब वह अत्यंत सम्मोहक हो जाती और ज़ियुस तक को उसे निवेदन करने को बाध्य कर सकती थी।

हेफ़ीस्तस से उसके विवाह का ज़ियुस का निर्णय अफ्रोदिति पर लगाम कसने के उद्देश्य से था, पर इससे उसकी समस्याओं में बढ़ोतरी ही हुई, क्योंकि ऐरेस का सान्निध्य पाने के अलावा उसने नियमों द्वारा बँधने से इनकार कर दिया।

एक बार साइप्रस की रानी ने दावा किया कि उसकी बेटी अफ्रोदिति से कहीं अधिक सुन्दर है। क्रोधित अफ्रोदिति ने रानी की पुत्री को उसके पिता, यानी राजा, के प्रेम में फँसा दिया और धोखे से सम्भोग करवाया। जब पिता ने देखा पुत्री ने क्या किया है, उसने उसे मारने का निश्चय किया लेकिन पुत्री ने देवताओं से अपनी रक्षा के लिए प्रार्थना की और वह लोबान का वृक्ष बना दी गयी। उस वृक्ष से व्यभिचार की सन्तान ऐडोनिस (Adonis) ने जन्म लिया, अब तक का सर्वाधिक सुन्दर युवक। वह इतना सुन्दर था कि स्वयं अफ्रोदिति उसके प्रेम में पड़ गयी।

ईर्ष्या से भरे ऐरेस ने अपने प्रतिद्वंद्वी ऐडोनिस को मारने के लिए जंगली सुअर भेजा। अपने प्रेमी एडोनिस के मृत शरीर को देखकर अफ्रोदिति रोई और उसकी स्मृति में रत्नज्योति का फूल उगाया। विछोह झेलने में असमर्थ अपने प्रेमी को वापस लाने के लिए अफ्रोदिति ने मृतकों के देश की यात्रा की। पर मृतकों की रानी पर्सीफ़ोन ने ऐडोनिस से अलग होना अस्वीकार कर दिया, क्योंकि वह भी उसके प्रेम में पड़ चुकी थी।

अफ्रोदिति ने घोषणा की कि जब तक ऐडोनिस उसे वापस नहीं मिलता, तब तक बसंत नहीं आयेगा। और तब ज़ियुस ने घोषणा की कि ऐडोनिस वर्ष के छह महीने के लिए मृतकों के देश में रहेगा और शेष छह महीने जीवितों के देश में। इस प्रकार उसकी अनुपस्थिति में शीतकाल होगा और उसके आगमन में बसंत।

- हिन्दू मिथकशास्त्र के अनुसार प्रेम का देवता कामदेव, शिव के तीसरे नेत्र की दृष्टि द्वारा जीवित ही भस्म कर दिया जाता है। तदनन्तर शिव को देवी से प्रेम होता है। वह कामाक्षी कहलाती है जिसके नेत्र कामना जगाते हैं। वह कामदेव को पुनर्जीवित करती है। हालाँकि पुनर्जीवित कामदेव अशरीरी है, और अनंग कहलाता है। इस प्रकार दैहिक प्रेम भावनात्मक प्रेम से अलगाया गया है। कामदेव हिन्दू इरोस है और उसकी पत्नी रति, हिन्दू अफ्रोदिति, पर जहाँ काम और रति पति-पत्नी हैं वहीं इरोस और अफ्रोदिति के सम्बन्ध अस्पष्ट हैं, क्योंकि अक्सर उसे अफ्रोदिति की बाँहों में बच्चे के रूप में दिखाया गया है।
- प्रेमी (ऐडोनिस) के मरने और पुनर्जन्म की कहानी में पुत्री (पर्सीफ़ोन) के गमन-आगमन की कथा का अक्स झलकता है। यह रूपक केवल यूनान में ही प्रचलित नहीं था वरन् ऋतुओं के बदलाव और मिट्टी की उर्वरता के कारण के रूप में मैसोपोटामिया क्षेत्र में भी लोकप्रिय है।
- *मैटामौरफ़ेसिस, फेबुला* और *बाइब्लिओथिका* जैसी अनेक लैटिन कृतियों में यह कहानी पायी गयी है।

साईकि (Psyche)

साईकि (Psyche) इतनी रूपवती थी कि लोगों ने अफ्रोदिति की पूजा करनी छोड़ दी और साईकि की पूजा शुरू कर दी, बिना यह सोचे कि वह नश्वर है। इस बात ने अफ्रोदिति को क्रोध से भर दिया और अपने पुत्र इरोस को साईकि के मन में संसार के सबसे बदसूरत व्यक्ति के लिए प्यार जगाने का आदेश दिया।

बदकिस्मती से जब इरोस ने साईकि को देखा, तो उसके सौन्दर्य से इतना प्रभावित हुआ कि उसने अपने तीर से खुद को खरोंच लिया। तब उसने साईकि को उसके पिता से बचाने के लिए और अफ्रोदिति के कोप से दूर, एक गुप्त स्थान में ले जाने के लिए दैवी शक्तियों का प्रयोग किया। वह उससे सिर्फ़ रात में मिलता इस चेतावनी के साथ कि जब तक वह उसे रोशनी में नहीं देखेगी, अत्यंत प्रसन्नता का अनुभव करेगी।

साईकि के लिए जीवन रात को आनन्दमय था पर दिन में एकाकी। अतः उसने अपने रहस्यमय पति से अपने परिजनों को उससे मिलने आने की अनुमति ले ली। काफ़ी अनुनय-विनय के बाद इरोस मान गया, पर वह एक भूल थी। साईकि की बहनों ने जब उसे इतना प्रसन्न देखा तो वे ईर्ष्या से भर गयीं। उन्होंने साईकि के मन में ज़हर भर दिया, "तुम्हारा पति शायद एक दानव हो जो बाद में तुम्हारे बच्चों को खा जाये। तुम्हें क्या पता?" उन्होंने उसे कहा।

अपनी बहनों की बातों में आकर एक रात साईकि ने अपने पति का चेहरा देखने के लिए दीपक जलाया। वह कुछ भी था, पर दानव नहीं। वास्तव में यह सबसे रूपवान चेहरा था, जो उसने अब तक देखा था। इस तरह जब वह अपने पति को निहार रही थी, गर्म तेल की एक बूँद दीये से उसके चेहरे पर गिर गयी। वह चीखता हुआ उठा और अपनी पत्नी में उसके प्रति विश्वास की कमी से हताश होकर चला गया।

अपराधबोध और दुःख से भरी साईकि अपने पति को ढूँढ़ने के लिए सारी दुनिया में घूमती रही। वह जहाँ भी गयी, दीमितर, हेरा जैसी देवियों को प्रसन्न

करने के लिए सब कुछ सहेजती रही पर उसकी मदद करने से सभी ने मना कर दिया, क्योंकि ओलिम्पियंस के लिए दूसरे के मामलों में हस्तक्षेप करना वर्जित था।

अन्ततः वह अफ़्रोदिति के पास पहुँची जिसने उससे तिरस्कारपूर्ण व्यवहार किया और चार कठिन कार्य करने को कहा : कई तरह के अनाज के मिले-जुले दानों को अलग करना, एक हिंसक भेड़ की सुनहरी ऊन इकट्ठी करना, स्टैक्स नदी से पानी भरना, और पर्सीफ़ोन की सौन्दर्य औषधि लाना। हर बार साईकि देवताओं की मदद से सफल हो गयी; हर्मीस (Hermes) द्वारा भेजी गयी चींटियों ने अनाज अलग करने में उसकी मदद की, दीमितर की कँटीली झाड़ियों ने भेड़ की ऊन इकट्ठी कर दी, ज़ियुस के भेजे उकाब (नेवले) ने स्टैक्स नदी से पानी ला दिया और सौन्दर्यवर्धक दवाई स्वयं पर्सीफ़ोन ने उसे दी।

इस बीच जैसे ही इरोस का घाव भर गया, उसकी निराशा चाहत में बदल गयी। उसने साईकि को ढूँढ़ना शुरू किया और अन्ततः वह उसे पर्सीफ़ोन की औषधि से ढँकी सोई हुई मिली। उसने उसे जगाया और ओलिम्पस ले गया जहाँ ज़ियुस ने फ़ैसला सुनाया कि वे दोनों एक-दूसरे के थे, यह ऐसा निर्णय था जिसे अफ़्रोदिति को मानना पड़ा।

इस प्रकार अन्ततः इरोस और साईकि का पुनर्मिलन हुआ। दोनों ने एक बेटी हेडोनी (Hedone) पैदा की जो प्रसन्नता की देवी बनी।

- संस्कृत ग्रंथ *महाभारत* में पायी गयीं अनेक कथाओं में दमयंती की कथा है, जो अपने पति नल को ढूँढ़ती है जिसने सब कुछ हारने की ग्लानि से भरकर उसे छोड़ दिया था; और सावित्री की कहानी जो अपने पति सत्यवान को यमलोक से वापस लाती है। साईकि की कहानी की तरह इन कहानियों में नायिका एक स्त्री है, और उसकी खोज एक खोए हुए प्रेम को पाना है।
- इरोस और साईकि की कहानी चौथी शताब्दी बी.सी.ई. की कलाकृतियों में पायी गयी है, जिससे पता लगता है यह वृत्तांत बहुत पुराना है, हालाँकि साहित्य में इसका विवरण बहुत बाद में, दूसरी शताब्दी सी.ई. में लैटिन पुस्तक द *गोल्डन ऐस* में मिलता है, जिसमें इरोस को क्यूपिड (Cupid) और अफ़्रोदिति को वीनस (Venus) कहा गया है।
- यह कहानी मानस (साईकि) और प्रेम (इरोस) के सम्बन्धों के रूपक के रूप में देखी गयी है और सदियों से विचारकों को प्रेरित करती रही है, फ्रॉयड को भी। साईकि से ही साईकोलोजी (मनोविज्ञान) विषय बना है।

इको (Echo) और नार्सिसस (Narcissus)

हेरा को पसन्द नहीं था कि विवाह के बाद भी उसका पति देवियों और अप्सराओं के पीछे भागे। पर ज़ियुस स्वयं पर नियंत्रण नहीं रख सकता था।

ज़ियुस ने इको (Echo) नामक अप्सरा को लम्बी बातचीत से हेरा का ध्यान बँटाने के लिए भेजा। जब हेरा ने महसूस किया कि उसे छला गया है, उसने इको को श्राप दिया कि जो कोई भी उससे कुछ कहेगा वह केवल उसके आखिर के शब्द दोहरा सकेगी। इस प्रकार श्रापग्रस्त इको कोई साथी नहीं ढूँढ़ सकी और गुफ़ाओं में छुप गयी, जहाँ से वह उस कन्दरा में बोले गए केवल अंतिम शब्दों को दोहरा सकती थी। इको, नार्सिसस (Narcissus) को चाहती थी पर वह ऐसी लड़की से प्रेम नहीं कर सकता था जो सिर्फ़ बोले हुए शब्दों को दोहराती थी और बातचीत नहीं कर सकती थी।

नार्सिसस एक घमंडी युवक था, उसे अपनी खूबसूरती पर इतना घमंड था कि उसने इको को ही नहीं सभी प्रेमिकाओं को ठुकराया था। दैवी प्रतिशोध की देवी नेमेसिस (Nemesis) की वजह से वह अपनी ही परछाईं के प्रेम में पड़ गया। और इसलिए वह युवक सारा दिन और रात तालाब में अपने प्रतिबिम्ब को निहारते हुए बिताता रहा जब तक कि वह एक फूल में नहीं बदल गया।

- हिन्दू मिथकशास्त्र में दर्पण मात्र एक घमंड का नहीं वरन् बुद्धिमत्ता का भी प्रतीक है। शक्ति शंकर को आईना दिखाती है ताकि वह अपनी प्रतिबिम्बित छवि देखकर स्वयं को जान सकें।

लेटो (Leto)

एक बार ज़ियुस दो टाइटन बहनों के वशीभूत हुआ—कोयुस (Coeus) और फीबि (Phoebe) की बेटियाँ, अस्तेरिया (Asteria) और लेटो (Leto)।

अस्तेरिया ने ज़ियुस के प्रेम प्रस्ताव का विरोध किया। कोयल का रूप बना कर वह उड़ गयी और उसने ईजियन (Aegean) सागर में डुबकी लगायी, जहाँ वह तैरता हुआ द्वीप डेलोस (Delos) बन गयी जो लहरों के साथ तैरता था, इसलिए किसी भी नाविक के लिए उसे ढूँढ़ना मुश्किल था।

ज़ियुस ने तब अपना ध्यान लेटो की ओर मोड़ा, जो अधिक विनम्र थी। तथापि जब लेटो के गर्भवती होने की खबर हेरा तक पहुँची, तो वह आगबबूला हो उठी। उसने लेटो का पीछा करने और उसे खा जाने के लिए पाइथन (Python) नामक दैत्य का आह्वान किया और गाया से कसम ली कि लेटो को धरती पर कहीं शरण नहीं मिलेगी।

पाइथन द्वारा सताई गर्भवती लेटो धरती के छोर तक भागी और अन्तत: सागर में कूद गयी और द्वीप-दर-द्वीप शरणस्थल के लिए तैरती रही। आखिर में उसे अपनी बहन, डेलोस द्वीप पर आश्रय मिला। वहाँ उसने जुड़वाँ बच्चों को जन्म दिया : एक लड़का अपोलो (Apollo) सूर्य-सा तेजस्वी और एक लड़की अर्तेमिस (Artemis) चाँद-सी निर्मल।

बच्चे अभी पैदा हुए ही थे कि पाइथन डेलोस पहुँच गया और लेटो पर हमला किया। आश्चर्य, नवजातों ने धनुष उठाया, तीर छोड़ा और दैत्य को मार डाला।

बच्चे अपनी माँ लेटो के ऐसे संरक्षक थे कि एक बार निओबी (Niobe) नामक एक रानी ने केवल दो संतानें होने के कारण लेटो की हँसी उड़ाई तो बच्चों ने अपने धनुष उठाये और निओबी के सभी चौदह बच्चों—सात बेटे और सात बेटियों को मार डाला।

- अपोलो की भाँति, जो पाइथन नामक दैत्य को मार डालता है, शिव का पुत्र कार्तिकेय भी अपने जन्म के कुछ ही दिनों के बाद तारक नामक राक्षस से लड़ता है और उसे मार देता है।
- अपोलो और अर्तेमिस की तरह *महाभारत* में भी अनेक जुड़वाँ भाई-बहनों की कथा है, जैसे कृपा-कृपी, हिडिम्बा-हिडिम्बी, पर उनमें से कोई देवता नहीं है।
- यूनानी मिथकशास्त्र में सूर्य पुरुष है और चंद्रमा स्त्री, पर हिन्दू मिथकशास्त्र में दोनों ही पुरुष हैं।
- लेटो शायद प्राचीन क्रीट की देवी थी जो बाद में ओलिम्पियन देवताओं से सम्बद्ध हो गयी। वह एशिया माइनर स्थित लीशा (Lycia) से भी जुड़ी है, जहाँ के स्थानीय किसानों द्वारा तालाब का पानी पीने से रोकने पर लीशा ने सबको मेंढक बना दिया जो हमेशा के लिए कीचड़ में ही लोट लगाते रहते।
- अपोलो व्याधि का कारण भी है और उसका उपचार भी। अर्तेमिस पशुओं की संरक्षक भी है और शिकारियों की देवी भी। इस तरह दो ओलिम्पियंस परस्पर विरोधी गुणों के धारक हैं।

अपोलो (Apollo)

अद्भुत रूप से प्रभावशाली व्यक्तित्व होने के बावजूद प्यार के मामले में अपोलो अभागा था। स्त्रियों और पुरुषों ने, जिनसे भी उसने प्रेम किया, उसके स्नेह का प्रतिदान नहीं दिया। वे उससे दूर भागे, पेड़ या पौधा बन गये, शायद उसके प्यार से डरकर, जो बहुत साधारण था, संसार को व्यवस्थित और जीवन को सरल बनाते हुए अत्यंत अनुशासित था।

अपोलो एटोलिया (Aetolia) की राजकुमारी मार्पेसा (Marpessa) के प्यार में पड़ा। लेकिन मार्पेसा को मालूम था कि देवता स्वभाव से चंचल होते हैं और मनुष्यों के प्रेम से आखिर में उकता जाते हैं; इसलिए उसने एक मनुष्य से विवाह करना पसन्द किया।

वह डैफ़नी (Daphne) के प्रेम में तड़प रहा था लेकिन वह कुमारी रहना चाहती थी। अपोलो के लगातार ध्यानाकर्षण से बचने के लिए उसने अपने पिता, नदी के देवता पेनियस (Peneus), से कहा कि वे उसे लॉरेल (laurel) की झाड़ में बदल दें। डैफ़नी के प्रति अपने शाश्वत प्रेम के प्रतीक के रूप में अपोलो ने घोषणा की कि वह अपने सिर पर हमेशा लॉरेल का ताज पहनेगा।

अपोलो को फिर सिबिल (Sibyl) से प्रेम हुआ, और वह उसका साथ देने

को राज़ी हो गयी, अगर वह उसे इतने वर्षों वाली लम्बी उम्र का उपहार देता, जितने सागर-तट की रेत में कण हैं। अपोलो ने यह संभव कर दिया पर तब सिबिल ने अपना इरादा बदल लिया और उसे ठुकरा दिया। नाराज़ अपोलो ने उसे बताया कि हालाँकि उसने लम्बी उम्र का वरदान पा लिया था, पर उसने चिरस्थायी यौवन का उपहार नहीं पाया था और वह लम्बी उम्र का अधिकांश समय झुकी हुई कमर, झुर्रीदार चेहरे और छड़ी के सहारे, बमुश्किल बिताएगी।

अपोलो ट्रोजन राजकुमारी, कैसेंद्रा (Cassandra), को चूमना चाहता था और चुम्बन के बदले अपोलो ने उसे भविष्यवक्ता बनने का उपहार देना स्वीकार किया। लेकिन प्रत्युत्तर में कैसेंद्रा ने अपोलो को चूमा नहीं। अपोलो ने घोषित किया कि वह भविष्य तो बता पायेगी लेकिन कोई उसके बताये भविष्य पर विश्वास नहीं करेगा।

वह लैपिथ्स (Lapiths) के राजा फ्लेजियस (Phlegyas) की बेटी कोरोनिस (Coronis) के प्रेम में पड़ा और उससे एक संतान भी हुई, पर फिर वह इस्कीस (Ischys) नामक नश्वर मनुष्य के प्रेम में पड़ गयी। अपोलो द्वारा कोरोनिस पर निगरानी के लिए छोड़े सफ़ेद कौए ने उसे इसकी सूचना दी। इस सूचना से अपोलो इतना क्रोधित हुआ कि 'उसने इस्कीस की आँखें क्यों नहीं नोच लीं,' कहते हुए कौए को श्राप दिया। इसीलिए तब से कौए काले हैं, सफ़ेद नहीं। अपोलो ने तब अर्तेमिस को उसे मारने को कहा, पर जब राजकुमारी का प्राणविहीन शरीर चिता पर रखा गया, अपोलो ने कोरोनिस के गर्भ से उनके बच्चे की आवाज़ सुनी। अपोलो ने बच्चे को बाहर निकाला, उसका नाम ऐस्क्लेपस (Asclepius) रखा और सेंटो कायरन (Chiron) को उसे पालने को दे दिया। ऐस्क्लेपस को बड़ा होकर औषधि-शल्य चिकित्सा का देवता बनना था। वह इतने लोगों को मृत्यु से बचाता कि यह हेडस के लिए खतरा होता, फिर ज़ियुस को वज्र गिरा कर ऐस्क्लेपस को मारना पड़ा।

अपोलो ने स्पार्टा (Spartan) के राजकुमार हियासिन्थ (Hyacinth) से प्यार किया, उसने भी उसके प्रेम का प्रतिदान दिया, पर दुर्भाग्यवश, उनके

सम्बन्धों से वायु-देवता ज़ेफ्युरस (Zephyrus) को ईर्ष्या हुई, क्योंकि वह भी हियासिन्थ को चाहता था। एक दिन जब अपोलो और हियासिन्थ डिस्कस (discus) से खेल रहे थे, ज़ेफ्युरस ने ऐसी हवा उड़ायी कि चक्र मुड़ा और हियासिन्थ के सिर पर लगा, उसका माथा फट गया और वह मर गया। जब उसने अन्तिम साँस ली, उसका लहू गिरा और एक फूल बन गया, जिसका नाम उसकी स्मृति में अपोलो ने हियासिन्थ रखा।

अपोलो, साइपेरिसस (Cyparissus) नामक लड़के के प्रेम में पड़ा, जिसके पास एक पालतू हिरण था। एक बार जब साइपेरिसस शिकार खेल रहा था, दुर्घटनावश उसने अपने हिरण को मार डाला और अत्यंत शोकाकुल हुआ। लड़के के लिए दुखी होकर अपोलो ने उसे साइप्रस का पेड़ बना दिया, जिसकी झुकी हुई शाखाएँ हमेशा हिरण के लिए शोक में रहती हैं।

- हिन्दू मिथकशास्त्र में सूर्य के पुत्र रेवंत की तुलना अपोलो से की जाती है। उसकी समरूपता अर्तेमिस से भी है, क्योंकि उसका चित्रण घोड़े पर सवार, अत्यंत सुन्दर, शिकार करनेवाले देवता का है।
- पौधे यूनानी मिथकशास्त्र में अक्सर वे मनुष्य हैं जिनको देवताओं के प्रणय-निवेदन अस्वीकार करने या मृत्यु का शिकार होने पर उस रूप में परिवर्तित कर दिया गया है।
- अपोलो के निष्फल प्रेम से अनेक पौधे जैसे लॉरेल से हियासिन्थ और साइप्रस तक पैदा हुए। हिन्दू मिथकशास्त्र में भी प्रेम में मिलन ने ही धरती पर जीवन की सृष्टि की है। *बृहदारण्यक उपनिषद्* में भी ऐसी कथा है कि प्रजापति द्वारा पीछा करने पर शतरूपा ने उससे बचने के लिए अनेक मादा रूप धारण किए, फलस्वरूप प्रजापति उसका साथ पाने के लिए चींटी से हाथी तक सभी नर रूप धारण करता है, जिससे धरती पर सभी जीवों का जन्म होता है।
- अपोलो को दाढ़ीविहीन, आकर्षक युवक के रूप में चित्रित किया गया है। जहाँ वह स्पष्टता, व्यवस्था, ज्ञान, स्वास्थ्य एवं सौन्दर्य, सर्वस्व जो यूनानी संसार उसे अर्पित कर सकता है, से जोड़ा गया है, वहीं वह प्लेग के कारण के रूप में भय का संचार भी करता है। अपोलो कला का प्रणेता और कौशल का देवता भी माना गया है और अक्सर हाथ में हर्मीस की दी हुई वीणा के साथ दिखता है। वह भविष्यवक्ता की पीठ डेल्फ़ी का संरक्षक भी है।
- इको के श्राप का श्रेय कई बार अपोलो की बजाय हेरा को दिया गया है। हेरा को ऐसा प्रतीत हुआ कि इको बातचीत करके उसका ध्यान बँटा रही थी ताकि ज़ियुस सम्बन्ध स्थापित कर सके, इसलिए उसे श्राप दिया।

अर्तेमिस (Artemis)

जहाँ उसका भाई अपोलो प्रेम में दुखी रहा, अर्तेमिस को प्रेम की कोई लालसा नहीं थी। अपनी उन सभी सहेलियों के साथ जिन्होंने ब्रह्मचर्य का व्रत लिया था, वह आखेट करने में आनन्द लेती थी।

अर्तेमिस अपने और अपनी सहेलियों के कौमार्य की रक्षा बड़ी प्रबलता से करती। जब वह नहा रही थी, तब युवा आखेटक एक्टियान (Actaeon) ने उसका नग्न शरीर देखने की चेष्टा की। अर्तेमिस ने उसे मृग बना दिया, जो अपने ही शिकारी कुत्तों द्वारा मारा गया। इसी तरह जब सिप्रियोट्स (Sipriotes) ने गलती से अर्तेमिस को नहाते देख लिया तो अर्तेमिस ने उसे लड़की बना दिया। जब ओरियन (Orion) ने अर्तेमिस की सहेलियों को अपने प्रेमजाल में फँसाने की कोशिश की और फिर यह कहते हुए कि वह अर्तेमिस से बेहतर शिकारी है और वह एक दिन धरती के सभी जानवरों का शिकार कर लेगा और उसने अर्तेमिस पर भी अपना जादू चलाने की कोशिश की तो अर्तेमिस ने उसे और उसके कुत्ते को एक बिच्छू से कटवाकर मरवा दिया।

जब पौलिफोन्ते (Polyphonte) कुमारी पुजारिन बनकर अर्तेमिस के पास गयी, तो अफ्रोदिति इतनी अप्रसन्न हुई कि उसने श्राप दे दिया कि नवयुवती एक भालू द्वारा बलात्कृत होगी और उसके बच्चों को जन्म देगी। पौलिफोन्ते और भालू के बच्चे बड़े होकर नरभक्षी हो गये। कालान्तर में ज़ियुस ने उन्हें मार दिया।

देवी की कुमारी सखी कैलिस्तो (Callisto) को फाँसने के लिए ज़ियुस ने अर्तेमिस का रूप बनाया। यह पता लगने पर अर्तेमिस ने उसे भगा दिया और हेरा ने कैलिस्तो को भालू बना दिया। समय पर कैलिस्तो

ने एक मानव शिशु को जन्म दिया जो बड़ा होकर शिकारी बना और एक मादा भालू का शिकार किया, बिना यह जाने कि वह जानवर उसकी अपनी ही माँ थी।

- हिन्दू मिथकशास्त्र में देवी दुर्गा अपने अनेक हाथों में अस्त्र-शस्त्र लेकर, सिंह पर सवार होकर युद्ध में जाती है। वह मातृ रूप में भी जानी गयी है। लोककथाओं, जैसे कन्या-कुमारी की कथा में, दानवों के विनाश के लिए अपनी शक्ति संचित रखने के लिए देवी अक्सर कुमारी ही रहती है।
- रोमन मिथकशास्त्र में अर्तेमिस डायना (Diana) के नाम से जानी जाती है। अर्तेमिस ने अपने धनुष-बाण हेफ़ीस्तस से प्राप्त किये और शिकारी कुत्ते हर्मीस से। अपना रथ खींचने के लिए उसने सुनहरे सींगोंवाले हिरण को पकड़ा। उसका सम्बन्ध शाहबलूत वृक्ष के झुरमुट से माना जाता है।
- एथिना की भाँति ज़ियुस की इस बेटी, अर्तेमिस, ने भी कौमार्य का व्रत लिया था। हालाँकि हिन्दू मिथकशास्त्र में ब्रह्मचर्य पुरुषों से संबंधित है न कि स्त्रियों से। स्त्रियों से पवित्रता अपेक्षित है।
- टर्की के आइयोनिया (Ionia) स्थित इफेसस (Ephesus) में कभी अनेक स्तनों वाली निषेचन की देवी का मन्दिर था, व्यंग्यपूर्वक जिसकी पहचान कुमारी अर्तेमिस से की गयी थी। पर हर संभावना से वह देवी साइबेली या रिया थी।
- तीन रोमन देवियों, डायना (अर्तेमिस), मिनर्वा (एथिना) और वेस्टा (हेस्तिया) ने आजीवन कौमार्य का व्रत लिया था। वेस्टा की अग्नि को प्राचीन रोम में वेस्तल कुमारियों ने संरक्षित रखा। मार्स (Mars) ने इनमें से एक स्त्री से जुड़वाँ बच्चे पैदा किये—रोमुलुस (Romulus) और रिमस (Remus), जो रोम के संस्थापक बने।
- घमंडी ओरियन को मारने के लिए भेजा बिच्छू वृश्चिक राशि का चिह्न स्कॉर्पियो (Scorpio) बना। इस कहानी के अन्य संस्करणों में अर्तेमिस ओरियन को, जो बेहतर शिकारी होने का दावा करता है, मारने के लिए जन्तु भेजती है। कुछ के अनुसार, शिकारी के पुरुषोचित दम्भ से चिढ़कर गाया जन्तु को भेजती है।

हर्मीस (Hermes)

ज़ियुस और टाइटन एटलस की बेटी, माया (Maia), के मिलन से हर्मीस (Hermes) पैदा हुआ; उस नवजात शिशु को हेरा के कोप से बचाने के लिए माया ने उसे एक गुफ़ा में छिपा दिया।

अपने जन्म की पहली रात को बालक ने एक कछुआ पकड़ लिया और उसके खोल से एक संगीत वाद्य, 'लायर' (Lyre) बनाया। अगली रात वह अपोलो की गायों को उलटा चलाते हुए चुराकर गुफ़ा में ले आया ताकि अपोलो उनको ढूँढ़ न सके। पर जब अपोलो ने शिकायत की तो उपहार में लायर देकर हर्मीस ने उससे दोस्ती कर ली।

हर्मीस हाथ-पैर का चुस्त और जुबान का मीठा था, अत: ज़ियुस ने घोषणा की कि वह चोरों, व्यापारियों, यात्रियों और अन्वेषकों का देवता बनेगा। ज़ियुस ने उसे उड़नेवाले जूते और दो साँपों से लिपटा एक दंड दिया, क्योंकि वह अक्सर ओलिम्पियंस का संदेशवाहक और उनके अग्रदूत का काम करता था। उस पर मृतकों के भूतों को स्टैक्स नदी के पार हेडस के राज्य में छोड़ आने की भी ज़िम्मेदारी थी।

अफ्रोदिति से हर्मीस का एक बेटा हुआ जिसका नाम हर्माफ्रोडाइटस (Hermaphroditus) था। वह इतना सुन्दर था कि उसे देखते ही अप्सरा सल्मासिस (Salmacis) उसके प्रेम में पड़ गयी। जब वह एक कुंड में नहा रहा था, सल्मासिस उससे पागलों की तरह लिपट गयी और छोड़ा ही नहीं। आखिर में ओलिम्पियंस ने उनके शरीरों को गलाया और एक ऐसे प्राणी में बदल दिया जिसमें स्त्री और पुरुष दोनों के अंग थे। यह कहा गया कि जो भी हर्माफ्रोडाइटस के कुंड में जायेगा वह दोनों लिंगों के अंग ग्रहण करेगा।

- हर्मीस को मर्करी ग्रह के देवता बुध से और संप्रेषण की योग्यता से जोड़ा गया है। बुध की परिकल्पना नर और मादा के सिद्धांतों के सम्मिश्रण के रूप में की गयी है।
- रोमन मिथकशास्त्र में हर्मीस को मर्करी कहा गया है। हर्मीस के पास परों वाली टोपी और परों वाले जूते हैं। अपने हाथ में वह सर्पदंड—साँपों की कुंडली से लिपटी लाठी—रखता है, क्योंकि वह जीवितों का मृतकों के देश में संचालन करता है।
- जैसे हर्मीस परों वाली टोपी और परों वाले जूतों से जुड़ा है, *रामायण* में उड़ने वाले रथ 'पुष्पक विमान' की बात कही गयी है।

- रास्तों और सीमाओं के देवता, हर्मीस को हरमा बना दिया गया; हरमा यानी चौरस्तों और सीमाओं पर रखा पत्थरों का ढेर, जिसमें यात्री भी और पत्थर डालकर अपना योगदान करते। बाद में यह एक स्तंभ बन गया जिसके शिखर पर सिर और बगल में शिश्न है।
- हर्मीस की संतानों में एक पैन (Pan) था जिसके जन्म पर उसकी बकरी जैसी टाँगों को देखते ही उसकी माँ भाग गयी थी; दूसरा, प्रायापस (Priapus), पुरुष-जननांगों का देवता और तीसरा, चोर ऑटोलिकस (Autolycus) जो ओडिसियस (Odysseus) का दादा था।
- प्राचीन हर्माफ्रोडाइटस पंथ क्रीट (Crete) में लोकप्रिय था और त्यौहारों में ऐसे समारोह होते जिसमें स्त्री-पुरुष एक-दूसरे से वस्त्र बदलते थे।
- फ्रिजिया की देवी अग्डिस्तिस हर्माफ्रोडाइटस जैसी है। पर अग्डिस्तिस देवताओं से भयभीत है, सो नर-नारी रूपों में विभाजित है।
- अर्धनारीश्वर की हिन्दू धारणा को हर्माफ्रोडाइटस से जोड़ा जा सकता है जो नर और मादा के मूलभूत गुणों को मिलाकर रचा सम्मिश्रण है।

पैन (Pan)

हर्मीस एक अप्सरा ड्रायोपी (Dryope) के प्रेम में पड़ गया। उससे बकरी जैसी टाँगों और सींगों वाली विचित्र संतान पैदा हुई। बच्चे को देखते ही दाइयाँ डर गयीं, और ओलिम्पस में हड़कम्प (pandemonium या पैन्डामोनियम) मच गया जिस कारण वह बच्चा पैन (Pan) नाम से जाना गया।

पैन एक जंगली वनचर प्राणी था, प्रकृति का अदम्य स्वरूप। उसमें सेक्स की अतृप्त भूख थी और हमेशा अप्सराओं के पीछे भागता रहता। उनमें से एक सीरिंक्स (Syrinx) ने पैन के प्रेम-प्रस्तावों से त्रस्त होकर नदी के देवता से स्वयं को नदी के किनारे उगने वाला सरकंडा बना देने की प्रार्थना की। पैन ने सरकंडा, जो कभी उसकी प्रेमिका सीरिंक्स थी, लिया, उन्हें अलग-अलग माप में काटा और एक वाद्ययंत्र बनाया 'पैनपाइप', जिससे वह अन्य अप्सराओं को रिझाता।

- यूनानी मिथकशास्त्र की तरह हिन्दू मिथकशास्त्र में अनेक जीव हैं, जिनके कुछ अंग पशुओं जैसे और कुछ मनुष्यों जैसे हैं। पर हिन्दू मिथकशास्त्र में ऐसे नर पशुओं की परिकल्पना में सिर पशुओं जैसा और धड़ मनुष्यों जैसा है, यूनानी मिथकशास्त्र में स्थिति इससे उलट है।
- रोमन मिथकशास्त्र में पैन को फ़ौनस (Faunus) भी कहा गया है। पैन मूर्त रूप है गँवई परिदृश्य का, जो मनुष्यों के अधीन नहीं है।
- टाइफ़न नामक दैत्य से लड़ते हुए पैन एक नदी में कूदा, उसके शरीर का पानी से ऊपर का भाग बकरी बन गया और नीचे का मछली। इस प्रकार बना मकर राशि का चिह्न। ज़ियुस की धाय अमाल्थिया नामक बकरी भी मकर राशि (कैप्रीकॉर्न) से सम्बन्धित है।
- प्राचीन यूनानी इतिहासकार प्लूतार्क के अनुसार पैन ही एकमात्र यूनानी देवता है जिसकी मृत्यु हुई है। बहुत से ईसाई मीमांसकों का मानना है, 'पैन की मृत्यु', 'क्राइस्ट के जन्म' से मेल खाती है।
- पैन के अदम्य जंगलीपन के कारण उसका सम्बन्ध आखिर शैतान से किया जाता है। शैतान की परिकल्पना में उसकी बकरी की टाँगें हैं।

डायोनीसस (Dionysus)

ज़ियुस को थीब्स (Thebes) की मानुष राजकुमारी सेमेले (Semele) से प्रेम हो गया और उससे वह एक बच्चे का पिता बना।

जब हेरा को इस सम्बन्ध और गर्भावस्था का पता चला, उसने सेमेले को क्रूरता से प्रताड़ित करने का निश्चय किया। उसने राजकुमारी से कहा, "अगर ज़ियुस तुमसे सचमुच प्रेम करता है तो उसे अपना दैवी रूप प्रकट करने को कहो, मानव रूप नहीं, जिसमें वह तुमसे रात को प्रेम करता है।"

इस प्रकार अपनी अगली भेंट में सेमेले ने ज़ियुस से माँग की कि वह उसे अपना दैवी रूप दिखाए। अनेक चेतावनियों के बाद भी जब वह अपनी बात पर अड़ी रही तब ज़ियुस ने उसे अपना दैवी स्वरूप दिखाया। यह इतना कांतिमान था कि सेमेले का शरीर लपटों-सा जल उठा। हर्मीस ने उसके जलते शरीर से अजन्मे शिशु को बचाया और ज़ियुस की जँघाओं में रख दिया। कुछ महीनों के उपरांत ज़ियुस ने उस बच्चे को जना, जो दो कोखों में पैदा हुआ था : अपनी माता और अपने पिता की। उसका नाम डायोनीसस (Dionysus) पड़ा।

डायोनीसस को सेमेले की बहन ईनो (Ino) को दे दिया गया, जिसने हेरा की नज़र से बचाने के लिए उसे लड़की बनाकर पाला। पर हेरा सच जान गयी और उसने ईनो और डायोनीसस दोनों को पागल कर दिया। अपने पागलपन में ईनो ने अपने बेटे मेलीसर्टस (Melicertes) को ज़िन्दा उबाल दिया, और पता लगने पर कि उसने क्या कर डाला, नीचे समुद्र को देखते हुए पहाड़ी चट्टान से छलाँग लगा दी।

ज़ियुस ने डायोनीसस को बकरी बना दिया और दूर एशिया में भेज दिया, जहाँ अप्सराओं ने उसे पाला। जब वह बड़ा हुआ, तब उसने अंगूर से शराब बनाने की विधि और संगीत की ताकतें खोजीं। उसने सभी तरह के जंगली पशुओं से मित्रता की। स्त्रियाँ विशेष रूप से उसकी संगत पसंद करती थीं, क्योंकि वह उन्हें नाचने, गाने और नियमों को चुनौती देने को प्रेरित करता था। वे डायोनीसस को बाकस (Bacchus) और खुद को बाकाइ (Bacchae) कहतीं।

जब डायोनीसस बड़ा हुआ और उसे पता लगा कि कैसे हेरा के कुचक्र से उसे घर से निकाला गया, उसने शराब, संगीत, नशे, और अपनी नयी सहेलियों, बाकाइ, के साथ लैस होकर वापस लौटने का फ़ैसला किया। इसका मतलब था, फ्रिजिया की यात्रा करते हुए समुद्र पारकर यूनान पहुँचना।

फ्रिजिया में मनोरंजन की खातिर डायोनीसस ने लालची राजा मिदास (Midas) की दिली ख्वाहिश एक वरदान देकर पूरी कर दी : वह जिस वस्तु को छुएगा वह सोने की हो जाएगी। मिदास इस उपहार से खुश था, जब तक कि उसे एहसास नहीं हुआ कि वह न कुछ खा सकेगा न पी सकेगा, क्योंकि हर वस्तु उसके छूते ही सोने की हो जाती। जब उसने अपनी बेटी का आलिंगन किया, वह भी सोने की मूरत में बदल गयी। मिदास ने डायोनीसस से अपना वरदान वापस लेने की गुज़ारिश की, जो उसने हँसते हुए वापस ले लिया।

जब समुद्र पार करने का समय आया, डायोनीसस को नाव की ज़रूरत पड़ी।

वह किनारे पर तब तक खड़ा रहा जब तक उसके सौन्दर्य ने प्रकाश स्तंभ का काम नहीं किया और एक जहाज़ को अपनी ओर खींच नहीं लिया। उसके सौन्दर्य और उसके स्वर्ण से प्रभावित नाविकों ने डायोनीसस को जहाज़ पर आमंत्रित किया। उन्होंने उसे लूटने और उसका बलात्कार करने की योजना बनाई, लेकिन जब उन्होंने उसे बाँधने की कोशिश की, रस्सी की गाँठें अपने आप खुल गयीं। अचानक जहाज़ का मस्तूल अंगूरों से लदी लता में बदल गया, शराब से जहाज़ भर गया और हर तरह के पशु और विचित्र जन्तु, उत्तेजित स्त्रियाँ डेक पर अवतरित हुए। डायोनीसस खुद एक शेर में बदल गया और वहशत के साथ गरजा। नाविक डर गये और समुद्र में कूद गये, जहाँ वे डॉल्फ़िनों में बदल गये, जबकि जहाज़ का प्रभार डायोनीसस ने ले लिया।

ऐथन्स में डायोनीसस खूबसूरत एरिगॉने (Erigone) से मिला। एरिगॉने ने उसे अपने पिता राजा इकारस (Icarus) से मिलाया, जिसने उसका स्वागत किया और सौहार्दपूर्ण व्यवहार किया। डायोनीसस ने स्थानीय गड़रियों को शराब दी और उन्होंने मदहोशी की हालत में अपने राजा पर हमला कर दिया और उसे मार दिया। दुख से व्याकुल राजकुमारी ने पेड़ से लटककर खुदकुशी कर ली। डायोनीसस ने गड़रियों की बेटियों से उसी तरह आत्महत्या करवाकर उनको सज़ा दी। तब उसने वर्गो (Virgo) नक्षत्र के रूप में एरिगॉने को आकाश में सजा दिया।

जब डायोनीसस थीब्स पहुँचा, उसे अपनी माँ के संबंधियों से खुले दिल से स्वागत की अपेक्षा थी। पर उसके रिश्ते के भाई पेंथियस (Pentheus) ने सुरा, संगीत और मदहोशी की नयी परिपाटी में लिप्त होने से मना कर दिया। वह ज़ियुस के आधिकारिक और अपोलो के व्यवस्थित तरीकों को तरजीह देता था, और इस प्रकार उसने डायोनीसस को अपने शहर में प्रवेश से रोका। पर डायोनीसस के तरीकों ने थीब्स की औरतों को मोह लिया। वे शहर से बाहर नाचने, गाने और डायोनीसस द्वारा मस्त होने के लिए जंगल में चली गयीं।

जब पेंथियस ने उन्हें रोकने की कोशिश की, उन्होंने उस पर हमला किया और खाली हाथों और दाँतों से उसके चिथड़े कर दिये।

जब उन्माद थमा और स्थिति सामान्य हुई, थीब्स में हर कोई डायोनीसस, पूरब से आए देवता के आगे झुक गया। यहाँ तक कि ओलिम्पस के देवताओं ने भी उसे अपने साथ बैठाया, क्योंकि वे उसके पागलपन से भयभीत थे, यद्यपि उसकी सुरा उन्हें पसंद थी।

- अनेक विद्वानों ने संरचना और शीतलता का प्रतिनिधित्व करने वाले अपोलो और डायोनीसस के यूनानी युगल को शिव और विष्णु के युगल से प्रतिबिंबित किया है। डायोनीसस की तरह शिव बाहरी देवता है। वह जब आक्रमण करता है, वैदिक मन्दिर में बलपूर्वक प्रवेश करता है और दक्ष की यज्ञशाला को नष्ट कर देता है। बिलकुल वैसे ही जैसे डायोनीसस सुरा से सम्बन्धित है, शिव भाँग (एक हल्की मादक भारतीय औषधि) से जुड़ा है।
- रोमन मिथकशास्त्र में डायोनीसस बाकस (Bacchus) कहलाता है।
- डायोनीसस पश्चिम की अपोलो की व्यवस्था से विपरीत है और अराजकता, शीतलता और पूरब का प्रतिनिधित्व करता है। वह सुरा से, अनियंत्रित उत्तेजनापूर्ण उन्माद से और विलास से जुड़ा है। वह चंडी (Maenads) नामक लम्पट, कामुक स्त्रियों से घिरा है, जो उन लोगों के टुकड़े-टुकड़े कर देती हैं, जो उनकी इच्छाओं के आगे समर्पित नहीं होते।
- डायोनीसस का साथी साइलेनस (Silenus) लम्पट परन्तु घोड़े जैसे नैन-नक्श वाला माना गया है। वह हमेशा नशे में धुत्त रहता, पर साथ ही ज्ञानी और पैगम्बरी शक्तियों वाला था।
- यह बाकस-पंथ यूनान के रास्ते से रोम आया। आरम्भ में यह पंथ केवल स्त्रियों के लिए खुला था, बाद में स्त्री-पुरुषों के सुरा-उत्सव के गुप्त पंथ में बदल गया, जो रोमन जीवनशैली की स्थिरता और शिष्टाचार के लिए चुनौती बन गया। एक विरोधी संस्कृति मानकर सिनेट द्वारा बैकेनेलिया (मद्यपानोत्सव) गैरकानूनी माना गया और दबा दिया गया। पहली शताब्दी बी.सी.ई. के रोमन इतिहासकार लिवी (Livy) ने 300 वर्ष बी.सी.ई. में घटी इस अपेक्षाकृत संवेदनात्मक घटना पर लेखनी चलायी है।
- डायोनीसस पंथ औरफिक रहस्यों के काफ़ी निकट था, जो क्रमशः भारत की उन गूढ़वादी नास्तिक (gnostic) परम्पराओं से जुड़ा था जो देह की नश्वरता, आत्मा के अमरत्व, पुनर्जन्म और मुक्ति की बात कहती हैं।

- अन्ततः ओलिम्पियन बारह हैं, जैसे घड़ी के बारह अंक, ईसा के बारह प्रचारक, और वेदों के बारह आदित्य। सभी उदाहरणों में एक व्यक्ति बाहरी है। यूनानी मिथकशास्त्र में डायोनीसस अलग है, ईसाई धर्म में जुडास (Judas) और वैदिक धर्म में मार्तंड।
- ओलिम्पियन की सूची में ज़ियुस, पॉज़ाइडन, हेरा, दीमितर, अर्तेमिस, अपोलो, एथिना, ऐरेस, अफ्रोदिति, हेफ़ीस्तस, हर्मीस और डायोनीसस शामिल हैं। हेस्तिया ने डायोनीसस के लिए स्थान रिक्त किया। हेडस और पर्सीफ़ोन, जो आत्माओं के देश में रहते थे, वे इसमें शामिल नहीं हैं।
- उन्नीसवीं सदी में डायोनीसस और ईसा में सम्बन्ध स्थापित करते हुए मरने और फिर से जीने वाले देवताओं की धारणा काफ़ी लोकप्रिय हुई : दोनों मद्य से जुड़े हुए थे और विरोधों को झेलते और परास्त करते हुए दोनों ही पूरब से यूरोप आये थे।

प्रोमेथियस (Prometheus)

टाइटन प्रोमेथियस (Prometheus) ने ओलिम्पियंस से कहा कि अपनी सेवा-भक्ति कराने के लिए उन्हें कोई चाहिए। ज़ियुस को यह विचार पसंद आया तो प्रोमेथियस ने मिट्टी के पुतले बनाये और उनमें प्राण फूँके। इस प्रकार इंसानों की रचना हुई।

प्रोमेथियस ने इंसानों को चारा ढूँढ़ना और भोजन का शिकार करना सिखाया। और ज़ियुस की खुशी की खातिर, उसने उन्हें देवताओं को चढ़ावा चढ़ाना सिखाया।

मनुष्यों ने ज़ियुस को कई प्रकार के भोग लगाये : वसा में लिपटी हड्डियाँ, या बैल के मेदे में गौमांस। दूसरे शब्दों में, कभी अच्छे में लिपटा बुरा और कभी बुरे में छिपाकर अच्छा। ज़ियुस ने भोग स्वीकार किया लेकिन यह जानकर कि उसके साथ चालाकी खेली गयी है, उसने मनुष्यों से आग छीनकर उन्हें सज़ा देने का निर्णय लिया, क्योंकि जो जीव

ओलिम्पियंस से बुरे चढ़ावे स्वीकार करवाकर उन्हें ठग सकते थे, वे एक दिन उन्हें परास्त भी कर सकते थे।

आग के बिना मनुष्य पशुओं की तरह रहने लगे; भोजन पकाने, जानवरों को खदेड़ने, घने जंगल साफ़ कर बस्तियाँ बनाने और रात को रोशनी करने में असमर्थ। प्रोमेथियस ने ज़ियुस को दोबारा विचार करने और उन्हें माफ़ करने के लिए याचना की, पर ज़ियुस टस-से-मस नहीं हुआ।

आखिर जब ज़ियुस देख नहीं रहा था, हताश प्रोमेथियस ने आग चुराई और इंसानों को दे दी।

जब इंसानी अँगीठियों से ओलिम्पस पर्वत तक धुआँ उठा, ज़ियुस बहुत नाराज़ हुआ। प्रोमेथियस की धृष्टता से क्रोधित ज़ियुस ने उसे गर्दन से पकड़ा, एक चट्टान से बाँध दिया और अपने गिद्ध को दिनभर उसका कलेजा खाने को कहा। प्रोमेथियस अमर था, रात को उसका कलेजा पुनः विकसित हो जाता, और अगले दिन यंत्रणा फिर शुरू हो जाती—अनन्त यातना हर किसी के लिए, जो ज़ियुस की अवज्ञा करने की जुर्रत करता।

- प्रोमेथियस प्रतिरूप है दूरदर्शिता का और उसका भाई एपिमेथियस प्रतिरूप है अनुबोध का। हिन्दू मिथकशास्त्र में यही कथ्य अन्तर्दर्शी भृगु, असुरों के सहायक और विवेकशील बृहस्पति, देवताओं के सलाहकार के चरित्रों के माध्यम से वर्णित है।
- वेदों में एक चोर, 'प्रा-मथ', की चर्चा है। और वैदिक मिथ में मातरश्विन द्वारा अग्नि की चोरी का वर्णन है। शायद इन कथाओं का एक-सा ही इंडो-यूरोपियन उत्स है।
- प्रोमेथियस की कहानी यूनानियों के दैवीय और मानवीय के बीच के विभाजन की ओर ध्यान आकर्षित करती है। ओलिम्पियन एक साथ मनुष्यों के प्रशंसक भी थे और उनसे भयभीत भी।
- प्रोमेथियस सदियों तक चालबाज़ के रूप में जाना गया, जो मनुष्यता के उत्थान के लिए सत्ता की अवज्ञा करता है और इसके लिए कष्ट उठाता है।

पेनडोरा (Pandora)

ज़ियुस ने हेफ़ीस्तस को मिट्टी से एक औरत बनाने को कहा। उसने अफ्रोदिति को उसे सौन्दर्य का वरदान देने के लिए कहा और एथिना से पकाने और बुनने जैसे स्त्रियोचित गुणों से नवाज़ने को कहा। ज़ियुस ने इस औरत का नाम पेनडोरा (Pandora) रखा और उसे एपिमेथियस के पास भेज दिया, जो इंसानों के साथ रहता था।

चूँकि वे भाई थे, एपिमेथियस प्रोमेथियस से बिलकुल भिन्न था। जहाँ दूसरा करने के पहले सोचता था, पहला सोचने के पहले कर डालता। एपिमेथियस पेनडोरा के प्रेम में पड़ गया और उसे इंसानों के साथ रहने के लिए ले आया, जहाँ सभी उसे पसंद करने लगे।

पेनडोरा अपने साथ ज़ियुस का उपहार, एक बक्सा लायी थी। "जब तक मैं ऐसा करने को न कहूँ, इसे खोलना मत," ओलिम्पियन ने उससे कहा था। पर पेनडोरा अपनी उत्सुकता रोक नहीं सकी और उसे खोल लिया। उससे बाहर आयीं बीमारियाँ, दुख, लालच, ईर्ष्या, लिप्सा, और वे सभी चीज़ें जो मनुष्यता को सताती हैं। पेनडोरा ने फ़ौरन बक्से को बंद कर दिया पर बहुत देर हो चुकी थी; नुकसान तो हो चुका था।

सिर्फ़ एक चीज़ जो बक्से में बची रह गयी थी, वह थी आशा, जिसके आधार पर मानव जाति बेहतर भविष्य की ओर बढ़ने की ऊर्जा पा सकती है।

- पेनडोरा की कहानी सातवीं शताब्दी बी.सी.ई. में हेसियाड की लिखी *थियोगौनि* (Theogony) से आती है।
- पेनडोरा की कहानी को ओलिम्पियन पूर्व काल की 'सब कुछ' देने वाली देवियों की पितृसत्तात्मक दुष्टता के रूप में देखा गया है।
- कहानी के मौलिक रूप में पेनडोरा अपने साथ जार लायी थी। पर सोलहवीं सदी के अनुवादों की भूल ने जार को बक्से में बदल दिया।

• यूनानी और *बाइबल* सम्बन्धी मिथकशास्त्र, दोनों ही मनुष्यता की पीड़ा के लिए स्त्री को उत्तरदायी मानते हैं। पेनडोरा और ईव दोनों ने ही निर्णय लिये, जो तबाही का कारण बने। हिन्दू मिथकशास्त्र में स्त्रियों को मनुष्यता की पीड़ा के लिए दोषी नहीं माना जाता, पर नारी को प्रलोभन का स्वरूप माना गया है, जो ब्रह्मचारी साधुओं को पथभ्रष्ट करता है। बौद्ध मिथकशास्त्र में सभी साधक 'मारा', कामनाओं के देवता की पुत्रियों, से दूर रहने के लिए चेताए जाते हैं।

टार्टरस (Tartarus)

ज़ियुस के लिए यह स्पष्ट था कि जो भी उसकी आज्ञा का उल्लंघन करेगा, वह क्रूरतापूर्वक प्रताड़ित होगा, ठीक प्रोमेथियस जैसे। वे सब जिन्होंने ज़ियुस को नाराज़ किया, अनंतकाल तक पीड़ा सहते हुए स्टैक्स नदी के पार टार्टरस में थे। इनमें आलसी इक्सियान (Ixion), कपटी सिसिफस (Sisyphus) और विश्वासघाती डानाइड्स (Danaids), सभी शामिल थे।

लैपिथ्स का राजा इक्सियान हमेशा के लिए टार्टरस में आग का चक्र घुमाता रहा। उसका अपराध था कि उसने आतिथ्य के नियम का सम्मान नहीं किया। उसने अपने ससुर को अपना विवाह-मूल्य लेने के लिए घर बुलाया और मूल्य देने की बजाय उसकी हत्या कर दी। जब ओलिम्पस के एक भोज में आमंत्रित हुआ तो हेरा का ही शीलभंग करने की कोशिश की।

सिसिफस को सारा दिन पहाड़ की चोटी तक एक भारी शिलाखंड ले जाना पड़ता, जो हर रात को अपने आप नीचे लुढ़क जाता। इस प्रकार सिसिफस हमेशा के लिए एक नीरस और निरर्थक काम में फँसा रहा। उसका अपराध था कि वह एक राजा और नाविक होने के बावजूद छलिया और चालाक था, अपने मेहमानों की हत्या करनेवाला और देवताओं के राज़ भुनाने के लिए कुख्यात था। एक झरने को अपने राज्य से होकर बहाने के बदले में सिसिफस ने नदी के

देवता को अपनी बेटी, अप्सरा एजीना (Aegina) का पता बताया जिसका ज़ियुस ने अपहरण किया था। इससे ज़ियुस क्रोधित हो उठा और उसने सिसिफस को टार्टरस में कैद करने का निश्चय किया। पर सिसिफस इतना चालाक था कि जब थैनाटस (Thanatos), मृत्यु का देवता, उसे बाँधने आया, तो उसने देवता को यह दिखाने के बहाने कि ज़ंजीर कैसे बाँधी जाती है चतुराई से देवता को ही ज़ंजीरों में बँधवा दिया। थैनाटस के बँधे होने का मतलब था कि धरती पर अब कोई मरेगा नहीं, इससे देवता नाराज़ हो गये, विशेष रूप से, ऐरेस, युद्ध के देवता, जिसने आखिर थैनाटस को ज़ंजीरों से आज़ाद किया और सिसिफस को घसीटकर टार्टरस ले गया।

डानाइड्स उनचास बहनें थीं, जिन्हें छिद्रित बर्तन का इस्तेमाल करके एक बड़े टब में पानी भरना था। उनका अपराध था कि उन्होंने अपने पिता के कहने पर शादी की रात अपने सोये हुए पतियों, एजिप्टस (Aegyptus) के बेटों, को मार दिया था।

- हिन्दू मिथकशास्त्र में अपराधों की प्रकृति के अनुसार *गरुड़ पुराण* अनेक प्रकार के नरकों का वर्णन करता है। पर टार्टरस आम अपराधों के बारे में नहीं है, इसका सम्बन्ध दम्भ से है, जो विश्व-व्यवस्था को प्रभावित करता है और ज़ियुस की नाराज़गी मोल लेता है। यह दिखाता है कि जो त्रस्त हैं वे अराजकता (chaos) के ज़िद्दी कारक हैं और सामंजस्य के लिए खतरा हैं।
- व्यर्थ, निरर्थक और एकरस काम के लिए बाध्य किया जाना यूनानियों के लिए सबसे बड़ी प्रताड़ना और अक्सर देवताओं के क्रोध का परिणाम था।
- हिन्दू मिथकशास्त्र में भौतिक जगत एक अनवरत, बेमानी और लक्ष्यहीन चक्र में घूमता है : इस प्रकार सभी मनुष्य सिसिफस हैं। इसी में अर्थ की खोज करना प्रज्ञा है।

ड्यूकेलियन (Deucalion)

ज़ियुस ने देखा प्रोमेथियस के बनाए हुए मनुष्य बेईमान और निर्दयी थे और देवताओं को चढ़ावा देने की अपेक्षा धन और शक्ति के लिए एक-दूसरे से लड़ने में ज़्यादा रुचि रखते थे। और सबसे बुरी बात कि उन्होंने ओलिम्पियंस की क्षमता पर संदेह करना शुरू कर दिया था।

एक बार जब ज़ियुस अर्केडिया के राजा लाइकाओन (Lycaon) से मिलने गया, तो राजा ने यह जाँचने का निश्चय किया कि ज़ियुस क्या सचमुच देवता था।

आतिथ्य और नरभक्षण के नियम को तोड़ते हुए उसने पशुओं के मांस के साथ मनुष्य, यानी अपने पुत्र का मांस ज़ियुस को परोसा।

क्रोधित ज़ियुस ने प्रलयंकारी बाढ़ से सारी मनुष्यता का विनाश करने की ठानी। वह समुद्रों में सैलाब, नदियों में उफ़ान और भारी वर्षा लाया, जब तक कि सारी धरती जलमग्न नहीं हो गयी। सभी जीवित प्राणी, वनस्पति, पशु और मनुष्य बाढ़ में डूब गए।

पर तब ज़ियुस ने पानी पर तैरता एक संदूक देखा। उसमें एक पुरुष और एक स्त्री थे, बाढ़ से बचे एकमात्र जीव। पुरुष था ड्यूकेलियन (Deucalion), प्रोमेथियस का बेटा, और स्त्री थी पीरा (Pyrrha), पेनडोरा की बेटी। अपने पिता की तरह ड्यूकेलियन में भी दूरदृष्टि थी और वह जान गया था कि एक दिन ज़ियुस मानव जाति से तंग आकर धैर्य खो बैठेगा और धरती को उजाड़ देगा। इसलिए पति-पत्नी एक लकड़ी के संदूक में छिप गये जिससे सूखे और सुरक्षित रहे, जबकि पानी ने बाकी सब कुछ बर्बाद कर दिया।

जब पानी उतरा, ड्यूकेलियन और पीरा संदूक से बाहर आए और ज़ियुस के मन्दिर में दया की भीख माँगी, जो नज़दीक ही था। उन पर दया करते हुए, रहस्यमय ढंग से ज़ियुस ने कहा, "अपनी दादी की हड्डियाँ अपने पीछे फेंको और तुम अपने जैसे बुद्धिमान मनुष्यों का वंश स्थापित करोगे, जो तुम्हारे जैसे ही बुद्धिमान होंगे।"

अपनी दादी की हड्डियाँ? उन्हें कहाँ से ढूँढ़ पायेंगे? तब ड्यूकेलियन की

समझ में आया, ज़ियुस का आशय क्या था और उसने अपनी पत्नी के साथ ज़मीन से पत्थर उठाने शुरू किये और अपने पीछे फेंकने लगा, क्योंकि धरती उसकी दादी थी और पत्थर थे उसकी हड्डियाँ।

ड्यूकेलियन द्वारा फेंके पत्थर आदमी बने और पीरा द्वारा फेंके पत्थर औरतें। बाढ़ के बाद जन्मे ये नर और नारी मनुष्यता की नयी नस्ल थे, अग्नि के नियंत्रक, जो ओलिम्पियंस का सम्मान करते और उन्हें चढ़ावा भेंट करते।

मनुष्यों की इस प्रजाति से नायक जन्म लेंगे, जो ओलिम्पियंस द्वारा लगाई पाबंदियों की अवज्ञा करेंगे। उनमें से कुछ देवता बन जायेंगे। अन्य नायकों के स्वर्ग, एलीसियम (Elysium) में स्थान पायेंगे जो स्टैक्स नदी के उस पार पाताल में स्थित, उनके लिए आरक्षित है जो असाधारण जीवन जीते हैं। जो देवताओं को अप्रसन्न करेंगे, वे टार्टरस के अँधेरे शून्य में फेंक दिये जायेंगे। बचे हुए साधारण लोग परलोक का समय अफीम (Asphodel) के खेतों की छाया में बितायेंगे।

- हिन्दू मिथकशास्त्र में ब्रह्मा मानव जाति का पितामह (दादा) है—यह एक जैविक सम्बन्ध है। पर यूनानी मिथकशास्त्र में ऐसा सम्बन्ध नहीं है। मिट्टी से देवता, मनुष्य की रचना करते हैं। बाद के मिथकों में वे मिट्टी में अजगर और अन्य राक्षसों के बीज रोप कर रचे जाते हैं।
- कुछ अपराध जिनसे ज़ियुस को घृणा थी, वे थे अतिथियों से अभद्र व्यवहार और नर-बलि।
- ड्यूकेलियन का संदूक में बचना हमें *बाइबल* के ओल्ड टेस्टामेंट में वर्णित नोआ की नाव और यूत्नपिष्तिम (Utnapishtim) की याद दिलाता है जो मैसोपोटामियाई देवताओं द्वारा लायी बाढ़ में बचता है।
- हिप्पो के औगस्टाइन (Augustine) ने, जो चौथी सदी में हुआ था, ड्यूकेलियन की कहानी को ऐतिहासिक तथ्य और ड्यूकेलियन को मूसा का समकालीन माना। मध्यकालीन युग में ड्यूकेलियन की बाढ़ का समय 1500 बी.सी.ई. था, एक स्थानीय बाढ़ जो बाद में नोआ द्वारा प्रमाणित विश्व स्तरीय बाढ़ हो गयी।
- ड्यूकेलियन और पीरा का एक बेटा था हेलेन (Hellen) जिससे कुलीन यूनानियों की सारी हेलेनिक प्रजातियाँ निकलीं : आचियन्स (Achaeans), आइओनियनस् (Ionians) (जिससे फारसी शब्द यूनान और संस्कृत यवन निकला, जो यूनानी समुदाय को परिभाषित करता है), डोरियन्स (Dorians) और ईलियन्स (Aeolians)।

ओलिम्पियंस का वंश-वृक्ष

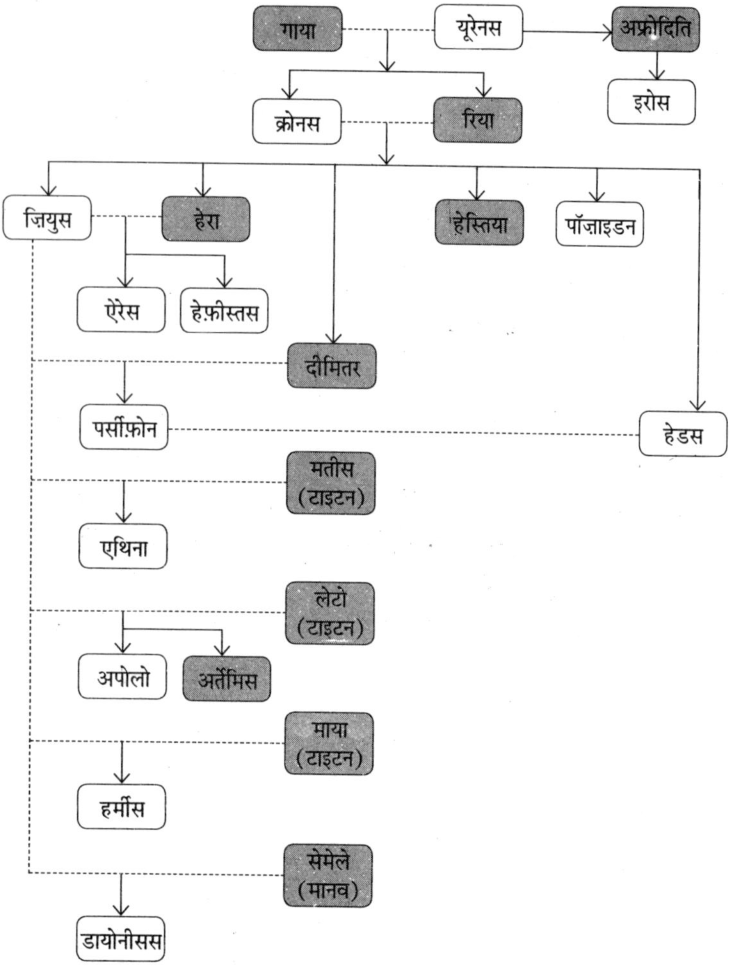

▭ = पुरुष ▬ = स्त्री

----- = प्रणय → = वंशज

खंड दो

मिनोस
Minos

''ज़ियुस मुझे उस राजा की याद दिलाता है जो व्यवस्था कायम रखने को संघर्षरत है, जो अपने से पहले आए लोगों की हिंसा और झगड़ों का सामना कर रहा है और अपने से नीचे के लोगों पर संदेह करता है,'' नागा साधु ने कहा। ''मैं महसूस कर सकता हूँ उसके संघर्ष को जहाँ वह बुद्धिमती एथिना का उन्मादी अफ्रोदिति से, शान्त अपोलो का नशेड़ी डायोनीसस से सामंजस्य बैठाने की कोशिश में लगा है।''

''दिलचस्प! तुम अपने भीतर ओलिम्पियंस को देख रहे हो,'' सिकंदर ने कहा। ''मैं उन्हें बाहर देख रहा हूँ। मिनोस द्वारा शासित क्रीट में मैं पाता हूँ डायोनीसियन रहस्य और थीसियस द्वारा शासित ऐथन्स में मुझे दिखती है अपोलो जैसी स्पष्टता।''

इयो (Io)

ज़ियुस ने माँग की कि आरगोस (Argos) का राजा अपनी बेटी इयो (Io) उसे दे दे। राजा एक देवता को मना करने की गुस्ताखी नहीं कर सकता था, जबकि उसे पता था कि ऐसा करने से हेरा नाराज़ हो जायेगी क्योंकि इयो उसकी पुजारिन थी और उससे यह अपेक्षा की जाती थी कि वह अपनी देवी के प्रति निष्ठावान हो।

जब ज़ियुस इयो की संगत का आनंद ले रहा था, उसने हेरा को आते देखा तो इयो की सुरक्षा के लिए उसे गाय बना दिया।

किन्तु हेरा सारी बात समझ गयी। वह जान गयी कि गाय कोई चौपाया नहीं वरन् स्त्री थी, जो ज़ियुस की पसन्द थी। हेरा ने अपने वफ़ादार, कृपापात्र, अर्गस (Argus) राक्षस से उस गाय पर नज़र रखने को कहा, क्योंकि वह जानती थी कि ज़ियुस की खुशी के लिए उसे कभी तो अपने इंसानी रूप में आना था।

अर्गस की सौ आँखें थीं और हर समय कम-से-कम दो तो खुली ही रहतीं, सो वह रात-दिन इयो की निगरानी कर सकता था। उसका कुछ भी करना अर्गस की नज़र से बच नहीं सकता था। आखिर में ज़ियुस ने हर्मीस को भेजा कि वह तब तक वीणा बजाए जब तक अर्गस सारी आँखें बन्द न कर ले और सो न जाये। फिर हर्मीस ने सोते हुए राक्षस अर्गस का सिर काट दिया और इयो को भागने दिया।

हेरा क्रोधित थी। उसने अर्गस, जिसने उसकी इतनी सेवा की थी, की आँखें मोर की पूँछ पर लगा दीं। इयो को डंक मारने और सारी दुनिया में उसका पीछा करने के लिए हेरा

ने एक कुकुरमाखी (पशुओं को काटनेवाली मक्खी) भेजी। इयो समुद्री रास्ते द्वारा यूरोप से एशिया तक भागती रही। वह रास्ता बोस्फोरस यानी 'गोपथ' कहलाया। वह मैदानों से होकर भागी जो बाद में फ्रिजिया, फूनीशिया और इजिप्ट (मिस्र) के नाम से जाने गये। जहाँ भी वह गयी, उसने ज़ियुस के बच्चों को जन्म दिया, जो इन देशों पर शासन करते।

- हिन्दू मिथकशास्त्र में भी मोर विश्वासघात की एक कहानी से संबद्ध है। ऋषि गौतम अपनी पत्नी अहल्या को देवराज इन्द्र के आलिंगन में देखते हैं। वे श्राप देते हैं कि इन्द्र के शरीर पर सौ आँखें फूटें ताकि वह देख सके कि उसका विवेक उसे कहाँ ले जा रहा है। बाद में ये आँखें मोर की पूँछ पर लगा दी जाती हैं। बहुत से हिन्दू अनुष्ठानों में बुरी नज़र दूर करने के लिए मोर के पंखों का प्रयोग होता है।
- इयो मिस्री देवी हाथर (Hathor) और आइसिस (Isis) के रूप में पहचानी गयी है। अनेक यूनानी नायक जैसे पर्सियस (Perseus), कैडमस (Cadmus) और हेराक्लेस (Heracles) इयो के वंशज हैं।
- जुपिटर नक्षत्र के एक उपग्रह को भी इयो नाम दिया गया है।

यूरोपा (Europa)

इयो के पुत्रों में से एक फूनीशिया के राजा की, यूरोपा (Europa) नामक पुत्री थी, जो अक्सर अपने पिता की गाय व बैलों की देखभाल करती थी। ज़ियुस ने यूरोपा को देखा तो उस पर मोहित होकर उसे फुसलाने का निश्चय किया।

उसने एक सफ़ेद बैल का रूप धारण किया और जब वह फूल चुन रही थी, उसकी तरफ़ बढ़ा। जब यूरोपा ने उसे छुआ, वह झुक गया और उसे अपने ऊपर बैठने को कहा। जैसे ही वह उस पर बैठी, वह उसे साथ लेकर समुद्र की ओर लहरों पर छलाँगें लगाता हुआ भागता रहा जब तक कि वह क्रीट द्वीप नहीं पहुँच गया।

वहाँ ज़ियुस ने उसके साथ संभोग किया, और यूरोपा

ने तीन पुत्रों को जन्म दिया : मिनोस (Minos), रैडामन्थस (Rhadamanthus) और सरपेडान (Sarpedon)।

- प्राचीन चरवाहा सभ्यताओं में साँड़ की पूजा इसके पुंसत्व के कारण की जाती है, जिसे तब तक काबू नहीं किया जा सकता जब तक उसे बधिया करके पुंसत्व से वंचित न किया जाये। सिन्धु घाटी की सभ्यता में हमें साँड़ के चित्रों वाली मोहरें मिलती हैं। हिन्दू मिथकशास्त्र में शिव नन्दी साँड़ की सवारी करते हैं। जैन मिथकशास्त्र में पहले तीर्थंकर का नाम ऋषभ है जिसका अर्थ है साँड़ और उसका प्रतीक चिह्न भी साँड़ ही है। बुद्ध को भी मनुष्यों में ऋषभ की संज्ञा दी गयी थी।
- यूरोपा की कहानी उतनी ही पुरानी है जितनी होमर की *इलियड* जो करीब अट्ठाइस सौ वर्ष पहले लिखी गयी थी। यूरोप नाम यूरोपा से ही निकला है, जिसका प्रयोग पहले थ्रेस के कुछ हिस्सों के लिए किया गया था। सिर्फ़ बारह सौ वर्ष पहले ही यह पूरे महादेश के लिए प्रयुक्त हुआ, जब इसका प्रयोग पूर्वी यूनानी भाग से अलग होली रोमन एम्पायर के पश्चिमी भाग के लिए हुआ, जो लैटिन था और शारलेमेन (Charlemagne) के नेतृत्व में था।
- यूरोपियन यूनियन ने अब अपनी वेबसाइट और करंसी नोटों के माध्यम से यूरोपा को यूरोप की माँ के रूप में स्वीकार किया है।
- विज्ञों का मानना है कि यूरोपा एक फूनीशियन (Phoenician) राजकुमारी थी, जिसका साँड़ों की पूजा करने वाले मिनोअंस (Minoans) ने अपहरण किया।
- बृहस्पति के एक उपग्रह का नाम यूरोपा है।
- एक दुर्लभ धातु-तत्व यूरोपियम का नाम यूरोपा से पड़ा है।
- साँड़ के रूप में ज़ियुस एशिया (आरगोस) को क्रीट से जोड़ता है और गाय के रूप में इयो यूनान को एशिया (लीसिया, फूनीशिया) और अफ्रीका (लीबिया-इजिप्ट) से जोड़ती है। ये कहानियाँ इस प्रकार भूमध्यसागर के पूर्वार्द्ध से सम्बन्ध स्थापित करती हैं। पश्चिमार्द्ध भाग वह रंगशाला है जहाँ हेराक्लेस, ओडिसियस और इनियस के साहसपूर्ण पराक्रम मंचित होते हैं।

पैसिफ़ी (Pasiphae)

मिनोस ने अपने दोनों भाइयों को क्रीट से निकाल दिया—रैडामन्थस, चूँकि वह जनता में अधिक लोकप्रिय था; और सरपेडान, क्योंकि दोनों एक ही लड़के अटिम्नियस (Atymnius) को चाहते थे।

तब यह सिद्ध करने के लिए कि वह गद्दी के योग्य है, मिनोस ने पॉज़ाइडन से प्रार्थना की और अपने समर्थन के प्रतीक के रूप में सागर से एक साँड़ भेजने को कहा, जिसकी स्वयं सागर के देवता को बलि चढ़ाने का उसने वादा किया। प्रसन्न होकर पॉज़ाइडन ने सागर से एक साँड़ प्रकट किया; हालाँकि मिनोस को वह पशु इतना भा गया कि उसने उसकी बलि न देने का निश्चय किया।

क्रोधित पॉज़ाइडन ने मिनोस की पत्नी पैसिफ़ी (Pasiphae) को साँड़ के प्रेम-जाल में फँसाया और उसके साथ संभोग करवाया। बैल को बहलाने के लिए पैसिफ़ी ने आविष्कारक डेडालस (Daedalus) से गाय का नमूना बनाने को कहा जिसके एक कक्ष में वह छिपकर बैठ गयी। साँड़ ने उस यंत्र को सचमुच की गाय समझा, उसे आनंदित करते वैसा ही व्यवहार किया जैसा पैसिफ़ी चाहती थी, और उसे गर्भवती किया। इस प्रकार एक भयानक जीव माइनोटौर (Minotaur) का जन्म हुआ, जिसका शरीर मानव का था और सिर साँड़ का, और उसमें मनुष्य के मांस की भूख थी। इस जन्तु में मिनोस जैसा छलावा, पैसिफ़ी जैसी लज्जा और ओलिम्पियंस सा क्रोध था।

इस जन्तु से लज्जित, परन्तु उसे मारने में असमर्थ, भयभीत मिनोस ने डेडालस से महल के नीचे भूलभुलैया बनाने को कहा जो माइनोटौर का घर बन सके। ऐसा घर हो जिसमें जो एक बार घुस जाये तो कभी वापस न आ पाये।

डेडालस मान गया। ऐथन्स से भागकर डेडालस ने क्रीट में आश्रय पाया था। इस प्रकार वह अपने दोनों मेजबानों का एहसानमंद था।

- जैन और बौद्ध कथाओं में भी रानियाँ हाथी, घोड़े और साँड़ जैसे दिव्य प्राणियों का अपने गर्भ में प्रवेश का स्वप्न देखती हैं, जो इस बात का द्योतक है कि बालक जो गर्भ में है, वह राजा होगा या संन्यासी। तथापि इन कहानियों से यह प्रतीत नहीं होता कि इन रानियों ने कभी पशुओं की कामना की थी या किसी देवता ने पशु रूप में उनसे निवेदन किया हो।

- साँड़ के समुद्र से प्रकट होने की कहानी यह दर्शाती है कि कैसे प्राचीन यूनान में राजसत्ता और वैधता ओलिम्पियंस द्वारा ही प्राप्त होती थी।
- मिनोअन (Minoan) सभ्यता का घर, क्रीट का द्वीप है। क्रीट रीति-रिवाज़ों व खेलों के लिए विख्यात था, जिसमें बैल के इर्द-गिर्द नृत्य और उस पर से छलाँगें लगाई जाती हैं।
- पैसिफ़ी को अतृप्त काम पिपासा के लिए कुख्यात पूरब की चुड़ैलों से संबद्ध करके देखा गया था और साँड़ के साथ उसके संभोग की यह कहानी यूनानियों को बहुत भायी।
- पैसिफ़ी ने अपने पति मिनोस को ऐसी औषधि दी जिससे उसका वीर्य उसकी प्रेमिकाओं की योनि में जाते ही बिच्छुओं में बदल जाता। इस विधि से उसने मिनोस को अपने प्रति वफ़ादार रहने को बाध्य किया। पर मिनोस ने आविष्कारक डेडालस से दुनिया का पहला कन्डोम तैयार करने को कहा—बकरी के मूत्राशय का प्रयोग करके—जिससे वह अपनी प्रेमिकाओं को सुरक्षित रख सकता।
- जब क्रीट के खँडहर मिले, बहुत से पुरातत्ववेत्ताओं ने उस मिथकीय भूलभुलैया को ढूँढ़ने का व्यर्थ प्रयास किया। कुछ न मिलने पर उन्होंने यह निष्कर्ष निकाला कि इतने कक्षों व गलियारों वाला यह महल ही ऐसी कहानी का कारण होगा।
- माइनोटौर (Minotaur) दो शब्दों के योग से बना है : मिनोस (Minos) और टॉरस (Taurus)।

ऐंड्रोज़ियुस (Androgeus)

मिनोस और पैसिफ़ी का एक और पुत्र था ऐंड्रोज़ियुस (Androgeus), सुडौल नौजवान जो एथिना के सम्मान में होने वाली स्पर्धाओं में भाग लेने के लिए ऐथन्स गया। वहाँ उसने अनेक प्रशंसक बटोरे और बहुत सारे इनाम जीते। उसके कौशल से ईर्ष्यावश ऐथन्सवासियों ने उसे क्रीट के साँड़ से लड़ने को कहा जिसने उसे मार दिया।

मिनोस (Minos) को नहीं लगा कि यह लड़ाई निष्पक्ष थी। वास्तव में

उसका विश्वास था कि ऐथन्स के राजा एजियुस (Aegeus) ने ईर्ष्यावश उसके बेटे ऐंड्रोजियुस को मार डाला था और इसलिए उसने ऐथन्स के विरुद्ध चढ़ाई कर दी। जब मिनोस सफल नहीं हुआ तो उसने अपने पिता ज़ियुस से शहर में महामारी और दुर्भिक्ष के ऐसे हालात पैदा करने को कहा, जब तक कि वे उसकी बात मानने को तैयार न हों : "तुमने मिनोस के एक बेटे का जीवन लिया है। अब तुम्हें उसके दूसरे बेटे को जीवन देना होगा। सात लड़के और सात लड़कियाँ हर नौ साल में माइनोटौर की भूलभुलैया में भेजने होंगे।"

एजियुस के पास यह स्वीकार करने के अलावा कोई चारा नहीं था।

- मिनोस के प्रतिशोध की यह कहानी अपोलोडोरस (Apollodorus) द्वारा दूसरी शताब्दी की लैटिन पुस्तक में लिखे यूनानी कहानियों के संग्रह *बाइब्लिओथिका* (Bibliotheca) से है। यह होमर और हेसियाड के महाकाव्यों से लगभग हज़ार साल बाद की है।
- तार्किकों का मानना है कि मिनोस एक उपाधि थी, शायद इसका संदर्भ उन राजाओं से था जिन्होंने क्रीट पर शासन किया। इन राजाओं की नौसेना थी जो भूमध्यसागर पर तैरती रहती, इसलिए वे यूनानी, विशेषकर ऐथन्सवासियों की घृणा के कारण थे।
- महिष-असुर (महिषासुर), हिन्दू पुराण में उल्लिखित भैंसे के सिर वाला राक्षस हमें साँड़ के सिर वाले माइनोटौर की याद दिलाता है। किन्तु महिषासुर की कथा सातवीं शताब्दी सी.ई. की है, जबकि माइनोटौर की कथा भूमध्यसागर में करीब हज़ार साल पहले जानी गयी थी।

एजियुस (Aegeus)

बहुत दिनों पहले डेल्फ़ी (Delphy) के भविष्यज्ञाता ने, जो भाग्य और ओलिम्पियंस की फुसफुसाहट सुन सकता था, ऐथन्स के राजा एजियुस को एक पहेली का भेद बताया। एजियुस ने पहेली की गुप्त भाषा अपने मित्र पीथियस (Pittheus), ट्रॉयज़न (Troezen) के राजा, को बताई जिसने उसका अर्थ निकाला कि एजियुस को उस रात नशे में धुत्त नहीं होना चाहिए वरना वह ऐसे महान नायक का पिता बनेगा, जो उसका ही हत्यारा होगा।

लेकिन पीथियस ने यह अर्थ एजियुस को नहीं बताया, उल्टा उसने एजियुस को नशे में धुत्त किया और अपनी बेटी ईथरा (Aethra) को उस रात उसके साथ संभोग के लिए बाध्य किया। उसी रात एथिना के निर्देश पर ईथरा तैरकर समुद्र के

पार एक द्वीप तक गयी जहाँ वह पॉज़ाइडन के वश में आ गयी। पहले मनुष्य फिर देवता से अपनी घनिष्ठता के फलस्वरूप ईथरा गर्भवती हो गयी।

ट्रॉयज़न छोड़ते हुए एजियुस ने अपनी तलवार, ढाल और जूते एक भारी शिलाखंड के नीचे रखे और ईथरा से कहा, "अगर तुम पुत्र को जन्म देती हो और वह इतना शक्तिशाली होता है कि इस शिलाखंड को ढकेले और मेरी तलवार निकाल ले, तो उसे कहो कि ऐथन्स आये और अपने पिता को ढूँढ़े।"

ईथरा ने एक पुत्र थीसियस (Theseus) को जन्म दिया, जो बड़ा होकर इतना शक्तिशाली हुआ कि उसने शिलाखंड को ढकेलकर अपने पिता की तलवार, ढाल और जूते निकाल लिये। जब ईथरा ने थीसियस को उसके पिता के बारे में बताया तो उसने ऐथन्स जाने का निश्चय किया। पीथियस (Pittheus) ने अपने दोहते (नाती) को ऐथन्स जाने से रोका, क्योंकि वह जानता था थीसियस अपने पिता की मृत्यु का कारण बनेगा, पर थीसियस उसकी बात सुनने को तैयार नहीं था।

- केवल माता द्वारा पालित पुत्रों की कथाएँ, जो अपने पिता से शक्ति विरासत में पाते हैं, हिन्दू मिथकशास्त्र में भी हैं, जैसे शकुंतला का पुत्र भरत, जो जंगल में पलता है और उतना ही शक्तिशाली है जितना दुष्यंत।
- अनेक यूनानी नायकों की भाँति थीसियस के दो पिता हैं, एक मानव और एक देवता। थीसियस का देव-पिता पॉज़ाइडन है, जो उसे मिनोस का प्रतिशोधी बनाता है, जिसने पॉज़ाइडन को दिया वचन तोड़ा और देवता का प्रकोप झेला।
- पिता द्वारा अपनी गर्भवती पत्नी को यह कहने के रूपक की कि सिर्फ़ तभी पुत्र को उसके पास भेजना अगर वह काबिल हो—थीसियस शिलाखंड को हटाकर अपनी योग्यता साबित करता है—पुनरावृत्ति लोकगाथाओं में भी हुई है, यहाँ तक कि दसवीं सदी की *शाहनामा* में पायी गयी फ़ारसी कहानी 'रुस्तम और सोहराब' में भी हम यही देखते हैं।

- पुत्र द्वारा अपने ही पिता की हत्या की भविष्यवाणी भी यूनानी मिथकशास्त्र में बार-बार दोहराया गया विषय है।
- पॉज़ाइडन का बेटा थीसियस ऐथन्स पर शासन करने को नियत था जिसने पॉज़ाइडन का प्रभुत्व ठुकरा कर एथिना को चुना था, क्योंकि उसने उन्हें जैतून वृक्ष दिया था और पॉज़ाइडन ने खारा पानी।

थीसियस (Theseus)

सामान्यत: लोग ट्रॉयज़न (Troezen) से ऐथन्स के लिए स्थलमार्ग, जो राजपथ के खतरनाक डाकुओं से भरा था, से बचकर समुद्र मार्ग से यात्रा करते थे। पर थीसियस (Theseus) नहीं। उसने राह में आने वाले सभी चोरों और बदमाशों को चकमा देते हुए सड़क के रास्ते यात्रा की। इनमें से छह उल्लेखनीय हैं—

पहला था लँगड़ा चोर पेरिफिटिस (Periphetes), जो अपनी पीतल की मुद्गर से नि:शंक यात्रियों को पीट डालता।

दूसरा था सिनिस (Sinis), जो अपने शिकार को देवदारों के दो पेड़ों से बाँध देता जिन्हें बार-बार झुकाता, जिससे असहाय शिकार को दो भागों में चीरा जाये।

तीसरी थी फेया (Phaea), एक बुढ़िया, जो यात्रियों पर अपने नरभक्षी सुअर छोड़ देती।

चौथा स्किरॉन (Sciron) था, जो लोगों को पैर धोने के लिए धोखे से झुकाता और चट्टान से धक्का दे देता।

पाँचवाँ सर्सियान (Cercyon) था, जो लोगों को कुश्ती के लिए ललकारता और उन्हें हराकर मार डालता।

छठा प्रोक्स्तस (Procustes) था, जो यात्रियों को रात बिताने के लिए अपने घर बुलाता, जहाँ अपने मेहमान-कक्ष के बिस्तर पर फिट करने के बहाने नाटे

यात्रियों की टाँगें खींचता कि घुटने टूट जाते और लम्बे यात्रियों के पैर काट देता।

जब तक थीसियस ऐथन्स पहुँचा, उसने लोगों का सहयोग जीत लिया था। जब उसने तलवार एजियुस को दिखाई, वह उससे आलिंगनबद्ध हुआ और ऐथन्स के राजकुमार के रूप में उसका स्वागत किया।

दुर्भाग्य से यह सात लड़के और सात लड़कियों को बलि हेतु क्रीट भेजने का वर्ष था। थीसियस ने, जो किसी भी चुनौती से पीछे हटने वाला नहीं था, इस बलि का हिस्सा होने का निश्चय किया। "पिता, भयभीत न हों, मैं जीवित वापस आऊँगा," उसने कहा।

बलि को ले जाने वाले जहाज़ के पाल काले थे। "पुत्र, जब तुम वापस आओगे, इन पालों को सफ़ेद से बदल देना," एजियुस ने कहा।

- *महाभारत* में भीम ने जनसामान्य को बकासुर, जिसे गाँववालों को बैलगाड़ी भरकर भोजन भेजना पड़ता था—वह राक्षस गाड़ीवान और बैलों सहित सारा भोजन खा जाता था—से बचाकर सुयश कमाया। *भागवत पुराण* में कृष्ण अनेक दुष्टों का, जो पशुओं के वेश में, कई बार जंगल की आग व बिजलियों के रूप में गाँववालों पर आक्रमण करते हैं, संहार कर गोकुल और वृंदावन की रक्षा करते हैं। गाँवों की रक्षा करने वाले ऐसे कृत्य ही उन्हें नायक बनाते हैं, जैसे कि थीसियस के साथ है।
- थीसियस एक संस्थापक-नायक है जो ओलिम्पियन (Olympian) सुव्यवस्था स्थापित करने के लिए अराजकता (chaos) के प्रतिमूर्त पिछले धर्मों की ताकतों पर भारी पड़ता है।
- थीसियस, जिसे बारह काम करने को कहा गया था, के छह कार्य उसे हेराक्लेस का अग्रणी बनाते हैं।
- चोरों को मारने और ऐथन्स में सुव्यवस्था बहाल करने के कारण थीसियस की पहचान ऐथन्स में लोकतंत्र बहाल करने वाले के रूप में होने लगी।

अरियाद्ने (Ariadne)

थीसियस के क्रीट आने पर, जैसा कि विधि का विधान था, मिनोस और पैसिफ़ी की बेटी अरियाद्ने (Ariadne) उसके प्रेम में पड़ गयी। थीसियस को बचाने के निश्चय से राजकुमारी डेडालस (Daedalus) के पास गयी और उससे सलाह माँगी। डेडालस ने कहा, "थीसियस इतना शक्तिशाली हो सकता

है कि राक्षस माइनोटौर को मार दे, पर कोई भी व्यक्ति इतना चतुर नहीं जो मेरी भूलभुलैया से बाहर आने का रास्ता ढूँढ़ सके। उससे एक धागे का गोला लेने को कहो, जिसका एक सिरा अपनी कमर में बाँध ले और गोले को अपने पीछे खुलने दे, जो भूलभुलैया के उसके रास्ते की निशानदेही कर दे। राक्षस को मारने के बाद वह धागे का पीछा करते हुए भूलभुलैया से वापस आने का मार्ग ढूँढ़ सकता है।"

थीसियस ने सलाह के मुताबिक किया और धागे के गोले की मदद से अपना मार्ग ढूँढ़ लिया। रास्ता ऐथन्स के लड़के-लड़कियों की अस्थियों और गंदगी से अटा पड़ा था, जो सालों से बलि के लिए भेजे गये थे। अँधेरी, बदबूदार, गुफ़ाओं से घिरी लम्बी राहदरी की घुमावदार यात्रा के बाद थीसियस उस भयानक राक्षस के रू-ब-रू आ खड़ा हुआ। काफ़ी देर तक दोनों कुश्ती करते रहे, अन्त में थीसियस ने माइनोटौर को थका डाला और काबू में कर लिया। अरियाद्ने के धागे की कृपा से वापसी का रास्ता आसान था। जब थीसियस राक्षस माइनोटौर का सिर हाथ में लेकर भूलभुलैया से बाहर आया, मिनोस के पास उसे छोड़ देने के अलावा कोई उपाय नहीं था।

शान्ति बनाये रखने के लिए, मिनोस ने थीसियस को अपनी बेटी, फैद्रा (Phaedra), दे दी। यह बात अरियाद्ने को बिलकुल पसंद नहीं आयी और उसने मिनोस के साथ ऐथन्स जाने की ज़िद की।

तथापि थीसियस ने अरियाद्ने को निक्सस (Nixos) द्वीप पर छोड़ दिया और सिर्फ़ फैद्रा के साथ घर वापस गया। उसने ऐसा क्यों किया? शायद इसलिए कि वह अरियाद्ने से प्रेम ही नहीं करता था, या शायद वह पहले से ही डायोनीसस को सौंप दी गयी थी और ऐथन्स में थीसियस का सुरा और आसक्ति के देवता को नाराज़ करने का कोई इरादा नहीं था।

विजय और प्रेम की खुशी में थीसियस इतना मस्त था कि अपने जहाज़ के काले पाल सफ़ेद पाल से बदलना भूल गया। आतुर एजियुस को लगा उसका पुत्र माइनोटौर द्वारा मार दिया गया है, सो दु:खी होकर उसने चट्टान से समुद्र में छलाँग लगा दी। इस प्रकार एजियुस की अपने पुत्र द्वारा मारे जाने की भविष्योक्ति सच हुई। उस दिन से ऐथन्स से सटा समुद्र एजियुस के नाम पर एजियन सागर कहलाता है।

- पारम्परिक हिन्दू मान्यता के अनुसार नायक की सफलता मुख्यतया तीन कारकों पर निर्भर है, शक्ति, युक्ति और भक्ति। थीसियस विजयी केवल इसलिए नहीं है कि वह शक्तिशाली है, परन्तु इसलिए भी कि अरियाद्ने के कारण उसके पास रणनीति है, और अपने अभिभावकत्व के कारण जिसमें ओलिम्पियन व पॉज़ाइडन का अंश है—उसे दैवी शक्ति का सहयोग है।
- क्रीट से ऐथन्स की थीसियस की यात्रा, डायोनीसस से अपोलो की, सहजबोधता से मननशीलता की, तरलता से संरचना की भी यात्रा है।
- थीसियस और मिनोस का संघर्ष, ज़ियुस के पुत्र और पॉज़ाइडन के पुत्र के बीच का संघर्ष भी है। पर ज़ियुस मिनोस की सहायता नहीं कर सकता, क्योंकि उसने वचन तोड़ा है जो ओलिम्पियंस की दृष्टि में अक्षम्य अपराध है।
- थीसियस यह जानने के बाद अरियाद्ने को छोड़ देता है कि वह डायोनीसस को समर्पित है। जनश्रुतियों के हिसाब से, एथिना की सलाह पर वह उसे छोड़ जाता है जब वह सोई होती है।
- इटरस्कैन (Etruscan) आर्ट में डायोनीसस अपनी पत्नी अरियाद्ने के साथ दिखाया गया है जो उसके बच्चों को, जो अंगूर और शराब के प्रतिमूर्त हैं, जन्म देती है।
- अरियाद्ने शायद एक प्राचीन मातृदेवी थी जिसका पंथ पहले नायक थीसियस से संबद्ध हुआ, बाद में देवता डायोनीसस से।
- थीसियस पॉज़ाइडन के पुत्र माइनोटौर, उस साँड़ की संतान को मारता है जो पॉज़ाइडन द्वारा क्रीट भेजा गया था।
- थीसियस का जहाज़ सदियों तक ऐथन्स में रखा गया था। समय के साथ-साथ जहाज़ के हर टूटे हिस्से को नये टुकड़े से बदला जाता। धीरे-धीरे उसका हर हिस्सा नयी सामग्री से बन चुका था, जिसमें पुराना कुछ भी नहीं था। तब क्या यह सचमुच में थीसियस का जहाज़ ही था? यूनानी विचारकों द्वारा उठाया गया यह एक प्रमुख विरोधाभासी मुद्दा था।

पर्डिक्स (Perdix)

थीसियस के क्रीट से चले जाने के बाद मिनोस को धागे के गोले के बारे में पता लगा, जिसका इस्तेमाल उसने भूलभुलैया से निकलने के लिए किया था। यह युक्ति अरियाद्ने की नहीं हो सकती, वह इतनी चतुर नहीं थी। यह युक्ति डेडालस की ही होगी जिसने भूलभुलैया बनाई थी। चूँकि आविष्कारक डेडालस मूलत: ऐथन्स से था, सम्भवत: वह ऐथन्स के राजकुमार की सहायता करना चाहता था।

एक भयानक जुर्म के कारण डेडालस को ऐथन्स छोड़ना पड़ा था। डेडालस दुखी हुआ, जब उसे पता लगा कि उसका युवा भतीजा पर्डिक्स (Perdix) उसके अपने बेटे इकारस (Icarus) से बेहतर अन्वेषक था। दरअसल, लोग कहते थे, उसमें अपने प्रतिभाशाली चाचा को भी मात देने की क्षमता थी। ईर्ष्यावश, डेडालस ने पर्डिक्स को अपने घर की छत से धक्का देकर मार दिया। उसके बाद अपने बेटे इकारस को लेकर भाग गया और क्रीट में शरण ली।

- हिन्दू मिथकशास्त्र में ईर्ष्या एक सामान्य विषय है। रावण, अपने भाई कुबेर से ईर्ष्या करता था, जिसने सोने की लंका बनाई थी। दुर्योधन अपने चचेरे भाइयों, पांडवों से ईर्ष्या करता था जिन्होंने इन्द्रप्रस्थ का निर्माण किया था।
- डेडालस एक कुशल कारीगर था जिसने, कहा जाता है, काष्ठकारी का आविष्कार किया।
- एथिना ने पर्डिक्स को बचाया और उसे एक पक्षी—तीतर—बना दिया, जो ऊँचाई पर घोंसला बनाने से कतराता है।
- चाँद के एक दूरस्थ गड्ढे का नाम डेडालस है।
- अमेरिकन एकेडमी ऑफ़ आर्ट्स एंड साइंसेज़ के जरनल को *डेडालस* कहा जाता है।

इकारस (Icarus)

डेडालस के विश्वासघात से क्रोधित होकर मिनोस ने उसे एक मीनार में कैद करवा दिया। डेडालस ने भागने के लिए अपने और अपने बेटे इकारस के लिए पंखों और मधुमोम का इस्तेमाल करके पंख तैयार किये। पिता–पुत्र ने पंख बाँधे, मीनार से छलाँग लगाई और पंख फड़फड़ाते हुए पक्षियों की तरह हवा में उड़ने

लगे। वे शहर से बाहर, द्वीप से बाहर होते हुए समुद्र को भी पार कर गये।

इससे इकारस का आत्मविश्वास कुछ ज़्यादा ही बढ़ गया और उसे सूरज की ओर उड़ने की इच्छा हुई। जब वह और ऊपर की ओर उड़ा, नकली पंखों का मधुमोम पिघलने लगा। पंख खुल गये और वह समुद्र में गिरकर डूब गया। डेडालस अपने बेटे को बचाने के लिए कुछ नहीं कर सका, अत: अकेला दूर सिसिली की ओर उड़ गया।

- *रामायण* में हम जटायु और सम्पाति गिद्ध भाइयों की कहानी सुनते हैं, जो एक-दूसरे को ऊँचा उड़ने की चुनौती देते हैं। जटायु को सूर्य के निकट जाने से रोकने के लिए सम्पाति अपने पर फैला देता है और इस प्रक्रिया में अपने पंख जला लेता है। उड़ने से लाचार सम्पाति अब सागर के किनारे खड़ा रहता है और अपनी तीक्ष्ण दृष्टि से केवल लंका पर नज़र भर रख सकता है।
- डेडालस कलाकार की परिपक्वता की मूरत है और इकारस विवेकहीनता की।
- लोगों की ऊँचा उड़ने और टकराकर गिरने की कहानी का रूपक यूनानी मिथकशास्त्र में बार-बार दोहराया गया है। इकारस गिरता है, जब वह ऊँचा उड़ता है। फेटन (Phaeton) वज्र से टकराता है जब वह अपने पिता के सूर्यरथ को उड़ाने की कोशिश करता है और बेलेरोफ़ोन (Bellerophon) नीचे गिरता है, जब वह उड़ने वाले घोड़े पर ओलिम्पस की ओर उड़ता है। ये सब हेकड़ी (hubris), दम्भपूर्ण कृत्य माने गये हैं जो लोगों को ब्रह्मांड में अपनी स्थिति का विस्मरण कराते हैं और अराजकता (chaos) को जन्म देते हैं।
- सुमेरियन मिथकशास्त्र में एटना (Etana) इकारस के समान है। वह गरुड़ पर सवार होकर एक जादुई बूटी की खोज में स्वर्ग की ओर गया, नीचे देखा और संतुलन खो बैठा।
- भयानक रूप से महत्वाकांक्षी व्यक्ति, इकारस कॉम्प्लेक्स से ग्रसित कहे जाते हैं।
- पर्डिक्स, जिससे डेडालस द्वेष करता है, वह देवताओं द्वारा पक्षी बना दिया जाता है, जबकि इकारस, जिसे डेडालस चाहता था, मानव निर्मित पंखों द्वारा उड़ने में असमर्थ है। पर्डिक्स ऊँची उड़ान भरता है और जीवित रहता है, जबकि इकारस नीचे गिरकर मर जाता है।

डेडालस (Daedalus)

डेडालस को ढूँढ़ निकालने को मिनोस कटिबद्ध था। इसी उद्देश्य से उसने सारे भूमध्यसागर के आस-पास के इलाकों के राजाओं के पास एक पहेली के साथ अपने जासूस भेजे : 'एक घुमावदार खोल में किसी ने धागा कैसे पिरोया?' मिनोस जानता था कि इस पहेली को सिर्फ़ डेडालस सुलझा सकता है।

कुछ दिनों बाद खबर मिली कि सिसिली का राजा पहेली सुलझाने में कामयाब हो गया है। उसके दरबार में किसी ने राजा से कहा कि धागे को चींटी से बाँध दें, उसे खोल के अन्दर घुसाएँ और दूसरी ओर शहद की बूँद से ललचाएँ। मिनोस खुश हो गया कि ऐसा केवल डेडालस ही सोच सकता है।

मिनोस ने राजा से माँग की कि वह आविष्कारक को उसके हवाले कर दे। राजा मान गया और मिनोस को भोज का निमंत्रण दिया, जहाँ उसके सामने डेडालस को प्रस्तुत किया जाता। भोज के पहले राजा ने अपनी सुन्दर बेटियों से मिनोस को नहलाने को कहा। जैसे ही मिनोस पानी के टब में घुसा, डेडालस के निर्देशानुसार राजा की बेटियों द्वारा मिनोस पर उबलता हुआ पानी डाला गया और वह जलकर मर गया।

- जैसे डेडालस को उसके छिपने के स्थान से बाहर निकालने के लिए मिनोस पहेली का इस्तेमाल करता है, हिन्दू ग्रंथ *महाभारत* में दमयन्ती पहेली के प्रयोग द्वारा अपने पति नल को ढूँढ़ने के लिए गुप्तचरों का सहारा लेती है, जिसने उसे जंगल में छोड़ दिया था।
- डेडालस पर कुपित होने के लिए मिनोस के पास पर्याप्त कारण हैं। उसने मानवाकार गाय बनाकर मिनोस की पत्नी पैसिफ़ी की, पॉज़ाइडन के भेजे बैल के साथ संभोग करने में मदद की, मिनोस की बेटी अरियाद्ने को बताया कैसे धागे के गोले की सहायता से थीसियस भूलभुलैया से निकल सकता है।
- ऐथन्सवासियों के लिए यह कहानी महत्त्वपूर्ण थी कि कैसे क्रीट का महान राजा एक ऐथन्सवासी द्वारा मारा गया, क्योंकि उनके बीच भूमध्यसागर के व्यावसायिक

मार्ग और उसके पानी पर नियंत्रण को लेकर ऐतिहासिक होड़ थी।

- मृत्यु के बाद अपने भाई रैडामन्थस (Rhadamanthus) और सौतेले भाई एकस (Aeacus) के साथ मिनोस मृतकों का जज बना दिया गया। रैडामन्थस पूर्व से आने वालों का निर्णय करता, एकस पश्चिम से, मिनोस के पास निर्णायक वोट था।

एन्टियोप (Antiope)

इसी बीच ऐथन्स में फेंद्रा के साथ मिलकर थीसियस ने नये प्रकार का शासन, प्रजातंत्र, स्थापित किया जहाँ राजा के प्रभुत्व और जनता की सामूहिक इच्छाओं के बीच संतुलन था।

बीते वक्त में पुजारी-राजा शहर की देखभाल, इसकी उन्नति व सुरक्षा के लिए ज़िम्मेदार था और बदले में जनता की आज्ञाकारिता पाता था। अब थीसियस ने एक भव्य असेम्बली का निर्माण किया, जहाँ लोग अपने विचार रखते और जनमत के आधार पर निर्णय लिये जाते (असेम्बली को 'पोलिस' कहते थे)। इससे राजा की अतिशयता संतुलित हुई और जब वह निर्णय न ले पाया, उसे उचित कार्रवाई चुनने में सहायता भी मिली।

इस नये शासन से लम्बे समय तक सामंजस्य रहा। ऐथन्स में हर कोई थीसियस की प्रशंसा करता। अपने पड़ोसी राज्यों से युद्ध की बजाय थीसियस ने नयी पहल की और उन्हें असेम्बली में आमंत्रित किया ताकि सभी मित्रतापूर्वक रह सकें।

उसी समय में थीसियस का सामना इडिपस (Oedipus) से हुआ जिसने उसे शान्तिपूर्वक मरने में सहायता की और उसके शरीर को गुप्त रूप से ऐथन्स के निकट दफ़ना दिया। बाद में उसने उन सातों को भी दफ़नाया, जो थीब्स पर आक्रमण करते हुए मारे गये थे। इस प्रकार थीसियस और ऐथन्स उदारता और इन्सानियत के लिए प्रसिद्ध हुए।

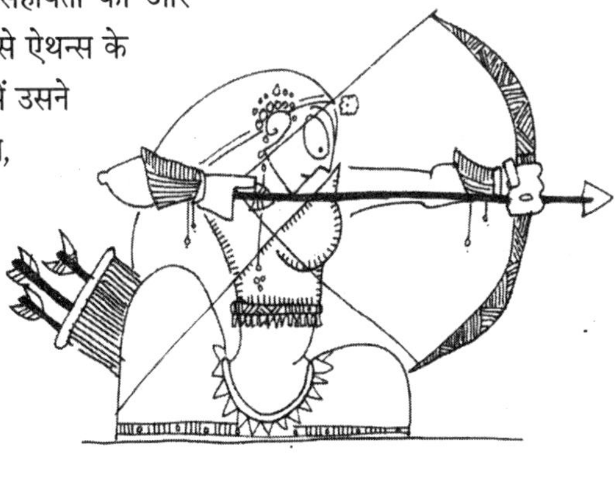

शान्तिपूर्ण समय अक्सर नायकों को बेचैन कर देता है। यही बात थीसियस पर भी लागू हुई, जिसे साहसिक अभियान पसन्द थे और इस तरह उसने अमेज़ंस (Amazons) के देश की यात्रा करने का निश्चय किया।

अमेज़ंस एशिया के पूर्व में रहती थीं। वे योद्धा थीं, जो पुरुषों का प्रयोग केवल प्रजनन के लिए करतीं। लड़कों को उनके पिता के पास भेज दिया जाता पर लड़कियाँ रख ली जातीं और अमेज़ंस की भाँति पाली जातीं। थीसियस ने खुद को रानी एन्टियोप (Antiope) के सामने प्रस्तुत किया, जिसने उसे पुत्र दिया हिप्पोलिट्स (Hippolytus)। पिता और पुत्र को तब जाने के लिए कहा गया पर थीसियस ने निश्चय किया कि वह एन्टियोप को भी ले जायेगा और वह उसे भगा कर ले गया।

गुस्सैल अमेज़ंस ने ऐथन्स तक उसका पीछा किया और शहर पर हमला कर दिया। लड़ाई के दौरान उन्हें एहसास हुआ कि उनकी प्यारी रानी ऐथन्सवासियों की ओर से लड़ रही थी। ऐथन्सवासी उन्हें भगाने में कामयाब हो गये पर उससे पहले एक हमलावर के तीरों ने एन्टियोप को, वह स्त्री जो कभी उनकी रानी थी, मार दिया।

- प्लूतार्क (Plutarch) ने पहली शताब्दी सी.ई. में लिखा था कि कैसे थीसियस ने ऐथन्स में प्रजातंत्र स्थापित किया।
- हिन्दू मिथकशास्त्र में कृष्ण यदु वंश से संबद्ध थे, जिसका कोई राजा नहीं था, पर जहाँ निर्णय दसहीं नामक एक परिषद् में आम सहमति द्वारा लिये जाते थे।
- भारतीय लोक साहित्य में स्त्री-राज्य या स्त्रियों के देश का उल्लेख है, जहाँ कोई पुरुष नहीं आ सकता। यह प्रमिला द्वारा शासित है जिसका उल्लेख कई बार कदली-वन के रूप में होता है। सिर्फ़ एक व्यक्ति जो यहाँ पहुँचने में सफल होता है वह है महान योगी मत्स्येन्द्रनाथ, जो उस स्त्री के मोहपाश में तब तक बँधा रहता है जब तक कि वह अपने शिष्य गोरखनाथ द्वारा छुड़वाया नहीं जाता।
- स्त्री सेना की एक टुकड़ी चंद्रगुप्त मौर्य की रक्षा करती थी। यूनानी राजदूत मेगस्थनीज़ ने उन्हें अमेज़न जैसा माना था।
- अमेज़न का अर्थ है, 'स्तनविहीन'। इस कबीले की स्त्रियाँ, कहते हैं, अपना दाहिना स्तन काट लेती थीं जिससे वे बेहतर तीरंदाज़ी करें। कहा जाता है अमेज़न यानी वीरांगनाएँ पूरब, विशेषकर टर्की, सिथिया (पर्शिया) या अफ्रीका में रहती थीं।
- सिकंदर के जीवन पर आधारित परिकथा, *ऐलैक्ज़ेंडर रोमांसिस,* जो मध्यकालीन यूरोप में विशेष लोकप्रिय हुई, में सिकंदर अमेज़न रानी थेलेस्ट्रिस (Thalestris) से मिलता है और उसे एक संतान देता है।

हिप्पोलिट्स (Hippolytus)

एन्टियोप का पुत्र हिप्पोलिट्स बड़ा होकर एक सुदर्शन पुरुष हुआ, पर उसने अर्तेमिस की सेवा करने और आजीवन कुँवारा रहने का निश्चय किया। इस बात ने अफ्रोदिति को नाराज़ कर दिया, और उसने थीसियस की पहली पत्नी, फैद्रा, को अपने सौतेले बेटे, हिप्पोलिट्स, से प्रेम करने को उकसाया। फैद्रा ने हिप्पोलिट्स को अपनी शय्या पर आने का आमंत्रण दिया और जब उसने मना कर दिया तो उस पर बलात्कार का आरोप लगाया।

क्रोध में थीसियस ने पॉज़ाइडन से याचना की जिसने हिप्पोलिट्स का रथ खींचने वाले घोड़े बिदकाने को समुद्र से राक्षस भेजा जिससे वह रथ से गिर जाये। हिप्पोलिट्स के पैर लगाम में फँस गये और जैसे ही घोड़े कसे गये, वह ज़मीन से घिसटता गया। उसका सिर रास्ते की चट्टानों से टकराया और वह मर गया।

यह जानकर कि थीसियस ने हिप्पोलिट्स को मरवा दिया, अपराधग्रस्त फैद्रा ने खुद को मार दिया। जब तक थीसियस ने सच जाना, बहुत देर हो चुकी थी।

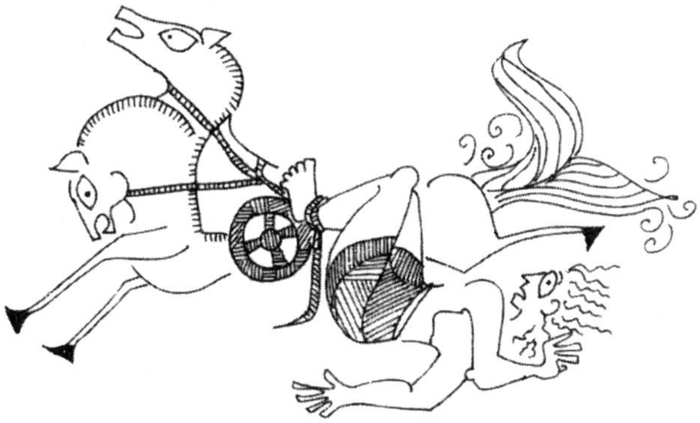

- रानी के अपने सौतेले पुत्र के प्रेम में पड़ने की कहानियाँ भारतीय लोकसाहित्य में भी हैं। भारत के नाथ सम्प्रदाय में हम चौरंगीनाथ की कहानी पाते हैं, जिसमें उस पर अपनी सौतेली माँ के प्रति आकर्षित होने का झूठा आरोप लगाने पर उसके हाथ-पैर कटवा दिये गये और उसे सूखे कुएँ में फिंकवा दिया गया। नाथ साधुओं की कृपा से वह स्वयं दैवी-शक्तियों वाला साधु बन गया और अपनी विमाता को भी बाद में क्षमा कर दिया।

- कहानी के अन्य संस्करणों में अर्तेमिस दैवी वैद्य एस्क्लेपियस (Asclepius) की सहायता से उसे पुनर्जीवित करती है और वह ऐसे सम्प्रदाय का हिस्सा बनता है जहाँ विवाह करने वाली लड़कियाँ अपने अक्षत-यौवन के प्रमाणस्वरूप अपने केश समर्पित करती हैं।
- विमाता का सौतेले पुत्र के प्रति आकर्षण मनोवैज्ञानिक विश्लेषण में फैद्रा कॉम्प्लेक्स कहलाता है।

पिरिथस (Pirithous)

अपनी पत्नियों, एन्टियोप और फैद्रा, और प्रिय पुत्र हिप्पोलिट्स की मृत्यु के बाद थीसियस प्रशासन के कार्यों में रुचि खो चुका था। पर तब एक असम्भवप्राय मित्रता ने जीवट की चिंगारी फिर से सुलगाई।

ऐसा हुआ कि लैपिथ्स का राजा पिरिथस (Pirithous) विवाह कर रहा था और विवाह भोज में थीसियस भी अन्य राजाओं, देवताओं एवं सेंटोज़ (Centaurs, ऐसे जीव जिनका आधा शरीर घोड़े का और आधा मनुष्य का होता है) की तरह आमंत्रित था।

नराश्व उद्दण्ड सेंटोज़ दुल्हन के प्रेम में इतने पागल थे कि उन्होंने उसका अपहरण और बलात्कार करने का प्रयास किया, लेकिन वे महान थीसियस द्वारा रोक दिये गये। सेंटोज़ और लैपिथ्स के बीच युद्ध हुआ और इसमें थीसियस ने लैपिथ्स की सहायता की। दोनों मिलकर सेंटोज़ को मारने में विजयी हुए। भाईबंदी और विजय ने एक असम्भवप्राय—ऐथन्स के महान राजा और लैपिथ्स के कम महान राजा के बीच मित्रता को चिंगारी दी।

जब संतानोत्पत्ति के दौरान पिरिथस की पत्नी का देहान्त हो गया, तो विधुर थीसियस के

सान्निध्य में उसे दिलासा मिली। एक दिन दोनों ने नयी पत्नियाँ ढूँढ़ने में एक–दूसरे की मदद करने का निश्चय किया।

''ज़ियुस की बेटी हेलेन का, जो स्पार्टा (Sparta) में पल रही है, अपहरण करने में मेरी मदद करो। मुझे बताया गया है कि वह दुनिया की सुंदरतम स्त्री है,'' थीसियस ने कहा। पिरिथस मान गया, दोनों स्पार्टा गये और हेलेन, जो कि अभी छोटी बच्ची थी, का अपहरण कर लिया।

''मैं भी ज़ियुस की एक बेटी पत्नी बनाने के लिए चाहता हूँ। एथिना और अर्तेमिस की रुचि नहीं होगी पर शायद हेडस (Hades) की पत्नी पर्सीफ़ोन (Persephone) की हो,'' पिरिथस ने कहा।

इसलिए इस साहसिक अभियान के लिए तैयार दोनों मित्र मृतकों के लोक की ओर निकल पड़े। आग–बबूला हेडस ने दोनों को कैद कर लिया और उन्हें कुर्सियों से बाँध दिया जिससे वे उठ न सकें। वर्षों बाद मृतकों के देश की अपनी यात्रा के दौरान हेराक्लेस थीसियस को आज़ाद कराने में सफल हो गया पर पिरिथस को नहीं।

जब थीसियस जीवितों के देश में लौटा और ऐथन्स वापस आया, नगरवासियों ने उसे प्रवेश करने से रोक दिया, क्योंकि उसकी अनुपस्थिति में शहर में युद्ध का खतरा हो गया था। जुड़वाँ भाई कैस्टर (Castor) और पौलक्स (Pollux) ने स्पार्टा की सेना खड़ी की और अपनी बहन हेलेन को छुड़ाने के लिए ऐथन्स पर धावा बोल दिया था। सौभाग्यवश सज्जन अकैडेमस (Akademos) ने जुड़वाँ भाइयों को वह जगह दिखाकर, जहाँ हेलेन छिपाई हुई थी, युद्ध रुकवा दिया था। उन्हें थीसियस की माँ ईथरा (Aethra) के संरक्षण में हेलेन मिली। हेलेन को ईथरा से लिपटा हुआ देख दोनों भाइयों ने अपनी बहन की दासी के रूप में ईथरा को भी स्पार्टा ले जाने का फ़ैसला किया। ऐथन्सवासियों ने स्पार्टा और उससे पहले अमेज़ंस द्वारा शहर में आक्रमण के लिए थीसियस को दोषी ठहराते हुए उसे ऐथन्स से बाहर निकाल दिया।

इस प्रकार घर, पत्नी, माता से वंचित थीसियस शहर-दर-शहर यूनान तक भटकता रहा। आखिर एक राजा ने, सम्भवत: उसके यश से ईर्ष्यालु, उसे चट्टान से धक्का दे दिया और वह समुद्र में गिरकर मर गया।

- हिन्दू मिथकशास्त्र में अपहरण द्वारा पत्नी पाने को राक्षस-विवाह और बलात्कार द्वारा पत्नी पाने को पिशाच विवाह कहा जाता है।
- सेंटोज़ और लैपिथ्स (Lapiths) का विवाद यूनानी-रोमन कला में एक लोकप्रिय विषयवस्तु है। बेडौल दानवी सेंटोज़ अक्षुण्ण लालसा के प्रतीक हैं।
- थीसियस का दुखद अन्त उसके शान्तिपूर्ण जीवन में उसकी बेचैनी, दम्भ और अक्खड़पन, जिसे यूनानी भाषा में हबरी (hubris) (हेकड़ी) कहते हैं, का नतीजा है। यह थीसियस का घमंड है जो उसे अमेज़ंस की रानी और ज़ियुस की किशोरी पुत्री हेलेन जैसी अप्राप्य स्त्रियों के लिए लालायित करता है। अनेक नायकों के पतन का कारण उनकी हबरी ही है, क्योंकि यह नेमेसिस (Nemesis) जैसी प्रतिकार की देवी का ध्यान आकर्षित करता है। यह मात्र संयोग नहीं है कि कहानी के कुछ संस्करणों में नेमेसिस हेलेन की माँ है।
- थीसियस की माँ ईथरा एक दासी की भाँति हेलेन की सेवा करती है और उसके साथ ट्रॉय जाती है, जहाँ अन्तत: अपने पोतों—थीसियस और फैद्रा के बेटे डेमोफोन और ऐकामस—जो यूनानी सेना लेकर ट्रॉय जाते हैं, द्वारा स्वाधीन कराई जाती है।

थीसियस का वंश

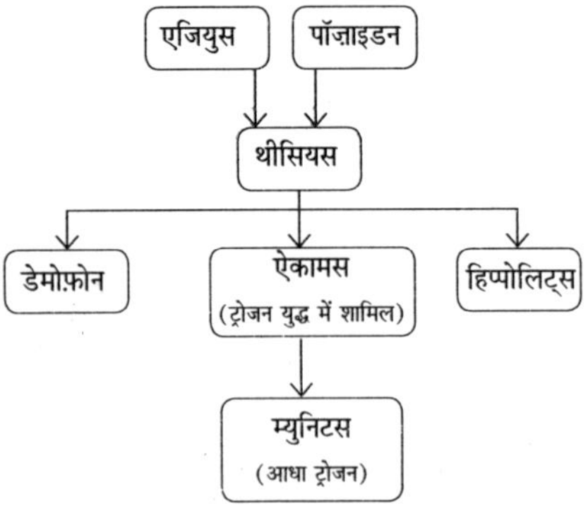

खंड तीन

इडिपस
(Oedipus)

मिनोस और थीसियस के पतन के बारे में सोचते हुए नागा साधु ने कहा, ''अपर्याप्तता की भावना से पैदा हुआ आदमी का घमंड या अहंकार बहुत खतरनाक चीज़ है। यह इंसानों को उच्चाकांक्षा की ओर धकेलती है, जिससे उनका पतन सुनिश्चित है।''

''मेरे उस्ताद इसे हेकड़ी (hubris) कहते हैं, जिसे हम अभिजात्य वर्ग में जन्मे लोगों में भी पाते हैं, जो सोचते हैं कि वे और 'बेहतर' के अधिकारी हैं। भविष्यवक्ता हमें भाग्य द्वारा बुने धागों के आगे समर्पण के लिए कहते हैं, जिन पर देवताओं का भी वश नहीं,'' सिकंदर ने कहा। ''किस्मत इंसानों को मूर्ख बनाती है, हमारी असहायता को दर्शाती है, और हमें इडिपस की तरह त्रस्त नायकों में बदल देती है।''

कैडमस (Cadmus)

कैडमस (Cadmus) के पिता ने उसे अपनी बहन यूरोपा की खोज में भेजा और कहा कि वह तब तक वापस न आये जब तक वह उसे ढूँढ़ न ले। कैडमस ने समुद्री तटों, गुफ़ाओं और पहाड़ों में ढूँढ़ा, पर कोई सुराग नहीं मिला। अन्ततः उसने तलाश छोड़ दी और यूनान में अपना घर बनाने का निश्चय किया।

वह डेल्फ़ी के भविष्यवक्ता (oracle) के पास गया, जिसने उसे ऐसी गाय ढूँढ़ने की सलाह दी जिसकी बगल में चाँद हो, और तब तक उसके पीछे चले जब तक वह थककर बैठ न जाये। जिस जगह वह गाय बैठेगी, वहीं उसका घर होगा।

कैडमस ने भविष्यवक्ता के निर्देशों का पालन किया और जहाँ वह गाय बैठी, वहाँ एक नदी पायी, जिसकी पहरेदारी एक अजगर कर रहा था। कैडमस अजगर से लड़ा और उसे मार डाला, यह जाने बिना कि वह अजगर ऐरेस (Ares) का था और जो भी उसको मारता, वह पीढ़ियों तक श्राप भुगतने के लिए अभिशप्त था।

एथिना ने कैडमस को अजगर के दाँत मिट्टी में बोने की सलाह दी। इसमें से खूँखार और हथियारों से लैस योद्धाओं की खेप निकली। कैडमस ने उन्हें आपस में लड़वाने के लिए उनके बीच एक चट्टान उछाली। वे लड़ते-मरते रहे, जब तक कि उनमें से सिर्फ़ पाँच ही योद्धा न बच गये। ये पाँचों थीब्स (Thebes) का गढ़ ढूँढ़ने के लिए कैडमस के साथ जुड़ गये।

- कैडमस यूरोपा की तलाश करता है, जबकि कैस्टर और पौलक्स हेलेन को ढूँढ़ते हैं। भाई इस प्रकार बहनों के संरक्षक के रूप में देखे गये हैं—हिन्दू मिथकशास्त्र में भी ऐसी विषयवस्तु पायी गयी जहाँ धृष्टद्युम्न द्रौपदी के हितों की चिंता करता है, बलराम और कृष्ण सुभद्रा की और यम लक्ष्मी की।
- कैडमस थीब्स का मिथकीय संस्थापक है, हालाँकि बहुतों ने यह साबित करने का प्रयास किया है कि वह निकट पूर्व से आया हुआ एक प्रवासी था। हेरोडौटस (Herodotus) ने गणना की कि कैडमस उसके समय से 1600 वर्ष पूर्व, 2000 बी.सी.ई. में था। लेकिन फूनीशियन (Phoenician) लिपि, जिससे यूनानी लिपि निकली है, का विकास सिर्फ़ 1000 बी.सी.ई. के लगभग ही हुआ।
- सीरिया के अल-कादमस शहर का नामकरण कैडमस पर ही हुआ है।
- 'कैडमियन विक्टरी' मुहावरे का अर्थ है विजय, जिसमें बर्बादी शामिल हो। अपना शहर बसाते हुए कैडमस अपने लोगों को नदी से पानी लाने के लिए भेजता है, जिसका प्रहरी अजगर उन्हें मार देता है। हालाँकि कैडमस अजगर को मार डालता है पर ऐसा उसके द्वारा उन लोगों को मारने के बाद होता है, जिन्हें उस शहर में रहना था, जिसे कैडमस बसा रहा था।
- कैडमस फूनीशियन लिपि यूनान लाया। यह वर्णमाला यूनान में पवित्र थी, क्योंकि इसने नायकों के पराक्रम लिपिबद्ध किये और इस तरह महान व्यक्तियों को अमर किया। जहाँ मौखिक परम्परा व्यक्तियों पर निर्भर थी, लिखित परम्परा ऐसी निर्भरता से आज़ाद थी। यह यूनानी संस्कृति को हिन्दू संस्कृति से अलग करता है, जहाँ अभी हाल तक मौखिक परम्परा को अधिक महत्त्व दिया गया।

हार्मोनिया (Harmonia)

ज़्युस, कैडमस के लिए दुखी था, जो अपनी बहन को ढूँढ़ने के कार्य में असफल रहा और उसने अपने बेटे का विवाह हार्मोनिया (Harmonia) से तय किया।

सभी देवता कैडमस और हार्मोनिया के विवाह में आमंत्रित थे। उनमें से एक हेफ़ीस्तस (Hephaestus) था, जिसने विवाह-भेंट में हार्मोनिया को एक कंठहार दिया। यह कंठहार श्रापित था जो कैडमस के घर में पागलपन, संघर्ष और पीढ़ियों तक तकलीफ़ का कारण होता। हेफ़ीस्तस ने यह दुष्टता इसलिए की थी कि उसका विश्वास था, हार्मोनिया उसकी पत्नी अफ्रोदिति और उसके प्रेमी ऐरेस की संतान थी।

इसलिए इसका असर ऐसा हुआ कि हार्मोनिया का पुत्र पौलिडोरस (Polydorus) कम उम्र में ही मर गया। पौलिडोरस का पुत्र लब्डाकस (Labdacus) डायोनीसस के अनुयायियों द्वारा मारा गया, क्योंकि उसने उनके देवताओं की आलोचना की थी। ऐसे उथल-पुथल भरे समय में पौलिडोरस के ससुर नाईचस (Nycteus) ने थीब्स के राजप्रतिनिधि के रूप में काम किया। लब्डाकस का बेटा लायस (Laius) पीसा भेज दिया गया जहाँ पेलोप्स (Pelops) के घराने में वह बड़ा हुआ।

- यह विचार कि देवताओं (हेफ़ीस्तस, अफ्रोदिति, ऐरेस) के झगड़ों का धरती पर असर (कैडमस के घर में दुर्भाग्य) हो ऐसी समरूपता हिन्दू मिथकशास्त्र में नहीं है, तथापि पूर्वजों (कैडमस द्वारा ऐरेस के अजगर को मारना) के कर्मों का भविष्य की पीढ़ी (पौलिडोरस, लब्डाकस) पर प्रभाव जैसी धारणा हिन्दू मिथकशास्त्र में है। *महाभारत* में चूँकि यदु अपने पिता ययाति की अवज्ञा करता है, उसके वंशज मरने को अभिशप्त हैं, यदि वे राजमुकुट पहनते हैं और स्वयं राजा बनते हैं। इसलिए कृष्ण सहित यदु के वंशजों ने कभी अपना राज्याभिषेक नहीं किया।
- ऐरेस और अफ्रोदिति की बेटी हार्मोनिया सामंजस्य लाती है, जबकि रोमंस में डिसकोर्डिया (Discordia) नाम से जानी गयी ज़ियुस और हेरा की बेटी एरिस असामंजस्य।
- अपने दुर्भाग्य से, जो उसके परिवार से चिपटा हुआ था, कैडमस बुरी तरह त्रस्त था और इसका दोषी वह अजगर को मानता था, जिसे उसने थीब्स स्थापित करने के लिए मारा था। चूँकि देवता एक अजगर की इतनी परवाह करते थे, उसने खुद भी वैसा ही बनने की इच्छा की। देवताओं ने इच्छा पूरी की। हार्मोनिया उस साँप से लिपट गयी और देवताओं से गिड़गिड़ाई कि उसे भी वैसा ही बना दिया जाये। कलाकृतियों में कैडमस और हार्मोनिया साँपों की जोड़ी के रूप में दर्शाए जाते हैं।

नाईचस (Nycteus) और लाईकस (Lycus)

राजा नाईचस (Nycteus) की बेटी थी प्रचण्ड स्वभाव वाली एन्टियोप (Antiope), डायोनीसस की अनुयायी जिसका ज़ियुस ने एक वन देवता के रूप में बलात्कार किया। इस तरह अपमानित, गर्भवती एन्टियोप थीब्स से भाग गयी और सीसियन (Sicyon) के इपोपियस (Epopeus) से शादी कर ली।

शर्मिंदगी का सामना करने में असमर्थ नाईचस ने खुद को मार लिया। तब उसका भाई लाईकस (Lycus) उसकी जगह थीब्स का राजप्रतिनिधि बना। अपने भाई का बदला लेने के लिए लाईकस ने सीसियन पर हमला किया; इपोपियस को मार डाला और एन्टियोप को वापस घर ले आया। रास्ते में एन्टियोप ने जंगल के बीच एक गुफ़ा में दो जुड़वाँ लड़कों को जन्म दिया, पर अपने चाचा के दबाव डालने पर उन्हें छोड़ने को बाध्य हुई।

जब तक कि वह भागने में सफल नहीं हुई, वर्षों तक एन्टियोप ने थीब्स में लाईकस की पत्नी डर्सी (Dirce) का दुर्व्यवहार झेला। एक गुफ़ा में उसे शिकारियों द्वारा पाले जा रहे अपने बच्चे, जुड़वाँ लड़के एम्फ़िर्यॉन (Amphion) और ज़ेथस (Zethus) मिले। ज़ियुस का पुत्र एम्फ़िर्यॉन एक कुशल संगीतकार बना, जबकि इपोपियस का बेटा ज़ेथस गड़रिया था।

एन्टियोप ने अपने बेटों को अपने चाचा के खिलाफ़ युद्ध के लिए उकसाया जिसने उसके साथ बुरा व्यवहार किया था। भाइयों ने युद्ध किया और अपनी माँ के चाचा लाईकस को हरा दिया और उन्हें थीब्स का नया शासक घोषित करने को बाध्य किया। वे लाईकस को मार देते लेकिन हर्मीस ने उन्हें ऐसा करने से मना किया। तब उन्होंने अपना ध्यान लाईकस की पत्नी, डर्सी, की ओर केन्द्रित किया, जिसने उनकी माँ को सताया

था। उन्होंने उसके बाल साँड़ के सींग के साथ बाँध कर उसे छोड़ दिया; साँड़ के घसीटने से मरने के लिए।

- बलात्कार हिन्दू मिथकशास्त्र की विषयवस्तु नहीं है। यह खलनायकों से संबद्ध है, देवताओं से नहीं। *भागवत पुराण* में कंस अपनी माता के गर्भ में तब आता है जब एक गंधर्व द्वारा उसकी माँ का बलात्कार होता है, इसलिए माँ श्राप देती है कि इस बलात्कारी की संतान की हत्या यदुकुल का सच्चा वंशज करेगा। *रामायण* में, रावण रम्भा का बलात्कार करता है जो उसे श्राप देती है, अगर वह किसी स्त्री पर बलप्रयोग करेगा, तो उसका सिर हज़ार टुकड़ों में कट जायेगा। *महाभारत* में राजा दंड शुक्र की पुत्री अरजा का बलात्कार करता है जिसके फलस्वरूप वह श्रापग्रस्त होता है; उसकी राजधानी रेतीली आँधी द्वारा ग्रस ली जायेगी और जंगल—दंडकारण्य—में बदल जायेगा।
- चूँकि बलात्कार शब्द हिंसा को प्रेरित करता है, कुछ लेखक 'देवताओं द्वारा शीलभंग' कहने को प्राथमिकता देते हैं, पर ऐसी अधिकांश कहानियों में स्त्री देवताओं के सामीप्य का विरोध करती है, जिसके ठुकराने को वे उदारतापूर्वक न लेकर स्त्री पर बलप्रयोग करते हैं, उस स्थिति में यह शीलभंग नहीं बलात्कार ही है।
- वन देवता का शरीर मनुष्य का और पिछली टाँगें बकरे की हैं। चूँकि ज़ियुस ऐसा रूप धरता है, यह यूनानी परम्परा में एन्टियोप और डायोनीसस के निकटतम सम्बन्धों की पुष्टि करता है। अक्सर डायोनीसस का वर्णन एक चंडी के रूप में किया गया है।
- पुत्रियों द्वारा परिवार के लिए अपयश अर्जित करने पर पिताओं का आत्महत्या करना पितृसत्तात्मक समाज में सामान्य बात है, जहाँ स्त्रियों को सम्पत्ति समझा जाता है। एन्टियोप की अवज्ञा तिगुनी है; डायोनीसस, ज़ियुस और इपोपियस से अपने सम्बन्धों के कारण।
- एन्टियोप दो पुत्रों को जन्म देती है, एक दैवी और एक नश्वर। एम्फ़ियॉन ज़ियुस का बेटा है और ज़ेथस इपोपियस का। संगीतकार एम्फ़ियॉन चिंतक है और ज़ेथस एक चुस्त गड़रिया। वे डायस्क्यूरी की भाँति हैं, दो भाई, घुड़सवार, भाग्य और सुरक्षा के लिए जोड़े के रूप में पूजनीय। एक स्त्री का दो बच्चों को धारण करना—एक देवता का और एक मनुष्य का, एक अमर, एक नश्वर, यूनानी मिथकशास्त्र का यह लोकप्रिय विषय है।
- थीब्स की राजकुमारी एन्टियोप, जो एम्फ़ियॉन और ज़ेथस की माता है, अमेज़न एन्टियोप हिप्पोलिट्स की माँ से भिन्न है।

एम्फ़ियॉन (Amphion) और ज़ेथस (Zethus)

एम्फ़ियॉन (Amphion) और ज़ेथस (Zethus) ने थीब्स के चारों तरफ़ दीवारें बनाने का निश्चय किया। जहाँ ज़ेथस गड़रिये ने अपने बोझा ढोने वाले पशुओं का पत्थर ढोने के लिए इस्तेमाल किया, एम्फ़ियॉन ने पत्थरों को हिलाने के लिए अपने गीत-संगीत का प्रयोग किया। थीब्स को जो दीवार घेरती थी वह अपने सात द्वारों के लिए प्रसिद्ध थी।

एम्फ़ियॉन ने निओबी से शादी की, जिसने उसे सात बेटे और सात बेटियाँ दीं। दुर्भाग्य से अपोलो और अर्तेमिस ने उन्हें मार दिया, क्योंकि निओबी ने उन जुड़वाँ ओलिम्पियंस की माँ लेटो का यह कहकर मज़ाक उड़ाया था कि चूँकि उसने ज़्यादा बच्चे पैदा किये हैं, उसकी प्रजनन-क्षमता लेटो से अधिक है। दुख से कातर एम्फ़ियॉन ने अपोलो पर हमला किया और वह मारा गया।

ज़ेथस ने थीबि (Thebe) से शादी की और उनका एक बेटा हुआ लेकिन पागलपन के दौरे में थीबि ने अपने ही बेटे को मार दिया और फिर खुदकुशी कर ली। गम से बेहाल ज़ेथस ने भी अपने आपको मार लिया।

इस प्रकार एन्टियोप के जुड़वाँ बेटों का शासन समाप्त हो गया।

वृद्ध हो रहे लाईकस ने लब्डाकस के बेटे लायस, जो पीसा के पेलोप्स घराने में पल रहा था, थीब्स का शासन सँभालने के लिए वापस बुलवाया।

- लेटो और निओबी की होड़, कि किसकी संतानें अधिक हैं, *महाभारत* में दर्शाई ऋषि कश्यप की दोनों पत्नियों के बीच की होड़ को प्रतिबिंबित करती है। पक्षियों की माता विनता के दो बच्चे हैं, जिनसे उसे उम्मीद है कि वे साँपों की माता कद्रू की अनेक संतानों से कहीं ज़्यादा योग्य होंगे।
- सैफ़ो (Sappho) की कविता बताती है कि माँ बनने के पहले कभी लेटो और निओबी पक्की सहेलियाँ थीं।
- निओबी दम्भी है इसलिए विश्वव्यवस्था में व्यवधान पैदा करने के लिए लेटो के क्रोध को आमंत्रित करती है।

जोकास्टा (Jocasta)

लायस श्राप के साथ थीब्स वापस लौटता है, क्योंकि उसने पीसा में अतिथि-सत्कार के नियम का उल्लंघन किया था, जब उसने पेलोप्स (Pelops) के पुत्र क्रिसिपस (Chrysippus) का बलात्कार किया था।

ताजपोशी के बाद लायस ने जोकास्टा (Jocasta) से विवाह किया पर स्पष्ट था कि वह बच्चे नहीं चाहता था, क्योंकि वह श्रापग्रस्त था और डेल्फ़ी की भविष्यवाणी ने उसे सावधान किया था कि उसका पुत्र उसकी हत्या करेगा। पर जोकास्टा माँ बनने को कृतसंकल्प थी। उसने लायस को एक रात मदहोश किया और संभोग के लिए बाध्य किया। समय आने पर उसने एक पुत्र को जन्म दिया।

लायस ने अपने नवजात पुत्र की एड़ियाँ बाँधीं और एक हुक के साथ छेद दीं, जैसे शिकारी अपने शिकार के पैर नाथता है। फिर अपने आखेटरक्षक को बच्चे को जंगल में ले जाने और जानवरों के खाने के लिए किसी पेड़ से टाँग देने का निर्देश दे दिया। भाग्यवश, बालक किसी दूसरे शिकारी को मिल गया जिसने उसे कोरिन्थ के संतानहीन राजा को दे दिया, जिसका पालन-पोषण उसने अपनी संतान की तरह किया। क्योंकि उसकी एड़ियाँ सूजी हुई थीं, उसका नाम उन्होंने इडिपस (Oedipus) रखा यानी बड़े पैर।

बिना जाने कि वह दत्तक है, इडिपस प्रसन्नतापूर्वक बड़ा हुआ जब तक कि एक भिखारी ने उसे 'त्यागा हुआ' नहीं कहा। उसने डेल्फ़ी की आकाशवाणी से सच्चाई जानने का निर्णय लिया। आकाशवाणी ने उसे जो बताया वह और भी भयंकर बात थी : "तुम अपने पिता की हत्या करोगे और माता के साथ विवाह करोगे।" यह सुनकर अपना भाग्य बदलने को प्रतिबद्ध इडिपस ने अपने माता-पिता के घर कोरिन्थ न लौटने का निश्चय किया।

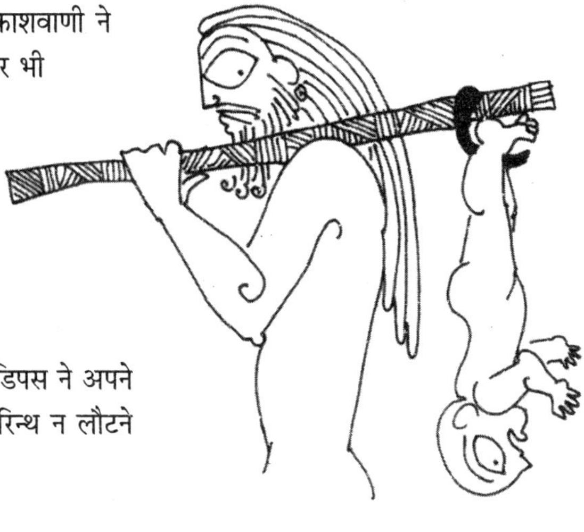

- समलैंगिक प्रेम यूनानी मिथकशास्त्र का प्रमुख विषय है : ज़ियुस और गैनीमीड, अपोलो और हियासिन्थ्स (Hyacinthus), मिनोस और अटिम्नियस (Atymnius), थीसियस और पिरिथस। पर यह हमेशा द्विपक्षी नहीं होता था, जैसा हम लायस और क्रिसिपस की कहानी में देखते हैं।
- *भागवत पुराण* में कंस अपनी बहन देवकी के पुत्रों, अपने नवजात भाँजों को मारता है, अपनी सुनिश्चित मृत्यु से खुद को बचाने के लिए। इसमें लायस का भय प्रतिबिंबित होता है, जिसमें वह अपने ही पुत्र को मारता है। पर्सियस की कहानी में उसका दादा उसकी माँ डैनाई (Danae) को मारने की कोशिश करता है, क्योंकि यह कहा गया है कि वह उसके हत्यारे को जन्म देगी।
- लायस अपनी पत्नी से संभोग नहीं करना चाहता। यह स्पष्ट नहीं कि क्या ऐसा इसलिए है कि वह पुरुषों को पसन्द करता है या वह पिता बनने से बचना चाहता है, चूँकि भविष्यवाणी के अनुसार उसका बेटा ही उसका हत्यारा होगा।
- भाग्य का अटल स्वभाव, भविष्यवाणियाँ और नियति के आगे मनुष्य की लाचारी इडिपस की कहानी का मूल कथ्य है।

लायस (Laius)

जब इडिपस अपने पिता के घर से दूर निकल गया, तो वह एक पुल के पास पहुँचा, जो इतना चौड़ा था जिससे एक समय में सिर्फ़ एक ही रथ गुज़र सकता था। इडिपस पुल लगभग पार ही कर चुका था जब दूसरी ओर से अपने रथ पर सवार एक व्यक्ति सामने से आया और निकलने के लिए रास्ता माँगा।

"मैं जल्दी पार हो जाऊँगा, अगर तुम प्रतीक्षा करो और मुझे जाने दो," इडिपस ने कहा। पर रथ पर सवार राजा, निश्चय ही इतना अड़ियल था कि किसी सामान्य व्यक्ति के लिए, प्रतीक्षा नहीं करता। उसने इडिपस का रास्ता रोक लिया

और उससे वापस जाने को कहा। जब इडिपस ने मना किया, उस व्यक्ति ने कोड़ा लहराया और उस पर बरसाया।

लड़ाई हुई और रथसवार व्यक्ति ढेर हो गया। बिना जाने कि वह व्यक्ति जिसे उसने मारा था, वह थीब्स का राजा उसका पिता लायस था, इडिपस भाग निकला।

- प्राचीन मिथकशास्त्र में किसी सँकरे पुल को पहले पार करने का अधिकार मूल रूपक है, जो दम्भ और विनम्रता के संघर्ष को दर्शाता है। *महाभारत* में वशिष्ठ का पुत्र शक्ति रास्ता पाने का अधिकार माँगता है पर राजा सौदास रास्ता देने से इनकार कर देता है, अत: शक्ति उसे नरभक्षी बना देता है। तब वह नरभक्षी शक्ति पर आक्रमण करता है और उसे मार देता है।
- लायस वहीं दफ़नाया जाता है जहाँ वह मारा जाता है और उसका राज्य अभिशप्त है, क्योंकि उसके हत्यारे को सज़ा नहीं मिली।

स्फ़िंक्स (Sphinx)

यह जानने के लिए कि थीब्स को स्फ़िंक्स से कैसे मुक्त किया जाये, लायस डेल्फ़ी के भविष्यवक्ता से मिलने जा रहा था। स्त्री का सिर, शेर का धड़ और गिद्ध के पंख वाली स्फ़िंक्स (Sphinx) थीब्स की रक्षा के लिए उसके द्वार पर तैनात थी। वह किसी को द्वार से अन्दर आने नहीं देती, जब तक वे उसकी पहेलियों का सही उत्तर न दें, लेकिन बाहर जाने वालों को जाने देती थी। अगर ऐसा ही रहा तो लायस ने महसूस किया कि थीब्स या तो भुखमरी से मर जायेगा क्योंकि कोई किसान, गड़रिया या व्यापारी अन्दर नहीं आ सकेगा, या फिर बिलकुल उजड़ जायेगा, क्योंकि भूखे नागरिक भागने को मजबूर होंगे।

इडिपस अपने रास्ते चलता रहा और जब थीब्स पहुँचा तो उसने स्वयं को स्फ़िंक्स की

पहेलियों में घिरा पाया। ''कौन सूर्योदय के समय चार पैरों पर, सारा दिन दो पैरों पर और सूर्य अस्त होने के समय तीन पैरों पर चलता है? उत्तर दो या मरो।''

इडिपस ने जवाब दिया, ''इंसान, जो बच्चे के रूप में चार पैरों पर, सारी वयस्क उम्र दो पैरों पर चलता है और बुढ़ापे में छड़ी पर झुक जाता है।''

स्फ़िंक्स गुस्से में तमतमा गयी, उसने दूसरा प्रश्न पूछा, ''वे कौन बहनें हैं, जो एक-दूसरे को जन्म देती हैं? उत्तर दो या मरो।''

इडिपस ने कहा, ''दिन और रात।''

हार स्वीकार करके स्फ़िंक्स ने खुद को मार लिया। प्रसन्न थीब्सवासियों ने शहर के रक्षक के रूप में इडिपस का स्वागत किया।

जल्दी ही थीब्स में यह खबर फैल गयी कि डेल्फ़ी जाते हुए द्वन्द्वयुद्ध में उनका राजा मारा गया। ''हमें इडिपस, अपने शहर के रक्षक, को अपना राजा बनाना चाहिए। उसे लायस की विधवा जोकास्टा से शादी करने दो,'' लोग चिल्लाए। और इस प्रकार यह हुआ कि इडिपस ने जोकास्टा से शादी की, बिना जाने कि वह उसकी माँ थी।

- हिन्दी मिथकशास्त्र में स्फ़िंक्स पुरुष-मृग या व्याघ्रपाद, शेर या चीते की टाँगोंवाले अर्धमानव हैं। वे शिवभक्त माने जाते हैं।
- *महाभारत* में युधिष्ठिर से यक्ष, एक वनप्राणि जो बगुले का रूप लेता है, द्वारा प्रश्न पूछा जाता है। हर सही उत्तर के लिए वह जन्तु युधिष्ठिर के मृत भाइयों में से एक को जीवित वापस लाने का वचन देता है। इस प्रकार यक्ष के प्रश्नों का उत्तर देने में असमर्थ होने का परिणाम मृत्यु है; ठीक उसी तरह से जैसे स्फ़िंक्स की प्रश्नोत्तरी।
- यूनानी मिथकशास्त्र में देवता जीवधारी है। सभी जीव, जो पूरी तरह मनुष्य नहीं हैं, वे मिथक से पूर्वकाल के हैं। पैन (Pan) जैसे अर्धमानव उसी काल के अवशेष हैं।
- स्फ़िंक्स को स्त्री के रूप में चित्रित किया गया था, जिसकी सिंह की रानें, गरुड़ से पंख और साँप से बनी पूँछ है। वह टाइफ़न—यूनानी मिथकशास्त्र के अनेक राक्षसों जैसे काइमेरा (Chimera), सेरबेरस (Cerberus) आदि—की संतान थी।
- प्राचीन मिस्र में, कहा जाता है स्फ़िंक्स मकबरों, मन्दिरों और उनके रहस्यों के रखवाले होते थे। यूनानी मिथकजगत में स्फ़िंक्स की उपस्थिति व्यापार के माध्यम से उनके प्राचीन मिस्र के साथ गहरे सम्बन्धों की पुष्टि करती है।
- यूनानियों ने स्फ़िंक्स को विदेशी मूल—इथियोपिया का माना।

टायर्सियस (Tiresias)

इडिपस और जोकास्टा में बहुत प्यार था और उनकी चार संतानें हुईं : दो लड़के और दो लड़कियाँ। करीब बीस वर्षों तक उनका परिवार खुशहाल रहा।

फिर शहर में महामारी फैल गयी। जब डेल्फ़ी की भविष्यवक्ता से परामर्श किया, उसने कहा, देवता नाराज़ थे, क्योंकि लायस का हत्यारा पकड़ा नहीं गया था और दंडित नहीं हुआ था। इडिपस ने कसम खाई कि वो यह करेगा।

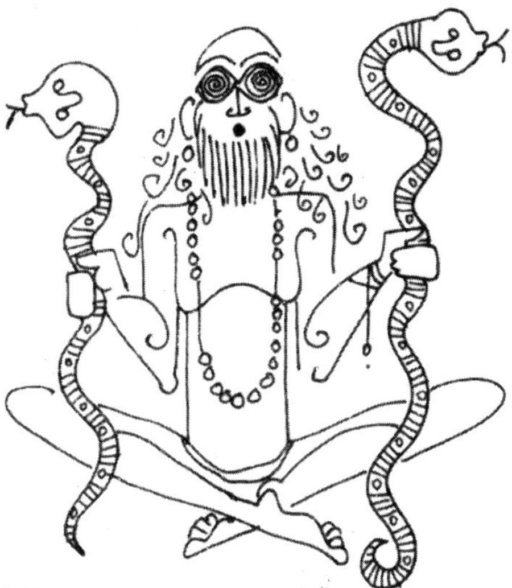

''पर किसी ने नहीं देखा कि बेचारे मेरे पति को किसने मारा,'' जोकास्टा ने कहा।

''हम अंधे ऋषि टायर्सियस (Tiresias) को आमंत्रित करें, जो मनुष्यों से ज़्यादा देख सकता है,'' इडिपस ने सलाह दी। यह ऐसा निर्णय था जिसका उसे पछतावा होना था।

टायर्सियस जन्मांध नहीं था। गड़रिये और अप्सरा के उस बेटे ने एक बार मैथुनरत-साँप के जोड़े की मादा को मार दिया। परिणामस्वरूप वह स्त्री बन गया, और सात वर्षों तक ऐसा ही रहा जब तक कि एक दूसरे मैथुनरत-साँप के जोड़े के पास नहीं आया। इस बार उसने नर साँप को मार दिया और वापस नर बन गया।

स्त्री और पुरुष—दोनों के रूप में संभोग करनेवाला टायर्सियस दुनिया का अकेला प्राणी था इसलिए उस प्रश्न का उत्तर जिसे ज़ियुस और हेरा ने भी टाल दिया था सिर्फ़ वही जानता था : ''संभोग के दौरान कौन अधिक आनन्दित होता है, स्त्री या पुरुष?'' टायर्सियस का उत्तर था, ''स्त्री।''

ज़ियुस हँसा और कहा, ''शायद इसीलिए पुरुष अपनी पत्नियों से बेवफ़ाई करतै थे कि जो गुणवत्ता से प्राप्य नहीं है वह मात्रा से पूरा हो जाये।'' हेरा को यह बात पसन्द नहीं आयी, उसने अपना क्रोध टायर्सियस को अंधा करवा कर प्रकट

किया। ज़ियुस को टायर्सियस के लिए अफ़सोस हुआ, और ज़ियुस ने उसके कानों को छुआ। नतीजतन अंधा टायर्सियस पशुओं और पक्षियों की भाषा सुन सकता था और वह जान सकता था जो आम मनुष्य नहीं जान पाते। और वह जानता था लायस को किसने मारा था।

- भविष्य के बारे में उत्सुक होना मनुष्यता का सूचक है। सभी संस्कृतियों में ऐसे लोग मिलते हैं जो भविष्य बताते हैं। हिन्दू मिथकशास्त्र में राजा अक्सर साधुओं-ज्योतिषियों से यह जानने को विमर्श करते रहे हैं कि भविष्य के गर्भ में क्या है?
- टायर्सियस यूनानी मिथकशास्त्र में आदिम भविष्यवक्ता है।
- टायर्सियस अंधा और उभयलिंगी है, यह सूचक है आत्माओं के अदृश्य संसार से उसके सम्बन्ध का—वह जो देख सकता है और कोई नहीं देख सकता; वह जो सुन सकता है और नहीं सुन सकते; और व्योम में तिर सकता है जो औरों के लिए असम्भव है।
- कुछ कहानियों में, टायर्सियस अंधा होता है, जब वह उस पोखर में कूदता है जहाँ एथिना नग्न स्नान कर रही होती है। वह उसकी नग्नता देखता है इसलिए दृष्टि खोने को अभिशप्त होता है। उसकी माता के हस्तक्षेप पर एथिना उसके कान साफ़ करती है, जिससे वह पक्षियों का गान समझ सके और शकुनविद्या का अभ्यास कर सके।

क्रियन (Creon)

"लायस अपने ही पुत्र द्वारा मारा गया था, और फिर उसके पुत्र ने अपनी माँ से शादी कर ली। इडिपस, तुम लायस और जोकास्टा की संतान हो और तुम्हारी पत्नी, तुम्हारी माँ भी है। इससे देवताओं में जुगुप्सा है, और इसलिए उन्होंने थीब्स शहर पर महामारी का प्रकोप फैलाया है," टायर्सियस ने भेद खोला।

इडिपस ने उसका यकीन करने से मना कर दिया, "मेरे माता और पिता कोरिन्थ में रहते हैं, मैंने लायस को मारा होगा और उसकी विधवा से शादी की है, लेकिन वह मेरा पिता नहीं था।"

दूत कोरिन्थ भेजे गये। वहाँ का राजा मर चुका था और उसकी विधवा को सच बताने में कोई संकोच नहीं था कि इडिपस गोद लिया बच्चा था, जो शिकारियों को जंगल में एक पेड़ पर टँगा हुआ मिला।

इस सच को सँभालने में असमर्थ जोकास्टा ने खुद को मार लिया।

इडिपस के बेटों, इटियोक्लीस (Eteocles) और पौलिनिसिस (Polynices), ने अपने पिता का मज़ाक उड़ाया, हालाँकि वह अपनी पत्नी की मृत्यु के शोक में था, "तो हम तुम्हें अपना पिता कहें या भाई ?"

उससे भी बदतर, मृत्युभोज पर उसके बेटों ने बलि के पशु के कन्धे की बजाय, जो राजा के लिए था, इडिपस को पशु की रानें पेश कीं। ऐसा करने पर गुस्से में इडिपस ने अपने बेटों को कोसा कि वे कभी एक-दूसरे से मिलकर नहीं रहेंगे और एक-दूसरे को मार डालेंगे।

घृणा, शर्म और दुख से भरकर इडिपस ने जोकास्टा के ब्रोच की पिन से खुद को अंधा कर लिया कि किस काम की आँखें जो सच्चाई नहीं देख सकतीं।

पर इतनी सज़ा काफ़ी नहीं थी। जोकास्टा के भाई क्रियन (Creon) ने इडिपस को थीब्स से बाहर निकाल दिया कि उसके जाने से ही महामारी, जिसने पूरे थीब्स को कष्ट दिया है, का अन्त होगा।

- इडिपस की कहानी ने सिगमंड फ्रायड को इडिपस-मन:ग्रंथि की रचना के लिए प्रेरित किया : माता का प्रेम पाने के लिए अवचेतन में पिता से बराबरी की दमित इच्छा। भारतीय मनोवैज्ञानिकों का तर्क है कि भारत में यह कहानी ययाति-मन:ग्रंथि की पुष्टि करती है : पिताओं द्वारा पुत्रों का दमन। ययाति-मन:ग्रंथि इडिपस-मन:ग्रंथि से विपरीत है।
- यूरिपाइडस (Euripides) के नाटक द *फ़ूनीशियन विमन* (The Phoenician Women) में जोकास्टा खुदकुशी नहीं करती।
- इडिपस की कहानी भाग्य, स्वेच्छा और त्रासद दोष की है।
- यह विडम्बना है कि टायर्सियस, जो अंधा है, वह आँखवाले इडिपस से ज़्यादा देख सकता है। इसीलिए इडिपस खुद को नेत्रहीन करता है, क्योंकि वह इंसानी आँखों की परवाह नहीं करता, जो सच नहीं वरन् झूठी भ्रांति ही देखती हैं।

इडिपस (Oedipus)

जो कभी एक राजा, पिता, और पति था, नेत्रहीन इडिपस अब अपनी प्रजा और बेटों द्वारा त्यागा जा चुका था। पितृहत्या और अनाचार के कारण तिरस्कृत, लोगों की संगत से बचता, लोगों की प्रतिक्रिया से भयभीत वह अपनी पहचान छुपाता हुआ इधर-उधर भटकता रहा। लेकिन इडिपस की पुत्रियाँ ऐंटीगनी (Antigone) और इस्मीन (Ismene) बिना किसी दंड-विचार के, उसकी सेवा करतीं, उसके साथ रहीं।

काफ़ी साल भटकने के बाद वह ऐथन्स के निकट एक उपवन, कोलोनस (Colonus) पहुँचा, जो फ़्यूरीज़ (furies) के लिए पवित्र स्थान था। वे उन आत्माओं को दंडित करती थीं, जो अपने माता-पिता का अनादर करते थे।

"मरने के लिए यह जगह अच्छी है," इडिपस ने अपनी बेटियों से कहा।

उस उपवन के रक्षकों ने उसे भगाना चाहा पर वह उनके राजा थीसियस से मिलने को अड़ा रहा। जब राजा थीसियस आया, इडिपस ने अपनी पहचान बताई और उससे याचना की कि उसे वहाँ मरने दे। इडिपस पर रहम खाते हुए राजा मान गया। तब इडिपस ने एक रहस्योद्घाटन किया, "यह भविष्यवाणी है कि जहाँ मैं दफ़नाया जाऊँगा, वह जगह हमेशा सुरक्षित रहेगी और कभी भी अपने शत्रुओं के आक्रमण द्वारा नष्ट नहीं होगी।"

- भाग्य की धारणा यूनानी और हिन्दू दोनों मिथकशास्त्रों में पायी जाती है पर जहाँ यूनानी कहानियों में मनुष्य का भाग्य देवता तय करते हैं, हिन्दू कहानियों में यह हमारे अपने कर्मों का प्रतिफल है, जो शाप या वरदान का कारण होता है।
- *इडिपस रेक्स* नाटक में, अगर इडिपस को भाग्य को चुनौती देते और फिर नियति से भागते दिखाया गया है, तो *इडिपस ऐट कोलोनस* में इस विचार के प्रति समर्पण और स्वीकार है कि भाग्य आवश्यक और अटल है।
- जहाँ इडिपस के बेटे थीब्स को पाने के लिए लड़ते हैं, उसकी बेटियाँ उसकी देखभाल करती हैं, इस प्रकार प्राचीन नाटककार और मिथकज्ञों ने स्त्री-पुरुषों की अलग-अलग प्रवृत्तियों को पेश किया।

इटियोक्लीस (Eteocles) और पौलिनिसिस (Polynices)

इडिपस को शहर से बाहर निकालने के बाद उसके दोनों बेटे गद्दी के लिए लड़ने लगे। अन्त में यह फ़ैसला हुआ कि हरेक भाई बारी-बारी से एक वर्ष के लिए शासन करेगा, पहले साल की शुरुआत इटियोक्लीस (Eteocles) के शासन से होगी।

लेकिन एक वर्ष तक राज करने के बाद इटियोक्लीस ने—क्रियन की सहायता से—भाई को सत्ता सौंपने से इनकार कर दिया। क्रोधित पौलिनिसिस (Polynices) ने सात सिपहसालारों की सेना खड़ी करके थीब्स के सातों द्वारों पर एक साथ आक्रमण के निर्देश के साथ थीब्स पर युद्ध की घोषणा कर दी।

इसी समय थीब्स में यह खबर पहुँची कि इडिपस की कब्र में ज़मीन देने की ताकत थी। क्रियन, जो अब राजप्रतिनिधि था, इटियोक्लीस के साथ इडिपस से मिलने भागा। उन्होंने उससे वापस आने और पौलिनिसिस की सेनाओं से आक्रांत शहर की सुरक्षा करने की प्रार्थना की, पर इडिपस ने मना कर दिया।

तब पौलिनिसिस अपने पिता से कथित तौर पर आशीर्वाद लेने आया। जहाँ क्रियन इडिपस को शहर की सीमा के अन्दर दफ़नाया जाना चाहता था, पौलिनिसिस शहर से बाहर दफ़नाना चाहता था। चूँकि पौलिनिसिस को आशा थी कि इडिपस की कब्र की ताकतें उसे अपने भाई को हराने में, जिसे क्रियन द्वारा थीब्स का राजा घोषित किया गया था, उसकी मदद करेंगी।

इडिपस विरक्त था, कैसे वे लोग जिन्होंने उसे जीते जी अस्वीकार कर दिया था, अब उसकी कब्र हथियाना चाहते थे। और अभी तो वह मरा भी नहीं था! उसने अपने बेटों को क्षमा करने से इनकार कर दिया और अपना श्राप दोहराया कि उसके दोनों बेटे जिन्होंने उसका अपमान किया था और थीब्स से बाहर निकाल दिया था, एक-दूसरे के हाथों मरेंगे।

क्रियन और पौलिनिसिस दोनों ने ऐंटीगनी और इस्मीन को अपने साथ घसीटकर थीब्स ले जाकर इडिपस को अपना निर्णय बदलने को मजबूर करने की कोशिश की। पर थीसियस ने उनकी कोशिश नाकाम कर दी। कृतज्ञता ज्ञापन के लिए इडिपस ने थीसियस को अपने पीछे गहरे जंगल में उस जगह आने को कहा, जो उसने मरने के लिए तय की थी। "मुझे दफ़नाना और मेरी कब्र की जगह को छिपाकर रखना ताकि कोई उसे अपवित्र न करे। यह ऐथन्स को हमेशा सुरक्षित रखेगा।"

और इस प्रकार अपने पुत्रों और परिजनों द्वारा ठुकराया हुआ इडिपस अपनी मृत्यु के समय अकेला था। उसकी मृत्यु पर केवल बेटियों ने विलाप किया। थीसियस ने उसे दफ़नाया, और इडिपस व ऐथन्स की खातिर कभी दुनिया को नहीं बताया कि इडिपस की कब्र कहाँ थी।

- अगर *रामायण* नियम पालन के बारे में है, तो *महाभारत* नियम भंग के बारे में। महाकाव्यों का यह विरोधाभास थीब्स और ऐथन्स शहरों के माध्यम से यूनानी मिथकशास्त्र में प्रतिबिंबित होता है। ऐथन्स वह स्थान है जहाँ सीमाओं और भूमिकाओं का दृढ़ता से पालन होता है, जबकि थीब्स ऐसी जगह है जहाँ सभी नियमों का उल्लंघन होता है जिसके अंतर्गत बलात्कार, हत्याएँ, दम्भ, व्यभिचार होते हैं।
- कोलोनस में इडिपस त्रस्त व्यक्तित्व नहीं, वरन् महानायक है, जो थीब्स में रहने वाले और शहर से बाहर निकाले गये दोनों पक्षों का चहेता है। वह कब मरता है यह रहस्य है, उसकी कब्रगाह का सिर्फ़ थीसियस को पता है। जिन्होंने पहले इडिपस का उपहास किया, बाद में वे तलाश करने पर भी उसे कभी ढूँढ़ नहीं सके।

ऐंटीगनी (Antigone)

पौलिनिसिस ने सात सेनापतियों की सेना तैयार की। प्रत्येक सेनापति को थीब्स के एक द्वार पर आक्रमण कर उसे ध्वस्त करने की ज़िम्मेदारी सौंपी। लेकिन आक्रमण विफल हुआ और सातों सेनापति मारे गये।

तब पौलिनिसिस और उसके भाई इटियोक्लीस के बीच लड़ाई हुई और अन्ततः इडिपस के दोनों बेटों ने एक-दूसरे को मार दिया।

क्रियन थीब्स का राजा घोषित हुआ। उसने आज्ञा दी कि इटियोक्लीस के शरीर को शहर में लाया जाये और पूरे सम्मान के साथ दफ़नाया जाये। उसने यह भी ऐलान किया कि पौलिनिसिस जिसने अपने ही शहर पर चढ़ाई की थी, दफ़नाये जाने का हकदार नहीं था और गिद्धों और भेड़ियों के लिए उसका शरीर शहर की दीवार के बाहर युद्ध क्षेत्र में सड़ेगा। इस प्रकार जहाँ इडिपस के एक बेटे को सम्मान मिला, दूसरा हर प्रकार के गौरव से वंचित रहा।

ऐंटीगनी और इस्मीन, इडिपस की बेटियाँ, जो उसकी मृत्यु के बाद थीब्स वापस लौट आयी थीं, अपने दोनों भाइयों की मृत्यु पर शोक में रहीं। क्रियन के विपरीत उनका मानना था कि इडिपस के दोनों बेटों को सम्मान सहित दफ़न किया जाना चाहिए। सिर्फ़ एक को नहीं। पर क्रियन ने अपने विचार बदलने से इनकार कर दिया : बाग़ी पौलिनिसिस जिसने थीब्स का अपमान किया, वह न सम्मान का अधिकारी था न रस्मी दफ़न का।

इस्मीन नये राजा की इच्छा के आगे झुक गयी पर ऐंटीगनी नहीं। उसने क्रियन की अवज्ञा की, रात को शहर से बाहर निकल आयी और अपने आप युद्ध क्षेत्र में पूरे सम्मान के साथ अपने भाई का संस्कार किया। जब इसका खुलासा हुआ, वह कैद कर ली गयी और क्रियन ने आज्ञा दी कि उसे ज़िंदा दफ़ना दिया जाये।

क्रियन के आगे झुकने की बजाय विद्रोही ऐंटीगनी ने अपने आपको फाँसी लगा ली। क्रियन का बेटा हीमन (Haemon) जो ऐंटीगनी से विवाह के लिए वचनबद्ध था, अपनी प्रिय मंगेतर का विछोह नहीं सह सका और उसने अपनी जान ले ली। हताशा में हीमन की माँ ने भी स्वयं को मार लिया। इस प्रकार नागरिकों की मर्ज़ी को परिवारजनों की इच्छाओं पर थोपने की कोशिश में क्रियन बिलकुल अकेला रह गया।

- राज्य के नियम और प्रकृति के नियमों का संघर्ष हिन्दू विचारों में भी प्रबल है। *सामवेद* सारी रचनाओं को दो भागों में वर्गीकरण करता है, जंगल-गीत और नागरी-गीत। वनों में कोई अनुशासन नहीं, शासक नहीं, नियामक सत्ता नहीं। शहर में कानून है, शासक हैं, नियमन अधिकारी हैं। कौन श्रेष्ठ है? जंगल की स्वतंत्रता, जहाँ कोई किसी की सहायता नहीं करता, या शहर का अनुशासन, जहाँ सबलों से निर्बलों की रक्षा की अपेक्षा की जाती है?
- ऐंटीगनी भावना का प्रतिरूप है और क्रियन विवेक का। ऐंटीगनी सम्पूर्ण करुणा का प्रतीक है और क्रियन केवल अनुशासन का। ऐंटीगनी स्त्रियोचित 'दैवी-नियम' का प्रतीक है, और क्रियन पुरुषोचित 'सांसारिक नियम' का।

एपिगनी (Epigoni)

जिन सात सेनापतियों ने थीब्स के सात द्वारों पर हमला किया था और हार गये थे, उन सबको एक-एक बेटा हुआ। ये बेटे बड़े हुए और खुद को एपिगनी कहने लगे। उन्होंने शहर पर हमला किया और उसे धूल में मिला दिया और इसी के साथ कैडमस द्वारा बसाया थीब्स अस्तित्वविहीन हो गया।

- यूनानी मिथकशास्त्र हमें बताता है कि कैसे थीब्स अस्तित्व में आया और कैसे ढह गया। हिन्दू मिथकशास्त्र द्वारका के उत्थान और पतन की कहानी का वर्णन करता है। दोनों शहर शरणार्थियों द्वारा बसाये गये थे। कैडमस, जो यूरोपा को ढूँढ़ रहा है और घर नहीं जा सकता, और कृष्ण जो मथुरा को नष्ट करने को तत्पर जरासंध के प्रकोप से बच रहा है। दोनों शहर युद्ध द्वारा नष्ट कर दिये जाते हैं, एपिगनी थीब्स को बर्बाद करते हैं, और यादवों का गृह युद्ध और कौरवों की माँ गांधारी से यादवों को मिला श्राप मिलकर द्वारका को नष्ट करते हैं।
- एपिगनी द्वारा थीब्स की दूसरी लड़ाई, इडिपस के बेटों में हुई पहली लड़ाई के दस वर्ष बाद होती है। यह ट्रोजन युद्ध के पहले हुआ यूनान का महायुद्ध है। अपोलोडोरस और पॉसेनियस दोनों युद्ध की कहानी कहते हैं।
- द *एपिगनी* एक महाकाव्य है जो थीब्स-चक्र (Theban cycle) का केवल एक हिस्सा है। आज महाकाव्य की केवल पहली पंक्ति उपलब्ध है, 'अब म्यूज़िस, हमें नव-पुरुषों के गान आरम्भ करने हैं।' यह कहानी सोफ़ोक्लेस (Sophocles) द्वारा लिखे दुखांत की भी विषयवस्तु थी।

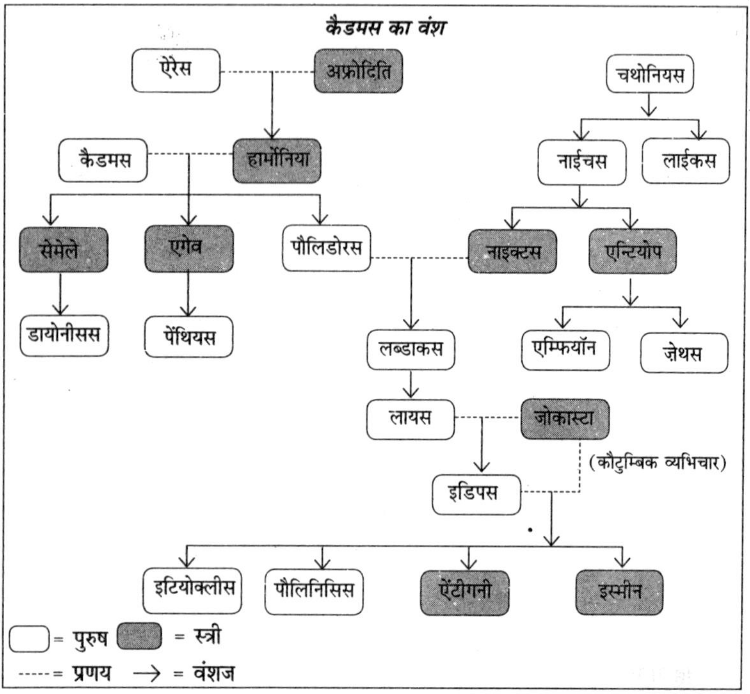

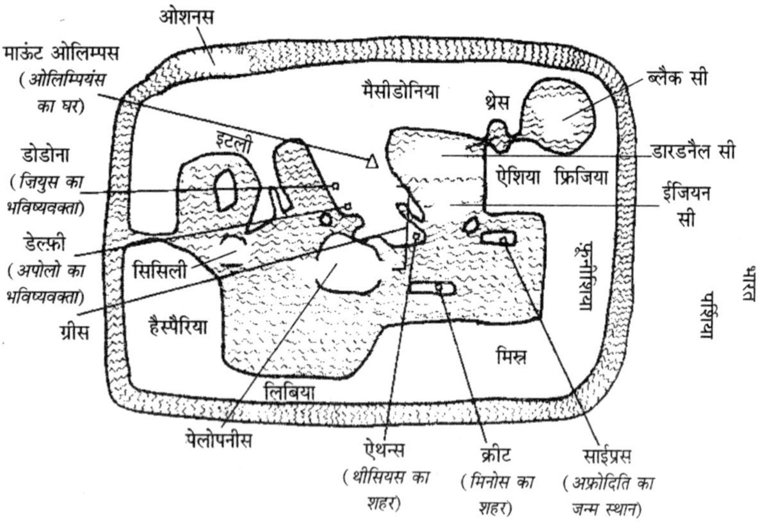

प्राचीन यूनान का पौराणिक मानचित्र

(मूर्तरूप : सही माप से नहीं बना)

खंड चार

हेराक्लेस
(Heracles)

"सिकंदर, तुम भाग्य की संतान हो या दम्भ का शिकार?" नागा साधु ने पूछा।

"कई बार सोचता हूँ, मैं नियति की संतान हूँ। फिर कभी लगता है, मैं मात्र महत्वाकांक्षा हूँ। इसलिए मुझे पता नहीं। क्या कोई सचमुच जानता भी है? मुझे तो बस नायकों के स्वर्ग में, मृतकों के देश में, स्टैक्स (Styx) के पार, एलीसियम (Elysium) यानी स्वर्ग में स्थान चाहिए या फिर शायद ओलिम्पस में देवताओं के बीच, क्योंकि हेराक्लेस को यही दिया गया था। वह भी हेकड़ी और भाग्य के बीच विदीर्ण हो गया था, क्योंकि वह भी, मेरी तरह, ज़ियुस का पुत्र था।"

डैनाई (Danae)

हेराक्लेस ज़ियुस का बेटा था। उसकी माँ अल्कमीनि (Alcmene), पर्सियस की प्रपौत्री थी; और पर्सियस ज़ियुस का बेटा था। पर्सियस की माँ, डैनाई (Danae), इयो (Io) की वंशज थी जिसे बहुत पहले ज़ियुस ने भ्रष्ट किया था।

भविष्यवाणी यह थी कि डैनाई का बेटा अपनी माँ के पिता अक्रीसियस (Acrisius), आरगोस के राजा, की हत्या करेगा। इसलिए डैनाई एक मीनार में बन्द कर दी गयी थी, पुरुषों से दूर, पर देवताओं से उसका पिता उसका सौंदर्य छिपा नहीं सका। डैनाई पर ज़ियुस की नज़र पड़ी जिसने सोने की बारिश के रूप में उससे प्यार किया, जो प्रकाशपुंज के साथ उसके कक्ष में बही। जल्द ही उसने एक पुत्र को जन्म दिया जिसे उसने पर्सियस (Perseus) नाम दिया।

जब अक्रीसियस को पता लगा कि डैनाई माँ बन चुकी है, वह इतना घबरा गया कि उसने डैनाई और पर्सियस को एक बक्से में बन्द किया और समुद्र में फेंक दिया। कुछ दिनों तक तैरने के बाद वह बक्सा डिक्टिस (Dictys) नामक मछुआरे को मिला, जिसने त्यागे हुए माँ और बेटे को शरण दी।

- *महाभारत* में कुंती सूर्यदेव का आह्वान करती है जो प्रकाशपुंज के रूप में उससे मिलता है। उनके मिलन से जन्मा बच्चा एक टोकरी में रखकर नदी पर तिरा कर त्याग दिया जाता है। पर वैदिक देवताओं का उन स्त्रियों को आह्वान करना पड़ता है, जो उनकी संतान धारण करना चाहती हैं। ऐसा विरल उदाहरण ही मिलता है जिसमें कोई देवता स्त्री की अनुमति के बिना उससे प्रेम-सम्बन्ध बनाये, जैसे अग्नि की कथा में, जो सप्तर्षियों की पत्नियों से सम्मोहित होने पर पत्नी स्वाहा द्वारा चेताया जाता है कि उसे अपनी कामनाओं को वश में रखना होगा।
- अपने पुत्र या प्रपौत्र द्वारा मृत्यु की भविष्यवाणी यूनानी मिथकशास्त्र में बारम्बार दोहराई गयी विषयवस्तु है। यह यूरेनस और उसके पुत्र क्रोनस के बैर और फिर क्रोनस और उसके पुत्र ज़ियुस के बैर से शुरू होती है। दरअसल यह प्रतीक है पिछली पीढ़ी के भय का, कि नयी पीढ़ी के आगे वह अपना संदर्भ खो देगी। हालाँकि यह अपरिहार्य है, फिर भी पुरानी पीढ़ी विरोध करती है।
- डैनाई एक छोटे तारे को दिया गया नाम है।

पर्सियस (Perseus)

डिक्टिस का एक भाई था, पौलिडेक्टस (Polydectes), जो डैनाई से शादी करना चाहता था। लेकिन डैनाई ने यह कहकर पौलिडेक्टस को दूर रखा कि वह पर्सियस के बड़ा होने पर शादी करेगी। जब पर्सियस (Perseus) सयाना हो गया तो उसके पास दूसरा बहाना था, तब तक नहीं जब तक वह अपना भविष्य न बना ले। इसलिए पर्सियस से छुटकारा पाने और डैनाई को प्राप्त करने के लिए पौलिडेक्टस ने पर्सियस को उसके लिए मेडुसा (Medusa) का सिर लाने की चुनौती दी।

बेपरवाह पर्सियस बिना अधिक सोच-विचार के मान गया। तब उसे मेडुसा के भयावह सच का पता लगा : वह साँपों के बालों वाली

गौरगन (Gorgon) थी और जो उस पर नज़र डालता, पत्थर हो जाता था।

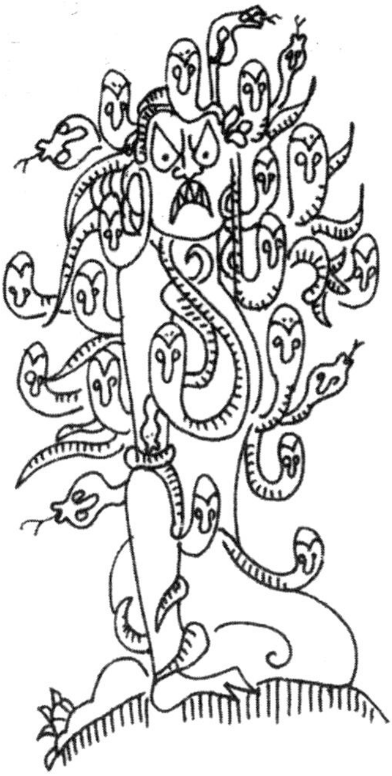

पर्सियस के सौभाग्य से ओलिम्पियंस ज़ियुस के इस बेटे की सहायता के इच्छुक थे।

एथिना ने पर्सियस को तीन डायनों (Graeae) से मेडुसा का अता-पता जानने के लिए सलाह लेने को कहा। ये तीन बहनें आपस में एक ही आँख बाँटती थीं और सब कुछ देख सकती थीं। जब बहनों ने आँख आपस में एक-दूसरे को बढ़ाई, पर्सियस ने उन्हें दृष्टिविहीन करते हुए आँख छीन ली और तब तक वापस देने से मना कर दिया जब तक वे उसे यह नहीं बतातीं कि मेडुसा कहाँ थी।

हर्मीस (Hermes) ने पर्सियस को पंखों वाले जूतों की जोड़ी, हेडस (Hades) का एक हैलमेट जो पहननेवाले को अदृश्य कर देता, एक चमकदार पीतल की ढाल, एक तेज़ और मज़बूत तलवार और हेफ़ीस्तस (Hephaestus) का थैला दिया।

एथिना के निर्देशानुसार पर्सियस मेडुसा के पास पहुँचा जब वह सोई हुई थी। वह पंखों वाले जूते पहनकर उड़ता हुआ आया जिससे उसकी पदचाप से वह जाग न जाये और उसे सीधे देखने की बजाय चमकती पीतल की ढाल में उसका प्रतिबिंब देखा। मेडुसा उठ गयी पर पर्सियस को नहीं देख पायी, क्योंकि उसने हेडस का हैलमेट पहना था। जो गौरगन ने देखा वह यही कि तीव्र गति से एक तीखी और मज़बूत तलवार उसकी ओर आयी और जब तक वह सँभलती, उसका सिर गर्दन से अलग हो गया। पर्सियस ने तब सिर थैले में डाला और घर को चल पड़ा।

- पर्सियस अपनी सफलता के लिए ओलिम्पियंस का ऋणी है। वीर नायकों की ऐसी कहानियाँ जिनकी देवी-देवता सहायता करें, हिन्दू मिथकशास्त्र में कम ही मिलती हैं, जहाँ नायक स्वयं देवता है या उनमें देवत्व का अंश है। वे अवतार भी हो सकते हैं, असीम देवत्व की सीमित अभिव्यक्ति।

- गौरगन तीन बहनें थीं जिनमें केवल मेडुसा ही नश्वर थी। उनके नाम का अर्थ है 'भय'। उनके माता-पिता सागर के प्राचीन देवता थे : फ़ोर्सीज़ (Phorcys) और केटो (Keto)। गौरगन का सम्बन्ध 'मिस्टरी कल्ट' की देव माता से था और वे ओलिम्पियन देवताओं के उदय के साथ राक्षसों में बदल गयीं। ये आदिदेव थे जो सागर के पुराने देवता गाया (Gaia) के बेटे पोंतस के वंशज थे।
- रोमन कवि ओविद, जो 2000 वर्ष पहले हुआ, के अनुसार मेडुसा एक सुन्दर स्त्री थी जिसका एथिना के मन्दिर में पॉज़ाइडन द्वारा बलात्कार हुआ था। अतः एथिना ने उसे श्राप दिया कि केशों की जगह साँप उग आयें और मेडुसा को इतना भयंकर बना दिया कि जो उसका चेहरा देखता, पत्थर बन जाता।
- जब उसका सिर कटता है, मेडुसा के छिटके रक्त से पैगासस उठता है, उड़ने वाला घोड़ा जो बेलेरोफ़ोन की कहानी में महत्त्वपूर्ण भूमिका निभाता है।
- पुराने समय में बुरी आत्माओं को दूर रखने के लिए मेडुसा की शक्ल वाले ताबीज का प्रयोग होता था। इसे गौर्गनियन कहते थे। सिकंदर महान की ढाल में भी यह चित्रित था।
- मेडुसा अनेक बातों का प्रतिनिधित्व करती है, मातृ-कामुकता के भय से लेकर स्त्रियोचित क्रोध से शून्यवाद तक।

एंड्रोमेडा (Andromeda)

घर लौटते हुए पर्सियस ने इथियोपिया में चट्टान से बँधी एक लड़की को देखा। यह एंड्रोमेडा (Andromeda) थी, जिसकी माँ कैसियोपिया (Cassiopeia) ने

मूर्खतावश यह दावा किया था कि उसकी बेटी समुद्री अप्सरा नीरिड्स (Nereids) से ज़्यादा खूबसूरत है। क्रोधित नीरिड्स ने राज्य को तबाह करने के लिए एक राक्षस भेजा जो तभी बख्शता अगर एंड्रोमेडा राक्षस को बलि के रूप में भेंट की जाती।

जैसे ही एंड्रोमेडा को लेने दैत्य समुद्र से बाहर निकला, एंड्रोमेडा को बचाने के लिए पर्सियस, जल्दी से उसके और उस दैत्य के बीच आते हुए दौड़ा। उसने मेडुसा का कटा सिर राक्षस के सामने लहराया और उसे पत्थर में बदल दिया। एंड्रोमेडा को अपने भाग्य पर विश्वास नहीं हुआ। अपनी वीरता के पुरस्कार में पर्सियस ने एंड्रोमेडा के पिता, राजा सेफियस (Cepheus) से उनकी बेटी से विवाह के लिए उसका हाथ माँगा। सेफियस मना नहीं कर सका पर एक समस्या थी। एंड्रोमेडा की मँगनी हो चुकी थी और उसके मंगेतर को पर्सियस का विवाह का प्रस्ताव बिलकुल पसन्द नहीं आया और अपने दोस्तों के साथ पर्सियस पर हमला कर दिया। पर्सियस ने देखा कि हमलावरों की संख्या बहुत अधिक है और वह उनके सामने टिक नहीं पायेगा तो उसने मेडुसा का सिर उनके सामने लहराया और वे सब पत्थर बन गये।

- एंड्रोमेडा, कैसियोपिया, सेफियस और पर्सियस, ये सभी यूनानी-रोमन खगोलशास्त्रियों जैसे टॉलेमी (Ptolemy) द्वारा चिह्नित नक्षत्र हैं। हिन्दू मिथकशास्त्र भी ऐसी कहानियों से अटा पड़ा है जो नक्षत्रों से सम्बन्धित हैं, जैसे सप्तर्षि जिन्हें 'ग्रेट बियर' कहा गया है और उनकी बहिष्कृत पत्नियाँ कृत्तिकाएँ जो प्लीएडस या 'सात बहनों' को आकार देती हैं।
- कैसियोपिया अतीव दम्भ का प्रदर्शन करती है, जब वह शेखी बघारती है कि उसकी बेटी देवियों से भी अधिक सुन्दर है, चाहे वह नीरिड्स हो या स्वयं अफ्रोदिति।
- एक सुन्दरी को बचाने के लिए दैत्य से लड़ने की पर्सियस की छवि का रूपांतरण चमकते कवच में अजगर से लड़ते हुए किसी सुन्दरी को आफ़त से बचाते हुए शूरवीर में हो जाता है। जर्मन भाषा में ऐसे रूपक को कयोस्कैम्फ (Chaoskampf), कहते हैं, जो व्यवस्था (order) के लिए अव्यवस्था (chaos) के खिलाफ़ मानव संघर्ष को दर्शाता है।

अक्रीसियस (Acrisius)

पर्सियस अपनी दुल्हन और मेडुसा के सिर के साथ घर वापस लौटा। मेडुसा के सिर के प्रयोग से पर्सियस ने अपनी माँ के प्रेमी, पौलिडेक्टस को पत्थर में बदल दिया। अब डैनाई अपने सीधे-सादे मछुआरे, डिक्टस से विवाह करने के लिए स्वतंत्र थी। पर्सियस ने गौरगन का सिर एथिना को दे दिया और उसने उसे अपनी ढाल पर लगा लिया।

जब डैनाई ने पर्सियस को बताया कि वह वास्तव में कौन था, तो उसने आरगोस जाकर अपने दादा, अक्रीसियस, से मिलने का निर्णय किया। पर अपने पौत्र के हाथों मरने के डर से अक्रीसियस, पर्सियस के आने के पहले ही राज-पाट छोड़कर आरगोस से भाग गया।

वर्षों बाद पर्सियस को किसी स्थानीय राजा के अंत्येष्टि-खेलों (funeral games) में भाग लेने का निमंत्रण मिला। खेल के दौरान पर्सियस ने दर्शकों को आनन्दित करते हुए अपना चक्र सभी खिलाड़ियों से दूर फेंका। वास्तव में उसने चक्र इतनी दूर फेंका कि यह दर्शकों में बैठे किसी व्यक्ति को लगा—एक वृद्ध, जो वहीं मर गया, सभी ने उसे अक्रीसियस के रूप में पहचाना जो छिपकर खेलों में अपने पोते को भाग लेता देखने आया था। इस प्रकार नियति ने अपना विधान पूरा किया।

तथापि, अपने दादा को मारने के अपराध में पर्सियस को आरगोस का शहर छोड़ना पड़ा।

उसके सौभाग्य से टिरिंस के राजा की भी यही स्थिति थी, इसलिए दोनों राजाओं ने आपस में अपनी जगहें बदल लीं।

टिरिंस का राजा बनने के बाद पर्सियस ने पास में ही एक नया शहर बनाया, यह शहर ठीक उस जगह था जहाँ एक खुम्बी के नज़दीक उसकी टोपी गिरी थी। चूँकि टोपी और खुम्बी, दोनों के लिए यूनानी भाषा में शब्द है 'माइसीज' (myces), अत: यह नया शहर माईसिनि (Mycenae) के नाम से जाना गया।

- अक्रीसियस नियति से भाग नहीं सकता। भाग्य के आगे उसे झुकना है। तीन भाग्य जो ओलिम्पियंस विशेषकर ज़ियुस द्वारा प्रभावित हो सकते हैं या नहीं भी हो सकते, उसकी नियति निर्धारित करते हैं। किस आधार पर भाग्य निर्धारित होता है? यह व्यवस्था बनाए रखने और विश्रृंखलता (chaos) के परिहार के आधार पर निर्धारित होता है। यह भारतीय मिथकशास्त्रों की कर्म की धारणा से बिलकुल अलग है, जहाँ भाग्य पिछले ज्ञात और अज्ञात कर्मों की प्रतिक्रिया भर है।
- यूनानी संसार में हत्या जैसा दुष्कर्म आनुष्ठानिक शुद्धिकरण की माँग करता है, जिसमें देश निकाला, अंतिम संस्कार के खेलों में भाग लेना या भविष्यवक्ता द्वारा नियत कार्य, जो देवता की इच्छा प्रकट करते हैं, करना शामिल है। शुद्धिकरण के ऐसे ही विचार वैदिक और पौराणिक साहित्य में भी हैं। इन्द्र को वृत्र को मारने के अपराध से शुद्धि करनी पड़ी थी। राम को रावण को मारने के अपराध से और पांडवों को कौरवों को मारने के अपराध से स्वयं को शुद्ध करना पड़ा था। गंगा में डुबकी लगाकर पाप धोना एक प्रकार की आनुष्ठानिक शुद्धि है।

अल्कमीनि (Alcmene)

पर्सियस के तीन बेटे थे। एक राजा बन गया, दूसरे ने एम्फ़िट्रियान (Amphitryon) नामक एक लड़का पैदा किया और तीसरा, अल्कमीनि (Alcmene) नामक एक बेटी का पिता बना।

एम्फ़िट्रियान और अल्कमीनि में प्यार हो गया पर किसी मतभेद के कारण एम्फ़िट्रियान की अल्कमीनि के पिता से लड़ाई हुई और दुर्घटनावश उसे मार दिया, जिसके परिणामस्वरूप उसे माईसिनि छोड़ना पड़ा और उसे थीब्स के शहर में शरण लेनी पड़ी। अल्कमीनि अपने प्रेमी के साथ गयी और जैसे ही क्रियन, थीब्स के राजा ने अनुष्ठानपूर्वक एम्फ़िट्रियान की अपने ही चाचा की हत्या के अपराध के

लिए शुद्धि की, उससे शादी कर ली।

प्रेमी युगल की शादी की रात को ज़ियुस ने एम्फ़िट्रियान का रूप धारण किया और दुल्हन से पहले उसने ही प्रेम किया, असली एम्फ़िट्रियान ने बाद में। फलत: अल्कमीनि ने दो पुत्र पैदा किये, एक दैवी और एक नश्वर : हेराक्लेस, (Heracles) ज़ियुस का पुत्र और इफीक्लेस (Iphicles) एम्फ़िट्रियान का बेटा।

एथिना की सलाह पर हेराक्लेस का नामकरण इस उम्मीद से हेरा के नाम पर किया गया था कि शायद वह उस बच्चे से घृणा नहीं करेगी। तब एथिना ने शिशु हेराक्लेस को लिया और बिना उसकी पहचान बताए हेरा से उसे पालने को कहा। गृहस्थी की देवी होने के कारण हेरा सहर्ष यह करती, परन्तु उसकी परेशानी थी कि बच्चा स्तनपान इतनी ज़ोर से करता कि दर्द असह्य था। हेरा ने उसे अपने स्तन से दूर झटक दिया, पर तब तक उसने बलिष्ठ होने लायक हेरा का काफ़ी दूध पी लिया था।

ज़ियुस और एथिना की इस चालाकी से हेरा बहुत नाराज़ हुई। उसने हेराक्लेस के जीवन को दुश्वार करने की कसम ली। जब हेराक्लेस अपने पालने में लेटा हुआ था, हेरा ने उसमें दो साँप छोड़ दिये जिससे कि वे हेराक्लेस को मार डालें। लेकिन नन्हे हेराक्लेस ने बड़े आराम से उन दोनों साँपों के गले दबा कर उन्हें मार दिया और झुनझुने की तरह उनके साथ खेलने लगा।

ज़मीन पर खड़े होकर और घोड़ेवाले रथ पर सवार होकर, तलवार, गदा, तीर और बरछा चलाने की कला में कुशल, हेराक्लेस, महान योद्धा बना। उसे संगीत

भी सिखाया गया था पर संगीत से उसे इतनी घृणा थी कि उसने गलती से एक संगीतवाद्य से अपने शिक्षक को मार दिया।

एक बार युवाकाल में वह शिकार के लिए गया और शेर को मार दिया। वह शेर राजा थेस्पियस (Thespius) की राजधानी तबाह कर रहा था और उसे पकड़ना अत्यंत ही कठिन सिद्ध हो गया था। शेर के मर जाने से अत्यंत प्रसन्न होकर राजा थेस्पियस ने अपनी सभी पचास पुत्रियों को हेराक्लेस के समक्ष भेजा। किसी एक को चुनने की अपेक्षा उसने सभी से प्रेम सम्बन्ध बनाए, क्योंकि वह जितना शक्तिशाली था, उतना ही मरदाना भी था।

- यूनानी हेराक्लेस और रोमन हरकुलिस (Hercules) दोनों एक ही हैं।
- हेराक्लेस द्वारा बलपूर्वक हेरा के स्तनपान की कहानी कृष्ण द्वारा पूतना राक्षसी का स्तनपान और उसके प्राण हरने की कहानी की प्रतिध्वनि है। हेराक्लेस की भाँति कृष्ण भी बचपन में संकटों का सामना करते हैं, वह भी शक्तिशाली और नरपुंगव हैं, अनेक स्त्रियों को प्रिय हैं। इससे कई विद्वानों का यह मानना है कि कृष्ण की कथा हेराक्लेस से प्रेरित है।
- जब हेरा ने हेराक्लेस को अपने स्तन से दूर किया, दूध की छिटकी बूँदें आकाश गंगा बन गयीं।

मेगारा (Megara)

राजा क्रियन हेराक्लेस से खुश था, क्योंकि उसके साहसिक कृत्यों से शहर को प्रसिद्धि मिली। वह और भी प्रसन्न हुआ, जब हेराक्लेस ने मिसियंस

(Misyans) से छुटकारा दिलवाया, जो थीब्सवासियों को वार्षिक कर देने को बाध्य करते थे। अतः उसने हेराक्लेस को अपनी पुत्री मेगारा (Megara) से विवाह की अनुमति दी। हेराक्लेस और मेगारा की अनेक संतानें हुईं और वे प्रसन्नतापूर्वक रहे।

लेकिन हेराक्लेस को प्रसन्न देखना हेरा के लिए असह्य था। हर रात हेरा उसके कानों में फुसफुसाती कि वह साधारण मनुष्य है महानायक नहीं, ज़ियुस का बेटा कहलाने के लायक भी नहीं। वह उसे बताती, कैसे अपने चाचा की हत्या करने के कारण उसका पिता एम्फ़िट्रियान माईसिनि से बाहर निकाल दिया गया और कैसे एम्फ़िट्रियान का चचेरा भाई, युरिस्थियस (Eurystheus), पैतृक राजधानी का शासक बनकर बहुत शक्तिशाली बन गया था। धीरे-धीरे हेरा ने हेराक्लेस में इतनी असमर्थता और असुरक्षा की भावना पैदा कर दी कि उसे पागल कर दिया। अपने पागलपन में हेराक्लेस ने अपनी गदा उठाई और अपने ही बच्चों के सिर कुचल दिये। कुछ भी समझ पाने में असमर्थ, घबराई हुई मेगारा ने अपने सबसे छोटे बच्चे को उठाया और भागने की कोशिश की, पर हेराक्लेस ने धनुष उठाया और उसे और उसके बच्चे को मार दिया।

जब जुनून उतरा और होश ठिकाने आया, हेराक्लेस को एहसास हुआ कि उसने क्या कर डाला। अपने दुख से कातर वह डेल्फ़ी के भविष्यवक्ता के पास परामर्श के लिए गया, जहाँ उसे बताया गया कि अपने भयानक अपराधों से मुक्ति का एक ही उपाय है, अपने चाचा युरिस्थियस, माईसिनि के शासक द्वारा बताए दस काम करना।

- हेराक्लेस का पागलपन *महाभारत* में वर्णित नल और युधिष्ठिर के पागलपन को प्रतिबिंबित करता है जो जुआ खेलते हुए स्वयं पर नियंत्रण नहीं रख पाते और अन्त में अपना सब कुछ हार जाते हैं। यूनानी इसका दोष ओलिम्पियंस को देते हैं, जबकि *महाभारत* इसका दोष कर्मों (पूर्व जन्म के कर्मों का परिणाम) और काल (समय के बलवान स्वभाव) को देती है।
- कुछ कथाओं के अनुसार मेगारा मरती नहीं, और हेराक्लेस के भतीजे इयोलस (Iolaus) जो इफीक्लेस का बेटा है, से विवाह कर लेती है।
- इयोलस ने रथवाहक, साथी और हेराक्लेस के प्रेमी के रूप में सेवा की। एक वयस्क पुरुष और नवयुवक के बीच कामुक सम्बन्ध सामाजिक रूप से मान्यता प्राप्त था।

- यूरिपाइडस के नाटक *हेराक्लेस,* (जो 400 बी.सी.ई. में रचित हुआ था) में हेराक्लेस हेडस से लौटता है और पाता है कि लाईकस उसके पिता, पत्नी और बच्चों की हत्या क्ररने की कोशिश कर रहा है। वह लाईकस को मार देता है और अपने परिवार को बचाता है। पर तब हेरा हेराक्लेस को मतिभ्रष्ट कर देती है। उसे लगता है वह युरिस्थियस और उसके सिपाहियों को मार रहा है, जबकि वास्तव में वह अपने ही परिजनों को मार रहा होता है। नाटक में, थीसियस समझाने की कोशिश करता है कि देवता भी अकथनीय कार्य करते हैं, पर हेराक्लेस का अवसाद कम नहीं होता।
- पुरानी विशृंखलता (chaos) के अवशेष मिटाकर नयी ओलिम्पियन सुव्यवस्था लागू करने के लिए एक नायक की आवश्यकता थी। हेरा ने युरिस्थियस को चुना, जबकि ज़ियुस ने हेराक्लेस को। इसलिए हेरा हेराक्लेस को नापसन्द करती थी।
- हेराक्लेस और हेरा के बीच का विवाद शायद प्रतिबिंब है ओलिम्पस के पितृसत्तात्मक पुरुष देवताओं के उदय का, जो पुरानी देवियों गाया, रिया (Rhea), हेकेटी की सत्ता को कमज़ोर करता है। हेरा हेराक्लेस के जन्म को विलम्बित करने की कोशिश करती है, उसका जन्मना कठिन करती है, उसे मारने के लिए साँप भेजती है, और बाद में इतना मतिभ्रष्ट कर देती है कि वह अपनी पत्नी और बच्चों की हत्या कर देता है। वह ज़ियुस और एथिना की मदद से फिर से लड़ता है, एथिना का दूध पीकर दैवी शक्तियाँ प्राप्त करता है और अन्त में अपने साहस और दृढ़ता से हेरा की प्रशंसा प्राप्त करता है।
- कोई भी कार्य जिसमें कड़ी मेहनत की ज़रूरत है, 'हरक्युलियन' करतब कहलाता है।
- थीब्स का राजा क्रियन इडिपस का साला है (और मामा) और हेराक्लेस का ससुर। वह उस क्रियन, जो कोरिन्थ का राजा है, से भिन्न है जो जेसन का ससुर होना चाहता है।

युरिस्थियस (Eurystheus)

जहाँ हेराक्लेस होशियार और मज़बूत है वहीं युरिस्थियस (Eurystheus) कमज़ोर और मंदबुद्धि, पर जैसा भाग्य का विधान, असाधारण हेराक्लेस साधारण युरिस्थियस के सामने अशक्त था। वास्तव में हेराक्लेस के आगे युरिस्थियस इतना असुरक्षित था कि पहले वह एक बड़े पीतल के जार में छिप

गया। उसने हेराक्लेस से मिलने से इनकार कर दिया और अपने दूत कोपरियस (Copreus) द्वारा कार्यों की सूची भेजी जो उसे पूरे करने थे।

पहला कार्य था नेमियन (Nemean) नामक शेर को मारना। जब हेराक्लेस के तीर शेर के शरीर पर एक खरोंच भी नहीं कर पाये, तब उसे समझ आया कि वह कोई साधारण शेर नहीं है। हेराक्लेस को अब शेर के साथ कुश्ती करनी पड़ी; उसने शेर के ही पंजों का इस्तेमाल किया और उसकी अन्तड़ियाँ चीर डालीं। फिर हेराक्लेस ने शेर की उस अभेद्य खाल का चोगे की तरह इस्तेमाल किया और उसकी खोपड़ी का टोप की तरह।

उसका दूसरा काम था दलदल में रहने वाले, कई सिरोंवाले राक्षस, हाइड्रा, (Hydra) को मारना। हर बार एक सिर कटता था तो दो और निकल आते। अन्त में उसने एक उपाय निकाला। हाइड्रा का सिर काटने के बाद उसकी गर्दन जलाने और उसका ज़ख्म दाग़ने के लिए हेराक्लेस का भतीजा इयोलस (Iolaus) मशाल का इस्तेमाल करता, जिससे कि नया सिर न स्फुटित हो सके। इस प्रकार नये सिर न निकलने देते हुए वह उसके सारे सिर काटने में सफल हो गया।

अपने तीसरे कार्य के लिए, उसे सुनहरे सींगोंवाले सेरीनियन हिरण को जीवित पकड़ना था, जो अर्तेमिस के लिए पवित्र था। इसलिए हेराक्लेस ने उसका तब

तक पीछा किया जब तक हिरण इतना थक नहीं गया कि उससे भागा न जा सके, तब उसे पकड़कर कन्धे पर लाद लिया और युरिस्थियस के पास ले आया।

हेराक्लेस का चौथा काम अर्केडिया के सुअर, जिसे 'एरिमेन्थियन बोर' भी कहते हैं, को पकड़ना था। सुअर को बर्फ़ की ओर धकेल कर हेराक्लेस इस कार्य में भी सफल हो गया।

अपने पाँचवें काम के लिए उसको ऑजियन (Augean) घुड़सालों को साफ़ करना था, जो लीद और सड़ी पुआल से भरे दुनिया के सबसे गंदे अस्तबल थे। दो नदियों का रुख घुड़साल की ओर मोड़कर बड़ी आसानी से हेराक्लेस ने एक ही दिन में उसे साफ़ कर दिया।

छठा काम था, पीतल-रंग की चोंचवाले स्टिमफैलियन (Stymphalian) पक्षियों से झील खाली कराना, जिन्होंने झील को इतना गंदा कर दिया था कि कोई उसका पानी पी ही नहीं सकता था। हेराक्लेस ने एथिना के दिये हुए पीतल के नगाड़े का इस्तेमाल किया, देर तक इतना शोर मचाने के लिए कि पक्षी अपनी प्रजनन की पुकार भी नहीं सुन पा रहे थे। वे इतना डर गये कि वापस आने से इनकार करते हुए उड़ गये।

उसका सातवाँ काम था क्रीट के साँड़ को वश में करना। हेराक्लेस

ने यह आसानी से कर लिया पर असली चुनौती थी उसे क्रीट से समुद्र पार करवा कर माईसिनि लाना। हेराक्लेस ने साँड़ को तैरा लिया और यूरोपा की तरह जानवर की पीठ पर सवार होकर घर वापस आ गया।

आठवाँ काम था थ्रेस (Thrace) के राजा डायोमिडिस (Diomedes) की जंगली नरभक्षी घोड़ियों को चुराना। हेराक्लेस ने उनके मालिक डायोमिडिस को ही उन्हें खिलाकर, जिसके बाद वे शान्त हो गयीं, हासिल कर लिया।

नौवें काम के लिए हेराक्लेस को अमेज़ंस के देश की यात्रा करनी थी और युरिस्थियस की बेटी की खुशी के लिए रानी हिप्पोलिटा (Hippolyta) की करधनी लानी थी। अमेज़ंस को डर था कि थीसियस की तरह हेराक्लेस भी उनकी रानी को ले जायेगा, इसलिए उन्होंने उस पर हमला कर दिया। लड़ाई में हिप्पोलिटा दुर्घटनावश मारी गयी और हेराक्लेस करधनी लेकर भाग गया।

हेराक्लेस का दसवाँ और आखिरी काम था जेरियन (Geryon) के पशुओं को लाना, जिसके लिए उसे सुदूर पश्चिम में अटलांटिक की ओर यात्रा करनी थी। जब उसने लीबिया का रेगिस्तान पार किया, ताप इतना असह्य हो गया कि उसने सूर्य की ओर तीर साधा। सूर्यदेवता हीलियस (Helios) ने रहम खाकर उसे एक रथ दिया, जिससे उसकी पश्चिम की यात्रा सुगम हो गयी। नहर जो भूमध्यसागर और अटलांटिक महासागर को जोड़ती है, के अफ्रीकी व यूरोपीय किनारों पर हेराक्लेस ने पत्थर रखे जो हेराक्लेस के खंभे (pillars) के नाम से जाने गये। पशुओं को पकड़ने के लिए हेराक्लेस को पहले जेरियन के दो सिरवाले कुत्ते औथर्स (Orthus) को हराना था और बाद में खुद जेरियन को, जिसके तीन सिर, तीन छातियाँ और तीन जोड़ी हाथ थे, इसलिए वह तीन कवच पहनता, तीन ढालें और तीन भाले रखता। तब हेराक्लेस ने फ्रांस, जर्मनी और इटली के रास्ते से स्पेन होकर यूनान का लम्बा स्थलमार्ग पकड़ते हुए पशुओं को युरिस्थियस के दरबार में खदेड़ दिया। अक्सर हेरा पशुओं को भगाने के लिए गोमक्खी भेज देती, पर हेराक्लेस उन्हें ढूँढ़ लेता, हालाँकि उसे घर लौटने में पूरा एक साल लग गया।

- यूनानी यात्री जैसे मेगस्थनीज़ (Megasthenes), इतिहासज्ञ जैसे डायोडोरस (Diodorus) और रोमन दार्शनिक जैसे सिसरो (Cicero) का विश्वास था कि पूरब की अपनी यात्रा के दौरान अपने अनेक कामों के साथ पाटलिपुत्र का निर्माण भी हेराक्लेस द्वारा ही हुआ था। कुछ लोगों ने कृष्ण द्वारा अनेक सिरवाले

अजगर कालिया को मारने के पराक्रम की समानता अनेक सिरवाले हाइड्रा को मारने के हेराक्लेस के पराक्रम से की है। औरों ने बलराम को हेराक्लेस कहा, क्योंकि वह अपने स्वभाव और शक्ति के लिए जाने गये। साथ ही, हेराक्लेस की तरह बलराम भी मूसल के साथ हैं। बहुतों ने हेराक्लेस नाम को हरि-कुल-ईश या 'हरि के वंश के देव' के रूप में समझा है और यह शायद बलराम के संदर्भ में है, जो गोरे थे, कृष्ण नहीं जो साँवले थे।

- पर्सियस के प्रपौत्र के रूप में हेराक्लेस माईसिनि का राजा हो सकता था, पर हेरा ने उसका जन्म तब तक स्थगित कर दिया जब तक उसका चाचा, एक औसत दर्जे का इंसान, युरिस्थियस नहीं जन्मा। हिन्दू मिथकशास्त्र में भी ऐसी कहानियाँ हैं जिनमें जन्म में विलम्ब का परिणाम उत्तराधिकार से हाथ धोना है। *महाभारत* में गांधारी गर्भधारण पहले करती है, पर देवताओं की अनुकम्पा से कुन्ती पुत्र को जन्म पहले देती है इसलिए यह कुन्ती का पुत्र युधिष्ठिर है जिसका राजगद्दी पर अधिकार गांधारी के पुत्र दुर्योधन से पहले है।
- हेराक्लेस के कार्यों की अंतिम निर्धारित सूची 600 बी.सी.ई. में पेसन्डर (Peisander) के महाकाव्य से मिलती है जो अब अप्राप्य है।
- एक केकड़े ने हेराक्लेस को हाइड्रा को मारने से रोकने की कोशिश की थी और हेरा द्वारा पुरस्कृत हुआ, जिसने उसे तारों में जगह दी, कर्क राशि के रूप में।
- ब्यूसेफेलस (Bucephalus), सिकंदर का घोड़ा कहा गया था, जो डायोमिडिस की नरभक्षी घोड़ियों की नस्ल का था।
- अपनी यात्रा के दौरान हेराक्लेस ने कई देशों की यात्रा की। जब वह मिस्र पहुँचा तो वहाँ के राजा ने उसे बंदी बनाया और देवताओं के लिए उसकी बलि चढ़ाने का यत्न किया। हेराक्लेस ने ज़ंजीरें तोड़ दीं और उसी राजा को मार दिया।
- सौंपे हुए काम उत्तरोत्तर कठिन होते जाते हैं और इन्हें पूरा करने के लिए बाद में हेराक्लेस को यूनान से दूर और दूर जाना पड़ता है, क्योंकि युरिस्थियस को यह विश्वास हो गया था कि हेराक्लेस, जो उसी की तरह पर्सियस का वंशज था, माईसिनि की गद्दी के लिए उससे बेहतर दावेदार है।
- कलाकृतियों में हेराक्लेस अपनी शेर की खालवाली पोशाक और जैतून-वृक्ष के मूसल के साथ पहचाना गया। हेराक्लेस द्वारा मारा गया शेर सिंह राशि का चिह्न बन गया।

हेस्पेराइड्स (Hesperides)

जब हेराक्लेस ने सारे काम पूरे कर लिये तो युरिस्थियस ने दलील दी कि उसने सिर्फ़ आठ काम ही पूरे किये हैं, दस नहीं। क्या उसने ह़ाइड्रा का गला दाग़ने के लिए अपने भतीजे इयोलस की मदद नहीं ली थी? क्या ऑजियन के अस्तबल की सफ़ाई के लिए दो नदियों का प्रयोग नहीं किया था, जिसका मतलब, उसने ये काम खुद नहीं किये थे? इसलिए दो और काम हेराक्लेस को दिये गये, हेस्पेराइड्स (Hesperides) के बगीचे से 'ऐपल ऑफ़ जॉय' नामक सेब लाना और मृतकों के देश के राजा हेडस के सेरबेरस (Cerberus) नामक तीन सिरोंवाले कुत्ते को पकड़ना।

हेराक्लेस को नहीं पता था, हेस्पेराइड्स का बगीचा कहाँ था, और यह

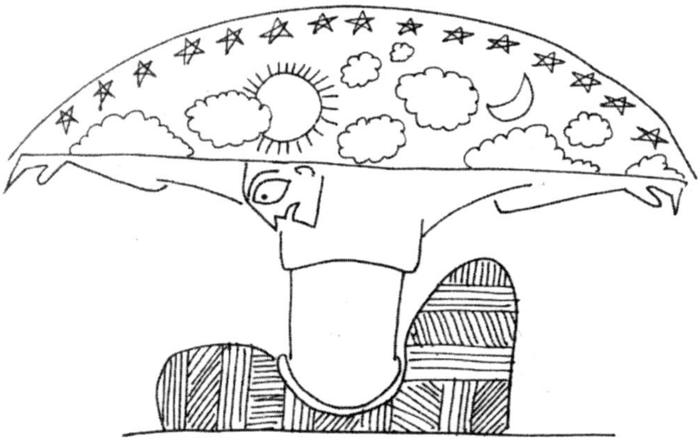

जानने के लिए उसे प्रोटियस (Proteus), रूप बदलने वाले समुद्र के बूढ़े आदमी से कुश्ती करनी पड़ी। प्रोटियस ने हेराक्लेस को बताया कि सिर्फ़ एटलस (Atlas), वह टाइटन जिसने आसमान को उठा रखा था, जानता था कि बगीचा कहाँ था, क्योंकि हेस्पेराइड्स उसकी ही बेटियाँ थीं।

जब हेराक्लेस एटलस से मिला, उसने कुछ देर के लिए एटलस का बोझ उठाने का प्रस्ताव रखा। बदले में उसने एटलस से हेस्पेराइड्स के बाग से सेब लाने को कहा। एटलस मान गया। शक्तिशाली हेराक्लेस ने आसमान उठा लिया और एटलस सेब लाने चला गया। पर वापस आकर एटलस ने मन बदल लिया। "आसमान तुम उठाये रहो। मैं सेब वहाँ पहुँचा दूँगा, जहाँ तुम कहोगे," उसने कहा।

हेराक्लेस समझ गया कि अगर उसने चालाकी से काम नहीं लिया, तो वह फँस चुका है, सो उसने एटलस से कहा कि उसे हमेशा के लिए आसमान उठाने में कोई एतराज़ नहीं है, और एटलस केवल एक पल के लिए आसमान उठा ले तब तक हेराक्लेस अपने कन्धों पर सहारे के लिए तकिये रख लेगा। हालाँकि एटलस मज़बूत तो था, पर इतना चतुर नहीं था और वह मान गया। जैसे ही एटलस ने आसमान दोबारा उठाया, हेराक्लेस ने सेब उठाये, उसे धन्यवाद दिया और यूनान की ओर निकल पड़ा।

- चतुराई नायक के झोले में एक प्रमुख हथियार है, यूनानी मिथकशास्त्र में भी और हिन्दू मिथकशास्त्र के अनुसार भी। वानर-देव हनुमान जिनकी *रामायण* में महत्त्वपूर्ण भूमिका है, शक्तिशाली भी हैं और चालाक भी, वह अक्सर चतुराई से समस्याओं को निपटाते हैं। एक बार समुद्र पार करते हुए सुरसा नामक एक राक्षसी ने ज़िद की कि वह आगे जाने के पहले उसके मुँह में प्रवेश करें। उसकी चालाकी समझ कर हनुमान खुद को मक्खी के आकार का बनाकर उसके मुँह में घुसे और सुरसा के मुँह बंद करने से पहले वापस आ गये। इस प्रकार उसकी शर्त पूरी करके वह आगे बढ़ गये।
- हेस्पेराइड्स शब्द हेस्पेरस, या साँझ के तारे 'शुक्र' से बना है। यह सूर्यास्त की अप्सरा से जुड़ा है, जो आनन्द के सेब-वृक्ष में ढल गयी, जो कि गाया द्वारा हेरा के विवाह के दिन दी गयी भेंट की एक शाखा से उगा।
- अप्सराएँ, जो हेस्पेराइड्स के सेब-वृक्ष में ढल गयीं, एटलस की बेटियाँ हैं।
- हेस्पेराइड्स से जुड़ा आनन्द का सेब एरिस द्वारा ट्रोजन युद्ध में प्रयुक्त कलह के सेब से बिलकुल भिन्न है।
- 'सुनहरे सेब' से आशय शायद संतरों से है, जो मध्यकाल तक यूरोप एवं भूमध्य क्षेत्र के लिए अज्ञात थे। ये सर्वप्रथम चीन में उपजे थे।

सेरबेरस (Cerberus)

हेराक्लेस का अंतिम कार्य था, हेडस के कुत्ते सेरबेरस (Cerberus) को पकड़कर वापस लाना। इसका अर्थ था, स्टैक्स नदी को पार करना और मृतकों के लोक में जाना। अंजाम से निडर हेराक्लेस वहाँ गया। हेडस, जो हेराक्लेस की वीरता की कहानियों से प्रभावित था, उससे मिलकर प्रसन्न हुआ और अपना शिकारी कुत्ता जीवितों के देश ले जाने की अनुमति दे दी। पर उसकी एक शर्त थी : हेराक्लेस केवल अपने हाथों का प्रयोग करेगा, किसी हथियार का नहीं।

हेराक्लेस डरता हुआ कुत्ते के पास पहुँचा पर शीघ्र ही जान गया कि सेरबेरस के पंजे और नाखून भी नेमियन शेर की खाल से बने उस मोटे और मज़बूत चोगे को फाड़ नहीं सकते। शेर की खाल से उसने सेरबेरस को पकड़ लिया, पीतल के मर्तबान में डाला और युरिस्थियस के पास ले गया।

युरिस्थियस ने मर्तबान का ढक्कन उठाया और उस भयंकर जीव को देखकर समझ गया कि हेराक्लेस ने सबसे कठिन और अंतिम कार्य को भी समाप्त कर लिया है। इसलिए उसने घोषित किया कि हेराक्लेस की अपनी पत्नी और बच्चों के कत्ल के अपराध से शुद्धि हो गयी है।

- कंस को मारने के बाद, देवकी के अनुरोध पर कृष्ण यमलोक की यात्रा करते हैं और अपने मृत भाइयों को मर्त्यलोक वापस लाते हैं, ताकि देवकी अपने आठों पुत्रों को एक साथ देख सके। इस प्रकार हिन्दू देवता भी निर्भीक होकर यमलोक की यात्रा करते हैं।
- अपनी हेडस की यात्रा में हेराक्लेस थीसियस को भी मुक्त कराता है, जो अपने मित्र पिरिथस के साथ कैद था, जिसने पर्सीफ़ोन को भगाने की योजना बनाई थी और इस दुष्कृत्य के लिए दंडित हुआ था।
- हाइड्रा, काइमेरा और औैर्थस, दो सिरवाला कुत्ता जो जेरियन के पशुओं की निगरानी करता था, की तरह सेरबेरस भी टाइफ़न की संतान था। इस प्रकार यूनानी मिथकशास्त्र में राक्षस आदिम प्राणियों से उत्पन्न हुए हैं जो विकृति (chaos) का मूर्तरूप हैं।
- हेराक्लेस के बारह कार्य कई बार उन बारह नक्षत्रों से पहचाने जाते हैं जिनसे राशि बनती हैं। केकड़ा, बैल और सिंह, जिन्हें उसने मारा था स्पष्टत: उन तीन में से हैं : कर्क, सिंह, वृषभ। धनु उसका गुरु है। कायरन (Chiron), जिसे दुर्घटनावश उसने मारा था।

कायरन (Chiron)

मृतकों के लोक की अपनी यात्रा के दौरान हेराक्लेस, टार्टरस में फँसे और अन्तहीन वेदना सहते हुए टाइटन प्रोमेथियस से भी मिला, जिसका कलेजा हर रोज़ गिद्ध द्वारा खाया जाता, और जो रात को पुनरुज्जीवित हो जाता था।

हेराक्लेस ने गिद्ध को मार दिया और प्रोमेथियस की ज़ंजीरें खोल दीं, पर जब वह उसे टार्टरस से ले जाने लगा, तो हेडस द्वारा रोका गया। ''जीवन के बदले जीवन,'' हेडस ने कहा, ''इस टाइटन के बदले तुम्हें एक अमर जीव मुझे देना होगा।''

हेराक्लेस को अपने गुरु कायरन, अमरत्व का वरदान प्राप्त एक सेंटो की याद आयी। बहुत पहले उसने दुर्घटनावश हाइड्रा के ज़हरीले खून से बुझे तीर से अपने गुरु को घायल कर दिया था। जख्म ठीक नहीं हुआ और कायरन उस वेदना को अनन्तकाल तक सहने को बाध्य था। अगर वह प्रोमेथियस की जगह लेता तो उसे वह शारीरिक वेदना सहनी नहीं पड़ेगी, क्योंकि टार्टरस में रहनेवाले शरीरधारी नहीं होते। वे प्रेत होते थे, जीवधारियों की परछाइयाँ।

सेंटो कायरन प्रसन्नतापूर्वक मान गया इसलिए हेडस ने प्रोमेथियस को जीवों के देश में जाने दिया और कायरन हमेशा के लिए शारीरिक वेदना से छूटकर टार्टरस में आ गया।

ओलिम्पियंस हेराक्लेस के विवेक से प्रभावित थे। उन्होंने धनु राशि के रूप में कायरन को सितारा बना दिया।

ज़ियुस प्रोमेथियस की रिहाई से प्रसन्न नहीं था, जब तक कि टाइटन ने उसे एक भेद नहीं बताया, ''तुम सागर की अप्सरा थेटिस (Thetis) को चाहते हो। ध्यान रहे, उसके द्वारा उत्पन्न बालक अपने पिता से बढ़कर होगा।'' असुरक्षित ज़ियुस इसके लिए आभारी था, और उसने प्रोमेथियस को अंतिम रूप से माफ़ कर दिया।

- केवल एक हिन्दू कहानी है, जो अन्तहीन वेदना की यूनानी कहानी जैसी है, द्रोण के पुत्र अश्वत्थामा की, जिसे हमेशा घावों से भरे शरीर में जीवित रहने और मृत्यु द्वारा भी शान्ति न पा सकने का कृष्ण द्वारा श्राप मिला था, क्योंकि उसने पांडवों के होने वाले अंतिम वंशज, एक अजन्मे बालक को मारने का प्रयास किया था। कहते हैं वह अभी भी अपनी अन्तहीन प्रताड़ना को झेलता हुआ जीवित है।
- अमरत्व को मुद्रा की तरह इस्तेमाल करके सौदा करने का विषय यूनानी मिथकशास्त्र में अक्सर दोहराया गया है। प्रोमेथियस टार्टरस तभी छोड़ सकता है, जब अमर कायरन उसकी जगह ले। पौलक्स अपनी अमरता बाँटता है, ताकि वह और उसका जुड़वाँ नाशवान भाई कैस्टर साथ रह सकें।
- हेराक्लेस के सेंटोज़ के साथ सम्बन्ध तनावपूर्ण हैं। एक बार अपने सेंटो मित्र फ़ौलस से भेंट में उसने असावधानीवश एक पवित्र मदिरा का बर्तन खोल लिया, जिसकी सुगन्ध ने अन्य सभी सेंटोज़ का ध्यान आकर्षित किया, जो भोज में मौजूद थे और शुद्ध (बिना पानी मिलाए) मदिरा पी ली। इसके पश्चात् वे इतने उन्मत्त हो गये कि हेराक्लेस पर हमला कर दिया। इस लड़ाई में फ़ौलस भाग गया, कायरन को कभी न भरने वाला ज़ख्म मिला और बहुत से सेंटोज़ मारे गये।

ओमफ़ेल (Omphale)

युरिस्थियस से मुक्त होने के बाद हेराक्लेस ने अपने लिए पत्नी ढूँढ़ने का प्रयास किया। पर कोई उसे अपनी बेटी देने को तैयार नहीं था और कोई स्त्री ऐसे पुरुष से विवाह को राज़ी नहीं थी जिसने अपने ही बच्चों की हत्या की हो।

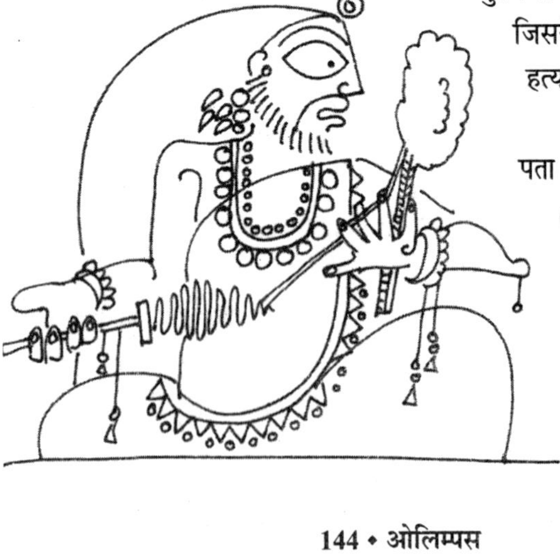

तब हेराक्लेस को पता लगा कि ओचेलिया (Oechalia) का राजा यूरिटस (Eurytus) अपनी बेटी आयल (Iole) को उसी को सौंपेगा जो तीरन्दाज़ी की प्रतिस्पर्धा में उसे और उसके बेटे को

हरा सकेगा। हेराक्लेस ने उस प्रतिस्पर्धा में भाग लिया और वह जीत गया, पर यूरिटस ने अपनी बेटी उसे देने से इनकार कर दिया। क्रोधवश हेराक्लेस ने उसके सारे पशु चुरा लिये और उसके सबसे छोटे बेटे इफिटस (Iphitus) को मार दिया। यह बेटा वास्तव में हेराक्लेस का प्रशंसक था।

इस अपराध के दंडस्वरूप हेराक्लेस को तीन वर्ष तक लीदिया की रानी ओमफ़ेल (Omphale) के दास के रूप में बिताने थे। और वह हेराक्लेस को अपना प्रेमी बनाकर ही नहीं वरन् स्त्रीवेश में रखकर प्रसन्न होती थी।

- एक यूनानी नायक का एक पूरब की रानी की खुशी के लिए स्त्रियों के कपड़े पहनने का विचार बहुत से यूनानी लोगों के लिए, जो वयस्क व बालक के प्रेम सम्बन्धों के लिए सहज थे, पर विपरीत लिंग के वस्त्र पहनने के लिए नहीं, असंतोष का कारण था। इसके विपरीत हिन्दू मिथक ऐसी कहानियों से भरे पड़े हैं जिनमें हिन्दू देवता अपनी माता व पत्नी की प्रसन्नता के लिए स्त्रीवेश धारण करते हैं। मन्दिरों में अक्सर कृष्ण को राधा की नथ पहनाते हैं और बालों की वेणी बनाते हैं।
- कई खोये हुए सुखान्त कथानक इस विषय में हैं, कैसे हेराक्लेस स्त्रियों के वस्त्र पहनने और धागा बुनने के लिए बाध्य किया जाता है, जबकि ओमफ़ेल ने उसकी शेर की खाल वाली पोशाक पहनी और उसका जैतून-वृक्ष की लकड़ी का मूसल उठाया।
- लीदिया आधुनिक टर्की है। बहुत दिनों तक पश्चिम यह मानता था कि पूरब में पुरुषों को पुंसत्वहीन बना देते हैं, जैसा कि ओमफ़ेल द्वारा हेराक्लेस के वेशविन्यास से दिखाई देता है।

देयानीरा (Deianira)

अन्ततः, हेराक्लेस कैलीडॉन (Calydon) में पत्नी पाने में सफल हो गया। उसका नाम देयानीरा (Deianira) था। पर उसे पाना आसान नहीं था; इसके लिए हेराक्लेस को पहले नदी के देवता अचीलस (Achelous) को हराना था, जो स्वयं देयानीरा से शादी करना चाहता था।

हेराक्लेस और उसकी नयी दुल्हन ने ट्राचीज़ (Trachis) के शहर में अपना घर बनाने का निर्णय किया। रास्ते में उन्हें एक दरिया को पार करना था। हेराक्लेस तैर सकता था, पर उसकी दुल्हन नहीं। नेसस (Nessus) नामक सेंटो ने उसे अपनी

पीठ पर बैठाकर नदी पार कराने का प्रस्ताव रखा। हेराक्लेस मान गया, और खुद नदी पार करने के लिए तैरने से पहले अपनी पत्नी को सेंटो की पीठ पर बैठा दिया। जब वह दूसरे किनारे पर पहुँच गया, तो उसने देखा कि नेसस बीच नदी में रुक गया है और उसकी पत्नी से बलात्कार के इरादे से छेड़खानी कर रहा है। क्रोधित होकर हेराक्लेस ने नेसस को बुरी तरह ज़ख्मी करते हुए ज़हर में बुझा तीर मारा।

मरते हुए नेसस ने मासूम देयानीरा की ओर देखा और फुसफुसाया, "मेरा लहू एक प्रेम-औषधि है। इसे अपने पति के कपड़ों पर लगाओ, जब यह उसकी त्वचा तक पहुँचेगा वह तुमसे इतना प्यार करेगा कि कभी तुम्हें मारने की बात नहीं सोचेगा, जैसा उसने अपनी पहली पत्नी के साथ किया।"

नेसस के मृत शरीर को बेड़े की तरह इस्तेमाल करके देयानीरा दूसरे किनारे तक पहुँच गयी। उसने नेसस का थोड़ा-सा रक्त भी इकट्ठा कर लिया अपने, बलवान पर पागल, पति में प्यार जगाने के लिए, जिससे वह काफ़ी डरती भी थी।

- हिन्दू मिथक में, किम्पुरुष नाम से जाने गये घोड़े के सिरवाले प्राणी हैं, पर ऐसे जीव शायद ही हैं जिनका धड़ घोड़े जैसा हो, जैसे यूनानी मिथक के सेंटोज़। हयग्रीव, जैसे घोड़े के सिरवाले प्राणियों के मुख से, वैदिक संहिता साधुओं तक पहुँचती है।
- बोधगया, साँची और ओडीशा के कुछ भागों में पायी गयी बुद्धोपरांत कलाकृतियों

में यूनानी प्रभाव के सूचक के रूप में सेंटोज़ की प्रतिमाएँ पायी गयी हैं।

- सेंटोज़ अपने पशुवत् कामुक स्वभाव के कारण जाने जाते हैं। बुद्धिमान शिक्षक कायरन एक अपवाद है। कलाकृतियों में महानायक सेंटोज़ के साथ लड़ते हुए चित्रित किये गये हैं, जैसे लैपिथ्स के साथ-साथ थीसियस सेंटोज़ से युद्धरत है।

आयल (Iole)

कुछ वर्ष खुशहाल वैवाहिक जीवन व्यतीत करने के बाद हेराक्लेस ने ओचेलिया के यूरिटस (Eurytus) से उस अपमान का बदला लेने का निश्चय किया जिसमें यूरिटस ने उसे पत्नी देने से मना कर दिया था। हेराक्लेस ने ओचेलिया पर चढ़ाई की और ओचेलिया को तबाह कर दिया, यूरिटस को मारा और आयल (Iole) को अपनी रखैल बनाया। आयल ने परकोटे से कूदकर भागने की कोशिश की, पर उसके वस्त्र पैराशूट की तरह हवा से भर गये और सुरक्षित धरती पर गिर गयी। अब आयल हेराक्लेस से बचने की उम्मीद हार चुकी थी।

यद्यपि हेराक्लेस ने इस बात पर ज़ोर दिया कि आयल केवल उसकी उपपत्नी

है, पत्नी नहीं, देयानीरा को विश्वास नहीं हुआ। अपने पति में दोबारा उत्साह जगाने के लिए उसने नेसस के रक्त का प्रयोग करने का निश्चय किया। प्रेम के प्राचुर्य की उम्मीद से उसने इसे हेराक्लेस के चोगे पर छिड़का; जब उसने उसे पहना, तो वह दर्द से चिल्लाया, क्योंकि सेंटो का लहू ज़हरीला था और उसने उसकी खाल व मांस जला दिये थे।

हेराक्लेस जान गया कि वह शीघ्र ही मर जायेगा। लेकिन वह इतना स्वाभिमानी था कि उसे यह बात स्वीकार नहीं थी कि कोई और उसे मारे, इसलिए उसने खुद अपनी जान लेने का निश्चय किया। वह लकड़ी के ढेर पर चढ़ गया और योद्धा फिलौक्टेटस (Philoctetes) से आग लगाने को कहा।

जब आग की लपटें उठीं, ज़ियुस ने स्वर्ग से नीचे झाँककर देखा और यह सोचकर कि हेराक्लेस उसके बेटों में सबसे महान था, उसे उठा लिया और ओलिम्पस ले आया। ज़ियुस ने हेराक्लेस की हेरा से सुलह करवाई, और हीबि (Hebe) से विवाह करवा दिया और देवताओं की भाँति रहने की उसे अनुमति दी। धरती पर जिन्होंने हेराक्लेस की चिता से अस्थियाँ ढूँढ़ीं, उन्हें कुछ नहीं मिला।

- हालाँकि हेराक्लेस की तुलना कृष्ण से की गयी है, पर ये समताएँ सतही हैं। हेराक्लेस ज़ियुस का अभागा नायक-पुत्र है, जबकि कृष्ण धरती पर भगवान हैं जो मनुष्यता को प्रकाशित करने की चेष्टा करते हैं।
- एक बात लगातार हेराक्लेस की कहानी में विद्यमान है कि वह उन सबसे वंचित है जिसका वह अधिकारी है; मेगारा के साथ सुखी वैवाहिक जीवन, माईसिनि की गद्दी, जिस पर जाहिल युरिस्थियस बैठा है, ऑजियन की घुड़साल धोने का पुरस्कार, देवताओं द्वारा समुद्री दानव की बलि के लिए भेजी हेसियान को बचाने का पारिश्रमिक और यूरिटस की तीरन्दाज़ी की प्रतिस्पर्धा जीतने के बाद आयल का हाथ।
- यूरिपाइड्स के नाटक *हेराक्लाइडस* में हेराक्लेस के बच्चों की कहानी है, जो युरिस्थियस से बचाने के लिए उसके भतीजे इयोलस द्वारा ऐथन्स ले जाये जाते हैं, पर ऐथन्स का राजा ऐसा नहीं कर सकता, क्योंकि भविष्यवक्ता उसे बताता है कि केवल किसी नवयुवती की पर्सीफ़ोन को बलि ही माईसिनि के विरुद्ध युद्ध में जीत पक्की कर सकती है। राजा किसी ऐथन्सवासी की बलि देने से इनकार कर देता है, तब अपने भाई-बहनों को बचाने के लिए हेराक्लेस की बेटी मेकारिया (Mecaria) स्वयं को प्रस्तुत करती है। उसके बलिदान के बाद युद्ध

लड़ा जाता है, जिसमें बूढ़ा इयोलस चमत्कारिक ढंग से अपना यौवन प्राप्त कर लेता है और युरिस्थियस को जीवित पकड़ लेता है। ऐथन्सवासी उसे फाँसी देने से मना करते हैं, क्योंकि यह उनके कानून के विरुद्ध है। पर युद्ध में पराजय से अपमानित युरिस्थियस उन्हें ऐसा करने को कहता है, क्योंकि यह भविष्यवाणी है कि वह शहर के संरक्षक भूत के रूप में लौटेगा और ऐथन्स की स्पार्टा से रक्षा करेगा।

- युरिस्थियस की मृत्यु के बाद माईसिनि की गद्दी पेलोप्स के पुत्र एट्रियस (Atreus) को मिली।

परसियस का वंश

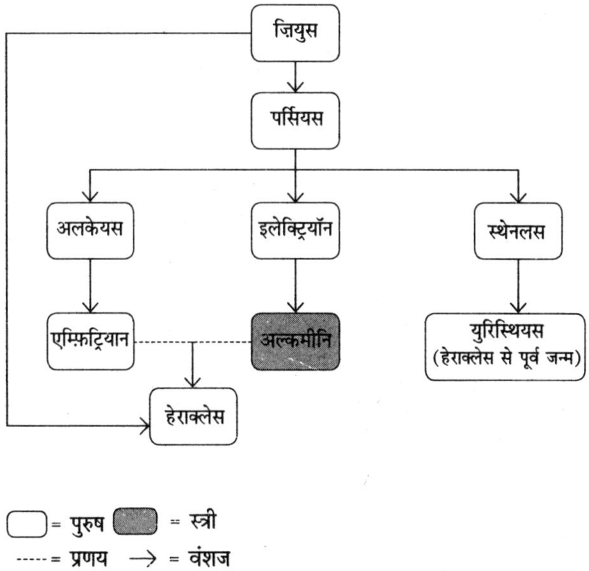

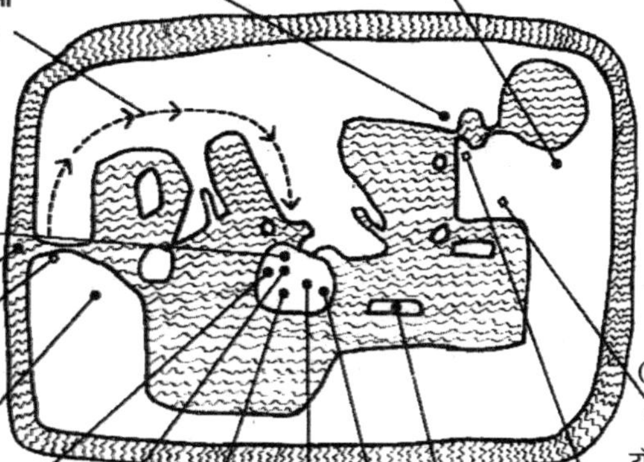

हेराक्लेस के काम, और अन्य साहसिक अभियान

(मूर्तरूप : सही माप से नहीं बना)

(ध्यान दें कि कैसे हेराक्लेस को प्रत्येक काम को पूरा करने के लिए यूनान से दूर जाना पड़ता है।)

खंड पाँच

जेसन

(Jason)

"क्या तुम्हारे देश के सभी महानायक देवताओं की संतान हैं?" नागा साधु ने पूछा।

"सब नहीं। जेसन नहीं था, जो पूर्व के दूरवर्ती कोल्चिस से सुनहरी भेड़ लाया था, पर हेराक्लेस के विपरीत वह देवताओं की प्रशंसा पाने में विफल रहा।"

"क्योंकि उसका पिता ओलिम्पियन नहीं था?"

"नहीं, क्योंकि उसकी जीत का श्रेय पूर्व की एक स्त्री, एक जादूगरनी को था, जिसे जेसन ने बाद में धोखा दिया।"

पेलियाज़ (Pelias)

एलिस (Elis) के राजा, सेलमोनियस (Salmoneus), ने दावा किया कि वही स्वयं ज़ियुस है। उसके रथ के दोनों ओर जलने वाली मशालें आकाश में कड़कने वाली बिजली हैं और उसके रथ के साथ लगे नगाड़ों का शोर ही मेघगर्जन है। उसकी धृष्टता से कुपित ज़ियुस ने सेलमोनियस पर अपना वज्र फेंका और उसे, उसके रथ को, उसके शहर को राख के ढेर में बदल दिया।

सेलमोनियस की बेटी टायरो (Tyro) ने इयोल्कस (Iolcus) के राजा क्रेथियस (Cretheus) से शादी की और उससे एक बेटा हुआ जिसका नाम उन्होंने ईसन (Aeson) रखा।

टायरो एक नदी-देवता से प्रेम करती थी लेकिन उसने टायरो के प्रेम-प्रस्तावों को ठुकरा दिया। अतः सागर के देवता पॉज़ाइडन ने, जो टायरो को चाहता था, नदी के देवता का छद्म रूप बनाया और उससे संभोग किया। इस मिलन से एक पुत्र का जन्म हुआ जो पेलियाज़ (Pelias) कहलाया।

पेलियाज़ बहुत महत्वाकांक्षी था। उसने अपने बड़े भाई ईसन को बंदी बना लिया और खुद को इयोल्कस (Iolcus) का राजा घोषित कर दिया। पर उसे ज़ियुस का अनुग्रह प्राप्त नहीं था, क्योंकि वह पॉज़ाइडन का पुत्र और सेलमोनियस का प्रपौत्र था। और सबसे खराब बात यह कि हेरा पेलियाज़ को पसन्द नहीं करती थी, क्योंकि उसने उन लोगों की, जिन्होंने वहाँ शरण ली थी, हत्या करके उसके मन्दिर का अपमान किया था।

भविष्यवक्ता ने उसे सावधान किया कि 'वह व्यक्ति जो सिर्फ़ एक चप्पल पहनता है,' उसकी हत्या कर देगा। इसलिए महल और नगर के सभी रक्षकों से ऐसे इंसान पर नज़र रखने की ताकीद की गयी। उसे पता नहीं था कि उस व्यक्ति को अभी जन्म लेना है और वह उसका अपना भतीजा जेसन (Jason), ईसन का ही बेटा है।

- उसकी नकल करने के लिए जैसे ही ज़ियुस सेलमोनियस को मारता है, वैसे ही पीले रेशमी वस्त्र पहनकर और मोरपंख वाला मुकुट लगाकर खुद को 'असली' वासुदेव बताने वाले पुंड्रा के राजा का कृष्ण वध करते हैं। अन्त में दोनों छद्मवेशी वास्तविक दैवी शस्त्रों से मारे जाते हैं, सेलमोनियस ज़ियुस के वज्र द्वारा और झूठा वासुदेव कृष्ण के सुदर्शन चक्र से।
- यूनानी संसार में मनुष्य की नियति भाग्य और ओलिम्पियंस की आपसी दुश्मनी और मर्ज़ी द्वारा तय होती है। जेसन पेलियाज़ की हत्या करेगा यह पूर्वनिर्धारित है और इसमें जेसन की इच्छा का कोई हाथ नहीं है। यह विचार यूनानी मिथकशास्त्र को इब्राहिमी मिथकशास्त्र से अलगाता है, जहाँ यह इंसान की निजी इच्छा है कि वह देवता को चुने या शैतान को समर्पित हो। हिन्दू संसार काम, इच्छा और कर्म यानी पिछले कर्मों के परिणामस्वरूप बनी नियति द्वारा शासित है। साथ ही भक्ति-मार्ग में इच्छाएँ पूरी करने और भाग्य परिवर्तन के लिए देवताओं के हस्तक्षेप की सम्भावना भी अस्तित्व में है।

जेसन (Jason)

जब पेलियाज़ राजा बना, ईसन की पत्नी अल्सीमिडि (Alcimede) के गर्भ में जेसन पल रहा था। अल्सीमिडि को पूरा यकीन था कि जैसे ही बच्चे का जन्म होगा, पेलियाज़ उसे मार देगा। इसलिए जन्म के समय उसने दाइयों को कहा कि वे ऐसे विलाप करें जैसे बच्चा मृतजात था, तब चोरी से बच्चे को महल से

बाहर सेंटो कायरन के पास भेज दिया; जिससे कि गुप्त तरीके से उसका पालन-पोषण और शिक्षा हो सके।

समय बीतता गया। जब जेसन वयस्क हुआ, कायरन ने उसे उसके जन्म की कहानी सुनाई और उसे पिता की गद्दी हड़पने वाले इयोल्कस के राजा पेलियाज़ द्वारा पॉज़ाइडन के सम्मान में आयोजित होने वाले खेलों में भाग लेने का परामर्श दिया।

कायरन की सलाह मानते हुए जेसन निकल पड़ा। रास्ते में जेसन ने एक वृद्ध महिला की नदी पार करने में मदद की, और ऐसा करते हुए अपनी एक चप्पल गँवा बैठा। वह वृद्ध महिला देवी हेरा थी और उसने जेसन को विजय और भाग्यशाली होने का आशीर्वाद दिया।

जब जेसन खेलों में पहुँचा, रक्षकों ने उसे 'एक चप्पल पहनने वाला आदमी' घोषित किया। भविष्यवक्ता की चेतावनी दिमाग में गूँजने के कारण पेलियाज़ ने इस आदमी—अपने भावी हत्यारे—को ऐसी खोज में भेजने का उपाय बनाया जिसमें वह निश्चित रूप से मारा जाये।

पेलियाज़ ने जेसन से पूछा, "एक नायक बनने को उत्सुक व्यक्ति के लिए आज सबसे खतरनाक अभियान क्या है?"

जेसन ने जवाब दिया, "कोल्चिस से सुनहरी ऊन लाना।"

"तब एक नायक बनो और मेरे लिए सुनहरी ऊन लेकर आओ।"

जेसन के पास चुनौती स्वीकार करने के अलावा कोई चारा नहीं था। वह उस इंसान द्वारा फिर से छला गया जिसने उसके माता-पिता को बंदी बना रखा था।

परिस्थिति का सर्वाधिक लाभ उठाते हुए जेसन ने अपने इस अभियान से जुड़ने के लिए पूरे यूनान से सभी नवयुवकों को आमंत्रित किया। बहुत कम यूनानियों ने सुदूर पूर्व कोल्चिस तक यात्रा की थी, वह स्थान जहाँ सूर्य उगता है। जिन्होंने साहस दिखाया वे वापस नहीं आये। यह हेलिस्पॉन्ट (Hellespont) से भी आगे था। वह जगह जहाँ समुद्र भूमध्यसागर को काले समुद्र से जोड़ता है।

- अपने हत्यारे को पहचान कर ('एक चप्पलवाला इंसान') पेलियाज़ उसे खतरनाक साहसिक कार्य के लिए भेजता है, जहाँ से वह कभी वापस न आने पाये। इसी प्रकार जब शिशुपाल की माँ पहचान लेती है कि भगवान कृष्ण ही उसके पुत्र का वध करेंगे, तो वह श्रीकृष्ण से ही वचन लेती है कि वे उसके पहले सौ गुनाह माफ़ कर देंगे।
- ये कहानियाँ प्राचीन समय के भौगोलिक ज्ञान को दर्शाती हैं, जब काले समुद्र का पूर्वी छोर, जहाँ आज का जार्जिया देश बसा है, वह स्थल माना जाता था जहाँ से सूर्योदय होता है।
- यह कहानी अज्ञात पूरब को लेकर यूनानियों की असहजता भी दर्शाती है, एक भय जो आज भी विद्यमान है।

हेले (Helle)

हेलिस्पॉन्ट का नाम बोओटिया (Boeotia) के राजा अठमस (Athamas) और मेघ अप्सरा नेफ़िली (Nephele) की बेटी हेले (Helle) पर था। हेले का एक भाई था फ्रिक्सस (Phrixus)। एक बार अठमस इनो (Ino) नामक स्त्री के प्रेम में पड़ गया और अपनी पत्नी नेफ़िली को निकाल दिया। अतः नेफ़िली बोओटिया से चली गयी और इनो रानी बन गयी।

इनो अपने सौतेले बच्चों से छुटकारा पाने को दृढ़प्रतिज्ञ थी। वह शहर के अन्न-भंडार में गयी, और बुआई के लिए रखे सारे बीज भून दिये। जब वर्षा के बावजूद बीज नहीं फूटे, परेशान गाँववासियों ने भविष्यवक्ता का सहारा लिया, जिसने—इनो से घूस लेकर—उन्हें कहा कि केवल राजा के बच्चों का बलिदान ही नाराज़ देवताओं को मना सकेगा।

अठमस ने विरोध किया, पर उसे छोड़कर जनता राजा के बच्चों को पकड़ने के लिए महल में घुस गयी। बच्चों के सौभाग्य से उनकी दैवी माँ नेफ़िली ने उन्हें उड़ने वाला नर भेड़ा दिया जिसकी ऊन सुनहरी थी। "इस पर बैठो और सागर पारकर पूर्व में कोल्चिस की ओर भाग जाओ। वहाँ कोई तुम्हारा पीछा नहीं करेगा, तुम सुरक्षित रहोगे," नेफ़िली ने उनसे कहा, "और याद रखना, जब तुम सागर के ऊपर से उड़ रहे होगे, नीचे धरती की ओर मत देखना, क्योंकि तुम अपना संतुलन खो दोगे और गिर जाओगे।"

उड़ान के दौरान फ्रिक्सस ने अपनी माता के आदेशों का अनुसरण किया पर

हेले ने नहीं। उसने नीचे देखा, अपना संतुलन खो दिया और समुद्र में गिर गयी। वह जगह जहाँ वह गिरी, हेलिस्पॉन्ट कहलाई, भूमध्यसागर का पूर्वी छोर जिसके आगे कोई यूनानी नाविक नहीं गया।

कोल्चिस जाकर जैसा कि उसकी माँ ने कहा था, फ्रिक्सस ने ज़ियुस को भेड़ की बलि दे दी और उसकी खाल वहाँ के स्थानीय राजा ईट्स (Aeetes) को भेंट कर दी, जिसने उसे शरण दी।

- बच्चों की कहानियाँ, जिनका जीवन विमाताओं द्वारा आक्रांत रहता है, विश्व भर के मिथकों का आम कथानक हैं। बौद्ध ग्रन्थ *दशरथ जातक* में दशरथ अपने पुत्र राम को वनवास के लिए जंगल में भेजता है, क्योंकि उसे भय है कि विमाता कैकेयी राम को मारने की योजना बनाएगी।
- ज़ियुस द्वारा रची हेरा की अनुकृति, नेफ़िली, मेघ-अप्सरा है। हेरा समझकर इक्सियान इस मेघ-अप्सरा से बलात्कार करने की चेष्टा करता है। इस दुष्कृत्य के लिए वह टार्टरस में फेंक दिया जाता है।
- भेड़ा जो फ्रिक्सस को कोल्चिस लेकर आता है, ज़ियुस को बलि चढ़ा दिया जाता है। बाद में ओलिम्पियंस द्वारा इसे राशि में मेष नक्षत्र बना दिया जाता है।
- ईट्स टाइटन हीलियस, सूर्य, का पुत्र है। ईट्स का भाई फेटन एक बार पिता के दैवी रथ पर चढ़ना चाहता था। हीलियस ने बात मान ली, परन्तु फेटन का संतुलन बिगड़ गया। फलस्वरूप सूर्य धरती के इतना निकट आ गया कि सारी ज़मीन तप गयी, पेड़ जल गये, ज़ियुस को नाराज़ कर दिया, जिसने वज्र चलाकर फेटन को मार दिया।

आर्गोनॉट (Argonaut)

बहुत से यूनानी योद्धा जेसन के साथ उसकी खोज अभियान में सम्मिलित हुए। कुछ इतने यशस्वी थे कि मना नहीं कर सके, और कुछ इस आशा से कि यह खोज उन्हें यश दिलायेगी।

जो आये, उनमें थे महान नायक हेराक्लेस और उसका अस्त्रवाहक हाइलस (Hylas), उत्तरी वायु के पंखधारी पुत्र कैले (Calais) और ज़ीट्स (Zetes), संगीतकार ऑरफ़ियस (Orpheus), शक्तिशाली बेलेरोफ़ोन, एकस के बेटे टेलामॉन (Telamon) और पेलियस (Peleus) और भयावह स्पार्टन योद्धा कैस्टर और पौलक्स—हेलेन के भाई। जेसन कप्तान बना, जबकि बहुतों का मानना था कि हेराक्लेस नेतृत्व करने में अधिक सक्षम था।

एक मज़बूत जहाज़ बनाने का काम जेसन ने अर्गस (Argus) को सौंपा। इस काम में पोतनिर्माता को देवी एथिना का सहयोग मिला। जहाज़ के कुछ हिस्से डोडोना के उपवन की लकड़ियों का इस्तेमाल कर बने। इस उपवन में भविष्यवक्ता अक्सर आते थे, जो शाहबलूत-वृक्ष की सरसराहट में ज़ियुस की फुसफुसाहट सुनकर देवताओं की मर्ज़ी जान जाते थे। इन पेड़ों की लकड़ियों के प्रयोग से यह जहाज़ भी जादुई शक्तियों से समृद्ध हो गया। यह अक्सर नाविकों को उन खतरों से आगाह करता जिनका उन्हें सामना करना पड़ता, यदि वे समय से पाल नहीं खोलते या समय रहते किनारे पर नहीं जाते। चूँकि इसे अर्गस ने बनाया था, जहाज़ आरगो और नाविक आर्गोनॉट्स नाम से जाने गये।

आरगो जहाज़ इतना भारी था कि नाविक इसे समुद्र तक नहीं घसीट सके, पर ऑरफ़ियस ने संगीत बजाया और जहाज़ अपने आप तैरने लगा और आर्गोनॉट्स के साहसिक अभियान के लिए तैयार हो गया।

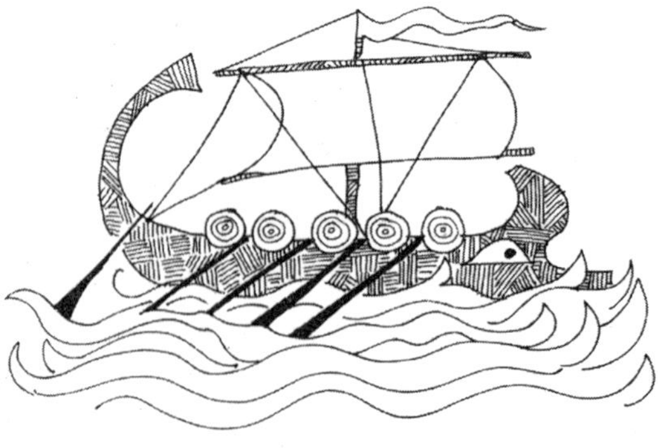

- असम्बद्ध लोगों द्वारा किसी मिशन को पूरा करने के लिए एक साथ जुड़ने का रूपक यूनानी मिथकशास्त्र में कई बार आया है, जैसे कैलिडोनियन सुअर का शिकार, सुनहरी खाल की खोज, और अंतिम रूप में ट्रोजन युद्ध। ऐसा सहयोग हिन्दू मिथकशास्त्र में दुर्लभ है। *महाभारत* में, महायुद्ध के समय में राजा पारिवारिक दायित्वों और व्यक्तिगत प्रतिशोधों के आधार पर पक्ष निर्धारित करते हैं। *रामायण* में जंगल के जानवर, वानर, भालू ही हैं, जो राम की सहायता के लिए लंका द्वीप से सीता को छुड़ाने में एकजुट होते हैं।
- आरगो जहाज़ और इसके नाविकों की कहानी अपोलोनियस रोडियस द्वारा 2300 वर्ष पहले लिखे यूनानी महाकाव्य *आरगोनॉटिका* (Argonautica) की विषयवस्तु है।
- यूनानी महानायकों के विपरीत जेसन में चिंता और अवसाद जैसे लक्षण हैं जो उसे अधिक मानवीय बनाते हैं, जिसके कारण वह और उसकी कहानी आलोचना का विषय बने।
- प्राचीन लेखकों का मत था कि आरगो अन्तरराष्ट्रीय जलस्तर पर तैरने वाला पहला जहाज़ था। इसके पहले जहाज़ तटवर्ती इलाकों के साथ-साथ ही चलते थे।

अटलांटा (Atlanta)

अटलांटा (Atlanta), एक महिला योद्धा, आरगो जहाज़ में आर्गोनॉट्स के साथ सम्मिलित होने की इच्छुक थी, लेकिन महिला की उपस्थिति जहाज़ के सभी पुरुष-सदस्यों का ध्यान बँटाएगी, इस डर से जेसन ने उसे अनुमति नहीं दी।

अटलांटा के पिता ने उसे पैदा होते ही छोड़ दिया था, क्योंकि वह पुत्र चाहता

था। एक मादा भालू द्वारा उसे दूध पिलाया गया और बाद में शिकारियों द्वारा पाला गया। वह इतनी तेज़ी से भाग सकती थी कि पानी पर भी दौड़ लेती थी।

जो लोग कैलिडोनियन सुअर के शिकार के लिए गये थे, उन पर अटलांटा की कहानियों का कैसा असर हुआ, यह बात हर किसी के ज़ेहन में ताज़ा थी।

भयानक कैलिडोनियन सुअर अर्तेमिस द्वारा राजा ईनियस (Oeneus) को यातना देने के लिए भेजा गया था, जिसने देवी को दान देने के वचन से मुकर कर देवी का अपमान किया था। इस पशु का शिकार करने के लिए पूरे यूनान से योद्धा बुलाये गये थे, लेकिन सभी अकेले व संयुक्त रूप, दोनों तरह से हार गये। जब अटलांटा आयी, उसकी उपस्थिति का सभी ने तीव्र विरोध किया। सिर्फ़ ईनियस के बेटे मेलीगर (Meleager) ने उसका समर्थन किया, क्योंकि विवाहित होने के बावजूद वह उसके प्रेम में पड़ गया। अटलांटा ने सुअर पर पहला वार किया, और बाद में मेलीगर ने सुअर को मार दिया। तब अपने मामा की नाराज़गी के बावजूद मेलीगर ने सुअर का सिर और खाल अटलांटा को भेंट किये। लेकिन मामा ने भेंट को ज़बर्दस्ती वापस ले लिया। गुस्से में मेलीगर ने अपने मामा को मार दिया। इस बात से क्रोधित होकर मेलीगर की माँ ने उसे भी मार दिया; और फिर अपने भाई और पुत्र के विछोह से दुखी होकर अपनी भी जान दे दी। राजा ईनियस ने यह निष्कर्ष निकाला कि जंगली सुअर की भाँति अटलांटा भी देवी द्वारा उसके परिवार को नष्ट करने के लिए भेजी गयी थी।

शायद मेलीगर को भुलाने के लिए ही अटलांटा आर्गोनॉट्स अभियान में सम्मिलित होना चाहती थी। यहाँ तक कि उसने लहरों पर दौड़ कर जहाज़ का पीछा भी किया। पर अन्त में उसने पीछा करना छोड़ दिया और ज़मीन पर वापस आ गयी।

अटलांटा से शादी करने के इच्छुक बहुत थे, लेकिन उसका कहना था, 'जो उसे दौड़ में हरा देगा, वह उसी से शादी करेगी।' हिप्पोमीनस (Hippomenes) ने देवी अफ्रोदिति से प्रार्थना की कि

अटलांटा से विवाह में उसकी मदद करें, तो देवी ने उसे बेहद आकर्षक सेब दिये और एक योजना सुझाई। दौड़ के दौरान जब भी अटलांटा उससे आगे हुई हिप्पोमीनस ने एक सेब उसके आगे फेंक दिया। स्वयं को रोकने में असमर्थ अटलांटा सेब उठाने के लिए झुकती तब तक वह आगे बढ़ जाता। इस प्रकार हिप्पोमीनस ने दौड़ और शादी के लिए अटलांटा का हाथ जीता।

पर तब इस युगल ने ज़ियुस के मन्दिर में प्रेम करने की गलती की, एक जुर्म जिसके लिए वे शेरों में बदल दिये गये, जो लोककथाओं के अनुसार, एक दूसरे के साथ रतिक्रिया नहीं कर सकते। इस प्रकार इकट्ठे वे सारी दुनिया में घूमते रहे, पर प्रेम में एक नहीं हो सके।

- *महाभारत* में शिखंडी एक स्त्री है, जो योद्धा की भाँति प्रशिक्षित है। पर अटलांटा, जिसका स्त्रीत्व और कामुकता यूनानी मिथकों में स्वीकारी गयी है, से भिन्न शिखंडी एक पुरुष की तरह पली है और तब युद्धक्षेत्र में जाने के लिए अनुमत भी है, जबकि वह एक यक्ष द्वारा पुरुष जननेन्द्रिय पा लेती है।
- यूनानी मिथकों के शक्तिशाली महिला चरित्र, पुरुषों से यौन सम्बन्धों से गुरेज करते हैं, मानो पुरुषों से सम्बन्ध उनकी शक्तियों का ह्रास कर देंगे। इस प्रकार, विवेक की देवी एथिना और आखेट की देवी अर्तेमिस कुमारी हैं। अटलांटा कौमार्य का व्रत लेती है, और अर्तेमिस को समर्पित है, फिर भी वह मेलीगर और हिप्पोमीनस के साथ प्रेम में पड़ती है। दोनों ही स्थितियों में सम्बन्ध अधूरे रह जाते हैं।
- कई संस्करणों में, मेलीगर की संगत पाने के लिए अटलांटा आर्गोनॉट्स अभियान में शामिल होती है और अटलांटा के प्रति अपना प्यार साबित करने के लिए मेलीगर अपनी पत्नी को त्याग देता है। अटलांटा समुद्र पर मेलीगर का पीछा करती है लेकिन उन्हें संभोग की अनुमति नहीं थी। क्योंकि यह डर था कि अटलांटा के कौमार्य-भंग का यात्रा पर बुरा प्रभाव पड़ेगा। अन्त में अटलांटा मेलीगर को जाने देती है, और स्वयं धरती पर वापस आ जाती है।
- यूनानी मिथकों में बार-बार आने वाली विषयवस्तु है वह दंड, जो ओलिम्पियंस उन लोगों को देते हैं, जो रतिक्रिया द्वारा मन्दिरों को भ्रष्ट करते हैं। हालाँकि यूनानी देवताओं का जीवन सेक्स से भरपूर है, पर ब्रह्मचर्य का भी महत्त्व है। ईसाई मत में भी यह विचार प्रभावशाली है।

लेम्नॉस (Lemnos)

आर्गोनॉट्स के रवाना होने के बाद सबसे पहले लेम्नॉस (Lemnos) द्वीप आया, जहाँ कोई पुरुष नहीं था। स्त्रियाँ आर्गोनॉट्स को देखकर इतनी प्रसन्न हुईं कि उन्होंने आर्गोनॉट्स की हरेक ज़रूरत का ध्यान रखा। इतना बढ़िया उनका आतिथ्य था कि लोग अपना प्रयोजन तक भूल गये। जेसन ने उनकी सरगना से विवाह कर लिया और अपने साथी-नाविकों को भी अन्य स्त्रियों से विवाह के लिए प्रोत्साहित किया। स्त्रियों ने बच्चों को जन्म दिया और मिनियंस (Minyans) नामक नयी प्रजाति अस्तित्व में आयी।

पर हेराक्लेस आसानी से बेवकूफ़ बनने वाला नहीं था। उसने पड़ताल की और पाया कि इन औरतों ने अपने पतियों को मार दिया था।

इन स्त्रियों ने एक बार अफ्रोदिति को नाराज़ किया था, जिसने तब उनका शरीर दुर्गन्धयुक्त बना दिया था। इस दुर्गन्ध के कारण उनके पतियों को अपनी पत्नियों से घृणा होने लगी और उन्होंने अन्य स्त्रियों की संगत ढूँढ़ ली, जो धीरे-धीरे उनकी गुप्त पत्नियाँ हो गयी थीं। जब इन स्त्रियों को पता लगा, तो उन्होंने अपने पतियों की हत्या कर दी।

उन्हें मिशन की याद दिलाते हुए हेराक्लेस ने जेसन और आर्गोनॉट्स को उस द्वीप को छोड़ने के लिए ज़ोर डाला, जिसे थोड़ी नाराज़गी के साथ उन्हें मानना पड़ा।

- महिलाओं की कामुकता और उनके जाल में नायक के फँसने का भय यूनानी और हिन्दू मिथकों में लगातार आने वाली विषयवस्तु है। नाथ-योगी परम्परा में सिद्ध तपस्वी कामुक योगिनियों के आकर्षण से निरन्तर संघर्ष करते हैं।
- वाक्यांश 'लैम्नियन डीड्स' का प्रयोग किसी एक समुदाय, विशेषकर एक ही लिंग के लोगों के प्रतिशोधपूर्ण कत्लेआम के संदर्भ में होता है। आर्गोनॉट्स की कहानी में औरतें अपने विश्वासघाती पतियों का कत्ल करती हैं। हेरोडौटस

पेलसजियन (Pelasgian) लोगों की कहानी कहता है, जिन्होंने एथेनियन औरतों का अपहरण किया, और उन्हें पत्नी बनाने के इरादे से लेम्नॉस ले गये। गोकि औरतों ने समर्पण से इनकार कर दिया और अपने पतियों की नाराज़गी झेलते हुए बच्चों को पेलसजियन की बजाय एथेनियन तौर तरीके सिखाये, तो उनके पतियों ने पहले बच्चों को और बाद में गुनहगार माँओं को मार दिया। डैनाइड्स बहनें थीं, जिन्होंने अपने विवाह की रात अपने पतियों को मार दिया था, इसलिए वे हमेशा के लिए टूटे हुए बर्तन से एक बाल्टी पानी भरने के लिए टार्टरस में फेंक दी गयीं।

- लेम्नॉस वही द्वीप है जहाँ ट्रोजन युद्ध के आरम्भ में, साँप द्वारा डसे जाने पर फिलौक्टेटस का पैर सड़ जाता है और उसमें से दुर्गन्ध आने लगती है; और इसलिए उसे वहाँ छोड़ दिया जाता है। दस साल बाद यूनानी उसे वापस लेने आते हैं, क्योंकि कहा गया था हेराक्लेस के धनुष के बिना जो फ़िलौक्टेटस के कब्ज़े में है, ट्रॉय ध्वस्त नहीं होगा।

डॉलिओन्स (Doliones)

हेलिस्पॉन्ट पार करने के बाद आरगो एक प्रायद्वीप के पास पहुँचा जहाँ दो जातियाँ रहती थीं : डॉलिओन्स (Doliones) नामक एक सभ्य और मित्रवत् जाति, और गेजिनस् (Gegeines) नामक छह हाथों वाली बर्बर और खाड़कू जाति। डॉलिओन्स ने उनका स्वागत किया और आर्गोनॉट्स को बताया कि वे भोजन कहाँ से ले सकते थे और कैसे वे जंगली गेजिनस् से बच सकते थे।

जब बाकी आर्गोनॉट्स भोजन की तलाश में निकले, हेराक्लेस ने वहीं रुकने और जहाज़ की रक्षा करने का निश्चय किया, जो कि बाद में एक सही निर्णय साबित हुआ, क्योंकि गेजिनस् ने जहाज़ पर हमला कर दिया था पर हेराक्लेस उन्हें खदेड़ने में सफल रहा।

जब जाने का समय हुआ, डॉलिओन्स ने आर्गोनॉट्स को विदाई दी। आरगो रवाना हो

गया, पर रात को एक तूफ़ान ने जहाज़ को वापस उसी प्रायद्वीप की ओर ढकेल दिया। रात को डॉलिओन्स ने आर्गोनॉट्स को हमलावर समझा। आर्गोनॉट्स भी नहीं जान पाये कि वे उसी किनारे पर वापस आ गये हैं, जहाँ से कुछ घंटे पहले रवाना हुए थे। इस झड़प में डॉलिओन्स के युवा राजा सीज़िकस (Cyzicus) समेत बहुत लोग मारे गये।

सुबह की रोशनी में जब सच्चाई का खुलासा हुआ, तो यह बहुत कष्टपूर्ण था। डॉलिओन्स की रानी इतनी दुखी थी कि उसने खुद को मार लिया। दोनों पक्षों के मृतकों के सम्मान में बड़े पैमाने पर अंतिम संस्कार का आयोजन हुआ, पर इससे उनका दुख कम नहीं हुआ।

- डॉलिओन्स की रानी अपने पति की चिता पर स्वयं को जला लेती है। कभी-कभी यूनानी मिथकशास्त्र उन स्त्रियों का ज़िक्र करते हैं जो अपने पति की मृत्यु के साथ स्वयं को मार लेती हैं। क्या यह प्रथा जिसे हिन्दू मत में सतीप्रथा कहा गया है, एक इंडो-यूरोपियन या आर्यन परम्परा थी, जो यूनान और भारत में फैली?
- सीज़िकस ने देवी साइबेली का एक शेर मार दिया था और देवी ने आर्गोनॉट्स द्वारा उसके लोगों का 'दुर्घटनावश' कत्ल करवाया।

हाइलस (Hylas)

जब आरगो दोबारा रवाना होने के लिए तैयार हुआ तो हेराक्लेस ने जाने से इनकार कर दिया। उसका नौकर और शस्त्रवाहक, हाइलस, जो भोजन की तलाश में समुद्र तट से दूर गया था, वापस नहीं लौटा था, और हेराक्लेस ने उसके बिना जाने से मना कर दिया। हालाँकि जेसन ने ज़ोर दिया कि केवल एक आदमी के लिए अभियान इन्तज़ार नहीं कर सकता, हेराक्लेस अडिग था। एकस के बेटे टेलामॉन और पेलियस भी आर्गोनॉट्स अभियान को छोड़कर उसके साथ रुक गये।

हाइलस थियोडामस (Theiodamas) का बेटा था, जिसकी पत्नी का हेराक्लेस के साथ प्रेम-प्रसंग था। जब इस सम्बन्ध का खुलासा हुआ, तो

द्वन्द्व-युद्ध हुआ जिसमें थियोडामस मारा गया। शायद अपराध बोध या उस सुन्दर बालक के प्रति सच्चे लगाव से, हेराक्लेस ने थियोडामस के बेटे को अपनी छत्रछाया में शस्त्रवाहक के रूप में ले लिया।

हाइलस कभी नहीं मिला। अपने मालिक के लिए एक नहर से पानी भरते हुए उस पर जलपरियों के एक झुंड की नज़र पड़ी, जो उसके सौन्दर्य से इतनी मोहित हुईं कि उसका अपहरण कर लिया।

काफ़ी लम्बी, पर निष्फल तलाश के बाद हेराक्लेस ने सुप्रसिद्ध शहर ट्रॉय से होकर वापस घर यूनान जाने का निश्चय किया।

- हिन्दू मिथकों में पुरुष-नवयुवक प्रेम का कोई विवरण नहीं है। इस प्रकार की समलैंगिक कामुकता की अभिव्यक्ति यूनानी मिथकों में आम थी। हिन्दू मिथकों में समलैंगिक कामुकता की अभिव्यक्ति लिंग परिवर्तन का रूप लेती है : पुरुष स्त्री बन जाता है जैसे इला और नारद, या स्त्री पुरुष बन जाती है, जैसे गुजरात की लोककथा की बहुचारजी माता, जब वे किसी जलाशय में गिर जाते हैं या जादुई जंगल में जाते हैं।
- यूनानी कवि थियोक्रीटस् (Theocritus) के अनुसार जिसने करीब 2300 वर्ष पहले लिखा, हेराक्लेस का हाइलस के प्रति लगाव पितृसुलभ है, हालाँकि क्रिस्टोफर मारलो ने अपने नाटक *एडवर्ड-II* (1593) में इसे ज़ियुस और गैनीमीड की तरह समलैंगिक ही माना है।
- हेराक्लेस आर्गोनॉट अभियान की बजाय हाइलस को चुनता है। कुछ विद्वानों का मत है, ऐसा वह जेसन का नेतृत्व निष्प्रभ होने से बचाने के लिए करता है।
- सेब और भेड़ की ऊन दोनों के लिए प्रयुक्त यूनानी शब्द 'मेलॅन' (Melon) की वजह से कुछ लोग हेराक्लेस की उत्तर की ओर हेस्पेराइड्स में सुनहरी सेब की खोज और जेसन की पूर्व की कोल्चिस में सुनहरी ऊन की खोज में साम्य देखते हैं।

कैस्टर (Castor) **और पौलक्स** (Pollux)

आरगो की यात्रा का अगला पड़ाव बीबराइसेस (Bebryces) था, जहाँ के शासक अमीकस (Amycus) ने आर्गोनॉट्स का स्वागत किया और जलपान प्रस्तुत करने के बाद मुक्केबाज़ी के लिए निमंत्रित किया। यह मुक्केबाज़ी केवल एक खेल नहीं था, जैसा कि आर्गोनॉट्स ने जल्द ही समझ लिया; अमीकस

मारने के लिए मुक्केबाज़ी करता था न कि केवल एक खेल खेलने के लिए। जब तक वह खेल न खेलें, किसी को उसकी राजधानी छोड़कर जाने की अनुमति नहीं थी।

अमीकस की चुनौती पर सबसे पहले उठने वाला था कैस्टर। वह और उसका जुड़वाँ पौलक्स। दोनों एक ही माँ से जन्मे थे पर पैदा अलग-अलग पिता से हुए थे। कैस्टर नश्वर टिन्डेरियस (Tyndareus) द्वारा और पौलक्स अमर ज़ियुस द्वारा। जब कैस्टर अमीकस से हार गया, तो पौलक्स ने चुनौती स्वीकार की। अपने जुड़वाँ से विपरीत, पौलक्स अमर था, वह अपने भाई का बदला लेने में सफल हुआ और उसने अमीकस को मार दिया।

पौलक्स को कैस्टर के लिए शोकातुर होता देख ज़ियुस ने पौलक्स को ओलिम्पस पर्वत पर आमंत्रित किया, जहाँ वह मधु पी सकता था और आनन्द पा सकता था। पर अपने जुड़वाँ भाई के बिना जीवन की सोच असह्य थी। अत: पौलक्स ने अपने पिता से अपना आधा अमरत्व कैस्टर को देने का अनुरोध किया। ज़ियुस मान गया और दोनों भाई आधा दिन ओलिम्पस पर रहते और आधा दिन हेडस में, अपनी जगह एक-दूसरे से बारी-बारी बदल कर। उसने उन दोनों भाइयों को आकाश में भी स्थान दिया, जहाँ दोनों भाई अपना अमरत्व बाँटकर मिथुन राशि का सितारा बनकर रहे।

- हिन्दू मिथकों में कहानी है—दो अभिन्न और अजेय असुर भाइयों, सुन्द और उपसुन्द, की जो तब तक मारे नहीं जा सकते थे, जब तक आपस में लड़ते नहीं। इसलिए देवताओं ने सुन्दरी तिलोत्तमा को भेजा जो अपना प्रेम जीतने के लिए दोनों भाइयों को लड़वाती है और दोनों एक-दूसरे को मारकर समाप्त हो जाते हैं।
- पौलक्स यूनानी पौलिड्यूसेस का रोमन नाम है।
- जुड़वाँ कैस्टर और पौलक्स, जिन्हें डायस्क्यूरी के नाम से भी जाना जाता है,

यूनान और रोम के लोकप्रिय देवता थे, जो नाशपाती के पेड़, युद्ध-नृत्य और मिथुन राशि से जुड़े थे। जो भाला रखते हैं, ऐसे जुड़वाँ शिरस्त्राणधारी घुड़सवारों की तुलना अक्सर हिन्दू मिथकों के जुड़वाँ अश्विन भाइयों से की जाती है।

- अमीकस एक अप्सरा द्वारा सागर के देवता पॉज़ाइडन की संतान है, वह ज़ियुस के पुत्र पौलक्स द्वारा मारा ज़ाता है, यह पृथ्वी पर आधिपत्य के लिए दो ओलिम्पियंस की दुश्मनी को दिखाता है।
- कैस्टर और पौलक्स की माता एक ही है, जैसे हेलेन और उसकी जुड़वाँ बहन क्लाइटेम्नेस्ट्रा (Clytemnestra) की। होमर के अनुसार, हेलेन को ट्रॉय से वापस लाने की कोशिश करते हुए कैस्टर और पौलक्स लड़ते हैं और मारे जाते हैं। इस संस्करण में अमीकस एक ट्रोजन है।

हारपीज़ (Harpies)

बीबराइसेस के बाद आर्गोनॉट्स एक द्वीप पर रुके, जो थ्रेस के राजा फ़ीनियस (Phineus) का घर था। राजा को दूरदृष्टि का वरदान मिला था। लोगों का भविष्य बताने की काबिलियत के बदले देवताओं ने फ़ीनियस को दृष्टिविहीन कर दिया और उसे त्रस्त करने के लिए हारपीज़ (Harpies) भेज दिये।

जब आर्गोनॉट्स ने फ़ीनियस से कोल्चिस का रास्ता पूछा तो उसने कहा, ''मैं उत्तर तभी दे सकता हूँ जब मैं खा लूँ, और उन भयानक हारपीज़ की वजह से मैं खा नहीं सकता। हर बार मेरे लिए जो भोजन परोसा जाता है, वे आकर उसका एक तिहाई खा जाते हैं, एक तिहाई ले जाते हैं और बाकी भोजन गंदा कर देते हैं, जिससे कि यह खाया न जा सके। इस प्रकार देवता मुझे सज़ा देते हैं, धीरे-धीरे मार कर, ताकि मैं अपना भविष्य सम्बन्धी ज्ञान लोगों के साथ बाँट न सकूँ।''

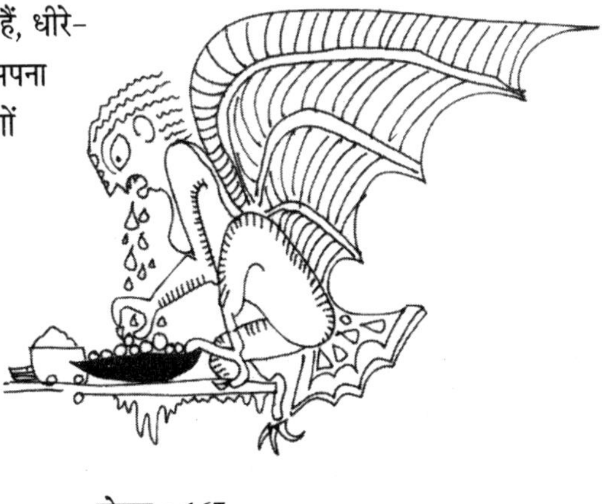

आर्गोनॉट्स में दो भाई कैले (Calais) और ज़ीट्स (Zetes), पंखोंवाले युवक थे जो बोरीड्स (Boreads) भी

कहलाते थे, क्योंकि वे वायु-देवता बोरियस (Boreas) के पुत्र थे। वे रखवाली करने लगे, जब आर्गोनॉट्स ने फ़ीनियस को भोजन परोसा। फ़ीनियस जैसे ही खाने लगा, हारपीज़ उसका भोजन नष्ट करने आ गये, पर इस बार उड़ने वाले दोनों भाइयों ने उन्हें रोका। इतना ही नहीं, बोरीड्स ने उन्हें पकड़ने का निश्चय किया और जब वे समुद्र के पार उड़ गये तो उन्होंने उनका पीछा किया। इन्द्रधनुष की देवी आइरिस ने उड़ते हुए बोरीड्स को हारपीज़ का पीछा छोड़ने को कहा, क्योंकि ओलिम्पियंस नहीं चाहते थे कि वे जन्तु मरें, पर उसने वचन दिया कि अब हारपीज़ फ़ीनियस को तंग नहीं करेंगे तो बोरीड्स ने हारपीज़ को जाने दिया।

दुर्भाग्यवश, यह भविष्योक्त था कि बोरीड्स जिस किसी का भी पीछा कर रहे हैं, यदि उसे पकड़ने में असफल रहे तो वे मर जायेंगे। और इसलिए वे आर्गोनॉट्स तक वापस नहीं जा पाये और कोल्चिस के समुद्री रास्ते में आने वाले खतरों से उन्हें आगाह नहीं कर सके। वे बस समुद्र में गिरे और डूब गये।

- हारपीज़ स्त्री के सिर और पक्षियों के धड़ जैसे दर्शाये गये हैं। उनकी कल्पना हवा के रूप में, तेज़ तूफ़ान जैसे टॉरनेडो की तरह की गयी है जो सब कुछ उड़ा ले जाते हैं।
- यूनानी कथाकार दो हारपीज़ की बात कहते हैं। रोमन लेखक विरजिल, अपने महाकाव्य *एनीड* में एक तीसरे हारपीज़ का संदर्भ देता है।
- कुछ संस्करणों में हारपीज़ समुद्र से इतनी ऊपर उड़ते हैं कि थककर समुद्र में गिर जाते हैं और डूब जाते हैं जैसे कैले और ज़ीट्स। कुछ संस्करणों में हेराक्लेस कैले और ज़ीट्स को मार देता है, क्योंकि ये वही थे जो आर्गोनॉट्स को हेराक्लेस को छोड़कर रवाना होने को राज़ी करते हैं, जब वह हाइलस को ढूँढ़ रहा होता है।
- 'तैरती चट्टानें' (Symplegades), जहाँ से वायुदेव बोरियस के पुत्र अपने लक्ष्य हारपीज़ को पकड़ना छोड़कर वापस 'मुड़ गये' थे, 'मुड़ती चट्टानें' (Strophades) के नाम से जानी जाने लगीं।

सिम्पलगेड्स (Symplegades)

हारपीज़ के जाने के बाद फ़ीनियस ने जी भरकर भोजन किया और तब उसने आर्गोनॉट्स को कोल्चिस पहुँचने का रास्ता बताया।

"तुम्हें सिम्पलगेड्स (Symplegades) के पार जाना होगा।" उसने कहा, "दो तैरती चट्टानें, जो काले सागर का प्रवेश चिह्न हैं, वे अपने बीच से गुज़रती हर वस्तु

को कुचल देती हैं, जिसके कारण आज तक पश्चिम से कोई नाविक इतनी दूर पूरब का सफ़र नहीं कर पाया। सिर्फ़ आसमान में बहुत ऊँचा उड़ने वाला फ्रिक्सस का नर भेड़ उनको पार करने में कामयाब हुआ। लेकिन सिम्पलगेड्स को चकमा देने का उपाय भी है।''

जैसी कि फ़ीनियस की सलाह थी, तैरती चट्टानों के पास पहुँचकर जेसन ने एक कबूतर छोड़ा, जो चट्टानों के बीच से उड़ा। तैरती चट्टानें तेज़ी से कबूतर को कुचलने के लिए आगे बढ़ीं लेकिन कबूतर केवल अपनी पूँछ की नोक गँवाकर बचने में कामयाब हो गया। इससे आर्गोनॉट्स तैरती चट्टानों की गति की गणना कर पाये और इसका हिसाब भी लगा पाये कि किस गति से उनको अपना जहाज़ चलाना पड़ेगा, जिससे कि वे तैरती चट्टानों के बीच से सुरक्षित निकल सकें। निश्चित रूप से, पहले से अधिक तेज़ी से जहाज़ खेकर आर्गोनॉट्स, केवल उसके पिछले हिस्से के थोड़े से नुकसान के साथ उन तैरती चट्टानों को पार कर गये।

- जहाँ यूनानी मिथकों में जहाज़ महत्त्वपूर्ण भूमिका निभाते हैं, हिन्दू मिथकों में हमें उड़ते रथ और नदी की छोटी नावों का ज़िक्र मिलता है। व्रत की कथाओं में भारतीय नाविकों की कहानियाँ हैं जिनकी पत्नियाँ अपने पतियों के कल्याण के लिए, जो व्यापारियों को समुद्र पार करवाते हैं, प्रार्थना करती हैं। करीब 1500 वर्ष पहले, कुछ अज्ञात कारणों से सागर पार यात्रा करना हिन्दुओं के लिए वर्जित हो गया था। तब समुद्री व्यापार अरबों को सौंप दिया गया, बाद में जिनका स्थान यूरोपियंस ने ले लिया।
- सिम्पलगेड्स या तैरती चट्टानें आधुनिक काल के बोस्फोरस स्ट्रेट में हैं, जो भूमध्यसागर और ब्लैक सी को जोड़ती हैं।

- 'फ़्लोटिंग रॉक्स' या तैरती चट्टानें एक लोकप्रिय रूपक हैं। उदाहरणार्थ, 1929 में छपे *प्रैक्टिकल क्रिटिसिज़्म : ए स्टडी ऑफ़ लिटरेरी जजमेन्ट* में आई.ए. रिचर्ड्स ने किसी काव्य के सहजानुभूत पठन और अत्यधिक शाब्दिक पठन को सिम्पलगेड्स या तैरती चट्टानों के रूप में वर्णित किया है, जो काव्य की समझ को नष्ट कर देता है।

ईट्स (Aeetes)

कोल्चिस के राजा ईट्स (Aeetes) ने जेसन के अभियान के बारे में जानकर उसका स्वागत किया और कहा, "तुम ऊन ले सकते हो पर तुम्हें साबित करना होगा कि तुम इसके योग्य हो। पहले, तुम साँस से आग छोड़ने वाले साँड़ों से खेत जोतो। तब एक अजगर के दाँत उसमें रोप दो। और अन्त में कभी न सोने वाले अजगर को जो उस पेड़ की रखवाली करता है, जिस पर सुनहरी ऊन पड़ी है, परास्त करो ।"

जेसन सोच रहा था कि यह सब वह कैसे करेगा, कि अनपेक्षित रूप से मदद आयी। ईट्स की बेटी मेडिया (Medea), एक जादूगरनी, जो जेसन के प्रेम में पड़ चुकी थी, उसने उसे अपने शरीर पर लगाने के लिए एक विशेष औषधि दी जिससे वह साँड़ की छोड़ी आग झेल पाता। इस प्रकार जेसन, मेडिया की कृपा से उन पशुओं को काबू करने और खींचकर खेत जुतवाने में कामयाब हो गया।

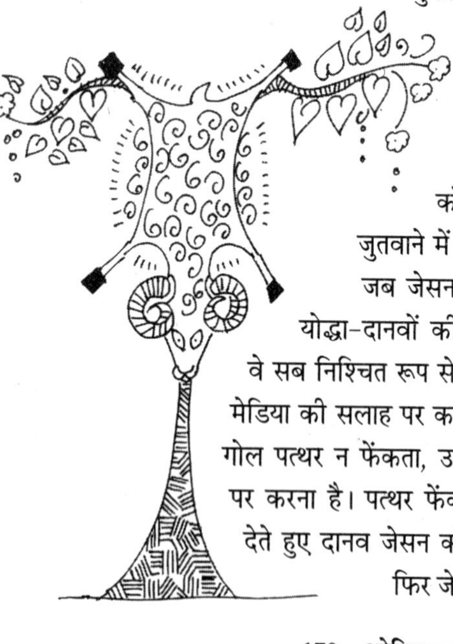

जब जेसन ने अजगर के दाँत खेत में रोपे, योद्धा-दानवों की पूरी खेप ज़मीन से फूट पड़ी। वे सब निश्चित रूप से जेसन को मार डालते, अगर वह मेडिया की सलाह पर काम न करता और उनके बीच एक गोल पत्थर न फेंकता, उन्हें उलझाते हुए कि हमला किस पर करना है। पत्थर फेंकने के लिए एक-दूसरे को दोष देते हुए दानव जेसन को छोड़कर आपस में लड़ पड़े।

फिर जेसन ने मेडिया की दी गयी औषधि

साँप पर छिड़की, जो पेड़ की रखवाली कर रहा था। जेसन को इतना समय देते हुए कि वह पेड़ की शाखा से ऊन खींच ले, अजगर गहरी नींद में सो गया ।

इस प्रकार, मेडिया की मदद से जेसन मशहूर सुनहरी ऊन लाने में कामयाब हो गया।

- 500 वर्ष पहले संस्कृत में लिखी गयी *अद्भुत रामायण* वानर-देव हनुमान के पाताललोक, भूमिगत संसार में किये अनेक पराक्रमों की कहानी कहती है, जब वह तांत्रिक महिरावण द्वारा अपहृत राम को छुड़ाने का प्रयत्न करते हैं। इस कहानी में, जो यूनानी मिथकों की तरह रैखिक संरचना का पालन करती है, हनुमान अनेक दानवों और राक्षसों से भिड़ते और विजय पाते हैं। अधिकतर यूनानी नायकों की तरह हनुमान वायुदेव, हवा के वैदिक देवता और एक मानुषी अंजना के पुत्र हैं, जो उन्हें अपने मानव-पति केसरी के साथ पालती है।
- जैसे अरियाद्ने प्रेमवश थीसियस की सहायता करती है वैसे ही मेडिया जेसन की मदद करती है। तो क्या जेसन की जीत अफ्रोदिति का काम है?
- अन्यान्य यूनानी मिथकों की तरह इस कहानी का स्रोत मात्र लिखित नहीं वरन् बर्तनों पर उकेरी कलाकृतियाँ भी हैं। अनेक उदाहरण जेसन को कोल्चिस के न-सोने वाले अजगर के मुँह से निकलते हुए दिखाते हैं, जो लिखित दस्तावेज़ों के विवरण से मेल नहीं खाते। साथ ही इनमें वह एथिना द्वारा सहायता पाता है, मेडिया द्वारा नहीं।
- बीजारोपण द्वारा योद्धाओं के पैदा होने की कहानी कैडमस द्वारा अजगर के दाँत रोपने की कहानी को प्रतिबिंबित करती है। यूनानी मिथकों में मनुष्य मिट्टी से पैदा होते हैं। प्रोमेथियस ने इसी प्रकार मनुष्यों की रचना की थी। तथापि वे अजगर के दाँत रोपकर भी पैदा किये जा सकते थे। ज़ियुस द्वारा बाढ़ लाने के बाद ड्यूकेलियन और पीरा ने इंसानियत की नयी खेप तैयार की थी, अपने कन्धों के ऊपर से चट्टानें फेंककर।
- नेफ़िली ने अपने बच्चों को सुनहरी ऊनवाली एक उड़ने वाली नर भेड़ दी थी। पॉज़ाइडन ने एक नर भेड़ का रूप धारण करके उस सुनहरी ऊन वाली भेड़ से बलात्कार किया।
- विज्ञजन, जो मिथक को आद्य-इतिहास के रूप में देखते हैं, वे आर्गोनॉट के मिथक की व्याख्या पशुपालन व अनाज उत्पादन को पूरब से यूनान लाने के सूचक के रूप में करते हैं। या फिर यह नदियों में भेड़ की खाल के इस्तेमाल द्वारा सोने को साफ़ करने के बारे में हो सकता है।

अप्सीर्टस (Apsyrtus)

ईट्स, जिसे पूरा विश्वास था कि जेसन अपने अभियान में असफल होगा, यह देखकर पागल हो गया कि लड़का जीत गया है। यह जानकर तो उसे और अधिक क्रोध आया कि उसकी ही बेटी मेडिया ने जेसन को सफल होने में मदद की। उसने अपने सैनिकों को किसी भी प्रकार जेसन को कोल्चिस से निकलने से रोकने का आदेश दिया। दुर्भाग्य से जब तक सैनिक बंदरगाह तक पहुँचे, जेसन मेडिया के साथ 'आरगो' नामक जहाज़ में चढ़कर रवाना हो चुका था। ईट्स ने 'आरगो' का पीछा करने और ऊन और अपनी दुष्ट बेटी दोनों को वापस लाने का निश्चय किया। उसके जहाज़ समुद्र में सबसे तेज़ थे, और उन्होंने जल्द ही 'आरगो' को पकड़ लिया। पर जैसे ही जहाज़ 'आरगो' तक पहुँचा, उसने समुद्र में तैरते मांस के टुकड़े देखे : इंसानी जिस्म के हिस्से, जिन्हें ईट्स ने अपने बेटे अप्सीर्टस (Apsyrtus) के रूप में पहचान लिया।

अप्सीर्टस अपनी बड़ी बहन मेडिया द्वारा फुसला कर 'आरगो' तक लाया गया था, जिसको मेडिया ने निर्दयतापूर्वक मार दिया और टुकड़े-टुकड़े कर समुद्र में फेंक दिया, यह सोचकर कि यह झटका और इसकी भयावहता ईट्स को उनका पीछा करने से रोक देगी। उसकी योजना काम कर गयी—ईट्स ने उसका पीछा छोड़ दिया, पर जब वह पीछे मुड़ा, उसने अपनी बेटी को श्राप दिया कि उसे उस इंसान से कभी खुशी नहीं मिलेगी जिसके लिए उसने अपने पिता को धोखा दिया और अपने भाई को मारा।

लम्बे और कठिन सफ़र के बाद आरगो यूनान पहुँचा। आरगो बोस्फोरस होकर जाने की बजाय मेडिया द्वारा बताये एक अन्य रास्ते से गया, जिसका पता केवल चुड़ैलों को था।

उसकी मदद से कृतज्ञ और बिना शर्त प्रेम से अभिभूत जेसन उससे शादी के लिए मान गया, इस प्रकार न केवल ऊन बल्कि पत्नी के रूप में चुड़ैल के साथ यूनान पहुँचा।

- कहानी के अन्य संस्करणों में अप्सीर्टस जहाज़ में जेसन और अपनी बहन का पीछा करता है और जेसन के साथ लड़ाई में मारा जाता है। इस युद्ध में अटलांटा घायल होती है और मेडिया उसका इलाज करती है।
- अपने भाई को मारने की वजह से मेडिया अपनी मौसी जादूगरनी सर्सी (Circe) के पास जाती है, जो उसके भयानक कृत्य की शुद्धि के लिए अनुष्ठान करती है।

मेडिया (Medea)

इयोल्कस लौटने के बाद जेसन ने पेलियाज़ (Pelias) को सुनहरी ऊन दी, जिसे राजा ने अनिच्छापूर्वक स्वीकार किया।

शहर के लोग मेडिया से आश्चर्यचकित थे। उन्होंने देखा, कैसे अपनी जादुई जड़ी बूटियों से वह बीमार को ठीक कर देती, कुरूप को सुन्दर बना देती।

पेलियाज़ की बेटियों ने देखा था कि कैसे उसने एक बूढ़ी और बीमार बकरी को काटा, उसके टुकड़ों को मांस सहित जड़ी-बूटियों से भरे एक कड़ाह में डाला और वापस स्वस्थ और सुन्दर मेमने की शक्ल में फिर से ज़िन्दा कर दिया। उन्होंने उसे जेसन के वृद्ध पिता ईसन को भी मारते और फिर ज़िन्दा करते देखा।

''तुम्हारे पिता के साथ भी मैं ऐसा कर सकती हूँ,'' उनके कानों में उसने फुसफुसाते हुए कहा।

बेटियों ने चुड़ैल पर यकीन कर लिया और जब उनका पिता सोया हुआ था, उन्होंने उसकी हत्या कर दी, उसके शरीर को टुकड़ों में काटा और जड़ी-बूटियोंवाले मेडिया के कड़ाह में डाल दिया। इस बार सिर्फ़ मांस जड़ी-बूटियों के साथ पक गया और उसमें पुनर्जन्म के कोई चिह्न नहीं थे। इस प्रकार मेडिया ने लड़कियों को बेवकूफ़ बनाया और पेलियाज़ को मार दिया, जिसने उसके पति जेसन को एक खतरनाक लक्ष्य पर भेजा था।

मेडिया को आशा थी कि पेलियाज़ को मारकर वह अपने पति को राजा बना देगी पर इयोल्कस के लोग इतने क्षमाशील नहीं थे। उन्होंने चुड़ैल और उसके पति को शहर से बाहर निकाल दिया और पति-पत्नी ने कोरिन्थ के शहर में शरण ली।

- मध्यकालीन मिथकों में नाथ योगी—भारत के घुमक्कड़ साधुओं की एक कहानी है, कैसे गोरखनाथ अपने गुरु मत्स्येन्द्रनाथ के रानी प्रमिला (Pramila) द्वारा हुए पुत्र को पहले मारने फिर जीवित करने के लिए अपनी यौगिक शक्तियों का प्रयोग करता है। ऐसा वह यह सिद्ध करने के लिए कि जीवन और मृत्यु एक छलावा है और अपने गुरु को उसकी पत्नी के यौनजाल से स्वतंत्र कराने के लिए करता है।
- हेसियाड द्वारा रचित ग्रन्थ, *थियोगौनी* में जेसन और मेडिया का विवाह एक नश्वर और एक अनश्वर के विवाह के रूप में दर्ज है, यह इंगित करता है कि मेडिया देवी है।
- मेडिया अक्सर जादू-टोने की देवी हेकेटी से जोड़ी जाती है।
- मेडिया ऐसी स्त्री का प्रतिमूर्त है जो शक्तिशाली और भयानक दोनों है। यूनानियों के लिए वह पूर्वी स्त्री का प्रतिनिधित्व करती है, जिन्हें अपनी स्त्रियों का विनम्र होना अधिक पसन्द था।

क्रूसा (Creusa)

मेडिया जेसन के साथ कोरिन्थ में अत्यधिक प्रसन्न थी, जहाँ उसने दो बच्चों को जन्म दिया। जेसन हालाँकि एक गृहस्थ बनकर खुश नहीं था, जबकि वह राजा बन सकता था। वह निराश और चिड़चिड़ा हो गया था, जब तक कि कोरिन्थ के राजा का यह प्रस्ताव नहीं मिला, ''मेरी बेटी क्रूसा (Creusa) से शादी कर लो और उसे रानी बनाकर इस देश पर राज करो।''

जेसन चिंतित था, मेडिया का क्या होगा, पर राजा ने कहा, ''यूनान में उस पूर्वी चुड़ैल को कोई भी उसकी पत्नी नहीं मानता; वह कोरिन्थ में उसकी उपपत्नी की तरह रह सकती है।'' यह बात जेसन को ठीक लगी, पर जब उसने मेडिया को बताया, उसका दिल टूट गया। उस चुड़ैल ने, जो वह थी, बड़ी निष्ठुरता से बदले की साजिश रची।

मेडिया ने क्रूसा को विवाह-रात्रि पर पहनने

के लिए शादी की खूबसूरत पोशाक भेंट की। जेसन की नयी पत्नी क्रूसा ने जैसे ही वह पोशाक पहनी, वह लपटों से घिर गयी। भयभीत जेसन और कोरिन्थ का राजा मेडिया को पकड़ने और सज़ा देने के लिए उसके कक्ष की ओर भागे, पर देखा, उसने अपने बच्चों को मार दिया था और उड़नेवाले साँपों के रथ पर सवार होकर सूरज की ओर उड़ रही थी।

गुस्से में जेसन ने उसका पीछा किया पर वह समुद्र तक ही पहुँचा था कि मेडिया क्षितिज के पार उड़ गयी। निराश, क्रोधित और अभागा, गृहविहीन, पत्नीविहीन, संतानविहीन जेसन तट पर तब तक चलता गया जब तक कि वह समुद्र के किनारे क्षय होते हुए आरगो के भग्नावशेष तक नहीं पहुँचा। अपने साहसिक अभियान और मेडिया के साथ अपनी मुलाकात को याद करते हुए जेसन ने जहाज़ की छाया में विश्राम किया। जब उदासी ने उसे घेर लिया था, तभी टूटते हुए जहाज़ का माथा जेसन को कुचलते हुए उस पर गिरा और उसे मार दिया।

- जेसन की भाँति हिन्दू महाकाव्य *रामायण* के राम ने भी अपनी पत्नी का त्याग किया। पर जहाँ राम ऐसा अपने परिवार की प्रतिष्ठा की रक्षा के लिए करते हैं, जेसन निजी महत्वाकांक्षाओं के लिए करता है। राम कभी दोबारा विवाह नहीं करते, जबकि यह जेसन की दोबारा शादी की इच्छा थी, जिसने सर्वनाश को चिंगारी दिखाई। राम और जेसन दोनों ही भग्नहृदय मरते हैं, जेसन पत्नी को धोखा देकर और राम उसे रोकने में असमर्थ होकर।
- कहानी के पुराने संस्करण में मेडिया के भागने के बाद उसके बच्चों की हत्या कोरिन्थवासी करते हैं। ऐसा लगता है कि सोच-समझकर उसके बच्चों की हत्या पाँचवीं सदी के बी.सी.ई. के नाटककार यूरिपाइड्स की उपज है।
- कुछ कहानियों में कोरिन्थ छोड़ने के बाद मेडिया थीब्स जाती है, हेराक्लेस का पागलपन ठीक करती है जिस पागलपन के दौरे में उसने इफ़िटस को मारा था। मेडिया कुछ दिनों तक थीब्स में ही शरण लेती है जब तक कि वहाँ के निवासी उसे वहाँ से भगा नहीं देते। इसके बाद वह ऐथन्स में शरण लेती है, जहाँ एजियुस से शादी करती है। उसके दुर्भाग्य से एजियुस का बेटा थीसियस वापस आता है, और गद्दी पर अधिकार माँगता है, जो वह उम्मीद करती थी, उसके बच्चों को मिलेगी। इस प्रकार यूनानियों द्वारा निकाली जाकर वह कोल्चिस लौट जाती है।
- मेडिया की कहानी हमें अन्यायपूर्ण समाज में बदले की भावना और अनुचित न्याय के संदर्भों में हैरानी में डालती है। यह उस तनाव और असुविधा को भी दर्शाती है, जो शक्तिशाली विदेशी महिलाओं का पीछा करती है।

- अन्ततः 'आरगो' ओलिम्पियंस द्वारा दक्षिणी गोलार्ध में पाये गये आरगोनवीस नक्षत्र में बदल दिया गया। अट्ठारहवीं सदी में प्राचीन यूनानियों द्वारा पहचाना गया यह लगभग वृहत्ताकार नक्षत्र, तीन हिस्सों में बाँटा गया : ढाँचा, डेक (छत) और पाल।

ऑरफ़ियस (Orpheus)

जेसन के साथ जो आर्गोनॉट्स कोल्चिस गये थे, उनमें अपोलो का बेटा और संगीतकार ऑरफ़ियस भी था। वह वीणा बजाता और गीत गाता, जिससे चट्टानें सरक जातीं, जानवर रो पड़ते और पेड़ झूमने लगते। कोल्चिस से आने के बाद वह युरिडाइस (Eurydice) के प्रेम में पड़ गया और उससे शादी कर ली।

ऑरफ़ियस और युरिडाइस खुशी-खुशी जी रहे थे कि एक शैतान ने युरिडाइस के साथ बलात्कार करने की कोशिश की और वह इस हमले में मारी गयी। भग्नहृदय ऑरफ़ियस ने शोक गीत गाये, जिसने सभी ओलिम्पियंस को दुख से इतना भर दिया कि उन्होंने ऑरफ़ियस से इसे बन्द करने की प्रार्थना की। उन्होंने उसे मृतकों के देश जाने और हेडस को राज़ी करने को कहा कि वह युरिडाइस को जीवितों के देश में वापस भेज दे।

ऑरफ़ियस के संगीत से अभिभूत हेडस ने उसकी इच्छा पूरी कर दी, लेकिन उसकी एक शर्त थी : 'युरिडाइस का भूत तुम्हारा पीछा करेगा लेकिन जब तक जीवितों के देश न पहुँच जाओ, पीछे मुड़कर देखना नहीं है।'

ऑरफ़ियस मान गया, पर उत्सुकता में, जीवितों के देश पहुँचने से ठीक पहले वह यह देखने के लिए पीछे मुड़ा कि युरिडाइस सचमुच उसका पीछा कर रही थी या हेडस उसे मूर्ख बना रहा था। उसी समय युरिडाइस का भूत मृतकों के देश जाकर गायब हो गया और ऑरफ़ियस अकेला वापस आ गया।

ऑरफ़ियस प्रेम में सारी दिलचस्पी खो चुका था। डायोनीसस की पुजारिन चंडियों ने ऑरफ़ियस को उनके साथ अपने झुंड में शामिल होने का निमंत्रण दिया,

पर उसने ठुकरा दिया। इस क्रोध में कि वह संगीत और पुरुषों को उनसे अधिक महत्त्व देता है, चंडियों ने लाठियों और पत्थरों से उस पर हमला किया, पर ऑरफ़ियस के संगीत के वशीभूत लाठियों और पत्थरों ने उसे चोट पहुँचाने से मना कर दिया। अत: औरतें खाली हाथों से उस पर पिल पड़ीं और उसके चिथड़े-चिथड़े कर दिये। उसका सिर अपनी प्रियतमा युरिडाइस के गीत गाता हुआ नदी में बहता रहा।

- पीछे न देखने की विषयवस्तु अन्य मिथकों में भी पायी गयी है : *बाइबल* में लोट (Lot) की पत्नी की कहानी, जिसका जलते हुए सोडाम (Sodom) को मुड़कर देखना और नमक के ढेर में तब्दील हो जाना, और साक्षी गोपाल की ओड़िया कथा, जहाँ कृष्ण पत्थर का हो जाता है, जब एक भक्त मुड़ के देखता है कि कृष्ण, जिसे उसके विरुद्ध एक मामले में बतौर गवाह पेश होना है, उसके पीछे आ तो रहा है।
- ऑरफ़िज़्म (Orphism) की मान्यता है आत्मा अमरत्व और देवत्व में, और शरीर की नश्वरता में और इससे साधुत्व को बढ़ावा मिला। माना जाता है कि ऑरफ़िज़्म हिन्दू-मठ की परम्परा और जैन धर्म जो सम्भवत: 2500 वर्ष पहले यूनान पहुँचा था, से प्रभावित हुआ। मैटासाइकोसिस नाम से जाना गया पुनर्जन्म में विश्वास परम्परागत यूनानी विश्वासों से नितान्त भिन्न था। बाद में यह डायोनेसियन रहस्यों से जुड़ गया, क्योंकि डायोनीसस की तरह ऑरफ़ियस भी मृतकों से मिलकर जीवितों के देश में वापस आया था।
- यूनानी कवि फैनोक्लेस, जो तीसरी सदी बी.सी.ई. में रहता था, के अनुसार ऑरफ़ियस आर्गोनॉट्स में शामिल हुआ था, क्योंकि वह वायु-देवता बोरियस के पुत्र कैले (Calais) के प्रेम में था।
- हेलीकॉन नदी (Helicon river) धरती के नीचे चली गयी, जब उन औरतों ने अपने रक्तरंजित हाथ इसके पानी में धोने की कोशिश की, जिन्होंने ऑरफ़ियस को मारा था।
- ऑरफ़ियस की वीणा (lyre) भी एक नक्षत्र में बदल गयी।

बेलेरोफ़ोन (Bellerophon)

ऑरफ़ियस और जेसन की तरह बहुत से आर्गोनॉट्स का जीवन वापस आने के बाद दुखद रहा, शायद मेडिया के क्रोध के प्रकोप के कारण। ऐसा ही हाल बेलेरोफ़ोन (Bellerophon) का था।

वापस लौटने के कुछ ही दिनों में बेलेरोफ़ोन ने दुर्घटनावश अपने भाई को मार दिया और अपने पाप की शुद्धि करवाने टिरिंस (Tiryns) के राजा प्रोटियस (Proteus) के पास गया। प्रोटियस ने ऐसा ही किया, उसने आर्गोनॉट को अपने महल में रहने के लिए बुलाया और अपने साहसिक अभियानों की कहानियाँ सुनाने के लिए कहा।

दुर्भाग्य से प्रोटियस की पत्नी बेलेरोफ़ोन के प्रेम में पड़ गयी और उसे अपनी शय्या पर आमंत्रित किया। जब बेलेरोफ़ोन ने मना किया, उसने उस पर बलात्कार का आरोप लगा दिया। प्रोटियस उस आदमी को नुकसान नहीं पहुँचा सकता था, जो उसके घर में मेहमान था, सो उसने एक सीलबंद पत्र के साथ जिसमें उसकी हत्या करने के आदेश थे, बेलेरोफ़ोन को अपने ससुर राजा इयोबेट्स (Iobates) के पास भेज दिया।

इयोबेट्स ने पत्र एक तरफ़ रखा और बेलेरोफ़ोन को भोजन के लिए आमंत्रित किया और आर्गोनॉट्स अभियान की कहानियाँ सुनाने को कहा। जब इयोबेट्स ने नौ दिनों बाद पत्र खोला, वह सकते में आ गया। वह भी मेहमाननवाज़ी के नियम के तहत एक अतिथि की हत्या नहीं कर सकता था। उसने एक योजना बनाई, उसने बेलेरोफ़ोन को काइमेरा (Chimera), एक आग उगलने वाला दानव, जिसका सिर बकरी का, धड़ शेर का और पूँछ साँप की थी, को काबू करने की चुनौती दी।

भविष्यवक्ता ने बेलेरोफ़ोन को बताया कि वह उड़ने वाले घोड़े पैगासस (Pegasus) पर सवार हुए बिना काइमेरा को नहीं मार सकेगा। एथिना ने बेलेरोफ़ोन को सुनहरी लगाम दी, जिससे वह पैगासस को काबू कर सकता था, जब वह एक पहाड़ी झरने से पानी पीने आता था।

पैगासस पर सवार होकर बेलेरोफ़ोन आसमान

में उड़ा और काइमेरा द्वारा तबाह किये देहात में पहुँचा। उसने उसके मुँह में सीसे का टुकड़ा फेंका। काइमेरा की छोड़ी श्वास से निकली आग से सीसा पिघल गया और राक्षस दम घुटने से मर गया। विजयी बेलेरोफ़ोन नायक के से सम्मान के साथ वापस लौटा। इयोबेट्स ने उसे पत्नी के रूप में अपनी बेटी और आधा राज्य दे दिया।

बेलेरोफ़ोन को घमंड ने ग्रस लिया और उसने निश्चय किया कि इतने साहसिक पराक्रमों के बाद हेराक्लेस की तरह उसे भी ओलिम्पस में स्थान मिलना चाहिए। वह पैगासस पर सवार होकर ओलिम्पस की ओर उड़ा, इस बात से क्रोधित ज़ियुस ने अपना वज्र फेंका, जिससे पैगासस रुक गया और बेलेरोफ़ोन धरती पर गिरा। अपना बाकी का जीवन उसने इंसानी सम्पर्क से दूर रहकर अंधे और लंगड़े साधु की तरह बिताया; एक और आर्गोनॉट के दुखद अन्त के साथ।

- हिन्दू मिथकों में दैत्यों का वध नहीं, आदर किया जाता है। ओड़िया *महाभारत* बताती है कि कैसे धनुर्धर अर्जुन नवगुंजर को देखकर पहले भयभीत होता है, फिर अचम्भित। ऐसा जन्तु जो मुर्गा, मोर, सिंह, साँप, साँड़, चीता, हिरण, हाथी और मनुष्य का सम्मिश्रण है। जो यूनानी मिथकों में विकृत (chaotic) है, वह हिन्दू मिथक में रहस्य—इंसानी दिमाग की सोच से आगे की सम्भावना है।
- हिन्दू मिथकों में उड़नेवाला घोड़ा उच्चैश्रवा है। यह क्षीरसागर से निकलता है। यूनानी मिथकों में पैगासस मेडुसा के रक्त से बना है।
- अतिथि-सत्कार ज़ियुस की नज़र में मूलभूत गुण है। जो अपने अतिथियों की उपेक्षा करते हैं वे ज़ियुस का क्रोध झेलते हैं।
- बेलेरोफ़ोन की ओलिम्पस तक उठने की इच्छा अकड़ का उदाहरण है, अत्यधिक दम्भ, जिससे एक नायक ब्रह्मांड में अपनी औकात भूल जाता है ज़ियुस को बाध्य करते हुए कि वह उसके विरुद्ध कदम उठाये।
- काइमेरा आधुनिककाल में एक अद्‌भुत विचार है, जिसकी केवल कल्पना की जा सकती है, प्राप्त नहीं किया जा सकता।
- मध्यकाल में, विशेषकर पुनरुत्थान के बाद बेलेरोफ़ोन नहीं लेकिन पर्सियस जो पैगासस पर सवार और समुद्री दानव से एंड्रोमेडा की रक्षा करते हुए दिखाया गया था। यह छवि बाद में मुसीबत में फँसी युवती (चर्च) को बचाने के लिए दानव (devil) को मारने वाले सेंट जार्ज में परिवर्तित हो गयी थी। यह प्रतीक बना कयोस्कैम्फ़ (Chaoskampf) की विचारधारा या कौलोनाइज़र द्वारा अराजकता (chaos) को जीतने का, वैज्ञानिक व मिशनरी द्वारा नयी खोज अमेरिका, अफ्रीका व एशिया के विक्षत संसारों में व्यवस्था लाने का।

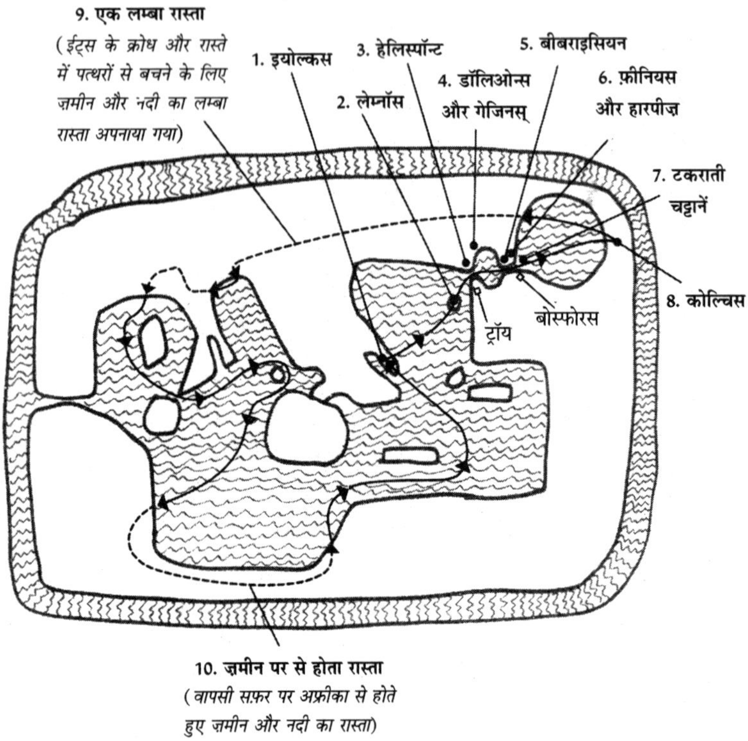

आर्गोनॉट अभियान

(सम्भाव्य मार्ग : सही माप से नहीं बना)

(यूरोप और अफ़्रीका के ज़मीनी रास्तों पर जहाँ पहाड़ आये वहाँ आरगो जहाज़ को कन्धों पर उठाकर ले जाया गया और जहाँ समतल ज़मीन थी वहाँ इडिपस के संगीत के सहारे जहाज़ को ले जाया गया)

खंड छह

हेलेन
(Helen)

"क्या ज़ियुस कभी किसी मानव-पुत्री का पिता बना था?" नागा साधु ने पूछा।

"हाँ, केवल हेलेन का। और उसका जन्म तब हुआ था जब ज़ियुस ने हंस का रूप धरा था और स्पार्टा की राजकुमारी लेडा का शीलभंग किया था। पर शायद उसकी असली माँ प्रतिशोध की देवी, नेमेसिस थी, जिसने दुनिया के लोगों को उनकी औकात दिखाने के लिए इस बच्ची को जन्म दिया था। यूरोप और एशिया के बीच पहली लड़ाई इसी के कारण हुई थी।"

"वह लड़ाई, जिसे तुम आगे बढ़ा रहे हो।"

"मैं सभी लड़ाइयाँ खत्म कर दूँगा और शान्ति लाऊँगा।"

नागा साधु ने बात आगे नहीं बढ़ायी। उसे हेलेन और उसके द्वारा सुलगाए युद्ध की कहानी सुनने में ज़्यादा दिलचस्पी थी।

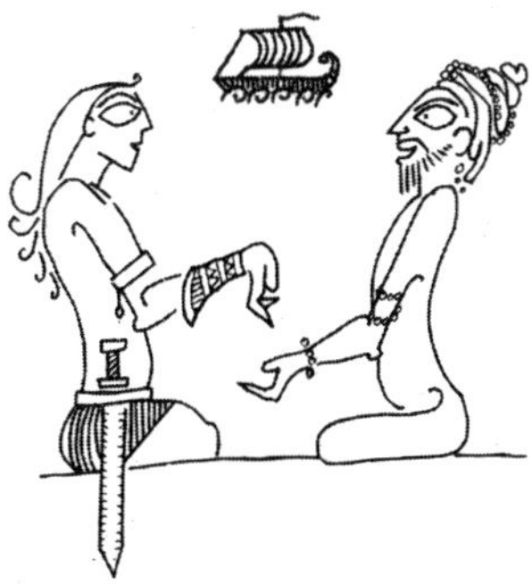

टैन्टलस (Tantalus)

हेलेन की कहानी की शुरुआत एशिया में लीदिया के राजा और उसके पति मेनेलॉस (Menelaus) के पड़दादा टैन्टलस (Tantalus) से होती है। टैन्टलस को ओलिम्पियंस ने श्राप दिया था। उसका बेटा पेलोप्स, एक मनुष्य द्वारा श्रापग्रस्त था। पेलोप्स ने थीब्स के परिवार के लायस को श्राप दिया जो थीब्स ट्रैजेडी में फलीभूत हुआ। इन सारे श्रापों ने ही भयानक ट्रोजन युद्ध के बीज बोये।

एक बार ज़ियुस ने टैन्टलस को देवताओं के साथ खाने के लिए बुलाया। लेकिन टैन्टलस ने दुर्व्यवहार किया और, मधु चुरा कर मनुष्यों में बाँटने लगा। नाराज़ ओलिम्पियंस से सुलह करने के लिए टैन्टलस ने उन्हें अपने घर भोजन के लिए बुलाया। लेकिन उसकी छेड़खानी की आदत फिर हावी हो गयी। उसने ओलिम्पियंस को नर मांस, वह भी अपने बेटे का, परोसा। वह जानना चाहता था कि क्या ओलिम्पियंस सचमुच देवता थे, यदि वे देवता थे तो वे पशु के मांस और नर मांस में भेद कर सकते थे और मृत को वापस जीवित कर सकते थे।

देवताओं ने खाना सूँघा और विरक्त और अप्रसन्न होकर चले गये। सिर्फ़ दीमितर जो सर्दियों में अपनी बेटी पर्सीफ़ोन के जाने से अन्यमनस्क थी, ने जो भी परोसा था खाया।

धृष्टता के लिए टैन्टलस की निंदा की गयी, और उसे टार्टरस में फेंक दिया गया, जहाँ ज़ियुस ने उसे रसीले फलों से लदी पेड़ की डाल के नीचे कमर तक ताज़े पानी की झील में खड़ा रखा। हर बार प्यासा

टैन्टलस पानी पीने के लिए झुकता, लेकिन पानी और नीचे चला जाता। हर बार भूखा टैन्टलस फल खाने को हाथ बढ़ाता, लेकिन डाल उससे दूर चली जाती। इस प्रकार वह हमेशा के लिए, अपने बेटे को मारने और उससे ज़्यादा, देवताओं की परीक्षा लेने की हिम्मत करने के लिए भूख और प्यास झेलता रहा।

देवताओं ने टैन्टलस के बेटे पेलोप्स को ज़िन्दा कर दिया, उसकी कन्धे की हड्डी, दीमितर द्वारा खाई हुई, हाथीदाँत से बनी अस्थि से बदल दी।

- बुद्ध ने कहा, "इच्छा दुःख का कारण है।" टैन्टलस मूर्तरूप है इच्छा का, जो कभी पूरी नहीं होती, शाश्वत भूख। 'टैंटेलाइज़िंग' शब्द टैन्टलस की कहानी से बना है। जब तक हम 'टैंटेलाइज़्ड' हैं, हम अवाक् और भौतिक जगत द्वारा भग्नहृदय हैं।
- टैन्टलस की सज़ा यूनानी लोगों की नरभक्षण की परिपाटी के प्रति वितृष्णा का सूचक है। नर बलि के कारण ही ज़ियुस ने बाढ़ लाकर सारी मनुष्य जाति का सफ़ाया कर दिया। यह कहानी नश्वरों द्वारा संदेह किये जाने और मान्यता न दिये जाने पर ओलिम्पियंस का क्रोध भी दिखाती है।
- लीदिया, ट्रॉय की तरह, एशिया में स्थित है, जिसे उस क्षेत्र में आज टर्की कहा जाता है।

पेलोप्स (Pelops)

टैन्टलस का बेटा पेलोप्स एक सुदर्शन युवक के रूप में बड़ा हुआ और पॉज़ाइडन ने उसे अपना प्रेमी चुन लिया, जैसे ज़ियुस ने बहुत दिनों पहले ट्रॉय के गैनीमीड (Ganymede) को चुना था।

चूँकि ज़ियुस टैन्टलस के किसी बेटे को ओलिम्पस आने नहीं देता, पॉज़ाइडन को लड़के को वापस घर भेजना पड़ा। प्रेम की निशानी के रूप में सागर के देवता ने पेलोप्स को घोड़े दिये जो ज़मीन के साथ-साथ पानी पर भी दौड़ सकते थे।

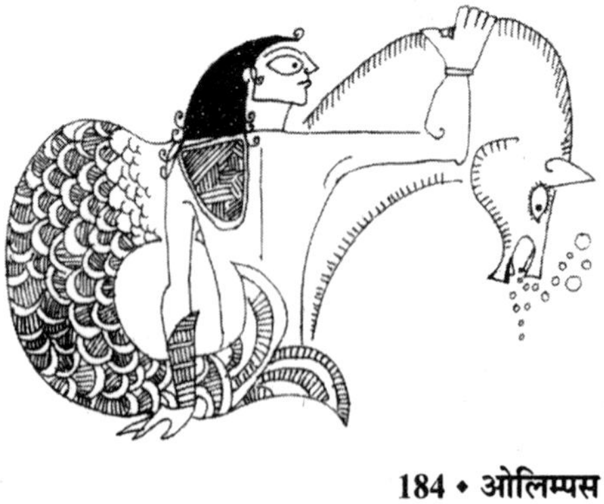

पेलोप्स को पता लगा कि पीसा के राजा इनोमोउस (Oenomaus) ने रथों की दौड़ का आयोजन किया है। विजेता, राजा की खूबसूरत पुत्री हिप्पोडेमिया

(Hippodamia) से विवाह करेगा और आधा राज्य पायेगा और हारने वाले का सिर काट दिया जायेगा। प्रतियोगियों को इनोमोउस के साथ दौड़ना था, पर यह प्रतिस्पर्धा पक्षपातपूर्ण थी, क्योंकि राजा के घोड़े युद्ध के देवता ऐरेस (Ares) द्वारा उपहार में दिये गये थे और अजेय थे। इनोमोउस नहीं चाहता था कि उसकी बेटी किसी से विवाह करे, क्योंकि वह स्वयं उससे प्रेम करता था और यह कहा गया था कि वह अपने जामाता के हाथों बर्बाद होगा।

जब पेलोप्स पीसा आया, उसने राजकुमारी के पिछले उम्मीदवारों के बहुत से कटे हुए सिर द्वार पर देखे, और अचानक, पॉज़ाइडन के घोड़े होने के बावजूद असुरक्षा की भावना से घिर गया। पर तब हिप्पोडेमिया ने जैसे ही पेलोप्स को देखा, उसके प्रेम में पड़ गयी और उसकी जीत सुनिश्चित करने को उत्सुक हो गयी। दोनों ने मिलकर योजना बनाई : उन्होंने शाही घुड़साल के रखवाले मर्तिलस (Myrtilus) से बात की और उसे हिप्पोडेमिया का कौमार्य भेंट करने की पेशकश की अगर वह पेलोप्स की जीत में मदद करता।

हर्मीस के बेटे मर्तिलस को, जो गुप्त रूप से राजकुमारी को चाहता था, अपने भाग्य पर यकीन नहीं हुआ और मान गया। उसने शाही रथ के चक्के की पीतल की कील को मोम की कील से बदल दिया। परिणामस्वरूप, बीच दौड़ में ही शाही रथ टूट कर गिर गया, इनोमोउस ज़मीन पर गिर गया, उसका सिर रास्ते के पत्थरों से टकराकर फूट गया, जिससे वह मर गया।

उनकी शादी के दिन, मर्तिलस ने पेलोप्स और हिप्पोडेमिया को उनका वचन याद दिलाया। जवाब में पेलोप्स ने मर्तिलस को उठाया और चट्टान से नीचे फेंक दिया।

गिरकर मरते हुए धोखा खाये मर्तिलस ने ओलिम्पियंस का आह्वान किया और पेलोप्स को श्राप दिया कि उसके सभी वंशजों को विश्वासघाती जीवनसाथी मिलेंगे। यही वह श्राप था जिसके कारण हेलेन ने अपने पति, पेलोप्स के पोते को छोड़ा और पैरिस के साथ ट्रॉय में गायब हो गयी।

इनोमोउस और मर्तिलस की मृत्यु के दोष की शुद्धि के लिए और हिप्पोडेमिया के मृत उम्मीदवारों की याद में जिन्हें इनोमोउस द्वारा क्रूरतापूर्वक मरवाया गया था, पेलोप्स ने एक बार फिर से रथ प्रतिस्पर्धा (chariot games) शुरू की, जो बहुत पहले से ओलिम्पियंस ने टाइटंस पर अपनी विजय के प्रतीक के रूप में शुरू की थी। ये ही ओलिम्पिक प्रतिस्पर्धाएँ थीं। खेलों के पुनरारम्भ के बाद, पीसा को ओलिम्पिया नाम से जाना गया और वह द्वीप जिस पर वह स्थित था, उसे पेलोपोनीज़ के नाम से जाना गया।

- बहुत से हिन्दू, मिथकों की कहानियों को यथावत् लेते हैं और मानते हैं कि प्राचीन भारतीय इंसानी सिरों को जानवरों के सिरों से प्रत्यारोपित कर सकते थे। ऐसे ही, अगर यूनानी मिथकों को यथावत् लिया जाये, पेलोप्स के कन्धे की हड्डी को हाथी दाँत से बनाई कन्धे की हड्डी से बदलने की कहानी इंगित है, इम्प्लांट सर्जरी के ज्ञान का। ट्रोजन युद्ध की कहानी में विजय यूनानियों से टलती रहती है, जब तक वे पेलोप्स की हड्डी—शायद यही हाथी दाँत का इम्प्लांट—पीसा से नहीं लाते।
- पीसा (Pisa) के द्वारा शासित प्रदेश पिसाटिस कहलाया था, जिसमें ओलिम्पिया भी शामिल था, जहाँ ओलिम्पिक खेल होते थे। पेलोप्स ने पुराने खेलों को नया नाम 'ओलिम्पिक' दिया। हेराक्लेस ने नये खेल शुरू किये जैसे, मुक्केबाज़ी और कुश्ती। प्राचीन लिखित दस्तावेज़ 776 बी.सी. को उस वर्ष के रूप में सूचित करते हैं जब खेल शुरू हुए, या कम-से-कम जब से ओलिम्पिक खेलों का लेखा-जोखा रखना शुरू हुआ।
- ओलिम्पियंस की जीत दर्ज कराने के लिए हुए ओलिम्पिक खेलों के दौरान सूर्यदेव अपोलो ने संदेशवाहक देवता हर्मीस को पैदल दौड़ में पराजित किया और ऐरेस, युद्ध के देवता को मुक्केबाज़ी में। फलस्वरूप अपोलो, जो यूनानी पुरुष-सौन्दर्य का प्रतिमान था, सभी खेलों और प्रतिस्पर्धाओं का, विशेषकर ओलिम्पिक का संरक्षक बन गया। अपोलो के लिए पवित्र, पत्तों वाला ताज, तब से खेल की विक्टरी ट्रॉफ़ी बन गया।
- यूनानी मिथकशास्त्र बलिष्ठ खेलों की कहानियों से भरा पड़ा है, जिनका आयोजन युद्ध में शूरवीर की मृत्यु को चिह्नित करने के लिए हुआ। खेल उनके लिए एक अनुष्ठान के रूप में भी प्रयुक्त हुए, जिन्होंने किसी की हत्या की। यह एक मरदाना युद्धप्रेमी समाज का प्रमाण चिह्न था। आमतौर पर मृतक के शस्त्र विजेताओं में बाँट दिये जाते।
- यूनानी समाज भव्य और धर्मतंत्रीय था, जैसा कि रथवाहक मर्तिलस के व्यवहार से पता लगता है।

क्रिसिपस (Chrysippus)

हिप्पोडेमिया से पेलोप्स को दो बेटे हुए : थीस्टस (Thyestes) और एट्रियस (Atreus)। अप्सरा ऐक्सियूचि (Axioche) से उसके सम्बन्ध से पेलोप्स का एक और बेटा था, क्रिसिपस (Chrysippus)। क्रिसिपस अत्यंत ही सुन्दर, प्रतिभाशाली और पेलोप्स का प्रिय था इसलिए हिप्पोडेमिया के बेटों के विद्वेष का बायस था।

थीब्स का राजकुमार लायस जिसे पेलोप्स ने शरण दी थी, उस सुन्दर क्रिसिपस के प्रेम में पड़ गया। जब उसने लड़के से प्यार करने की कोशिश की, लड़के ने विरोध किया, जिस पर लायस ने बल प्रयोग किया। अतिथि सत्कार के इस निरादर से पेलोप्स ने लायस को पीसा से निकाल दिया और श्राप दिया कि लायस के अपने पुत्र उसे मार डालेंगे।

थोड़े दिनों बाद ही क्रिसिपस मृत पाया गया। कुछ ने कहा, "यह आत्महत्या थी।" औरों ने कहा, "यह हत्या थी।" पेलोप्स ने हिप्पोडेमिया और उसके बेटों को इसका ज़िम्मेदार ठहराया। क्या वे क्रिसिपस से घृणा नहीं करते थे? या उसके साथ बलात्कार के बाद उसे शर्मिन्दा नहीं करते थे?

पेलोप्स ने थीस्टस और एट्रियस को देश निकाला दे दिया और कुछ ही दिनों में मर गया। लज्जित हिप्पोडेमिया ने स्वयं को मार लिया।

- हिन्दू मिथकों से विपरीत जहाँ किसी को श्राप देने के लिए अपने समस्त अर्जित कर्मों को व्यय करना पड़ता है, श्राप देना यूनानी मिथकों में कर्मों से संबद्ध नहीं, मात्र एक क्रोधपूर्ण अभिव्यक्ति है। कोई भी—देवता, दोषी, दीन-हीन, उन्हें श्राप दे सकता है, जो लौकिक व्यवस्था को भंग करते हैं।
- देवताओं की तरह जनता भी अपने शासकों के माध्यम से शहरों को कोस सकती है। अपना वचन पूरा न करने के लिए मर्तिलस पेलोप्स को कोसता है और उसके बाबत पीसा को भी। पेलोप्स श्राप देता है लायस और उसके बाबत थीब्स को, अतिथि सत्कार के नियम भंग करने के लिए।
- यूनान के लिए रोमवासियों के तिरस्कार का एक कारण बूढ़े यूनानी दार्शनिकों व राजाओं का नवयुवकों के साथ किया गया प्रेम भी था। यद्यपि रोमवासियों ने काफ़ी हद तक यूनानी दर्शन को आत्मसात् किया था और इसे अपना लिया था, इन व्यस्क-बालक प्रेम कथाओं को वे अधिक पसन्द नहीं करते थे, बल्कि विषमलिंगी आदर्शपूर्ण जीवनशैली ही उनकी पसन्द थी। लोग मध्ययुगीन फ़ारस और आधुनिक अफगानिस्तान में प्रचलित (बच्चाबाज़ी की प्रथा) वयस्क-बालक प्रेम की लोकप्रियता का श्रेय भी सिकंदर के आक्रमण के बाद फैली यूनानी संस्कृति को देते हैं।

थीस्टस (Thyestes)

ओलिम्पिया से निकाले जाने के बाद थीस्टस (Thyestes) और एट्रियस को माईसिनि के शहर में शरण मिली, जहाँ संयोग से हेराक्लेस के बेटों द्वारा पुराने राजा युरिस्थियस को मारने के बाद एक नये शासक की आवश्यकता थी।

अब पेलोप्स के दोनों बेटों में ज़बरदस्त प्रतिस्पर्धा थी—कोई भी भाई दूसरे को गद्दी पर बैठा देखना नहीं चाहता था।

''फिर, राजा वह हो सकता है जो माईसिनि के लोगों को सुनहरी ऊन लाकर दे,'' थीस्टस ने सुझाया। एट्रियस को यह विचार पसन्द आया, क्योंकि एक सुनहरी भेड़ की ऊन उसके पास पहले से ही थी। एट्रियस ने यह अर्तेमिस को भेंट देने का वचन दिया था पर बाद में विचार बदल गया।

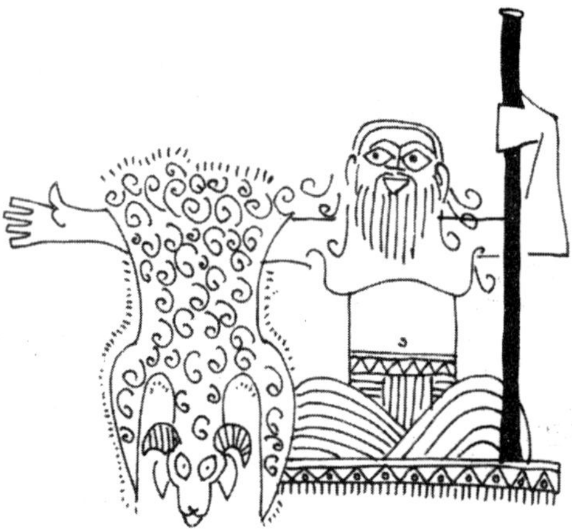

जो एट्रियस को नहीं पता था वह यह कि क्रोधित अर्तेमिस ने एट्रियस की पत्नी—एरोप (Aerope)—के मन में थीस्टस के लिए प्रेम जगा दिया था, और एरोप ने पहले ही अपने प्रेमी थीस्टस को भेड़ की सुनहरी ऊन दे दी थी। एट्रियस को अपनी पत्नी एरोप द्वारा मिला धोखा भी मर्तिलस द्वारा पेलोप्स के वंशजों को दिये गये श्राप का ही एक और नतीजा था।

और इस प्रकार यह हुआ कि एट्रियस नहीं, थीस्टस ने माईसिनि के लोगों को भेड़ की सुनहरी ऊन भेंट की और शहर का राजा बना दिया गया।

- सम्पत्ति के लिए दो भाइयों का झगड़ा हिन्दू महाकाव्यों में भी बारम्बार आनेवाली विषयवस्तु है। *रामायण* में वालि किष्किंधा की गद्दी के लिए सुग्रीव से लड़ता है और रावण लंका की गद्दी के लिए कुबेर को चुनौती देता है। *महाभारत* में हस्तिनापुर के लिए कौरव और पांडव लड़ते हैं।
- एट्रियस की सुनहरी ऊन जेसन द्वारा कोल्चिस से लाई सुनहरी ऊन से भिन्न है।

- मिनोस की भाँति, जिसे समुद्र से बैल को लाना था, एट्रियस को सुनहरी ऊन को लाना है, यह दिखाने के लिए कि वह देवताओं का कृपापात्र है और इसलिए गद्दी का जायज़ राजा है। अनेक संस्कृतियों की तरह यूनान में भी राजकीय शक्ति देवताओं द्वारा प्राप्य है।
- एक शाही राजदंड जो मूलत: गड़रिये की लाठी है, हेफ़ीस्तस द्वारा बनाया हुआ है, जिसे वह ज़ियुस को देता है। फिर यह ज़ियुस से हर्मीस को मिलता है, फिर पेलोप्स, एट्रियस, जो तब इसे थीस्टस को देता है जब वह राजा बनता है—गड़रिया, भेड़ों और इंसानों का। भेड़ पालना प्राचीन यूनान की लोकप्रिय आर्थिक गतिविधि थी जैसे पशुपालन भारतवर्ष की। गाय लोगों के जीवनयापन का प्रमुख स्रोत होने के कारण हिन्दू मिथकों में राजा गो-पाल कहलाता है, गायों का संरक्षक। गाय पृथ्वी का रूपक भी थी। भेड़ जनता का रूपक अधिक थी, जिनसे गड़रिया-राजा का अनुसरण करना अपेक्षित था।

एट्रियस (Atreus)

पत्नी एरोप के विश्वासघात से एट्रियस (Atreus) क्रोधोन्मत्त था। उसे ज़ियुस के रूप में एक मित्र मिला, जिसने हर्मीस को उसके पास एक संदेश के साथ भेजा। यह संदेश सुनने के बाद एट्रियस ने माईसिनि के लोगों से पूछा, "तुम लोग पेलोप्स के उस बेटे को राजा के रूप में चाहोगे जिसने सुनहरी ऊन दी या पेलोप्स के उस बेटे को, जो सूर्य का रास्ता पूरब की ओर कर दे?"

तब सबको अचम्भे में डालकर एट्रियस सूर्य को वापस यात्रा करवाने में सफल हो गया। लोगों ने तुरन्त थीस्टस के शासन को अस्वीकार किया और एट्रियस को राजा बना दिया।

बदले के पहले चरण में एट्रियस ने अपनी बेवफ़ा पत्नी एरोप की हत्या कर दी। फिर उसने थीस्टस को भोज पर बुलाया, जिसमें उसके ही बेटों का मांस परोसा, जिसे अनजाने में वह निगल गया। इस प्रकार अपने भाई थीस्टस को चोट पहुँचाकर और अपमानित कर एट्रियस ने उसे देश निकाला दे दिया।

- यूनानी मिथकों में विश्वासघाती पत्नियाँ दोहरायी जाने वाली कथावस्तु हैं। विपरीततः हिन्दू मिथकों में निष्ठता दोहरायी गयी कथावस्तु है। निष्ठा स्त्री को अलौकिक शक्तियाँ प्रदान करती है, उसे सती बनाती है, जिससे कि वह स्वयं आग का सामना करके अपने पति को शस्त्रों की घात से सुरक्षित रख सके।
- नर भक्षण की कहानियाँ यूनानी मिथकों में अक्सर आयी हैं, जैसे लाइकाओन (Lycaon), टैन्टेलस और थीस्टस की कथाओं में। हिन्दू मिथकों में भी राक्षसों और असुरों की कहानियाँ हैं जिनमें वे मनुष्यों को नर मांस खिलाते हैं। शुक्र को असुर, कच का मांस खिलाते हैं। शुक्र की पुत्री उसे बाध्य करती है कि वह पुनर्जीवन का भेद, संजीवनी विद्या, देकर कच को बचाये। एक और कहानी में इलविला (Ilavila) ऋषि अगस्त्य को अपने भाई वातापि का मांस खिलाता है जिसमें किसी के उदर में पुनर्जीवित होने और उसके शरीर से निकल आने की शक्ति है। पर इलविला के दुर्भाग्य से वातापि द्वारा स्वयं को पुनर्जीवित करने से पहले ही ऋषि अगस्त्य उसे हजम कर जाते हैं।
- एट्रियस और थीस्टस की दुश्मनी हमें बताती है कैसे ओलिम्पियंस की मर्ज़ी इंसानी दाँव-पेंचों पर भारी पड़ती है। माईसिनि की गद्दी पाने के लिए थीस्टस अपने भाई की पत्नी को बरगला सकता है पर यह ज़ियुस सुनिश्चित करता है कि केवल एट्रियस ही माईसिनि पर शासन करेगा।
- किसी बच्चे को मारना और उसका मांस उसी के माता-पिता को उनके द्वारा किये गये अपराध के दंडस्वरूप खिलाना, यह विषयवस्तु यूनानी मिथकों में अनेक बार आती है। ओविद के *मेटामौरफोसिस* में प्रोक्ने (Procne) का पति टेरियस (Tereus) फिलोमेला (Philomela) का शीलभंग करता है और उसे चुप कराने के लिए उसकी ज़बान काट देता है। तब फिलोमेला अपनी बहन को अपनी दयनीय स्थिति बताने के लिए टैपेस्ट्री बुनती है। क्रोधित प्रोक्ने बच्चे को मार देती है, जिसे वह टेरियस (Tereus) के लिए जन्म देती है और उसका मांस उसे परोस देती है। जब वह भोजन कर चुकता है, वह उसे बेटे का सिर भेंट करती है। जुगुप्सा से भरा टेरियस चाकू लेकर बहनों के पीछे दौड़ता है, पर बहनें ओलिम्पियंस से फरियाद करती हैं और पक्षियों में बदल जाती हैं। प्रोक्ने अबाबील में और फिलोमेला बुलबुल में, जिसका गीत उसका दुख प्रकट करता है।

पेलोपिया (Pelopia)

भविष्यवक्ता ने थीस्टस को बताया कि वह अपना बदला ले सकेगा, अगर वह अपनी ही बेटी से पुत्र पैदा करे। प्रतिहिंसक थीस्टस ने अपनी पुत्री पेलोपिया

(Pelopia) का बलात्कार किया।

जब पेलोपिया के चाचा एट्रियस ने शादी के लिए उसका हाथ माँगा, तो पेलोपिया ने अपनी गर्भावस्था की बात छिपाकर रखी। जब उसने थीस्टस के पुत्र को जन्म दिया, एट्रियस ने उसे अपना ज्येष्ठ पुत्र समझकर उसका नाम रखा एगस्तस (Aegisthus)। बाद में पेलोपिया ने दो और पुत्रों को जन्म दिया जिनका नाम अगामेम्नान (Agamemnon) और मेनेलॉस (Menelaus) रखा।

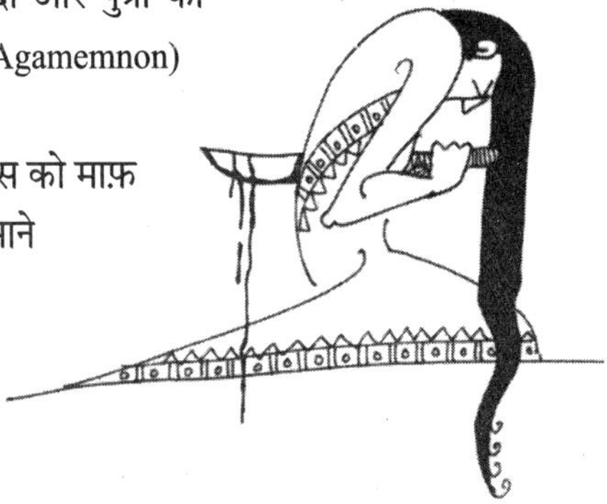

इसके पश्चात एट्रियस ने थीस्टस को माफ़ कर दिया और उसे माईसिनि वापस आने दिया। पर थीस्टस ने एट्रियस को माफ़ नहीं किया था। उसने एगस्तस के आगे उसके जन्म की सच्चाई उद्घाटित की और अपने सौतेले पिता को मारने को उकसाया।

एगस्तस के एट्रियस को मारने के बाद पेलोपिया ने अपनी जान दे दी—वह यह निर्णय करने में असफल थी कि ज़्यादा बुरा क्या था : अपने पुत्र के हाथों अपने पति की मृत्यु या इस बात की सार्वजनिक जानकारी कि उसका पहला पुत्र अनाचारी सम्बन्धों की संतान था।

अब माईसिनि के राजा थीस्टस में इतनी शक्ति नहीं थी कि वह अपनी बेटी के पुत्र, अपने नातियों जो उसके भतीजे भी थे, की हत्या कर सके। अतः उसने अगामेम्नान और मेनेलॉस को देश से निकाल दिया। दोनों भाई स्पार्टा गये जहाँ राजा टिन्डेरियस (Tyndareus) ने अपनी बेटियों, हेलेन और क्लाइटेम्नेस्ट्रा (Clytemnestra) की शादी के लिए उम्मीदवार आमंत्रित किये थे।

- कौटुम्बिक व्यभिचार यूनानी महाकाव्यों और नाटकों का आम कथानक है। हिन्दू, बौद्ध और जैन महाकाव्यों और नाटकों में अपनी अनुपस्थिति के कारण यह विशिष्ट है। एक ही संदर्भ में हिन्दू कृतियों में कौटुम्बिक व्यभिचार दिखता है, जब बात होती है मौलिक जुड़वाँ की, जैसे *ऋग्वेद* में यम और यमी की कहानी या जैन मिथकों में जहाँ ऐसे समय को स्वर्णिम युग कहा गया है जब पति-पत्नी, युगल रूप में जन्म लेते थे, इसलिए भाई-बहन भी थे।
- आरगोस का पर्सियस माईसिनि में, और थीब्स का लायस पीसा में, शरण लेता

है। पीसा के एट्रियस और थीस्टस माईसिनि में शरण लेते हैं। अगामेम्नान और मेनेलॉस स्पार्टा में शरण लेते हैं। इस प्रकार हम यूनानी शहरों का उनके नायकों के माध्यम से आपसी जुड़ाव देखते हैं। एक पारस्परिक जुड़ाव यूरोप और एशिया में भी है—पेलोप्स लीदिया से पीसा में प्रस्थान करता है। और इसके पहले इयो यूरोप से एशिया जाती है, और यूरोपा एशिया से यूरोप को प्रस्थान करती है जिसके पीछे उसका भाई कैडमस जो थीब्स शहर बसाता है। ये कहानियाँ प्रवास की हैं।

- व्यभिचार, बलात्कार और नरभक्षण प्रतीक हैं अनुशासन की समाप्ति और अराजकता (chaos) के उदय के। चीज़ें नियंत्रण से बाहर होती जाती हैं और अन्ततः ट्रोजन युद्ध को न्यौता देती हैं।

टिन्डेरियस (Tyndareus)

स्पार्टा के टिन्डेरियस की शादी लेदा (Leda) से हुई थी, जिसके सौन्दर्य ने ज़ियुस को इतना अभिभूत कर दिया कि उसने हंस का रूप बनाया और लेदा से प्रेम किया।

लेदा ने दो डिम्ब पैदा किये। हरेक डिम्ब में दो बच्चे थे—एक उसके मानव पति का, दूसरा दैवीय प्रेमी का। एक डिम्ब से लड़कों का जोड़ा निकला : नश्वर कैस्टर और अमर पौलक्स। दूसरे से लड़कियों का जोड़ा : सामान्य क्लाइटेम्नेस्ट्रा और अनिंद्य सुन्दरी हेलेन।

हेलेन का सौन्दर्य इतना दिव्य था कि जब वह अभी बच्ची ही थी, ऐथन्स के थीसियस ने उसका अपहरण कर लिया। हेलेन के भाइयों कैस्टर और पौलक्स ने ऐथन्स पर आक्रमण किया और उसे वापस ले आये। जो उनके राजा थीसियस ने किया उस पर ऐथन्स की जनता इतनी लज्जित थी कि मत देकर राजा को गद्दी से हटाने के लिए उसने अपनी नयी मिली प्रजातांत्रिक शक्ति का उपयोग किया।

सारे यूनानी साम्राज्य में हेलेन की सुन्दरता के चर्चे थे, कैसे उसने सहज ही ऐथन्स के थीसियस को मोह लिया, और उसके पतन का कारण बनी। अनेक संगीत नाटिकाओं की प्रेरणा बन हेलेन भय और सम्मोहन का विषय बनी।

जब कैस्टर और पौलक्स जेसन के सुनहरी ऊन के अभियान से वापस नहीं आये तो टिन्डेरियस ने योग्य दामादों की खोज शुरू की जो उसके राज्य के उत्तराधिकारी होते। और इसलिए उसने यूनान के सभी राजाओं को अपने राज्य में आने को आमंत्रित किया जिससे वह अपनी बेटियों के लिए वर ढूँढ़ सके। जो हेलेन से शादी करता वह स्पार्टा का राजा भी बनता।

यूनान का हर राजा हेलेन का हाथ माँगने और स्पार्टा की राजगद्दी पाने के लिए कीमती उपहार लेकर स्पार्टा पहुँचा। हेलेन को देखने के बाद सब उसके प्रेम में इतने पागल हो गये कि उससे शादी करने के लिए हरेक अपने प्रतिद्वन्द्वियों को मारने को तैयार हो गया। अस्वीकृत उम्मीदवारों की घमासान हिंसा के भय से टिन्डेरियस ने इथाका (Ithaca) के ओडिसियस (Odysseus) की मदद ली। ओडिसियस, जो अपनी चतुराई के लिए मशहूर था, इस शर्त पर मदद करने को मान गया कि टिन्डेरियस की भतीजी पेनीलोप (Penelope) का हाथ शादी के लिए उसे दिया जायेगा। जब टिन्डेरियस राज़ी हो गया, ओडिसियस एक नायाब सुझाव के साथ आया।

सभी उम्मीदवारों को शपथ लेनी पड़ी कि वह उस व्यक्ति की जान-सम्मान की रक्षा करेंगे जो हेलेन से शादी करेगा। जब सभी सहमत हो गये, तो तिनके रखकर दूल्हे का चुनाव भाग्य (fates) पर छोड़ दिया गया। इस प्रकार मेनेलॉस ने हेलेन का हाथ शादी के लिए जीता।

शक्तिशाली अगामेम्नान की नाराज़गी से बचने के लिए टिन्डेरियस ने उसे अपनी दूसरी बेटी क्लाइटेम्नेस्ट्रा का हाथ दिया और उसे अपनी सेना भी दी जिससे कि वह ढोंगी थीस्टस को मार कर माईसिनि का राज्य वापस ले सके।

इस प्रकार पेलोप्स के दो पोते स्पार्टा और माईसिनि के राजा बने। समय के साथ दोनों की पत्नियों ने उनसे विश्वासघात किया, क्योंकि पेलोप्स के परिवार पर मर्तिलस का श्राप था।

- यूनानी कहानियों की तरह हिन्दू महाकाव्य भी निस्सहाय पुरुषों (उदाहरणार्थ पांडव) की बात कहते हैं, जो शक्तिशाली स्त्रियों (पांचाल की राजकुमारी द्रौपदी) से विवाह करने पर ही शक्तिशाली हो पाये।

- कृष्ण कथाओं का अध्ययन अनेक यूनानी प्रभावों को उद्घाटित करता है। हिन्दू कथाओं में आमतौर पर कोई व्यक्ति अपने कर्मों का भार उठाता है, अपने माता-पिता के कर्मों का नहीं। चूँकि कृष्ण यादव हैं और सभी यादव श्रापग्रस्त हैं, तो कृष्ण राजा नहीं हो सकते। क्योंकि उनका पूर्वज यदु अपने पिता ययाति द्वारा श्रापग्रस्त था कि अगर वह या उसके वंशज राजा बनेंगे, तो वे कभी शान्ति नहीं पा सकेंगे। इसलिए मथुरा का यादव नगर गणतंत्र की भाँति प्रजातांत्रिक ढंग से चलता था न कि राजतंत्र द्वारा। ययाति का श्राप भी मर्तिलस की तरह पीढ़ियों तक चलता है।
- हेलेन के जन्म के एक अन्य वृत्तान्त में नेमेसिस, प्रतिशोध की देवी ने हंसिनी का रूप लिया और ज़ियुस द्वारा बलात्कृत हुई जो उससे हंस के रूप में मिला। इस मिलन से हेलेन ने जन्म लिया, जिसका पालन-पोषण स्पार्टा में लेदा द्वारा हुआ। यह वैकल्पिक कथा संकेत देती है कि हेलेन मात्र एक साधन थी देवताओं द्वारा यूनानी और ट्रॉयवासियों की हेकड़ी नष्ट करने के लिए।
- एक और कहानी कैस्टर और पौलक्स की अपने चचेरे भाइयों लिनसियस (Lynceus) और इदास (Idas) के साथ दुश्मनी की बात कहती है। दोनों ओर के भाइयों ने स्त्री, अन्न और पशुओं के लिए युद्ध किया और बाद में एक-दूसरे को मार दिया।
- मेनेलॉस के चरित्र के बारे में अधिक कुछ ज्ञात नहीं है। भिन्न-भिन्न लेखक उसे भिन्न-भिन्न रूप में पेश करते हैं—कुछ उसे अगामेम्नान की छाया में अनाड़ी के रूप में, जो मेनेलॉस की उदासीन पत्नी को पसन्द करता है; और कुछ उसे एक निर्दयी के रूप में।

थेटिस (Thetis)

हेलेन के मेनेलॉस के साथ विवाह से ओलिम्पियंस को कोई फ़र्क नहीं पड़ा, खासकर अफ्रोदिति को, जिसने दरअसल हेलेन को एक और आदमी को उपहारस्वरूप देने का वादा किया हुआ था : वह था ट्रॉय का राजकुमार पैरिस, जिसे सिकंदर के नाम से भी जाना जाता था।

यह सब तब शुरू हुआ जब ज़ियुस को दो अप्सराओं से प्रेम हो गया : एजीना (Aegina), जिसे वह बरगला सकता था पर दूसरी थेटिस (Thetis) को नहीं।

ज़ियुस एजीना को उसके पिता के क्रोध से बचाने के लिए एक उजाड़ द्वीप में ले गया। उसने चींटियों को उस द्वीप का वासी बना दिया था जो मिरमिडॉनस (Myrmidons) के नाम से जानी गयीं। उन्होंने एजीना की सेवा की, रक्षा की, और चींटियों में पायी जाने वाली स्वामीभक्ति और अनुशासन के साथ एजीना के बेटे एकस का अनुसरण किया।

इस बीच ज़ियुस थेटिस के पास गया उससे संभोग करने की नीयत से। लेकिन जब उसे हेराक्लेस और प्रोमेथियस से पता लगा कि थेटिस पिता से अधिक महान पुत्र को जन्म देगी तब वह पीछे हट गया और एकस के बेटे पेलियस को उसे अपनी पत्नी बनाने का आदेश दिया।

एकस के दो बेटे थे, पेलियस और टेलामॉन, जो कैलिडोनियन के शिकार, आर्गोनॉट्स अभियान में शामिल हुए और जिन्होंने ट्रॉय पर चढ़ाई में हेराक्लेस का साथ दिया। कैलिडोनियन आखेट के दौरान उन्होंने गलती से अपने सौतेले भाई फोकस (Phocus) को मार दिया था और इसलिए एजीना के द्वीप को उन्हें छोड़ना पड़ा था। टेलामॉन सलामिस के द्वीप की ओर चला गया और पेलियस उत्तर में सुदूर फ्थिया (Phthia), जहाँ मिरमिडॉनस ने उसका पीछा किया।

यह बात थेटिस को नागवार थी कि बिना उसकी मर्ज़ी के, किसी मनुष्य को वह दी जाये। उसने विवाह के विचार का विरोध किया और पेलियस को मिलने से भी मना कर दिया। पर, एक दिन ज़ियुस के कहने पर, जब वह नग्न जलपरियों के साथ नाच रही थी, पेलियस ने उसे उसकी बेध्यानी में कसकर पकड़ लिया। थेटिस ने भागने की कोशिश की, बुरी तरह छटपटाते हुए उसने अपने आकार भी बदले, पर पेलियस ने उसे जाने नहीं दिया। अन्त में वह हार गयी और उसे अपना पति स्वीकार कर लिया। इस मिलन से एक्लीस (Achilles) का जन्म हुआ, यूनानी जगत का महानतम नायक।

- थेटिस एक जलपरी या अप्सरा है। हिन्दू मिथकों में सुन्दरियाँ जो स्वर्ग में नृत्य करती हैं, अप्सराएँ कहलाती हैं, जिसका अर्थ है जल से जन्म लेने वाली (अप्सा, संस्कृत में)। यूनानियों ने उनके उत्स के आधार पर उनका वर्गीकरण किया। वृक्ष-अप्सरा, जल-अप्सरा, पर्वत-अप्सरा और मेघ-अप्सरा। ऐसा वर्गीकरण हिन्दू मिथकों में नहीं पाया जाता।
- थेटिस प्राचीन सागर देवता नेरियस (Nereus) की पचास पुत्रियों में से एक है, जिसने पॉज़ाइडन के पहले सागर पर राज किया। नेरियस सबसे पुराने सागर-देव

पोंतस का बेटा और गाया का पति है। नेरियस अक्सर भ्रमवश ट्रिटॉन (Triton) मान लिया जाता है, पॉज़ाइडन का पुत्र, ऐसा इंसान जिसके पैर की बजाय मछली की पूँछ है और जो शंख बजाता है।

- आकार बदलने की क्षमता में थेटिस, प्रोटियस (Proteus) जैसी है। प्रोटियस सागर का देवता है जो आकार बदलता रहता है और जिससे 'प्रोटियन' (Protean) विशेषण बना है। आकार बदलने वाले जीव-जन्तु हिन्दू मिथकशास्त्र में भी हैं। दुर्गा एक असुर से युद्ध करती है जो अन्त में भैंसे के रूप में मारे जाने से पहले हाथी और सिंह तक का रूप ले चुका था।
- प्लेटो के अनुसार, जब एकस मरा, तो वह पश्चिम (यूरोप) से आने वाली मृतात्माओं का निर्णायक (जज) बना। रैडामन्थस पूरब (एशिया) से आने वाली मृतात्माओं के लिए निर्णायक (जज) था, और मिनोस के पास निर्णायक मतदान का अधिकार था।
- सिकंदर अपनी माता की ओर से वंशानुक्रम में एकस का वंशज था।

एरिस (Eris)

कलह की देवी एरिस (Eris) को छोड़कर, सभी ओलिम्पियंस पेलियस और थेटिस के विवाह में निमंत्रित थे। क्रोधित एरिस ने सभी एकत्रित देवताओं को सबक सिखाने की सोची। उसने उनके बीच सोने का सेब, जिसे कलह का सेब कहा गया, फेंका, जिस पर खुदा हुआ था, 'सर्वश्रेष्ठ सुन्दरी के लिए'।

हेरा, अफ्रोदिति और एथिना, सभी ने सेब पर दावा किया और इसके लिए लड़ पड़ीं। उनका झगड़ा बढ़ता ही गया और किसी देवता, यहाँ तक कि ज़ियुस तक की हिम्मत यह बताने की नहीं हुई कि तीनों में सर्वश्रेष्ठ और सेब की असली हकदार कौन थी। अन्त में देवियों से, महिलाओं की सुन्दरता के पारखी और निष्पक्ष निर्णय देने के लिए विख्यात ट्रॉय के राजकुमार पैरिस के पास जाने को कहा गया।

तीनों देवियाँ पैरिस के समक्ष पेश हुईं और अपने सौन्दर्य से उसे प्रभावित करने की कोशिश की। जब वह कोई निर्णय नहीं ले पाया तो प्रत्येक देवी ने गुप्त रूप से उसे रिश्वत देने की कोशिश कीं। हेरा ने

उसे संसार के सबसे बड़े साम्राज्य का शासक बनाने का वचन दिया। एथिना ने उसे सर्वप्रिय योद्धा बनाने का वचन दिया। अफ्रोदिति ने उसे संसार की सर्वश्रेष्ठ सुन्दरी का हाथ देने का वादा किया—स्पार्टा की हेलेन।

पैरिस ने अफ्रोदिति की पेशकश मान ली और उसे सेब प्राप्त करने की योग्य अधिकारी के रूप में चुना, पर ऐसा करके उसने अपने और ट्रॉय के लिए हमेशा के लिए हेरा और एथिना की दुश्मनी मोल ले ली।

- फूट की हिन्दू देवी का नाम कलह है। उसे अलक्ष्मी या दुर्भाग्य की देवी के नाम से भी जाना जाता है। जहाँ कलह की यूनानी देवी का भाई है ऐरेस, युद्ध का देवता, कलह की हिन्दू देवी की बहन है लक्ष्मी, धन की देवी। रोमन मिथकों में एरिस को डिस्कोर्डिया कहा गया था।
- पैरिस साँड़ों की दौड़ की व्यवस्था के लिए विख्यात था। उसके पास एक साँड़ था जिसने वहाँ के सभी साँड़ों को हरा दिया था। जो भी उसके साँड़ को हराता उसे वह सोने का मुकुट भेंट देता। ऐरेस (Ares), युद्ध के देवता, ने साँड़ का रूप बनाया और पैरिस के साँड़ को हरा दिया। बिना हिचकिचाहट ट्रॉय के राजकुमार ने वचनानुसार सोने का मुकुट ऐरेस को दे दिया। इस निष्पक्ष निर्णय के कारण पैरिस को ओलिम्पियंस से सम्मान मिला, जिन्होंने इसीलिए उसे तीन देवियों में से सर्वश्रेष्ठ सुन्दरी का चुनाव करने को कहा था।
- एरिस के सेब से विश्व में पहली सौन्दर्य प्रतियोगिता हुई। ट्रॉय एशिया में स्थित है, जबकि यूनान यूरोप में। एशिया अफ्रोदिति के जुनून पर फिदा है, यूरोप एथिना और हेरा को चुनता है जो कौशल और घर-गृहस्थी की प्रतिमूर्ति है।

प्रायम (Priam)

ट्रॉय का नाम इसके राजा ट्रोस (Tros) पर पड़ा। ट्रोस का पुत्र गैनीमीड (Ganymede) था जिसे ज़ियुस ने अपना प्रेमी बनाया और जिसके बदले में शहर को बहुत से चमत्कारी घोड़े दिये।

ट्रोस का एक और पुत्र था, इलस (Ilus), जिससे ट्रॉय इलियम नाम से भी जाना गया। इलस का बेटा था लेयोमेडोन (Laomedon), जो अनजाने में देवताओं का मालिक बन गया, विशेष रूप से पॉज़ाइडन का।

सागर के देवता पॉज़ाइडन ने एक बार ज़ियुस के विरुद्ध आवाज़ उठाने की गुस्ताखी की थी और गुस्से में आकर ज़ियुस ने पॉज़ाइडन को दैवी शक्तियों से

वंचित कर नीचे धरती पर भेज दिया, लेयोमेडोन के नौकर के रूप में सेवा करने के लिए। इस बात से अनभिज्ञ कि वह देवता से मुखातिब था, लेयोमेडोन ने पॉज़ाइडन की असाधारण क्षमता को देखते हुए ट्रॉय के इर्द-गिर्द ऊँची दीवार बनाने को कहा।

चूँकि देवताओं द्वारा बनाई दीवार अभेद्य होती, ज़ियुस ने अपने पुत्र व टेलामॉन और पेलियस के पिता एकस को पॉज़ाइडन की मदद के लिए भेजा। जबकि दीवार का एकस द्वारा बनाया हिस्सा भेदा जा सकता था, भाग्य ने तय किया, केवल एकस के पुत्र ही ऐसा कर सकेंगे, और कोई नहीं।

प्रताड़ना की अवधि की समाप्ति पर जब वापस जाने का समय आ गया, पॉज़ाइडन ने अपना जायज़ पारिश्रमिक लिये बिना जाने से मना कर दिया। लेयोमेडोन ने, आदत के मुताबिक हमेशा कम वेतन देने या न देने का बहाना ढूँढ़ते हुए तर्क दिया कि ट्रोजन दीवार पूरी तरह पॉज़ाइडन ने नहीं बनाई थी, उसने एकस की मदद ली थी। लेयोमेडोन को यह पता नहीं था कि वह देवता से मोल-भाव कर रहा था, जिसे पूरे मेहनताने की उम्मीद थी। ट्रॉयवासियों को अपने राजा के लोभ की भयंकर कीमत देनी थी।

कुपित पॉज़ाइडन ने ट्रॉय को नष्ट करने के लिए एक समुद्री दानव भेजा। वह तब तक नहीं जाता जब तक राजा अपनी सर्वप्रिय संतान अपनी पुत्री हेसियान (Hesione) को बलि के रूप में भेंट नहीं करता।

इसी समय हेराक्लेस ट्रॉय से गुज़र रहा था। वह वापस घर जा रहा था, जब आरगो उसके बिना रवाना हो चुका था, जबकि वह हाइलस (Hylas) को ढूँढ़ रहा था। उसके साथ एकस के बेटे टेलामॉन और पेलियस भी थे।

लेयोमेडोन ने हेराक्लेस से अपनी बेटी की रक्षा के लिए प्रार्थना की। बदले में हेराक्लेस ने उन चमत्कारी घोड़ों की माँग की, जो ज़ियुस ने ट्रॉय को गैनीमीड

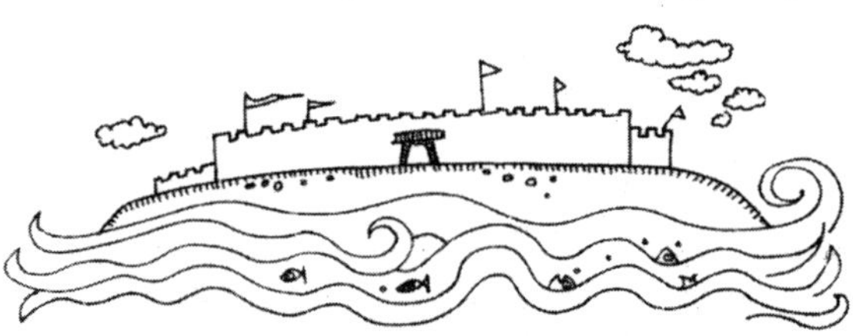

के एवज़ में दिये थे। लेयोमेडोन मान गया, पर जब एक बार पॉज़ाइडन का समुद्री दानव हरा दिया गया और हेसियान बचा ली गयी, वह अपनी बात से फिर गया।

सो हेराक्लेस ने ट्रॉय पर हमला किया और टेलामॉन की मदद से शहर के चारों तरफ़ की दीवार तोड़ दी। तब हेराक्लेस लेयोमेडोन और उसके सभी बेटों को मारने को बढ़ा। सिर्फ़ एक, लेयोमेडोन का सबसे छोटा बेटा पोडारसेस (Podarces) छोड़ दिया, जिसके लिए हेसियान ने भारी कीमत चुकाई। बाद में वह प्रायम (Priam) के नाम से जाना गया, यानी निष्क्रीत।

टेलामॉन ने ट्रॉय की दीवार तोड़ने के एवज़ में हेसियान को माँग लिया और उसे अपने साथ यूनान ले गया जहाँ वह उसकी रखैल की तरह रही।

- ज़ियुस एकस को दीवार का एक हिस्सा बनाने के लिए भेजता है ताकि यह सदा अजेय न रह सके। इस प्रकार इसकी पूर्णता में वह त्रुटि डाल देता है। ऐसे विचार हिन्दू मिथकों में भी पाये जाते हैं : चूँकि कोई भी अमरत्व का वरदान नहीं पाता, असुर जो ब्रह्मा का आह्वान करते हैं, वे अक्सर ऐसे वरदान माँगते हैं, जो उन्हें लगभग अजेय बनायें। पर इसमें हमेशा ही कोई छिद्र होता है, जिसका देवता लाभ उठाते हैं और असुरों को मार डालते हैं।
- देय का भुगतान न करने का परिणाम निश्चित रूप से देवताओं का कोप होता है। समान कथावस्तुएँ हिन्दू मिथकों में भी पायी जाती हैं। हरिश्चन्द्र वरुण को नाराज़ करता है जब वह अपने पुत्र की बलि देने से इनकार करता है, हालाँकि वरुण ने उसे जलोदर से ठीक किया है। देव ऋण से उऋण होना हिन्दू अनुष्ठानों का मूल तत्व है।
- ज़ियुस गैनीमीड को अमर कर देता है, उसे आकाश में नक्षत्र—राशियों का रूपवाहक कुंभ (अक्वेरियस) बनाकर। इयो, यूरोपा और लेदा के साथ-साथ गैनीमीड जुपिटर के एक उपग्रह का भी नाम है।
- दो ओलिम्पियंस (कहानी के अन्य संस्करण में अपोलो भी पॉज़ाइडन के साथ जुट जाता है) और एक मनुष्य (एकस) द्वारा बनाई ट्रॉय की दीवार की कहानी यूनानी कवि पिंडार से मिलती है, जो 2500 वर्ष पहले था।
- हेसियान को समुद्री राक्षस से बचाने की हेराक्लेस की कहानी में अक्स है, एंड्रोमेडा को एक अन्य समुद्री दानव से बचाने की पर्सियस की कहानी का। हेसियान का पिता लेयोमेडोन सागर के देवता पॉज़ाइडन को नाराज़ करता है, जबकि एंड्रोमेडा की माँ नीरिड्स जलपरी को नाराज़ करती है।
- अपने अनेक अभियानों में हेराक्लेस अक्सर अपनी सेवाओं के लिए अपनी नायक वाली गरिमा को कम करते हुए पारिश्रमिक की माँग करता है। इसमें कई बार वह

असफल रह जाता है, यह उसकी झुँझलाहट को और भी बढ़ाता है।

- हेराक्लेस ट्रोजन दीवार को खुद तोड़ना चाहता था, पर ऐसा नहीं कर सका। जब उसे ज्ञात हुआ कि टेलामॉन ने ऐसा कर लिया है, तो वह क्रोधित हुआ और टेलामॉन को मारना चाहा। हेराक्लेस की असुरक्षा की भावना का अन्दाज़ा लगाते हुए टेलामॉन ने हेराक्लेस का सम्मान करने के लिए टूटी हुई दीवार के पत्थरों से एक वेदी बनाई, इससे हेराक्लेस प्रसन्न हुआ और टेलामॉन को चोट पहुँचाने की अपनी इच्छा के बारे में भूल गया।

प्रायम का वंश

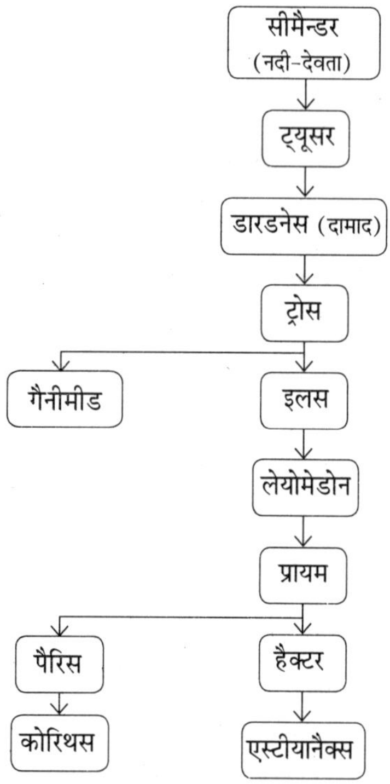

पैरिस (Paris)

प्रायम ने हेकाबी (Hecabe) से शादी की, जिसने उसे पचास संतानें दीं, जिनमें से हैक्टर (Hector), पैरिस (Paris), डीफोबस (Deiphobus), हेलेनस (Helenus), ट्रॉयलस (Troilus), पौलिक्सेना (Polyxena), लेयोडाइस (Laodice) और

पौलिडोरस (Polydorus) थे।

पैरिस के जन्म के समय यह भविष्यवाणी हुई कि वह ट्रॉय के पतन का कारण बनेगा। और इसलिए उसके पिता प्रायम ने अपने लोगों को उसे जंगल में जानवरों के रहमोकरम पर छोड़ आने का आदेश दिया। पर एक गड़रिये ने शिशु पर दया की और घर ले आया और अपने बच्चे की तरह पाला।

पैरिस एक सुदर्शन और प्रतिभावान युवक था, इतना कि जब उसने ट्रॉय के खेलों में हिस्सा लिया, राजा प्रायम का दिल जीत लिया जो यह जानकर अत्यंत प्रसन्न था कि यह लड़का वास्तव में उसका अपना ही बेटा था।

इसके कुछ ही दिन बाद प्रायम ने अपनी बहन हेसियान को वापस लाने के लिए यूनान की ओर अभियान का आदेश दिया, जो सलामिस (Salamis) में टेलामॉन की रखैल बनकर सेवा करने को बाध्य थी। टेलामॉन ने उसे छोड़ने से मना कर दिया। ट्रॉय की राजकुमारी हेसियान को जाने देने से यूनानियों की मनाही ने ट्रोजन युद्ध की चिंगारी भड़काने में महत्त्वपूर्ण भूमिका अदा की।

पैरिस, जो इस अभियान में शामिल था, अफ्रोदिति द्वारा बताई गयी स्त्री हेलेन से मिलने की इच्छा से, स्पार्टा की तरफ़ निकल पड़ा। वहाँ पहुँच कर उसे मालूम हुआ कि वह स्त्री तो विवाहित है। पर इस बात का पैरिस पर कोई असर नहीं हुआ, और उस समय न इस बात से पैरिस को कोई फ़र्क पड़ा कि वह खुद भी शादीशुदा है। हेलेन वास्तव में उन सब स्त्रियों में सर्वाधिक सुन्दर थी, जो उसने अब तक देखी थीं। हेलेन ने भी जैसे ही ट्रॉय के राजकुमार पैरिस को देखा, उसके प्रेम में मर मिटी और अपने पति को छोड़कर उसके साथ चलने को तैयार हो गयी।

पहले तो उनके भाग जाने की खबर ने ट्रॉयवासियों को परेशान किया, क्योंकि उन्हें यूनान से युद्ध का डर था। पर जब हेलेन को देखा, उन्होंने उसे सराहा और मान गये कि उसे ट्रॉय में ही रहना चाहिए।

- कहानी के कुछ संस्करणों में, हेरा और एथिना असली हेलेन को छिपा देती हैं और उसे हेलेन के प्रेत से बदल देती हैं। इस प्रकार हेलेन जो पैरिस के साथ जाती है वह छद्मवेषी हेलेन है। ऐसा ही विवरण *रामायण* के एक संस्करण में पाया जाता

है, जहाँ सीता, जिसका रावण अपहरण करता है, वह वास्तव में सीता नहीं है, जबकि असली सीता अग्निदेवता द्वारा संरक्षित है। तथापि जहाँ रावण बलपूर्वक सीता का हरण करता है, वहीं हेलेन स्वेच्छा से पैरिस के साथ गायब होती है। इसलिए हेलेन की सीता के साथ तुलना गलत मानक है।

- प्रायम, ट्रॉय का राजा और उसकी रानी हेकाबी की पचास संतानें हैं, जिनमें से बारह बेटियाँ हैं। धृतराष्ट्र, हस्तिनापुर का राजा और उसकी रानी गांधारी के सौ पुत्र हैं और एक बेटी। दोनों ही महाकाव्यों में शत्रुपक्ष के पिता असीम प्रजनन क्षमता से युक्त हैं।
- पैरिस को सिकंदर के नाम से भी जाना गया है। अपने पूर्वजों से भिन्न, जो मेहनताना देने के मामलों में अपनी बात से मुकर जाते हैं, पैरिस अपनी बात का पक्का और अपने निर्णय में निष्पक्षता के लिए जाना गया है, पर उसकी गरिमा खंडित हो जाती है, जब वह अफ्रोदिति के जादू से मोहित हो जाता है।
- स्तम्भों की तरह प्रयुक्त होने वाली विशाल मूर्तियाँ टेलामॉन कहलाती हैं।
- टेलामॉन अपनी यूनानी पत्नी पेरिबोइया (Periboea) से एजेक्स और ट्रोजन, उपपत्नी हेसियान से ट्यूसर पैदा करता है। दोनों सौतले भाई यूनान के पक्ष में युद्ध लड़ते हैं।

मेनेलॉस (Menelaus)

हेलेन के भाग जाने की बात जानकर हर यूनानी राजा मेनेलॉस (Menelaus) की मदद करने के लिए स्पार्टा पहुँचा। वे आये क्योंकि वे सब हेलेन को चाहते थे और इसलिए भी कि हेलेन की शादी के वक्त बहुत दिनों पहले वे सब एक वचन से बँधे थे।

यूनानियों का मानना था कि हेलेन भागी नहीं थी, बल्कि उसका अपहरण हुआ था, इसलिए उसे छुड़ाना था। उसके पति से वचनबद्ध और उसके प्रति प्यार के कारण यूनान के सभी राजा मेनेलॉस की सहायता के लिए इकट्ठा हो गये।

मेनेलॉस बहुत सीधा-सादा इंसान था, जो जानता था कि वह अच्छा नेतृत्व नहीं कर सकता। अत: उसने अपने से अधिक योग्य और महत्वाकांक्षी भाई अगामेम्नान को इस यूनानी अभियान का कमान्डर नियुक्त किया।

- हिन्दू मिथकों में स्वयंवर की बात होती है, लड़की द्वारा वर के चुनाव का रिवाज़, जो क्षत्रिय समुदाय में लोकप्रिय था। पुरुष कन्या के पिता के घर में एकत्रित होते, अपनी धनुर्विद्या का प्रदर्शन करते और उसे अपना पति चुनने का अवसर देते। बाद में चुनाव का अधिकार कन्याओं से छीन लिया गया और उनके पिताओं को दे दिया गया। इसी प्रकार *रामायण* और *महाभारत* में राम सीता को और अर्जुन द्रौपदी को पाता है। हेलेन का वर-चुनाव इस अटकल को बल देता है कि यह एक प्राचीन इंडो-यूरोपियन या आर्यन प्रणाली थी, जो यूरेशिया से पश्चिम की ओर यूरोप तक और पूरब में भारत तक फैली।
- ज़ियुस युद्धों का संचालन करता है, जैसे थीबिन और ट्रोजन युद्ध। इन युद्धों का उद्देश्य था संसार की बढ़ती जनसंख्या पर नियंत्रण पाना। यही बात हिन्दू मिथकों में भी है, जहाँ धरती का भार कम करने के लिए संसार के संरक्षक विष्णु लोगों में युद्ध करवाने का वचन देते हैं।
- होमर की *इलियड* में मेनेलॉस एक वीर योद्धा की तरह प्रस्तुत है, पैरिस से भी बड़ा योद्धा जो द्वन्द्व में पैरिस को हराता है और एक्लीस के प्रेमी और साथी, पैट्रोक्लेस, के शरीर को ढूँढ़ पाने में मदद करता है।
- होमर के वृत्तान्त में हेलेन को अपने निर्णय पर पछतावा है और वह मेनेलॉस के पास वापस जाना चाहती है। पर अन्य लेखक इससे असहमत हैं, उनके अनुसार हेलेन अपने अपहरण के बाद हुए हत्याकांड का आनन्द लेती है। अनेक लेखकों का मत है कि हेलेन ने कभी मेनेलॉस से प्यार नहीं किया, बल्कि अन्त तक उसके साथ धोखा ही करती है। यूरिपाइड्स के नाटक *'हेलेन'* में पति-पत्नी मृत्यु के बाद *आयल ऑफ़ द ब्लेस्ड* (Isle of the Blessed) में मिलते हैं।
- होमर के महाकाव्य में यूनानवासी 'आरगीव्ज़' कहलाते हैं, क्योंकि उन सबकी जड़ें उनकी पूर्वज इयो के शहर आरगोस में पायी जा सकती हैं। बाद में आरगीव्ज़, हेलेनीज़ (Hellenes) के रूप में जाने गये, ड्यूकेलियन के पुत्र, हेलेनी के वंशज। हेलेनीज़ को अरस्तू द्वारा नया नाम यूनानी दिया गया।

लेयोडाइस (Laodice)

अगामेम्नान ने हेलेन को शान्तिपूर्ण तरीके से वापस लाने के लिए यूनानी सिपाहियों का प्रतिनिधिमंडल ट्रॉय भेजा। थीसियस का बेटा, ऐकामस (Acamas) भी उस अभियान का हिस्सा था।

लेकिन, प्रायम (Priam) ने हेलेन को भेजने से मना कर दिया, ''यूनानी मेरी

बहन हेसियान को ले गये और उसे टेलामॉन की रखैल बनने को मजबूर किया,'' उसने कहा। ''तब मेरा बेटा पैरिस, एक ट्रोजन राजकुमार हेलेन को पत्नी बनाकर क्यों नहीं रख सकता। अदला-बदली गलत नहीं है।''

ट्रॉय में अपने प्रवास के दौरान ऐकामस को प्रायम की सबसे सुन्दर बेटी लेयोडाइस (Laodice) से, जो एक ट्रोजन कुलीन पुरुष की पत्नी थी, प्रेम हो गया। पर यह प्रेम अधूरा रहा, क्योंकि वह प्रेम युद्ध की हवाओं द्वारा विदीर्ण हो गया। लेयोडाइस को हेलेन की तरह भाग जाना उचित नहीं लगा।

- *महाभारत* में युद्ध के पहले शान्ति के लिए अनेक गम्भीर समझौता वार्ताएँ होती हैं। एक पूरा भाग 'उद्योग पर्व' इन समझौता वार्ताओं पर है।
- लेयोडाइस का पति टेलेफ़स (Telephus), माइसिया (Mysia) का राजा और हेराक्लेस का बेटा था। वह जन्म से यूनानी था, पर विवाह से ट्रॉय का सम्बन्धी था। टेलेफ़स इस विडंबना में पड़ जाता है—क्या वह यूनानियों से युद्ध करे या उनकी सहायता करे। कुछ विवरणों के अनुसार, वह यूनानियों से युद्ध करता है, जब वे ट्रॉय जाते हुए माइसिया रुके। लेकिन एक्लीस उसे घायल कर देता है और वह तभी ठीक हो सकता है जब एक्लीस के भाले द्वारा छुआ जाये। ठीक होने पर वह यूनानी लोगों को ट्रॉय का रास्ता ढूँढ़ने में मदद करता है। इस प्रकार वह दोनों पक्षों का साथ देता है।
- चूँकि ट्रॉय का सम्बन्ध भुगतान, उचित या अनुचित से है, शायद इससे संकेत मिलता है कि ट्रॉय के लोग व्यापारी थे। ज़ियुस गैनीमीड को लेता है, बदले में उसके पिता, ट्रोजन राजा को घोड़े देता है; ट्रोजन राजा लेयोमेडोन वचन देता है, पर पॉज़ाइडन और हेराक्लेस को भुगतान नहीं करता और हेलेन हेसियान के बदले उचित भुगतान मानी जाती है।

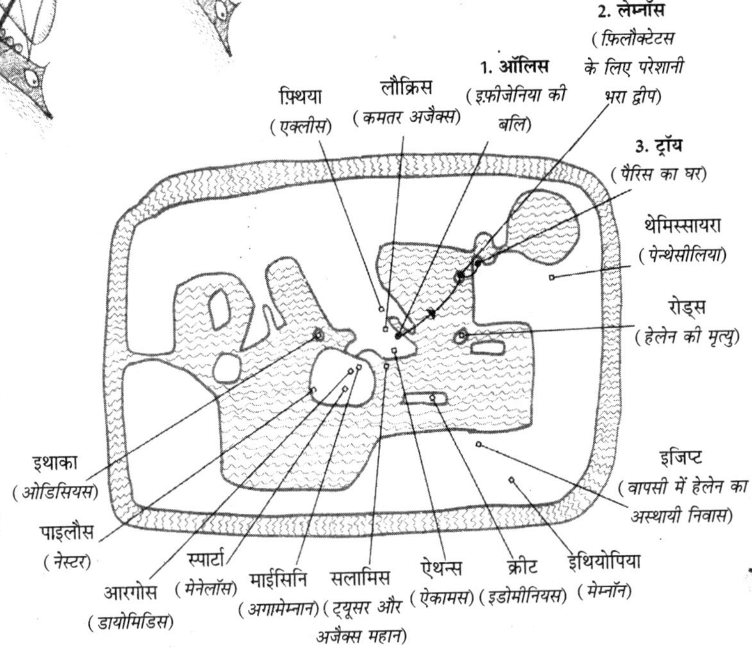

ट्रोजन युद्ध : प्रमुख योद्धाओं का शहर

(मूर्तरूप : सही माप से नहीं बना)

एक्लीस (Achilles)

कूटनीति के असफल होने के बाद युद्ध अनिवार्य हो गया। अगामेम्नान ने सभी यूनानी राजाओं को अपने-अपने जहाज़ों के साथ ऑलिस (Aulis) के बंदरगाह पर एकत्रित होने का आदेश दिया। उसे पता था कि केवल एकस का कोई वंशज ही ट्रोजन दीवार को तोड़ सकता है; जैसे टेलामॉन ने इसे हेराक्लेस के लिए तोड़ा था, अगामेम्नान को पेलियस या फिर उसके बेटे एक्लीस की सहायता लेनी पड़ेगी।

एक्लीस के जन्म के तुरन्त बाद ही उसकी माँ, जलपरी थेटिस, ने स्टैक्स नदी में डुबोकर एक्लीस को अभेद्य बनाने की कोशिश की थी। उस नदी के पानी से उसके शरीर का हर भाग भीग गया और वह सभी प्रकार के शस्त्रों के लिए अभेद्य हो गया। थेटिस ने एक्लीस को ऐड़ी से पकड़कर नदी के पानी में भिगोया था; जिससे उसकी ऐड़ी पानी से बाहर ही रही और इस कारण से वह कमज़ोर रह गयी।

थेटिस ने एक्लीस को सेंटो कायरन के पास योद्धा का प्रशिक्षण पाने के लिए भेजा और वह एक प्रतिभाशाली और असाधारण योद्धा की भाँति परिपक्व बन कर लौटा। अपने शिक्षण-काल के दौरान वह पैट्रोक्लेस (Patroclus) नामक एक नौजवान से मिला और उसके प्रेम में पड़ गया। दोनों अभिन्न थे।

ओपस (Opus) के राजकुमार पैट्रोक्लेस ने गलती से खेल के दौरान एक बच्चे को मार दिया, इसलिए अपने पिता के घर से निकाल दिया गया था। वापस जाने के लिए उसके पास कोई घर नहीं था। जब खबर आयी कि यूनानियों ने ट्रॉय के खिलाफ़ युद्ध घोषित कर दिया है, पैट्रोक्लेस ने एक्लीस और उसके मिरमिडॉनस (Myrmidons) के साथ ट्रॉय जाने का निश्चय किया।

पर थेटिस नहीं चाहती थी कि एक्लीस ट्रॉय जाए, क्योंकि ऐसा कहा गया था कि वहाँ उसकी मृत्यु हो जायेगी। अपने बेटे को बचाने को प्रतिबद्ध वह उसे उसके पिता पेलियस के घर से स्काइरस (Scyros) द्वीप ले गयी, जहाँ उसे स्त्रियों के कपड़े पहनाकर स्त्रियों के निवास में छिपा दिया।

गुप्तचरों को पता लगा कि एकस का प्रपौत्र शायद स्काइरस द्वीप में स्त्रियों के बीच छिपा हुआ है। अत: ओडिसियस सौदागर के वेश में द्वीप पर आया और वहाँ महिलाओं के

सामने अपना सामान रखा; आभूषण, शृंगार-प्रसाधन, कपड़े, इत्र और तलवार। पूर्व नियोजित संकेत पर तुरही बजाई गयी, यह जताने के लिए कि जैसे द्वीप पर हमला हुआ है। लड़कियाँ चिल्लाईं और सुरक्षा के लिए भाग गयीं, सिर्फ़ एक को छोड़कर—एक्लीस !

जिस क्षण एक्लीस ने तलवार पकड़ी, उसकी वास्तविकता प्रकट हो गयी। थेटिस के विरोध के बावजूद एक्लीस को ऑलिस ले जाया गया।

- *महाभारत* में धनुर्धर अर्जुन हिजड़ा-नर्तक बनकर स्वयं को छिपाता है और मत्स्यराज विराट के महल के रनिवास में रहता है। पर जब शहर पर कौरवों का खतरा होता है, वह नगर की सुरक्षा के लिए युद्ध में जाता है, इस प्रकार उसकी असली पहचान उद्‌घाटित होती है। यह कहानी एक्लीस की कहानी के बर-अक्स है, जो लड़की होने का ढोंग करता है और स्त्रियों के आवास में रहता है जब तक मुसीबत नहीं आती और शस्त्र उठाने की नौबत नहीं आती।
- सेंटो कायरन, जो पेलियन (Pelion) पर्वत पर रहता है, अनेक यूनानी नायकों का—एक्लीस, जेसन, पर्सियस, हेराक्लेस, थीसियस, पेलियस, टेलामॉन यहाँ तक कि कुछ कहते हैं डायोनीसस—का शिक्षक है। अन्य सेंटोज़ से भिन्न, जो अनियंत्रित और कामुक प्रवृत्ति के हैं, कायरन शान्त, भद्र और बुद्धिमान है।
- स्काइरस के द्वीप पर एक्लीस राजा लाइकोमीडस (Lycomedes) की बेटियों से मित्रता करता है और उनमें से एक, डीडामिया (Deidamia), के बच्चे का पिता बनता है। इस प्रकार जन्मा पुत्र पाइरस (Pyrrhus) है, जो ट्रोजन युद्ध में महत्त्वपूर्ण भूमिका निभाता है। पाइरस एक और नाम नियोप्टोलेमस (Neoptolemus) से लोकप्रिय है।

एकस का वंश

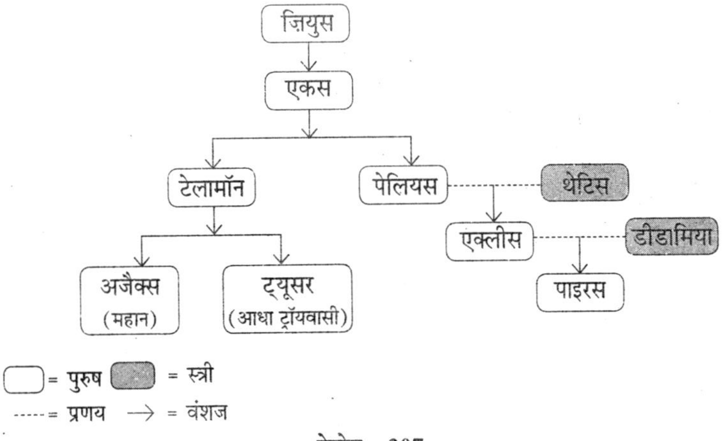

- जुपिटर के इर्द-गिर्द के क्षुद्र ग्रह यूनानी कैम्प और ट्रोजन कैम्प के रूप में वर्गीकृत हुए हैं। पैट्रोक्लेस अकेला ग्रह है, जो ट्रोजन कैम्प में यूनानी है और हैक्टर अकेला ग्रह है जो यूनानी कैम्प में ट्रोजन है।

इफ़ीजेनिया (Iphigenia)

राजाओं, योद्धाओं और जहाज़ों का ऐसा जनसमूह इकट्ठा हुआ जैसा कभी और नहीं हुआ था। वहाँ स्पार्टा का मेनेलॉस था और उसका भाई माईसिनि का अगामेम्नान। एक्लीस अपने प्रेमी पैट्रोक्लेस और उसके चचेरे भाई, टेलामॉन के बेटे अजैक्स (Ajax) और ट्यूसर (Teucer) और अपने चींटियों जैसे अनुशासन के लिए प्रसिद्ध श्रेष्ठ मिरमिडॉन योद्धाओं के झुंड के साथ था। एक अन्य अजैक्स भी था, जो अजैक्स कमतर, नाम से जाना गया क्योंकि वह इतना महान और मज़बूत नहीं था जितना टेलामॉन का बेटा, जो अक्सर अजैक्स महान के नाम से सम्बोधित था। धूर्त ओडिसियस इथाका से आया। पैलामीड्स (Palamedes) ने भी, जिसने चालाकी से ओडिसियस को पीछे करके अपनी नियुक्ति सुनिश्चित कर ली थी, भाग लिया। पाइलौस (Pylos) से बूढ़ा राजा नेस्टर (Nestor) आया था। और जिसने हेराक्लेस की चिता को आग दी थी, फिलौक्टेटस स्वयं हेराक्लेस द्वारा उपहार दिये गये शस्त्र लेकर आया था। फिर वहाँ क्रीट का इडोमीनियस (Idomeneus), फाइलेस (Phylace) का प्रोटेसिलास (Protesilaus), आरगोस का डायोमिडिस और ऐथन्स से थीसियस के बेटे डेमोफोन (Demophon) और ऐकामस थे। अगामेम्नान ने खासकर ज्योतिषी कैल्चस (Calchas) को बुलाया था।

पर जहाज़ रवाना नहीं हो सके। एक ज़बरदस्त तूफ़ान टूट पड़ा और महीनों तक रुका नहीं। जैसा कि महीनों से हो रहा था। अन्त में कैल्चस ने बताया कि अर्तेमिस अगामेम्नान से नाराज़ थी, चूँकि एक बार उसने डींग मारी थी कि वह उससे ज़्यादा तेज़ भाला फेंक सकता है। देवी को प्रसन्न करने का और तूफ़ान को रोकने का एकमात्र उपाय था उसे भेंट में उसकी बलि चढ़ाना जिसे अगामेम्नान

दुनिया में सबसे ज़्यादा चाहता था; अपनी बेटी इफ़ीजेनिया (Iphigenia)।

भारी दिल से अगामेम्नान ने अपनी पत्नी क्लाइटेम्नेस्ट्रा को इफ़ीजेनिया को ऑलिस भेजने का संदेश भेजा। सच कहने की बजाय उसने उससे कहा कि उसने पेलियस और थेटिस के बेटे एक्लीस को राज़ी करवा लिया है कि वह उनकी बेटी से शादी कर ले।

माईसिनि की महारानी क्लाइटेम्नेस्ट्रा रोमांचित थी इस रिश्ते से और अपनी बेटी इफ़ीजेनिया को ऑलिस ले आयी, लेकिन वहाँ पहुँच कर स्तब्ध रह गयी यह देखकर कि उसके पति अगामेम्नान ने अपने ही हाथों से बेटी को अर्तेमिस की बलि चढ़ा दिया।

- *महाभारत* के तमिल संस्करणों में पांडवों की कौरवों पर विजय सुनिश्चित करने के लिए किसी सर्वांगसम्पूर्ण वयस्क की बलि की आवश्यकता होती है, इसलिए अर्जुन का पुत्र अर्वाण युद्धक्षेत्र की देवी को समर्पित किया जाता है।
- यह विचित्र है कि जहाँ ज़ियुस टैन्टलस को अपने बेटे की बलि देने और उसका मांस देवताओं को परोसे जाने के लिए प्रताड़ित करता है, अर्तेमिस अगामेम्नान से उसकी बेटी की बलि की माँग करती है। स्पष्टतः पुरातन यूनानी नर बलि को लेकर भ्रमित थे, कि यह एक पुरातन प्रथा थी, शायद देवी से संबद्ध, जिसका अब क्षय हो गया है।
- कहानी के कुछ संस्करणों के अनुसार अर्तेमिस इफ़ीजेनिया को बचाती है और टौरिस (Tauris) ले जाती है जहाँ वह देवी की पुजारिन के रूप में सेवा करती है।
- देवता द्वारा किसी बच्चे की बलि की माँग करना इब्राहमिक मिथकों में भी पाया गया है, जैसे पैगम्बर इब्राहम की कहानी में, जिसे अल्लाह द्वारा अपने प्रिय बेटे की बलि के लिए कहा जाता है और आखिरी क्षण में रोक दिया जाता है।
- इफ़ीजेनिया की हत्या अगामेम्नान और क्लाइटेम्नेस्ट्रा के सम्बन्धों को हमेशा के लिए तोड़ देती है, इस बात का ट्रोजन युद्ध के बाद खुलासा होता है।

फिलौक्टेटस (Philoctetes)

बलि के कुछ क्षण बाद तूफ़ान रुक गया और यूनानी बेड़ा जो महीनों से प्रतीक्षा में था, आखिरकार रवाना हो गया। एक रहस्यमय नाविक कोरिथस (Corythus) के द्वारा उन्हें निर्देश मिल रहे थे, पैरिस की पहली पत्नी ओएनन (Oenone) का पुत्र, जिसे हेलेन के ट्रॉय आने के बाद ट्रोजन राजकुमार ने त्याग दिया था।

रास्ते में यूनानी लेम्नॉस के द्वीप पर देवता को बलि देने के लिए रुके। यहाँ

फिलौक्टेटस को देवी हेरा द्वारा भेजे हुए साँप ने काट लिया, जिसका हेराक्लेस पर आक्रोश—जो अब हेराक्लेस के मित्रों तक बढ़ गया था—हेरा की ट्रॉयवासियों पर नाराज़गी से बढ़कर था। हालाँकि ज़हर ने उसे मारा नहीं, फिलौक्टेटस का पैर सूज गया और भयंकर बदबू छोड़ते हुए सड़ने लगा।

हालाँकि सभी फिलौक्टेटस को पसन्द करते थे, ओडिसियस की सलाह पर उन्होंने उसे लेम्नॉस पर अपना प्रबंध स्वयं करने के लिए छोड़ दिया और खुद ट्रॉय की ओर बढ़ गये। जो यूनानी समझ नहीं पाये वह यह कि जब तक फिलौक्टेटस उनके पक्ष में नहीं लड़ता, विजय उनको छलती रहेगी।

- फिलौक्टेटस की कहानी *लिटिल इलियड* में पायी गयी है, जो सातवीं शताब्दी बी.सी.ई. की कहानियों के महाकाव्यात्मक चक्र का हिस्सा है।
- यूनान के सभी महान दुखान्त लेखक, सोफ़ोक्लेस, यूरिपाइडस, इस्कीलस ने फिलौक्टेटस पर नाटक लिखे पर सिर्फ़ सोफ़ोक्लेस द्वारा लिखा 'फिलौक्टेटस' ही बच पाया।
- फिलौक्टेटस 'ट्रोजन घोड़े' के अन्दर के योद्धाओं में से एक है।

प्रोटेसिलस (Protesilaus)

यह पहले से कहा जा चुका था कि ट्रॉय में कदम रखने वाला पहला यूनानी सिपाही निश्चित ही मरेगा। और इसलिए जब यूनानी जहाज़ ट्रॉय के किनारे पर रुके, एक भी सिपाही ज़मीन पर उतरने को तैयार नहीं था।

आखिर में ओडिसियस ने जहाज़ से छलाँग लगाई लेकिन चतुराई से उसने अपनी ढाल पर पैर रखा जिसे उसने ज़मीन पर पहले ही फेंक दिया था; इस प्रकार तकनीकी तौर पर ट्रॉय की धरती पर उसने पाँव नहीं रखा। यह सोचकर कि

पहला यूनानी तो ट्रॉय की धरती पर उतर गया है प्रोटेसिलस (Protesilaus) जहाज़ से उतरा। इस प्रकार ओडिसियस की चाल से वह मारा गया।

देवताओं को प्रोटेसिलस की पत्नी लेयोदमिया (Laodamia) के लिए दुख हुआ जिसने अपने विवाह के कुछ ही दिनों बाद अपने पति को ट्रॉय के लिए रवाना होते देखा था। उन्होंने अपने विवाह का शारीरिक सुख भी अभी नहीं भोगा था। देवताओं ने लेयोदमिया पर दया करते हुए प्रोटेसिलस की प्रेतात्मा को कुछ घंटों के लिए अपनी पत्नी के पास भेज दिया। अपने पति की आत्मा के साथ यह थोड़ा-सा समय बिताने से लेयोदमिया का दुख और बढ़ गया। उसने अपने पति का एक बुत बनाया और सारा समय उसकी सेवा करती रहती, जैसे वह उसका सचमुच का पति हो। अपनी बेटी की दिमागी हालत के लिए चिंतित लेयोदमिया के पिता ने आदेश दिया कि वह मूर्ति जला दी जाये। लेयोदमिया ने इसका विरोध किया और अन्त में, विधवा की तरह जीवनयापन करने की बजाय मृत्यु का वरण कर खुद को आग में झोंक दिया।

लेयोदमिया के मरण स्थल पर एक पेड़ उग आया। यह इतना ऊँचा हो गया कि इसकी सबसे ऊँची शाखाएँ समुद्र पार तक देख सकती थीं। पर जैसे ही इतनी ऊँचाई तक पहुँचतीं कि ट्रॉय के किनारों को देखा जा सके, वे सूख जातीं। यह बात उस दुखदायी युद्ध द्वारा अलगाये हुए पति-पत्नी के रोष एवं कड़वाहट का संकेत व्यक्त करती है।

- प्रेमी के लिए तड़प, जिससे प्रेमिका को अलग कर दिया गया हो या विरह, हिन्दू मिथकों की आम विषयवस्तु है। राधा कृष्ण के लिए तड़पती है, जो मथुरा जाने के लिए गोकुल छोड़ते हैं। उर्मिला उदास होती है लक्ष्मण की याद में, जब वह अपने भाई राम के साथ वन जाते हैं।
- लैटिन लेखक कौनोन, जो रोम के सम्राट ऑगस्टस के काल में था, द्वारा लिखे कहानी के एक अन्य विकल्प में, प्रोटेसिलस ट्रोजन युद्ध के बाद भी बचा रहता है और प्रायम की बहन एथिलिया (Aethilla) को लेकर यूनान वापस जाना चाहता है पर एथिलिया और अन्य स्त्रियाँ उसका जहाज़ जला देती हैं, और उसे तथा उसके साथियों को अपने साथ एक नया शहर—स्कियोन—बसाने को विवश करती हैं।
- पहली शताब्दी सी.ई. में लैटिन लेखक हीजिनस (Hyginus) ने अपने समय के सभी मिथकों के विवरणों का *फेबुली* नाम से संग्रह किया। हालाँकि यह साहित्य का कोई बेहतरीन उदाहरण नहीं है, यह उन कहानियों का एक ब्यौरा देता है जो उस समय प्रचलित थीं। लेयोदमिया की अपने पति की प्रतिमा के लिए व्याकुल प्रेम की ऐसी ही एक कहानी है।

ब्रिसियस (Briseis)

यूनानियों का विचार था कि करीब साल भर में वे ट्रॉय की दीवार तोड़ देंगे, शहर पर चढ़ाई करेंगे, पैरिस को मार देंगे और हेलेन को वापस ले आयेंगे। पर पॉज़ाइडन द्वारा बनाई दीवारें दुर्जेय निकलीं और नश्वर एकस द्वारा बनाया हिस्सा मज़बूती से किलाबंद किया हुआ था। अत: यूनानियों के पास कोई चारा नहीं था सिवाय इसके कि ट्रॉय के समुद्री तटों पर पड़ाव डालें और शहर की घेराबंदी कर दें, ऐसी घेराबंदी, जो दस साल तक चली!

इस दौरान यूनानी सिपाहियों ने ट्रॉय के आस-पास की बस्तियों को उजाड़कर अपने खाने-पीने व रहने का जुगाड़ किया। इस लूट में पुरुष मारे गये, स्त्रियाँ पकड़ी गयीं और रखैल बना ली गयीं, जो दिन में उनके लिए भोजन बनातीं और रात को उनकी कामलिप्सा तृप्त करतीं।

ऐसी रखैलों में क्रीसिस (Chryseis), अगामेम्नान की और ब्रिसियस (Briseis), एक्लीस की थी। क्रीसिस के पिता, जो अपोलो के एक पुजारी थे, ने देवता से प्रार्थना की कि यूनानी सिपाही तब तक बीमारी में फँसे रहें जब तक वे उसकी बेटी को छोड़ नहीं देते। अपोलो ने यूनानियों पर महामारियों का ऐसा बाण छोड़ा कि बीमारी से तंग आकर और भविष्यवक्ता से विचार-विमर्श कर उन्होंने अगामेम्नान से अपनी रखैल को छोड़ देने को कहा। अगामेम्नान ने जवाब दिया, ''सिर्फ़ तभी छोड़ेंगे, अगर मुझे ब्रिसियस मिल जाये। यूनानी इस बात के लिए सहमत हो गये, बिना एक्लीस से सलाह लिए।

जब अगामेम्नान ने बलपूर्वक ब्रिसियस को ले लिया, एक्लीस इतना क्रोधित हुआ कि उसने घोषणा की कि वह तब तक युद्ध नहीं लड़ेगा जब तक उसे उसकी रखैल ब्रिसियस वापस नहीं मिल जाती और अगामेम्नान माफ़ी नहीं माँग लेता।

- अनेक पश्चिमी प्राच्यविदों का विश्वास था कि यूनानी युद्ध के महाकाव्य और हिन्दू युद्ध के महाकाव्यों *रामायण* और *महाभारत* में अनेक साम्य हैं। लेकिन वे यह देखने से चूक गये कि हिन्दू महाकाव्यों में स्त्रियाँ दुर्व्यवहार का शिकार नहीं होतीं और न वे रखैल बनाने के लिए पकड़ी जाती हैं।
- रखैलों की कहानी, जो बाद में एक्लीस को ट्रॉय के युद्धक्षेत्र से विमुख करती है, होमर के सर्वप्रसिद्ध ग्रंथ *इलियड* का कथानक बनती है।
- ब्रिसियस एक राजकुमारी बताई गयी है, एक स्थानीय राजा की पुत्री, जो यूनानी छापे के दौरान पकड़ी जाती है और यूनानी योद्धाओं की सेवा के लिए रखैल बना ली जाती है।
- मध्यकाल में ब्रिसियस, ब्रीसीडा (Briseida) या क्रेसिडा (Cressida) बन जाती है, ट्रॉय के भविष्यवक्ता कैल्चस (Calchas) की बेटी, जो यूनानी खेमे के पक्ष में चला जाता है। क्रेसिडा ट्रोजन राजकुमार ट्रॉयलस (Troilus) से प्रेम करती है, लेकिन जब अपने पिता की अनुमति से यूनानी खेमे में वह यूनानी योद्धा डायोमिडिस से मिलती है तो उससे प्रेंम हो जाता है। इस तरह ट्रॉयलस का दिल टूट जाता है।

पैट्रोक्लेस (Patroclus)

ब्रिसियस वापस लौटाई नहीं गयी और अगामेम्नान ने माफ़ी माँगने से इनकार कर दिया। अत: एक्लीस को युद्ध तो लड़ना नहीं था। नतीजतन सागर-तट पर ट्रॉयवासियों के विरुद्ध लगातार नौ साल लड़ाइयाँ जीतने के बाद यूनानी सेना हारने लगी। ज़्यादा-से-ज़्यादा यूनानी युद्ध में मरने लगे या घायल होकर लौटे। दुर्जेय सेना, जो आक्रामक थी अब रक्षात्मक और भयभीत हो गयी।

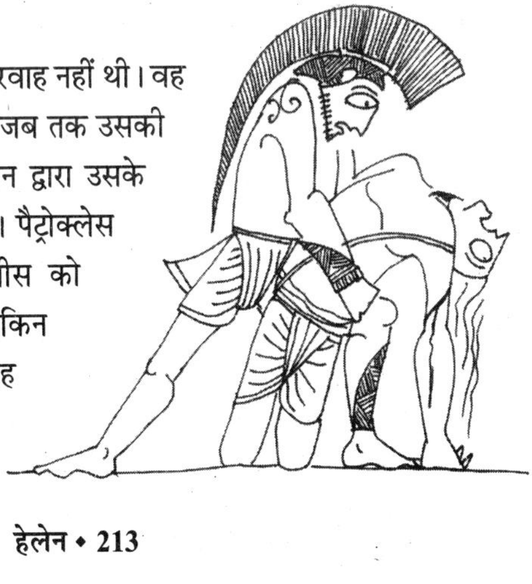

एक्लीस को फिर भी कोई परवाह नहीं थी। वह शस्त्र नहीं उठायेगा, तब तक नहीं, जब तक उसकी शर्तें न मानी जायें और अगामेम्नान द्वारा उसके अपमान का बदला न लिया जाये। पैट्रोक्लेस (Patroclus) ने अपने प्रेमी एक्लीस को बहुत समझाने की कोशिश की, लेकिन किसी हठी बालक की तरह वह अपनी ही बात पर अड़ा रहा।

आखिर में निरुत्साहित

यूनानियों का मनोबल बढ़ाने के लिए एक्लीस का शिरस्त्राण पहनकर पैट्रोक्लेस युद्धक्षेत्र में गया। गलती से उसे एक्लीस मानकर यूनानियों में जीवन का पुन: संचार हुआ, वे नये उत्साह से लड़ने लगे और भयभीत करने वाले ट्रॉयवासी रक्षात्मक हो गये।

पर तभी एक त्रासदी हुई। हैक्टर ने पैट्रोक्लेस पर काबू पा लिया और यह सोचकर कि वह एक्लीस है, अपने भाले से मार दिया।

- गलत पहचान मिथकीय कहानियों का आम कथानक है। *महाभारत* में अश्वत्थामा पांडवों के खेमे में रात को सोते हुए पाँच युवकों को पांडव समझ कर मार देता है।
- अपने बचपन में पासे के खेल में हुए झगड़े में पैट्रोक्लेस ने गलती से अपने दोस्त क्लिसोनिमस (Clysonymus) को मार दिया था। अपने जुर्म के लिए पैट्रोक्लेस को देश निकाले की सज़ा मिलती है और वह जाकर पेलियस के घर में शरण लेता है। अपने आने के कुछ ही दिनों बाद वह और एक्लीस कायरन के पास शिक्षा प्राप्त करने के लिए भेजे जाते हैं।
- हालाँकि यूनानियों के विरुद्ध पैट्रोक्लेस की कोई दुर्भावना नहीं थी और उसे लगता था कि ट्रॉय के लोग गलत हैं, वह एक मित्र-देश की भाँति, ट्रॉय के पक्ष से यूनान के विरुद्ध लड़ता है। इस युद्ध में पैट्रोक्लेस लीशा के राजा, सर्पेडान, को मार देता है। सर्पेडान ज़ियुस का बेटा है और कई जगह उसे क्रीट के मिनोस के भाई के रूप में जाना गया है जिसे चिरजीवन का उपहार प्राप्त था।
- क्लासिकल यूनान (Classical Greece) में दार्शनिक प्लेटो एक्लीस और पैट्रोक्लेस की मित्रता की व्याख्या रोमांटिक प्यार के आदर्श के रूप में करता है, जबकि ज़ैनोफोन (Xenophon) इससे असहमत है। बीसवीं शताब्दी में हॉलीवुड की मूवी 'ट्रोजन' दोनों पुरुषों के बीच शारीरिक सम्बन्ध नहीं दिखाती है, जबकि समकालीन उपन्यास *सौन्ग ऑफ़ एक्लीस* में लेखक मैडलिन मिलर सम्बन्ध को रोमांटिक और सेक्सुअल दिखाता है। अलग-अलग लोगों ने एक्लीस और पैट्रोक्लेस के सम्बन्धों को समलैंगिकता के बारे में अपनी धारणा के हिसाब से अलग-अलग रूप में देखा है।
- सिकंदर के अपने पुरुष-मित्र हेफ़ीस्टन के प्रति प्रेम की कहानी भी शायद एक्लीस के पैट्रोक्लेस के प्रति प्रेमकथा से प्रेरित थी। *इलियड* सिकंदर को बेहद पसन्द था और एक्लीस उसका नायक था। बताया जाता है कि वह और हेफ़ीस्टन दोनों एक्लीस के मकबरे पर गये थे, और जब हेफ़ीस्टन मरा, सिकंदर अपनी मृत्यु के सपनों से आक्रांत रहने लगा, जैसे एक्लीस के लिए पैट्रोक्लेस के बिना जीवन असह्य था।

हैक्टर (Hector)

जब अपने प्रेमी पैट्रोक्लेस की मृत्यु की खबर एक्लीस तक पहुँची, उसके क्रोध का ठिकाना नहीं था। इसके लिए उसने हैक्टर को दोष दिया और ट्रोजन राजकुमार हैक्टर को द्वन्द्व के लिए ललकारा। एक्लीस की माँ ने उसे रोकने की कोशिश की पर वह कुछ भी सुनने को तैयार नहीं था, अतः एक्लीस की माँ ने उसे स्वयं हेफ़ीस्तस द्वारा निर्मित दैवी कवच उसकी सुरक्षा के लिए उपहार में दिया। हेफ़ीस्तस थेटिस का आभारी था, क्योंकि थेटिस ने उसे तब समुद्र के पास पाला था, जब वह अपनी सगी माँ हेरा द्वारा, जिसे वह बदसूरत लगा था, ओलिम्पस से बाहर फेंक दिया गया था।

एक्लीस और हैक्टर के बीच लड़ाई के सभी गवाह थे। प्रायम, हेकाबी, एंड्रोमेशी (Andromache), पैरिस और हेलेन ने शहर की दीवार के ऊपर से देखा। अगामेम्नान, डायोमिडिस, ओडिसियस और मेनेलॉस ने समुद्र के निकट अपने शिविर से देखा। लम्बे और भीषण युद्ध के बाद एक्लीस जीत गया। उसने अपना भाला हैक्टर की छाती में घोंप दिया और जीत का ऐसा उद्घोष किया जिससे देवता भी विचलित हो उठे।

एक्लीस हैक्टर को केवल मारकर ही संतुष्ट नहीं था। उसने लाश को एड़ियों से अपने रथ पर बाँधा और शरीर को कलुषित करते हुए रथ पर सवार होकर ट्रॉय के तीन चक्कर लगाये। सभी, जिन्होंने इसे देखा—यूनानी, ट्रॉयवासी, यहाँ तक कि ओलिम्पियंस—वितृष्णा से भर गये। पर एक्लीस को कोई परवाह नहीं थी। वह कुपित था, भग्नहृदय था और उसे कुछ नहीं चाहिए था, सिवाय मृत्यु के।

उस रात जब सब सो गये, प्रायम यूनानी शिविर में आया और उसके प्रिय ज्येष्ठ पुत्र हैक्टर का शरीर लौटाने की प्रार्थना करते हुए एक्लीस के पैरों में गिर

पड़ा, ताकि उसे किसी राजसी योद्धा की तरह दफ़नाया जा सके। दुखी राजा प्रायम ने कहा, ''मैं तुम्हें बदले में एक गाड़ी भर सोना दूँगा।''

एक्लीस को सोने की परवाह नहीं थी, क्योंकि दिल ही दिल में वह जानता था कि क्रोध के आवेश में उसने औचित्य की हदें पार कर दी थीं और देवता उससे नाराज़ थे। भग्नहृदय, यूनान के इस महानतम योद्धा एक्लीस ने रोते हुए राजा प्रायम को अपने ज्येष्ठ पुत्र का शव ट्रॉय वापस ले जाने दिया।

- अपने परिवार की कमज़ोरियों को जानते हुए भी, हैक्टर अपने परिवार के लिए लड़ता है। इस कथा से प्रेरित होकर लेखक, माइकल मधुसूदन दत्त ने बाँग्ला महाकाव्य *मेघनाद-वध काव्य* लिखा। रावण का पुत्र मेघनाद, अपने परिवार की अनेक कमियों के बावजूद उनके लिए वफ़ादार रहता है, और राम के भाई लक्ष्मण द्वारा अनुचित ढंग से मारा जाता है। *रामायण* पर आधारित लोककथाओं में मेघनाद की विधवा सुलोचना राम के युद्ध-शिविर में अकेली जाती है, अपने पति का शव वापस लाने के लिए जैसे प्रायम एक्लीस के पास जाता है, अपने पुत्र हैक्टर का शव वापस लाने।
- युद्ध के दौरान हैक्टर एक बार यूनानियों को द्वन्द्व के लिए ललकारता है। टेलामॉन का बेटा अजैक्स इसके लिए चुना जाता है। लम्बे संघर्ष के बाद दोनों योद्धा बराबरी पर रहते हैं, और द्वन्द्व गतिरोध पर खत्म होता है। दोनों द्वन्द्व-योद्धा एक दूसरे की प्रशंसा करते हैं, हैक्टर अजैक्स को तलवार भेंट करता है, और अजैक्स हैक्टर को कमरबंद।
- दाँते की तेरहवीं सदी की रचना *इन्फर्नो* में हैक्टर और उसका परिवार लिम्बो में रहते हैं, वह जगह जो नेक ईसाईएतर धार्मिकों के लिए आरक्षित है।
- जुपिटर के इर्द-गिर्द घूमते नक्षत्रों के यूनानी समूह में हैक्टर अकेला नक्षत्र है जो एक ट्रोजन व्यक्ति के नाम पर रखा गया है।

पेन्थेसीलिया (Penthesilea)

चूँकि युद्ध चलता रहा, ट्रॉयवासियों ने अपने मित्रों को सहायतार्थ बुलाना शुरू किया; उन्होंने अमेज़ंस से उनकी मदद के लिए आने की गुहार लगाई।

अमेज़न रानी पेन्थेसीलिया (Penthesilea) युद्ध के लिए आयी पर मृत्यु-कामना के साथ। उसने एक हिरण का शिकार करते हुए गलती से भाले से अपनी अमेज़न बहन को मार दिया था और इसके लिए वह स्वयं को प्रताड़ित करना चाहती थी।

पर आत्महत्या एक महान विकल्प नहीं था। वह युद्ध में मरना चाहती थी। इसलिए उसने खुशी से प्रायम का युद्ध के लिए निमंत्रण स्वीकार कर लिया।

पेन्थेसीलिया एक श्रेष्ठ योद्धा थी और वह इतनी बहादुरी से लड़ी कि एक्लीस को यह एहसास तक नहीं हुआ कि वह एक स्त्री से लड़ रहा था। अन्त में जब एक्लीस ने उसे मार दिया, और उसका हैलमेट उतारा, तो उसे ज्ञात हुआ कि वह स्त्री थी, एक रूपवती स्त्री। पेन्थेसीलिया इतनी सुन्दर थी कि उससे मोहित होकर एक्लीस ने उसे आलिंगनबद्ध कर लिया। आस-पास खड़े सैनिक, विशेषकर थर्साइटस (Thersites) उसका मज़ाक उड़ाने लगे और उस पर हँसने लगे। क्रोधित और अपमानित एक्लीस ने थर्साइटस को मार दिया।

- *महाभारत* में भीष्म ने एक योद्धा शिखंडी से युद्ध करने को मना कर दिया, क्योंकि उसने स्त्री रूप में जन्म लिया था और पुरुष शरीर बाद के जीवन में पाया था और स्त्रियों को युद्धक्षेत्र में जाने की अनुमति नहीं थी। लेकिन *महाभारत* से सदियों बाद लिखे गये पुराणों में देवी और उसकी स्त्री सेना मात्रिकाओं का ज़िक्र है।
- सभी यूनानी नायक किसी-न-किसी प्रकार अमेज़ंस से संबंधित हैं। थीसियस एन्टियोप से मिलता है, प्यार करता है, लड़ता है और एन्टियोप की मृत्यु के लिए उत्तरदायी है। ऐसे ही हेराक्लेस और हिप्पोलिटा, एक्लीस और पेन्थेसीलिया।
- एक्लीस के अमेज़ंस से युद्ध की कहानी *इथियोपीज़* (Aethiopis) में मिलती है जो 700 बी.सी.ई. के समय के महाकाव्यचक्रीय कथाओं (Epic Cycle of stories) का हिस्सा है।
- पेन्थेसीलिया ट्रोजन युद्ध में भाग क्यों लेना चाहती है? इसका उत्तर चौथी सदी सी.ई. के यूनानी कवि क्विंटस स्मिरनेइयस की रचना है।

मेम्नॉन (Memnon)

अमेज़ंस के बाद मेम्नॉन (Memnon) के नेतृत्व में इथियोपियंस (Ethiopians) आये।

मेम्नॉन, सुबह की देवी इयौस और ट्रोजन राजकुमार टिथोनस (Tithonus)

का बेटा था। इयौस ने ओलिम्पियंस से टिथोनस को अनश्वरता प्रदान करने की प्रार्थना की थी, पर चिरयौवन माँगना भूल गयी। अत: जैसे-जैसे समय बीतता गया, टिथोनस उम्र के साथ सिकुड़ते हुए लगातार कमज़ोर और बूढ़ा होता गया। उस पर दया करके देवी ने उसे झिंगुर बना दिया, जिसका मिलाप का कूजन टिथोनस का क्रंदन है, जो न मर्त्यलोक का है, न अमर्त्यलोक का।

पारिवारिक सम्बन्धों ने मेम्नॉन को ट्रॉयवासियों की सहायता के लिए विवश किया। युद्ध के दौरान मेम्नॉन ने युवा एंटीलोकस (Antilochus) को मार दिया, जिसने अपने वृद्ध पिता, पाइलौस के नेस्टर की जान बचाने की कोशिश की। नेस्टर ने मेम्नॉन को द्वन्द्व के लिए चुनौती दी, लेकिन मेम्नॉन ने नेस्टर की वृद्धावस्था के कारण लड़ने से मना कर दिया। नेस्टर ने तब एक्लीस को अपनी ओर से इथियोपियन से लड़ने को कहा और यह द्वन्द्व कई दिनों तक चला, क्योंकि दोनों ही योद्धा बराबर के थे। अन्त में एक्लीस मेम्नॉन को मात देने में सफल हो गया और मार दिया।

जैसे ही मेम्नॉन का अंतिम संस्कार हुआ, उसकी सारी सेना पंछियों में बदल गयी और पश्चिम में उड़ गयी। उसकी मृत्यु के बाद से उसकी माँ इयौस हर रोज़ सुबह रोती है, उसके आँसू ओस बन जाते हैं।

- हिन्दू मिथकों में भोर एक देवता अरुण भी है, और देवी उषा भी। कलाकृतियों में भोर का देवता सूर्यदेव के रथवाहक के रूप में दिखाया गया है, जिसका शरीर कमर तक सम्पूर्णता के साथ रचा है, कमर से नीचे नहीं, जो उसे अनिश्चित लिंग का देवता बनाता है।
- एक्लीस के इथियोपियंस से युद्ध की कहानी *इथियोपिस* और साथ ही करीब हज़ार साल बाद लिखे *पोस्थोमेरिका* में भी मिलती है।
- मेम्नॉन के वध का स्वरूप हैक्टर के वध जैसा है। एक्लीस ने उत्तेजित होकर हैक्टर से युद्ध किया जब उसने युवा पैट्रोक्लेस को मारा और एक्लीस उत्तेजित हो जाता है मेम्नॉन को मारने के लिए जब वह युवा एंटीलोकस को मारता है।
- 3400 वर्ष पहले जिस फ़ैरो (Pharaoh) ने मिस्र की नील नदी के तट पर बसी

सभ्यता पर राज किया था, उसके सम्मान में दो ऊँचे बुत बने हुए हैं। यूनानी–रोमन संसार में वे 'कोलोसी ऑफ़ मेम्नॉन' (Colossi of Memnon) माने गये, जो ऐसी आवाज़ करते थे जैसे पुरातन योद्धा अपनी दैवी माता से बात करते थे। अनेक प्राचीन यात्रियों के लिए, भविष्यवक्ता ने इसकी व्याख्या की थी। रोमन मिथक में इयौस को ऑरोरा (Aurora) के नाम से जाना जाता है।

ट्रॉयलस (Troilus)

पैट्रोक्लेस की मृत्यु ने एक्लीस को पागल कर दिया था, और अब शायद वह हर जगह प्यार की तलाश कर रहा था। पहले उसने अमेज़न रानी पेन्थेसीलिया के मृत शरीर से प्रेम किया। फिर ट्रोजन राजकुमार ट्रॉयलस (Troilus) से। और फिर ट्रॉयलस की जुड़वाँ बहन पौलिक्सेना (Polyxena) से।

एक्लीस ने एक रात ट्रोजन राजकुमार और उसकी बहन को चोरी–छिपे पहाड़ी झरने की ओर ट्रॉय से बाहर जाते देखा। लम्बे बालोंवाला ट्रॉयलस बेहद सुन्दर था और उसने एक्लीस को पैट्रोक्लेस की याद दिला दी। एक्लीस ट्रॉयलस के पास गया और अपना प्रणय निवेदन किया, पर लड़के ने उसे ठुकरा दिया जैसे किसी पागल को ठुकराया जाता है क्योंकि एक्लीस यूनानी था ट्रॉयवासी नहीं। जैसे ही ट्रॉयलस अपने घोड़े पर चढ़कर जाने लगा एक्लीस ने उसे बालों से घसीट कर उसका सिर ज़मीन पर दे मारा।

कहा गया था कि अगर ट्रॉयलस बीस वर्ष की उम्र तक जीवित रह जाये, तो ट्रॉय की दीवार कभी नहीं टूटेगी। बीस वर्ष पूरे होने से पहले एक्लीस के हाथों ट्रॉयलस की मृत्यु से जैसे ट्रॉय के भाग्य का निर्णय ही हो गया।

एक्लीस ने तब अपना ध्यान लड़की की ओर किया जो ट्रॉयलस के साथ थी। वह बिलकुल लड़के जैसी ही दिख रही थी। उसका नाम पौलिक्सेना (Polyxena) था

और एक्लीस से डरने या उसका विरोध करने की बजाय उसने अपने व्यवहार और बातों से उसे रिझाया। एक्लीस को वह भा गयी और बातचीत के बीच उसके प्रति अपने सच्चे प्रेम के संकेत के रूप में एक्लीस ने बताया कि वह तब तक नहीं मारा जायेगा जब तक उसकी एड़ी में चोट न की जाये।

- यूनानी मिथक जुड़वाँ भाई-बहनों की कहानियों से भरे पड़े हैं, जैसे हेले और फ्रिक्सस, पौलिक्सेना और ट्रॉयलस, अर्तेमिस और अपोलो, एरिस और ऐरेस। ऐसे ही जुड़वाँ भाई-बहन के जोड़े हिन्दू मिथकों में भी पाए जाते हैं, वेदों में यम और यमी और कृपा और कृपि, *महाभारत* में हिडिम्बा और हिडिम्बी।
- पुरातन यूनानी लेखक ट्रॉयलस को घोड़ों के शौकीन के रूप में परिभाषित करते हैं जिसे कामुक एक्लीस निर्दयतापूर्वक मार देता है। तथापि मध्यकाल में शेक्सपियर सहित कई रचनाकारों ने ट्रॉयलस को ट्रॉय के राजकुमार के रूप में दिखाया है, जो क्रेसिडा का दीवाना था। क्रेसिडा उस आदमी की बेटी है जो अपना पक्ष छोड़कर यूनानी पक्ष में जा मिलता है। जब बंधकों के लिए उसकी (क्रेसिडा की) अदला-बदली होती है, ट्रॉयलस का यह जानकर दिल टूट जाता है कि क्रेसिडा ने अपने प्रेम का रुख मोड़ लिया है और उसकी (ट्रॉयलस की) बजाय यूनानी डायोमिडिस को चुना है।
- 'ट्रॉयलस' नाम की व्याख्या कई प्रकार से की जा सकती है, 'ट्रोस' और 'इलस' की संधि, ट्रॉय का संस्थापक, 'छोटा ट्रॉय' या फिर 'नष्टप्राय' ट्रॉय।
- प्राचीन यूनानी बर्तनों में पाये गये चित्र इंगित करते हैं कि एथिना एक्लीस को ट्रॉयलस का वध करने का निर्देश देती है। चित्र एक्लीस को ट्रॉयलस के बाल खींचते हुए दिखाते हैं जब ट्रॉयलस घोड़े पर सवार होकर भागने की कोशिश कर रहा होता है। तब एक्लीस उस पहाड़ी झरने पर ट्रॉयलस के शरीर को क्षत-विक्षत करता है जो अपोलो के लिए पवित्र है, और इस प्रकार देवता का प्रकोप प्राप्त करता है।

पौलिक्सेना (Polyxena)

पौलिक्सेना ने अपने पिता प्रायम को एक्लीस के प्रति प्यार और विवाह की उसकी इच्छा के बारे में बताया। प्रायम (Priam) को यह विचार अच्छा लगा और उसे विश्वास था कि इससे इस मनहूस घेराबंदी का अन्त हो सकता है। अतः उसने नेकनीयती से एक्लीस के साथ गुप्त वार्ता का प्रबंध किया।

पैरिस ने इस विचार का विरोध किया, क्योंकि उसे लगा कि यूनानियों और

ट्रॉयवासियों के बीच संधि का अर्थ होगा कि उसे हेलेन को छोड़ना पड़ेगा। जब अपनी बहन पौलिक्सेना से उसे एक्लीस की नाज़ुक एड़ी का पता लगा, उसने घात लगाने की योजना बनाई।

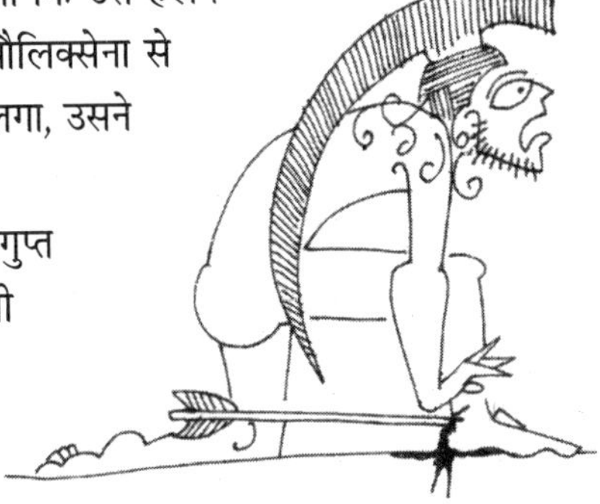

जब प्रायम और एक्लीस के बीच गुप्त वार्ता चल रही थी, पैरिस ट्रॉय की ऊँची दीवार पर चढ़ा और एक ज़हरबुझा तीर छोड़ा, जो एक्लीस की एड़ी में जा लगा।

मरते हुए एक्लीस ने पौलिक्सेना को उसकी दुष्टता के लिए कोसा और उसकी बेगुनाही की कोई भी दलील सुनने से मना कर दिया। ''मृतकों के देश से मैं अपना बदला लूँगा,'' आखिरी साँस लेते हुए एक्लीस ने कसम खाई।

- एक्लीस की दोषपूर्ण एड़ी की कहानी होमर को ज्ञात नहीं थी। यह कहानी बहुत बाद में, रोमन कवि स्टैटियस की लैटिन भाषा में लिखी कृति *एक्लीड,* (Achilleid) से ज्ञात होती है। जैसे थेटिस प्रयास करती है अपने पुत्र एक्लीस की सुरक्षा के लिए, वैसे ही गांधारी *महाभारत* के मौखिक संस्करणों में, अपने पुत्र दुर्योधन की सुरक्षा के प्रयास करती है। कौरव महारानी गांधारी जिसने आँखों पर पट्टी बाँध रखी है, जानती है कि जब वह आँखों से पट्टी खोलेगी तो जिस पर भी सबसे पहले वह नज़र डालेगी वह शस्त्रों से अभेद्य होगा। अपने बेटे से वह नग्नवेश में अपने सामने आने को कहती है, ताकि उसे अजेय बना सके। पर दुर्योधन लज्जावश अपने गुप्तांग ढक लेता है। अत: एक्लीस की एड़ी की तरह उसका गुप्तांग भी कमज़ोर रह जाता है और उसकी मृत्यु का कारण बनता है।
- हालाँकि एक्लीस और पौलिक्सेना की प्रस्तावित शादी शान्ति के लिए प्रयास है, यूनानी इसे एक्लीस के साथ धोखा और ट्रॉयवासियों द्वारा उनके सबसे शक्तिशाली योद्धा को समाप्त करने को बिछाया हुआ जाल मानते हैं। पैरिस द्वारा घायल होने पर एक्लीस अपनी त्रासदी के लिए पौलिक्सेना को दोषी मानता है और प्रेत बनने के बाद भी माँग करता है कि यूनानी उसे एक्लीस को धोखा देने के लिए प्रताड़ित करें।
- पैरिस अधिकतर कायर और दुर्बल व्यक्ति के रूप में परिकल्पित है, जो अफ्रोदिति और अपोलो का कृपापात्र है। एक बार मेनेलॉस द्वारा द्वन्द्व में वह लगभग मारा गया होता, लेकिन अपोलो उसे बचा लेता है।

ट्यूसर (Teucer)

टेलामॉन का बेटा, अजैक्स महान, ट्रॉयवासियों से एक्लीस का मृत शरीर लाने के लिए भेजा गया। अजैक्स, एक शक्तिशाली योद्धा था, भाले और ढाल के प्रयोग में माहिर। हैक्टर के साथ अपने द्वन्द्व में दोनों योद्धाओं ने एक-दूसरे को इतना प्रभावित किया था कि दोनों ने लड़ाई की समाप्ति के बाद परस्पर उपहारों का आदान-प्रदान किया।

अधिकतर समय अजैक्स यूनानी जहाज़ों की रक्षा करता और इसमें उसे अपने सौतेले भाई—टेलामॉन की ट्रोजन-रखैल हेसियान के बेटे—धनुर्धर ट्यूसर से मदद मिलती। अजैक्स ट्यूसर की अपनी ढाल से रक्षा करता और ट्यूसर ट्रॉयवासियों को दूर रखने के लिए तीर चलाता।

एक्लीस का शरीर लाने के अभियान में ओडिसियस अजैक्स के साथ हो लिया। जब वे यूनानी शिविर में पहुँचे, दोनों ने एक्लीस के हेफ़ीस्तस द्वारा बनाये गये दैवी कवच पर दावा किया। अगामेम्नान ने कवच ओडिसियस को दे दिया, क्योंकि उसने अपना पक्ष अधिक चतुराई से रखा था, जो सीधा-सादा अजैक्स नहीं कर सका।

ठगा हुआ महसूस करते हुए अजैक्स ने काफ़ी शराब पी ली, और यूनानी शिविर की भेड़ों को मारते हुए रात बिता दी यह सोचकर कि वह उन यूनानियों को मार रहा है, जिन्होंने उसे अपमानित किया था। सुबह को जब होश आया, उसने मरी हुई भेड़ें देखीं और सिपाहियों को हँसते हुए सुना तो महसूस किया कि उसने क्या कर डाला। शर्मिन्दा होकर वह अपनी ही तलवार पर गिर कर मर गया।

अगामेम्नान और मेनेलॉस नाराज़ थे कि अजैक्स ने उनकी भेड़ों को मार दिया था। यह जानते हुए भी ट्यूसर ने माँग की कि अजैक्स को सम्मानपूर्वक दफ़नाया जाना चाहिए। यूनानियों ने माँग को नज़रन्दाज़ कर दिया क्योंकि ट्यूसर आधा ट्रॉयवासी था प्रायम की बहन हेसियान का पुत्र।

अपने भाई अजैक्स को दफ़नाने के बाद ट्यूसर ने लड़ने से इनकार कर

दिया और यूनान वापस आ गया, पर उसके पिता ने घर में उसका प्रवेश निषिद्ध कर दिया। ''यूनानी पत्नी से जन्मा मेरा बेटा मर गया है। एक ट्रॉयवासी की रखैल से पैदा लड़के से मुझे कोई वास्ता नहीं,'' टेलामॉन ने ट्यूसर के मुँह पर दरवाज़ा बन्द करते हुए कहा।

- मृतक के शरीर या मृतक योद्धा के हथियारों और कवचों पर झगड़े की कहानियाँ *रामायण* और *महाभारत* में नहीं हैं।
- ट्रॉय के युद्ध में अजैक्स नामक दो योद्धा हैं। अजैक्स महान और अजैक्स कमतर। अजैक्स महान टेलामॉन का बेटा है और एकस का पोता, जिसने ट्रोजन दीवार का एक हिस्सा बनाया था। कमतर अजैक्स लौक्रिस (Locris) के राजा औएलियस (Oileus) का बेटा था। कहा जाता है एथिना के मन्दिर में अजैक्स कमतर ने ट्रॉय की राजकुमारी कैसेंद्रा (Cassandra) का शीलभंग किया था। इस बात से देवी क्रोधित हो गयी और यूनानी जहाज़ों को वापस घर जाने से रोकने के लिए तूफ़ान पैदा किये।
- हेसियान और टेलामॉन का बेटा ट्यूसर अपनी तीरन्दाज़ी के लिए विख्यात था और उसका तीर हैक्टर को नहीं लग सका तो सिर्फ़ इसलिए कि अपोलो हैक्टर की सुरक्षा करता है।

ओएनन (Oenone)

युद्ध से थककर यूनानियों ने भविष्यवक्ता कैल्चस (Calchas) से परामर्श किया, जिसने स्वप्न देखा जिसका अर्थ उसे यह लगा कि हेराक्लेस के शस्त्रों के बिना ट्रॉय पर जीत असम्भव है। ये शस्त्र सिर्फ़ फिलौक्टेटस से मिल सकते थे जो उसे विरासत में मिले थे और जिसे युद्ध शुरू होने से पहले यूनानी लेम्नॉस के द्वीप पर छोड़ आये थे, क्योंकि उसकी सड़ती हुई घायल टाँग की बदबू उनके लिए असह्य थी।

ओडिसियस और डायोमिडिस को घायल योद्धा को लाने के लिए भेजा गया। ''हम सिर्फ़ उसके शस्त्र ले चलते हैं उसे नहीं,'' फिलौक्टेटस की टाँग की हालत और बदबू से

विरक्त होते हुए ओडिसियस ने कहा। सरल स्वभाव का डायोमिडिस असहमत था और योद्धा को उसके शस्त्र सहित ट्रॉय ले जाने पर ज़ोर दिया।

जैसे ही वे ट्रॉय पहुँचे, फिलौक्टेटस ने धनुष उठाया, और ट्रॉय की दीवार पर तीर छोड़ा। यह दीवार पर खड़े पैरिस को लगा।

तीर पैरिस को लगा पर पैरिस मरा नहीं। पैरिस ने सोचा अगर उसे सही दवा मिल जाये तो वह बच सकता है। उसने पहाड़ की अप्सरा, अपनी पत्नी ओएनन के बारे में सोचा जिसे वह हेलेन से मिलने के बाद भूल गया था।

पैरिस ने ओएनन से अपने जड़ी-बूटियों के ज्ञान का प्रयोग कर उसकी जान बचाने की खुशामद की। लेकिन ओएनन ने मना कर दिया; बेवफ़ाई के लिए उसने कभी पैरिस को माफ़ नहीं किया था। "तुम्हें याद है, हमारा एक बेटा था जिसका नाम हमने कोरिथस रखा था," ओएनन ने पूछा। "यह वही था जिसने यूनानी जहाज़ों को ट्रॉय का सबसे नज़दीकी रास्ता बताया था। वह बिलकुल तुम्हारे जैसा दिखता था और जब तुमने हेलेन को उसे चाहत भरी नज़रों से निहारते हुए देखा, तो तुमने उसे अपने हाथों से मार दिया। पैरिस, हेलेन के लिए तुमने अपनी पत्नी को त्याग दिया। उसके लिए अपने बेटे की हत्या की। तुम जीने के अधिकारी नहीं हो।"

पैरिस ने ओएनन की बाँहों में दम तोड़ दिया। तुरन्त ही ओएनन ने अपनी जान ले ली, क्योंकि पैरिस के बिना जीने का विचार भी उसके लिए असह्य था।

- जहाँ हिन्दू ग्रंथ राजा की अनेक रानियों और अनेक रखैलों की बात करते हैं, यूनानी ग्रंथों के अनुसार राजा की एक ही रानी और अनेक रखैलें होती हैं। इसीलिए जहाँ अर्जुन की द्रौपदी के अलावा अन्य पत्नियाँ हैं, पैरिस हेलेन को स्थान देने के लिए ओएनन को त्यागता है।
- दस वर्ष बाद, जब फिलौक्टेटस आखिर में ट्रॉय ले जाया जाता है, ऐस्क्लेपस (Asclepius) के बेटे शल्यचिकित्सक मैकाओन (Machaon) और चिकित्सक पोडालीरियस (Podalirius) द्वारा उसका घाव पूरी तरह भर जाता है।
- कुछ कहानियों के अनुसार ओएनन स्वयं को पैरिस की चिता पर जला लेती है, यह इंगित करता है कि विधवा का जलना या सतीप्रथा जो हिन्दू कहानियों में इतनी महिमामंडित थी, इसकी जड़ें इंडो-यूरोपियन जनजातियों में हैं।
- ओएनन और पैरिस की कहानी *पोस्थोमेरिका* (Posthomerica) से आती है।
- ओएनन इडा (Ida) पर्वत की अप्सरा और माता साइबेली की पुजारिन थी।

हेलेनस (Helenus)

पैरिस की मृत्यु के बाद प्रायम के दो बेटे, हेलेनस और डीफोबस, हेलेन पर अपना दावा करने के लिए लड़ पड़े। जब प्रायम ने हेलेन को डीफोबस को दे दिया, गुस्से में हेलेनस ने शहर छोड़ दिया और यूनानी पक्ष में चला गया। उसने यह उद्‌घाटित किया कि वह एक भविष्यवक्ता था और वह जानता था कि ट्रॉय की दीवार को तोड़ने के लिए यूनानियों को क्या करना चाहिए। इसके लिए उन्हें तीन काम करने होंगे। एक, उन्हें अगामेम्नान के दादा पेलोप्स की हड्डियाँ लानी होंगी। दो, एक्लीस के बेटे पाइरस (Pyrrhus) की सेवाएँ सुरक्षित करनी होंगी और तीन, ट्रॉय में स्थित एथिना की पवित्र मूर्ति पैलेडियम (Palladium), चुरानी होगी।

पहले दोनों काम आसान थे। तीसरे के लिए, ओडिसियस और डायोमिडिस भिखारी बनकर शहर में घुस गये और अँधेरे में एथिना की मूर्ति चुरा लाये। जब वे भाग रहे थे, हेलेन ने उन्हें देख लिया लेकिन उसने उन्हें रोका नहीं। बल्कि कहा, "मेरे पति से कहना, मैं यूनानियों के लिए निष्ठावान हूँ और उनकी जीत के लिए प्रार्थना करती हूँ। ट्रॉयवासियों के लिए मैं तुमसे बेवफ़ाई नहीं कर रही, यह इस बात का सबूत है कि मेरी निष्ठा किस तरफ़ है।"

- पैलेडियम 'ग्राम-देवता' या हिन्दू मिथकों की गाँव की देवी की तरह है जो राज्य की शक्तियाँ रखती है, इसलिए राजा द्वारा इसकी निगरानी होनी चाहिए। दूसरे राज्यों की जीत का अर्थ था इन देवताओं को हासिल करना और अपनी राजधानी के मुख्य मन्दिर में लाना।
- ट्रॉय की असली पैलेडियम एथिना द्वारा बनाई पलस (Pallas) की मूर्ति थी। पलस एथिना का बचपन का मित्र था, जिसे उसने भूलवश एक मित्रतापूर्ण द्वन्द्व में मार दिया था। यादों में जीवित रखने के लिए उसने मूर्ति बनाई और नाम रखा पलस-एथिना। मूर्ति सँभालने के लिए ज़ियुस द्वारा ट्रॉय के राजा को दी गयी थी। ओडिसियस और डायोमिडिस द्वारा चुराने के बाद यह कालान्तर में एनियस, ट्रॉयवासी के हाथ लग गयी, जो उसे इटली ले गया, जहाँ यह रोम में वेस्टा (Vesta) के मन्दिर में प्रतिष्ठित हुई।

- ट्रोजन युद्ध में भविष्यवक्ता की विशेष भूमिका है। कैल्चस यूनानी है और हेलेनस ट्रॉयवासी। मध्यकाल में, माना जाता है, कैल्चस ट्रॉय का था, जो यूनानियों के पक्ष में चला गया था।
- कुछ कहानियों में ट्रॉय के इलस द्वारा पेलोप्स लीदिया से बाहर निकाल दिया गया था, इस तरह उसकी अस्थियों की वापसी (विशेषकर हाथी दाँत से बनी कन्धे की हड्डी) प्रतीकात्मक रूप से उसकी घर वापसी है। अनेक यूनानी जो ट्रॉय में लड़े, वे पेलोप्स के वंशज थे।
- ओडिसियस और डायोमिडिस एक-दूसरे से भिन्न हैं। ओडिसियस धूर्त और चालबाज़ है, जबकि डायोमिडिस धैर्य, परिपक्वता और कुलीनता दिखाता है।
- काव्य-चक्र के *लिटिल इलियड* में ओडिसियस डायोमिडिस की पीठ में छुरा घोंपने की कोशिश करता है, जिससे वह पैलेडियम चुराने का सारा श्रेय ले सके, लेकिन डायोमिडिस समय रहते उसे पकड़ लेता है। ओडिसियस को मारने की बजाय डायोमिडिस सिर्फ़ उसके हाथ बाँध देता है और अपने आगे-आगे चलाता है, तलवार के फल से मारते और अपमानित करते हुए। डायोमिडिस उसे मारता नहीं कि उसे पता है, ट्रोजन युद्ध को जीतना है तो ओडिसियस की धूर्तता की ज़रूरत होगी। वाक्यांश—'डायोमिडियन ज़रूरत' (Diomedian necessity)—ऐसा काम जिसे मजबूरी में करना हो, इसी से निकला है।

ट्रोजन घोड़ा (Trojan Horse)

आखिरकार ओडिसियस ट्रॉय के शहर पर अतिक्रमण की एक साहसी योजना के साथ आया। उसने यूनानियों से पुराने टूटते हुए जहाज़ों की लकड़ी से एक खोखला घोड़ा बनवाया। तब डायोमिडिस, मेनेलॉस, कुछ यूनानी सैनिक और खुद ओडिसियस उसमें छुप गये। बचे हुए अगामेम्नान के नेतृत्व में जहाज़ रवाना करके यूनान की ओर जाने का दिखावा करने लगे। क्षितिज के पार जाकर वे रुक गये, वापस मुड़ने और अँधेरे में ट्रॉय वापस आने को तैयार।

जब सूर्योदय हुआ, ट्रॉयवासी देखकर हैरान हुए कि यूनानी शिविर खाली थे और दुश्मनों के जहाज़ तैरते हुए दूर जा रहे थे। तट पर कुछ था तो एक वृहदाकार लकड़ी का घोड़ा और यूनानी साइनन (Sinon), जिसने बताया कि क्या हुआ था।

''मेरे यूनानी साथियों ने सामान बाँधा और जल्दी में या शायद खुंदक में, क्योंकि ओडिसियस ने मुझे कभी पसन्द नहीं किया, इसलिए मुझे ले जाना भूल गये। यह सोचकर कि ट्रॉय अजेय है वे घर वापस चले गये। अपने घर वापसी की

सुरक्षित यात्रा के लिए यह घोड़ा एथिना को भेंट किया है।'' साइनन ने आगे कहा, ''यह घोड़ा इतना ऊँचा इसलिए बनाया है कि तुम ट्रॉयवासी इसे दीवार के अन्दर न ले जा सको और एथिना का अनुग्रह न पा सको।''

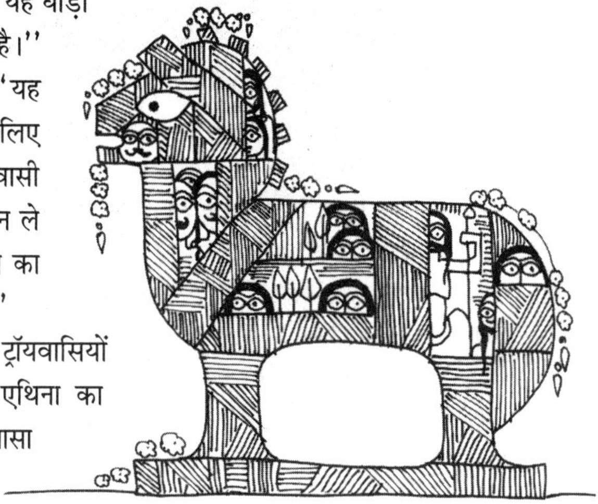

इस सूचना ने ट्रॉयवासियों में, जो अपने लिए एथिना का अनुग्रह चाहते थे, जिज्ञासा जगाई। उन्होंने लकड़ी के घोड़े को शहर की दीवार के अन्दर ले जाने का निश्चय किया। उन्होंने दीवार का फाटक खोला, नीचे से ज़मीन खोदी, ऊपर का छज्जा तोड़ा ताकि घोड़ा अन्दर जा सके, और खींचकर अन्दर शहर के चौक में ले जाने की तैयारी करने लगे।

कैसेंद्रा, प्रायम की बेटी, जो भविष्य देख सकती थी, ने ट्रॉयवासियों को घोड़ा शहर के अन्दर न लाने की चेतावनी दी, उसे मालूम था कि यह बदकिस्मती लायेगा। पर किसी ने उसकी बात पर विश्वास नहीं किया।

लाओकून (laocoon), ट्रॉय के पुजारी ने भी घोषित किया कि लकड़ी का घोड़ा खतरनाक था और शहर के अन्दर नहीं लाना चाहिए, पर जैसे ही उसने यह कहा, समुद्र से एक साँप आया, और उसे और उसके बेटों को मार दिया। इसे ऐसे संकेत के रूप में देखा गया कि लकड़ी का घोड़ा ओलिम्पियंस की छत्रछाया में था, अत: न सिर्फ़ सुरक्षित था, सौभाग्य का वाहक भी था। अत: ट्रॉयवासी उसे शहर के अन्दर ले आये, फूलों से सजाया और सोने का समय होने तक सारा दिन उसके आगे नाचते रहे।

रात की खामोशी में ओडिसियस और अन्य यूनानी योद्धा लकड़ी के घोड़े से बाहर निकले और ट्रॉय के द्वार खोल दिये। तब तक यूनानी जहाज़ भी वापस लौट आये थे, और सैनिक चुपचाप शहर में प्रवेश कर गये। ट्रॉय के सभी पहरेदार जश्न के बाद थककर गहरी नींद में सोये होने के कारण, यूनानी सैनिकों को किसी विरोध का सामना नहीं करना पड़ा और वे पूरे शहर में फैल गये।

- जैन धर्म पुनर्जन्म, द्वैतभाव और अहिंसा पर आधारित प्राचीन मठवादी अनुशासन है जो भारतीय प्रायद्वीप में उपजा। जैन तीर्थंकर महावीर को बुद्ध के समकालीन माना गया है। जैन इतिहास में हमें ऐसी कहानी मिलती है, जिसमें ट्रोजन घोड़ा (Trojan Horse) जैसी ही रणनीति का प्रयोग युद्ध को टालने के लिए किया गया था। छह राजकुमारों ने, जो राजकुमारी मल्ली से विवाह करना चाहते थे, राजकुमारी की राजधानी पर आक्रमण करने की धमकी दी, अगर वह राज़ी नहीं होती। अत: मल्ली ने उन्हें अपने महल में बुलाया और एक खूबसूरत बुत दिखाया, हू-ब-हू उसके जैसा। पर जब राजकुमार उस बुत के निकट आये, उन्हें तीखी दुर्गन्ध का एहसास हुआ। तब राजकुमारी ने उन्हें समझाया, "जब से तुमने युद्ध की धमकी दी है, मैंने खाना छोड़ दिया और सारा भोजन इस खोखले बुत में डालती रही हूँ। समय के साथ-साथ यह सड़ना शुरू हो गया, जिससे दुर्गन्ध फैली। मेरा यह शरीर, जो तुम्हें इतना खूबसूरत लगता है, इसी कचरे से बना है। अपनी लिप्सा में तुम्हें यह एहसास नहीं हुआ और इसके लिए मारने को तैयार हो। क्या यह इस लायक है?" राजकुमारी के ये शब्द सुनकर राजकुमारों ने अपनी सेनाएँ वापस बुला लीं। शर्मिन्दा होकर वे साधु बन गये, मल्ली तीर्थंकर हो गयी—मल्लीनाथ, वह जो भौतिकता में भटके हुए को राह दिखाये।
- कैसेंद्रा भविष्य देख सकती है, लेकिन कोई उसका विश्वास नहीं करता। ऐसा ही एक चरित्र *महाभारत* में है; सहदेव भविष्य देख सकता है पर वह कोई सूचना नहीं दे सकता जब तक कोई उससे पूछे नहीं। अगर वह बिना पूछे बताए तो कोई विश्वास नहीं करेगा।
- ट्रोजन घोड़े की कहानी हमें तीन कृतियों में मिलती है, होमर के *औडिसी,* यूरिपाइडस के नाटक *द ट्रोजन विमन* और विरजिल के *एनीड* में।
- घोड़े को बनाने वाला एथिना द्वारा प्रेरित कोई इपियस (Epeius) था।
- घोड़े के अन्दर छिपकर बैठे सैनिकों की संख्या अलग-अलग दस्तावेज़ों में बीस से पचास के बीच बताई गयी है।
- घोड़े में छिपे यूनानियों की आम सूची में ओडिसियस, डायोमिडिस, ट्यूसर, मेनेलॉस, प्रोटेसिलस, इपियस, पाइरस और इडोमीनियस शामिल हैं। अगामेम्नान विशिष्ट है अपनी अनुपस्थिति के कारण, वह जहाज़ों के साथ है और ट्रॉय के क्षितिज के पार प्रतीक्षा करता है।
- ट्रोजन घोड़ा रूपक बन गया है सुरक्षित दिखनेवाले पात्र में जानलेवा सामग्री का। इस रूपक का प्रयोग उन कम्प्यूटर प्रोग्राम के लिए भी किया जाता है, जिनमें वायरस हो और जो कम्प्यूटर के प्रोग्राम को पूरी तरह से नष्ट करने की क्षमता रखते हैं।

- एक कहानी के अनुसार, हेलेन ट्रोजन घोड़े के पास जाकर छिपे हुए यूनानी योद्धाओं की पत्नियों की आवाज़ की नकल करती है, इस उम्मीद से कि वे अपनी वास्तविकता ज़ाहिर करेंगे। तब, क्या वह ट्रॉयवासियों की मदद कर रही है? या सिर्फ़ यूनानियों की मंशा देख रही थी? पूरे संदर्भ में उसकी निष्ठा संदिग्ध है।

एस्टीयानैक्स (Astyanax)

युद्ध का बिगुल सुनकर यूनानियों ने लूट शुरू कर दी। घर जला दिये गये, लोग मारे गये, औरतें बलात्कृत हुईं।

हैक्टर का नन्हा बेटा एस्टीयानैक्स (Astyanax) ट्रॉय की ऊँची दीवार से फेंक दिया गया। हैक्टर की विधवा एंड्रोमेशी का शीलभंग हुआ, बहन कैसेंड्रा, माँ हेकाबी का भी। अपने शहर और अपने परिवार की यह दुर्दशा देख ट्रॉय का राजा, प्रायम रो पड़ा और प्रार्थना की कि उसे मार डाला जाये। यूनानियों ने ऐसा ही किया।

पाइरस ने एंड्रोमेशी को अपनी रखैल बनाने के लिए माँग लिया, अगामेम्नान ने कैसेंड्रा को। औरतों ने मन्दिर में शरण लेने की कोशिश की पर यूनानी वहाँ से उन्हें खींच लाये, या वहीं, देवता की परवाह न करते हुए उनके साथ व्यभिचार किया।

ऐसी खुली त्रासदी के दुख और डर ने हेकाबी को पागल कर दिया, वह एक कुत्ते की भाँति भौंकने, रोने-चिल्लाने लगी। यह निर्णय लिया गया कि इस बूढ़ी पागल रानी हेकाबी को छोड़ दिया जाये।

मेनेलॉस हेलेन को ढूँढ़ता हुआ महल के अन्दर दौड़ा और उसे डीफोबस के साथ बिस्तर पर देखा। उसने ट्रॉय के राजकुमार डीफोबस को मार दिया और हेलेन को मारने ही वाला था कि उसने अपने वक्ष निरावृत कर दिये। ऐसा निष्कलुष सौन्दर्य देखकर उसका सारा क्रोध बह गया और वह उसे अपनी कानूनन ब्याहता पत्नी की तरह जहाज़ पर ले आया।

- *रामायण* में राम अपनी पत्नी सीता को छुड़ाने के लिए, जिसका राक्षसराज रावण ने अपहरण किया था, लंका पर वानर सेना के साथ धावा बोल देते हैं। रावण की हार के बाद उसके राज्य को लूटा नहीं गया और लंका की स्त्रियों के साथ दुर्व्यवहार नहीं होता। यूनानी महाकाव्य में विजित देश और स्त्रियों के साथ यूनानियों का व्यवहार नितान्त भिन्न और बर्बरतापूर्ण, ओलिम्पियंस को भी नाराज़ कर देने वाला है।
- यूरिपाइडस का नाटक *द ट्रोजन विमन* यूनानी द्वीप माइलोस (Milos) के भाग्य पर एक समीक्षा थी, जो एथेनियंस द्वारा पाँचवीं शताब्दी बी.सी.ई. के पेलोपोनेशियन (Peloponnesian) युद्ध में बर्बाद हो गया। लम्बी घेराबंदी के बाद विजित द्वीप के पुरुष मारे गये और स्त्रियाँ और बच्चे गुलाम बनाकर बेच दिये गये।
- ट्रोजन युद्ध कुछ विद्वानों के विचार से ऐतिहासिक है क्योंकि हित्ती कीलाकार (Hittite cuneiform) लिपि में लगभग 1300 वर्ष बी.सी.ई. के लेखन पाये गये हैं जिनमें एक निरंकुश अनातोलियाई युद्धनेता पियामा–रादू (Piyama-Radu) (शायद प्रायम) और उसका उत्तराधिकारी अलाक्सान्दु (Alaksandu) (संभवत: सिकंदर, पैरिस का उपनाम) का ज़िक्र है; दोनों के स्थान विलुसा (Wilusa) (संभवत: इलियास (Ilios)) हैं साथ ही देवता अपालियुनस (Apaliunas) (शायद अपोलो।

ईथरा (Aethra)

हेलेन के साथ एक वृद्धा थी, ईथरा, थीसियस की माँ, जिसे गुलाम बना लिया था, और हेलेन की दासी बनने को मजबूर किया था, पहले स्पार्टा में, फिर ट्रॉय में।

जब थीसियस का बेटा ऐकामस उसे छुड़ाने आया, तो ईथरा ने एक बालक प्रस्तुत किया, "यह तुम्हारा बेटा है म्युनिटस (Munitus), ट्रॉय की राजकुमारी लेयोडाइस द्वारा," उसने कहा, "तुम्हें वह याद है? तुम मिले थे जब ट्रॉय आये थे युद्ध से पहले, शान्ति के लिए बातचीत करने और हेलेन को उसके पति के पास वापस ले जाने? तुम्हारा मिशन असफल रहा, पर ट्रॉय की राजकुमारी लेयोडाइस के साथ तुम्हारे संक्षिप्त से सम्बन्ध ने यह आनन्ददायी फल दिया है। इसका ध्यान रखना इसकी शिराओं में यूनान और ट्रॉय का

खून है; प्यार का, नफ़रत का नहीं।''

''लेयोडाइस कहाँ है?'' ऐकामस ने पूछा।

''प्रायम की उस सबसे सुन्दर बेटी ने देवताओं से प्रार्थना की कि उसका शीलभंग न हो, वह मारी न जाये और न ही रखैल-प्रथा में दी जाये। उसके लिए धरती खुली और वह पर्सीफ़ोन के साथ हेडस चली गयी।''

तब अपने प्रपौत्र म्युनिटस के साथ यूनान जाने को तैयार ईथरा अपने पोते ऐकामस के जहाज़ पर चढ़ी।

डेमोफ़ोन, ऐकामस का भाई और थीसियस का बेटा भी अपनी दादी ईथरा के साथ आ गया। घर पहुँचकर डेमोफ़ोन को मालूम हुआ कि जब वह बाहर था, उसकी प्रिय पत्नी फिलिस (Phyllis) की मृत्यु हो गयी थी। मृत्यु के फलस्वरूप वह एक सूखे बादाम-पेड़ में बदल गयी थी। डेमोफ़ोन उस पेड़ से लिपटा और बहुत रोया; पेड़ हरा-भरा हो गया।

- लेयोडाइस के हेडस जाने की कहानी *बाइब्लिओथिका* से मिलती है। यह हमें *रामायण* के आखिरी भाग में सीता के धरती में समा जाने की याद दिलाती है। वास्तव में अनेक विद्वानों ने सीता के धरती से जन्म लेने और समा जाने की कहानी को पर्सीफ़ोन, दीमितर की पुत्री, जो हेडस द्वारा अपहृत की जाती है और पाताललोक में ले जायी जाती है, से जोड़ने की कोशिश की है। लेयोडाइस के धरती में समाने के लिए भी पर्सीफ़ोन ज़िम्मेदार है।

वापसी (Return)

ट्रॉय लूटने के बाद अपने रोष और रक्तपिपासा की संतुष्टि कर यूनानी घर लौटने की तैयारी में लग गये। पर यूनानियों के जाने से पहले, एक्लीस के प्रेत ने माँग की कि वे उसकी कब्र पर पौलिक्सेना की बलि दें, क्योंकि उसकी बेवफ़ाई ही एक्लीस की मौत का कारण थी। जब तक ऐसा नहीं होगा, एक्लीस ने चेतावनी दी, तेज़ हवाएँ यूनानी जहाज़ों को ट्रॉय का समुद्र-तट छोड़ने नहीं देंगी। इसलिए पौलिक्सेना को एक्लीस की कब्र पर लाया गया और उसकी गर्दन काट दी गयी।

देवताओं की माँग यह भी थी कि अजैक्स कमतर (the lesser Ajax) की भी बलि दी जाये क्योंकि उसने एथिना के मन्दिर में कैसेंड्रा का शीलभंग किया था। जब यूनानियों ने मना किया, तो उनकी वापसी में और भी विलम्ब करने के लिए एथिना

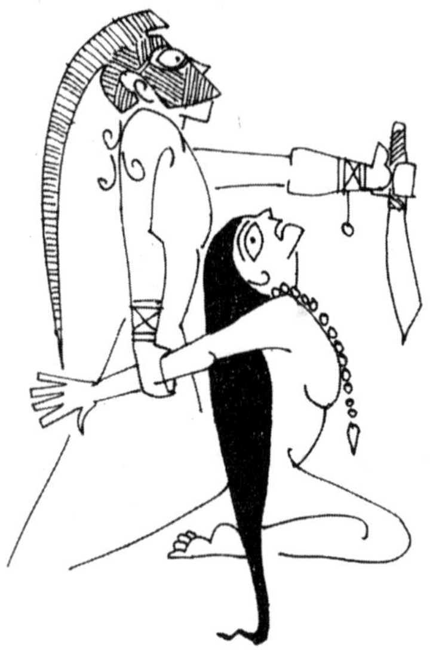

ने तेज़ तूफ़ान और हवाएँ चला दीं। अजैक्स कमतर का जहाज़ टूट गया, फिर भी उसने किसी तरह से एक चट्टान पर शरण ले ली। तब दम्भ से भरकर उसने कहा, "ओलिम्पियंस मेरा कुछ नहीं बिगाड़ सकते, जो चाहे वो कर लें उसके बावजूद मैं बच जाऊँगा।" यह सुनकर पॉज़ाइडन ने अपना त्रिशूल मारा और चट्टान तोड़ दी जिस पर अजैक्स ने शरण ली थी और उसे डुबो दिया।

भविष्यवक्ता कैल्चस ने तय किया कि वह जहाज़ पर सफ़र नहीं करेगा, क्योंकि उसने देखा, अधिकतर जहाज़ चट्टानों से टकराकर टूटे और समुद्र में डूब गये। उसने स्थल-मार्ग चुना लेकिन वह घर नहीं पहुँच सका। कैल्चस एक और भविष्यवक्ता से मिला, जिसने उसकी मौत का दिन बताया। जब दिन बीत गया और मृत्यु नहीं हुई तो कैल्चस हँसने लगा और तब तक हँसना रोक नहीं सका जब तक हँसते-हँसते मर नहीं गया।

क्रीट का इडोमीनियस तूफ़ान में फँस गया था और तब उसने देवताओं को वचन दिया, अगर वह बच गया तो जो भी पहला इंसान उसका किनारे पर स्वागत करेगा, वह उसकी बलि देगा। जब जहाज़ क्रीट पहुँचा, पहला इंसान जिसने इडोमीनियस का स्वागत किया वह उसका बेटा था। इडोमीनियस के पास अपने बेटे की बलि देने और देवताओं को दिया वचन पूरा करने के अलावा कोई चारा नहीं था। तब इडोमीनियस ने पाया कि उसकी अनुपस्थिति में उसकी पत्नी ने एक प्रेमी अपना लिया था ल्यूकस (Leucus)। पुत्र और पत्नी दोनों को खोकर भग्नहृदय इडोमीनियस ने उस शहर को छोड़ने और बाकी जीवन निर्वासन में बिताने का निश्चय किया।

- *महाभारत* का स्त्रीपर्व युद्ध की विभीषिका की चर्चा करता है, कैसे पुरुषों के बीच युद्ध (नागरिकों को) विधवा और अनाथ बनाता है।
- यूनानी सेनानायकों की वापसी की कहानी *नोस्तोई* (Nostoi) से मिलती है जो 700 बी.सी.ई. की कहानियों के काव्य-चक्र का हिस्सा बनती है।

- यूनान छोड़ने के पहले यूनानी इफ़ीजेनिया की बलि देते हैं और ट्रॉय छोड़ने के पहले पौलिक्सेना की। दोनों में एक्लीस लिप्त है। इफ़ीजेनिया झूठे दिलासे पर ऑलिस लायी जाती है कि एक्लीस से उसकी शादी होगी और अपनी कब्र पर पौलिक्सेना की बलि की माँग एक्लीस का प्रेत करता है।
- मोज़ार्ट के अट्ठारहवीं सदी के ऑपेरा *इडोमीनियो* में पॉज़ाइडन राजकुमार इडामैन्टे (Idamante) की बलि रुकवा देता है, पर वह माँग करता है कि इडोमीनियस अपनी गद्दी छोड़ दे और नयी पीढ़ी को सँभालने दे।
- डिक्टिस क्रेटेन्सिस (Dictys Cretensis), इडोमीनियस का प्रसिद्ध साथी था, जिसने, लोककथा के अनुसार, ट्रोजन युद्ध की सारी घटनाएँ दर्ज करने के लिए डायरी बनाई। इस यूनानी दस्तावेज़ का लैटिन संस्करण चौथी सदी सी.ई. में लोकप्रिय हुआ और यूनानी संसार की कथाओं का प्रमाणिक स्रोत माना गया।

नौपलियस (Nauplius)

ट्रोजन युद्ध में पैलामीड्स पर ट्रॉयवासियों से सोना लेने का झूठा आरोप लगाया जाता है और बिना निष्पक्ष जाँच के उसे मार दिया जाता है। उसका पिता नौपलियस (Nauplius) ट्रॉय आया और बेटे के लिए न्याय की माँग की। पर अगामेम्नान ने अनसुना कर दिया।

गुस्से में नौपलियस ने एक घातक योजना बनाई। उसने ट्रॉय से यूनान तक के समुद्री रास्ते पर चट्टानी तटों पर प्रकाशदीप जला दिये। परिणामस्वरूप अनेक यूनानी जहाज़ जो ट्रॉय से रवाना हुए, चट्टानों से टकरा गये और कभी घर नहीं पहुँच सके। जो लोग घर पहुँचे, उन्होंने पाया कि उनकी पत्नियों ने दूसरे पति अपना लिये, क्योंकि नौपलियस ने, यूनान लौटकर सभी स्त्रियों से कहा कि उनके पतियों ने उन्हें छोड़ दिया है, और ट्रॉय की स्त्रियों के साथ ट्रॉय में ही बस गये हैं।

डायोमिडिस उन्हीं अभागों में से एक था, जिसकी पत्नी ने दूसरा प्रेमी बना लिया था।

उसकी पत्नी और उसके प्रेमी ने डायोमिडिस को अपने शहर में प्रवेश करने से रोक दिया। वह फिर समुद्र में निकल गया एक नये घर की तलाश का निश्चय करके। पर वह जहाँ-जहाँ गया, वहाँ-वहाँ पक्षी उसका पीछा करते रहे। ये पक्षी उन योद्धाओं के प्रेत थे जो ट्रॉय में मर गये। ये पक्षी हर समय अपने दुख से चिल्लाते रहते। डायोमिडिस इससे पगला गया और दूर इटली में अपने लिये घर बना लिया। अब उसे बस किसी ट्रॉयवासी का इन्तज़ार था जिसे वह पैलेडियम (Palladium) लौटा सके, क्योंकि यह उसके लिए बदकिस्मती के अलावा कुछ नहीं लाया था।

- ट्रोजन युद्ध दस साल तक चलता है। यूनानी मिथक में यह लम्बा अर्सा माना गया है। हिन्दू मिथक भी चौदह साल के वनवास की या बारह साल के अकाल की बात कहता है लेकिन इनकी तुलना की जाती है अधिक लम्बे समय जैसे सौ, हज़ार या फिर लाखों वर्षों से। ऐसी महत्ती संख्याओं से समय को सूचित करते हुए वेद में बहुत उदाहरण हैं, जिनका कोई व्यावहारिक मूल्य नहीं है और निश्चय ही मनुष्य के अनुभव का हिस्सा नहीं है। वे गणनाएँ कल्पना पर आधारित हैं। ये युगारम्भ अनन्त और विस्तार के प्रति हमारे उस ध्यान में सम्मिलित हैं जिसकी तुलना में मानव जीवन अपनी सीमित जीवन अवधि में नगण्य है। इस प्रकार राजाओं की कहानियाँ हैं एक दिन के लिए देवों से मिलने की और वापसी में पाते हैं धरती पर हज़ार साल बीत गये, क्योंकि देवलोक का एक दिन, मर्त्यलोक के हज़ार सालों जितना है। ऐसे संदर्भ यूनानी मिथकों में नहीं हैं।
- नौपलियस वंशज है, अपने हमनाम नौपलियस, पॉज़ाइडन के बेटे, एक महान नाविक का जो आर्गोनॉट्स अभियान का हिस्सा था। पॉज़ाइडन ने ऐमीमोन (Amymone) नामक स्त्री को एक लम्पट से बचाया जो उससे बलात्कार करने की कोशिश कर रहा था, उसने ऐमीमोन से प्रेम किया और उस (स्त्री) ने नौपलियस को जन्म दिया।
- डायोमिडिस की नियति की अनेक कहानियाँ हैं, जो होमर-उत्तर काल में अनेक लोगों द्वारा देवताओं की तरह पूजा गया। रोमन कवि विरजिल उसे अनेक इटालियन शहरों से जोड़ता है।
- सभी यूनानी नायक एक-दूसरे से कुछ ही पीढ़ियों के अन्तर में पाये जाते हैं। यूरोपा द्वारा जन्मा मिनोस थीसियस का समकालीन है, थीसियस इडिपस का समकालीन है। कैडमस मिनोस का चाचा है। इयो से जन्मा पर्सियस हेराक्लेस का पूर्वज है, जो जेसन का समकालीन है। हेराक्लेस का अनुयायी फिलौक्टेटस जो नायक की मौत का गवाह है, ट्रोजन युद्ध में मुख्य भूमिका निभाता है। इस युग को नायकों का युग—हेरोइक ऐज (Heroic age)—कहा गया था।

- विद्वानों, जो मिथकशास्त्र को इतिहास–पूर्व मानते हैं, के विचार से यूनानियों का नायक–युग (जब ट्रोजन युद्ध लड़ा गया था) और हिन्दुओं का महाकाव्य युग, (महाभारत काल) काँस्य युग में स्थित हैं।
- पैलामीड्स ने यूनानी सैनिकों द्वारा युद्ध काल में समय बिताने के लिए पासे के खेलों का आविष्कार किया था।

क्लाइटेम्नेस्ट्रा (Clytemnestra)

अपने साथियों के भाग्य से अनजान, विजयी अगामेम्नान, अपने घर माईसिनि पहुँचा। उसकी पत्नी क्लाइटेम्नेस्ट्रा द्वारा उसका स्वागत हुआ, जो हेलेन की रिहाई के बारे में जानकर निश्चिंत हुई।

पर सब कुछ ठीक नहीं था।

जिस दौरान अगामेम्नान दूर था, क्लाइटेम्नेस्ट्रा को थीस्टस के बेटे एगस्तस से प्रेम हो गया था। क्लाइटेम्नेस्ट्रा अपनी बेटी इफ़ीजेनिया की बलि देने के कारण अपने पति अगामेम्नान से नाराज़ थी। उसका गुस्सा और भी बढ़ गया, जब उसे पता लगा कि अगामेम्नान अपने साथ ट्रॉय से एक रखैल कैसेंद्रा लाया है।

उसने विजेता अगामेम्नान और कैसेंद्रा का भी स्वागत किया। पर जब वे नहा रहे थे और परिहास कर रहे थे, उन दोनों को मार दिया। इस प्रकार ट्रॉय को जीतनेवाला महान विजेता, जिसने दस वर्ष लड़ते हुए बिताए, अपनी बेवफ़ा पत्नी द्वारा अपने ही स्नानगृह में, अपने ही घर में मारा गया।

- निष्ठाहीन पत्नियाँ हिन्दू मिथकों में भी आम कथानक हैं। जमदाग्नि अपनी पत्नी रेणुका का सिर काटने का आदेश देता है, क्योंकि क्षण भर को वह अन्य व्यक्ति की कामना करती है। अहिल्या अपने पति ऋषि गौतम द्वारा पत्थर में बदल दी जाती है। राम अपनी पत्नी सीता को जंगल में भेज देते हैं, क्योंकि रावण द्वारा अपहरण से उसकी मर्यादा पर आँच आई।

- 1400 बी.सी.ई. के हित्ती स्रोत अकागामुनस, अहियावा (आकियन या पुरातन यूनानी का देश) के शासक का विवरण देते हैं।
- अपनी पत्नी द्वारा अगामेम्नान की हत्या का सर्वप्रथम संदर्भ हमें 800 बी.सी.ई. में लिखे गये होमर के *'औडिसी'* से मिलता है। यहाँ ओडिसियस अगामेम्नान के प्रेत का सामना करता है, जो उसे स्त्रियों पर भरोसा करने से सावधान करता है।

ओरेस्टस (Orestes)

अगामेम्नान और क्लाइटेम्नेस्ट्रा की बेटी इलेक्ट्रा (Electra) का दिल टूट गया, जब उसे मालूम हुआ कि उसकी माँ ने उसके पिता की हत्या की थी। इलेक्ट्रा ने अपनी माँ और उसके प्रेमी एगस्तस को मारने के लिए अपने भाई ओरेस्टस (Orestes) को भड़काया। जब ओरेस्टस को अपने पिता की हत्या का पता चला तो वह बहुत क्रोधित हुआ और अपोलो की मदद से उसने वैसा ही किया जैसा उसकी बहन ने उसे कहा था।

अपनी माँ की हत्या के जुर्म की वजह से चुड़ैलों ने दुनिया भर में ओरेस्टस का पीछा किया। यूनान का कोई भी राजा अगामेम्नान के बेटे ओरेस्टस को शरण देने को तैयार नहीं था। ओरेस्टस के कष्टों में साथ देने को उसका प्रिय मित्र, पाइलेडस (Pylades) तैयार हुआ।

चुड़ैलों ने इलेक्ट्रा को प्रताड़ित नहीं किया। इलेक्ट्रा ने देवताओं से अपने भाई ओरेस्टस की रक्षा और पारिवारिक श्राप का अन्त करने की प्रार्थना की। उसकी विनतियों से पसीजकर ज़ियुस राज़ी हो गया कि पेलोप्स घराने के श्राप का अन्त हो जाये। इसलिए एथिना को उन चुड़ैलों से बातचीत के लिए भेजा गया यह कहकर कि बेटे द्वारा क्लाइटेम्नेस्ट्रा की हत्या रक्त-सम्बन्ध के प्रति अपराध नहीं था। "बेटा पिता की संतान होता है, माता की नहीं। औरत केवल एक चूल्हा है, जिसमें एक व्यक्ति अपनी रोटी नानबाई की तरह सेंकता है," एथिना ने कहा। यह तर्क चुड़ैलों को ठीक लगा, जिन्होंने ओरेस्टस का पीछा छोड़ दिया।

- नेमेसिस और फ़्यूरीस (Furies) जैसे प्रतिशोधात्मक देवदूतों की अवधारणा हिन्दू मिथकों में नहीं पायी जाती। न्याय संगत क्रोध में देवता विकराल रूप धारण कर सकते हैं जैसे शिव का भैरव, या वीरभद्र में बदलना। पर प्रताड़ना के ऐसे मूर्त रूप धारण करने की कहानी नहीं है।
- हेसियाड की *'थियोगौनी'* में क्रोनस द्वारा यूरेनस को बधिया करने पर चुड़ैलें यूरेनस के लहू से पैदा हुईं। इनकी परिकल्पना तीन प्रतिशोधी देवियों के रूप में की गयी है। ये इस्कीलस, सोफ़ोक्लेस और यूरिपाइडस, विख्यात नाटककारों के लेखन में वर्णित हैं, जो लगभग 500-400 बी.सी.ई. में हुए। इन चुड़ैलों को एराइन्ज़ (Erinyes) भी कहा गया है। ओरेस्टस की पेशी के बाद एथिना इनका नामकरण युमिनाइड्स (Eumenides) यानी भली आत्माओं के रूप में करती है। रोमन मिथकशास्त्र में वे डारी (Dirae) कहलाती हैं।
- इस्कीलस की ओरेस्टिया-त्रयी (Orestia-trilogy) में तीन नाटक हैं जो पेलोप्स घराने की त्रासदी की दास्तान कहते हैं। पहले नाटक *'अगामेम्नान'* की विषयवस्तु यूनानी राजा की अपनी विश्वासघाती पत्नी द्वारा हत्या है। दूसरे नाटक *'द लाईबेशन बेयरर्स'* में अपोलो के आदेश पर ओरेस्टस अपनी माँ और उसके प्रेमी की हत्या करता है और अंतिम नाटक *'युमिनाइड्स'* में ओरेस्टस एथिना के हस्तक्षेप से पहले तक चुड़ैलों द्वारा सताया जाता है।
- यह कहानी यूनानी मातृतंत्र का अन्त प्रस्तुत करती है। एथिना, ओरेस्टस की समर्थक, ज़ियुस के मस्तक से पैदा हुई है, अत: स्वयं को स्त्री-शरीर से अलग समझती है। अपनी माँ लेटो के समर्थक अपोलो का ओरेस्टस को अपनी माँ की हत्या के लिए कहना भी यही बदलाव चिह्नित करता है।

हरमियोन (Hermione)

जब ओरेस्टस चुड़ैलों की कठिन परीक्षा से माईसिनि वापस आया, तो उसने क्लाइटेम्नेस्ट्रा और एगस्तस के पुत्र अलीट्स (Aletes) को अपनी बहन एरिगॉने (Erigone) के साथ गद्दी पर बैठा पाया। ओरेस्टस ने अपने सौतेले भाई को मार दिया और सौतेली बहन के साथ बलात्कार किया। जिसने, अपनी जान दे दी।

ओरेस्टस का विवाह उसकी चचेरी बहन, हरमियोन से होना तय हुआ था। लेकिन मातृहंता के अपराध के कारण ओरेस्टस को इस विवाह के लिए अयोग्य पाया गया और हरमियोन का विवाह, एक्लीस और डीडामिया के बेटे, पाइरस से निश्चित हुआ। हरमियोन को पाने को प्रतिबद्ध, ओरेस्टस ने पाइरस को द्वन्द्व के

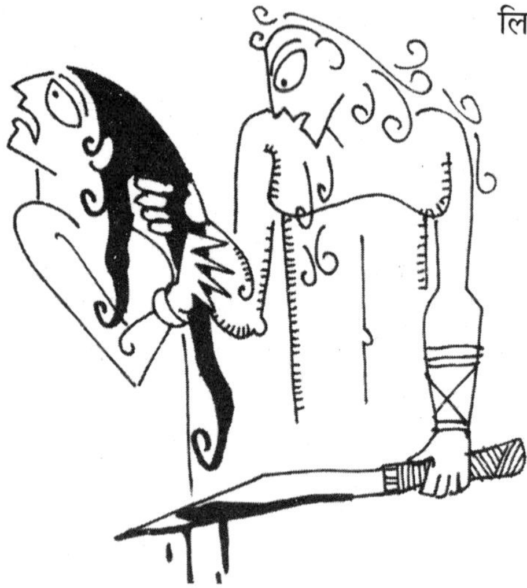

लिए चुनौती दी।

पाइरस ट्रॉय से हैक्टर की विधवा एंड्रोमेशी को रखैल के रूप में लेकर वापस आया था। पाइरस की पत्नी हरमियोन, एंड्रोमेशी से घृणा करती थी, और इसीलिए एंड्रोमेशी पर ऐसी ट्रोजन जादूगरनी होने का आरोप लगाया, जो जादू करके हरमियोन को गर्भधारण करने से रोक रही थी। शान्ति बनाये रखने के लिए पाइरस ने हरमियोन को प्रायम का बेटा हेलेनस दे दिया जिसे वह गुलाम बनाकर यूनान लाया था। लेकिन हरमियोन फिर भी असंतुष्ट रही।

शायद यह घरेलू कलह से बचने की वजह से, या पाइरस को युद्ध पसन्द था, या वह यह सोचता था कि अगामेम्नान घराने ने एक्लीस घराने के साथ गलत किया, पाइरस ने ओरेस्टस की चुनौती स्वीकार कर ली। अपने पिताओं की तरह जो ट्रॉय में रखैल के लिए लड़ पड़े थे, बेटे यूनान में पत्नी के लिए लड़ पड़े। पर जो द्वन्द्व हुआ उसमें पाइरस मारा गया और एक बार फिर अगामेम्नान घराना एक्लीस घराने पर हावी रहा।

ओरेस्टस ने हरमियोन से शादी कर ली और बाद में सारे पेलोपोनीस (Peloponnese) का राजा बन गया। उसकी बहन इलेक्ट्रा ने ओरेस्टस के प्रिय दोस्त पाइलेडस से शादी कर ली।

- विवाह अक्सर युद्धजनित शत्रुता और मित्रता को चुनौती देता है। *महाभारत* में पांडव अर्जुन और कौरव दुर्योधन दोनों कट्टर दुश्मन हैं पर विवाह द्वारा सम्बन्धी हैं। अर्जुन का बेटा अभिमन्यु बलराम की पुत्री वत्सला से शादी करता है, जबकि दुर्योधन की बेटी लक्ष्मणा बलराम के भतीजे और कृष्ण के बेटे शम्भ से शादी करती है।
- यूरिपाइडस ने एक नाटक लिखा जिसमें अपोलो ओरेस्टस को टौरिस जाने

और अर्तेमिस का चित्र जो स्वर्ग से गिर गया था, ऐथन्स लाने को कहता है। पाइलेडस ओरेस्टस के साथ टौरिस जाता है जहाँ वे स्थानीय लोगों द्वारा पकड़े जाते हैं जो अर्तेमिस के आगे उनकी बलि देना चाहते हैं। अर्तेमिस की पुजारिन उनमें से एक को बचाने का वचन देती है, अगर वे उसके लिए एक पत्र ऐथन्स को दे दें। दोनों दोस्त चाहते हैं कि दूसरा पत्र ले जाये और वह बच जाये। दोनों दोस्तों की दूसरे को बचाने की यह कहानी अगर शारीरिक नहीं तो गहरे भावनात्मक सम्बन्ध का संकेत करती है। कहानी नाटकीय मोड़ लेती है जब पत्र का सारांश यह खुलासा करता है कि अर्तेमिस की पुजारिन कोई और नहीं बल्कि ओरेस्टस की बहन इफ़ीजेनिया है, जो उसके पिता अगामेम्नान द्वारा यूनानी जहाज़ों के ट्रॉय रवाना होने से ठीक पहले अर्तेमिस की बलि चढ़ा दी गयी थी। वह देवी द्वारा बचा ली गयी और टौरिस ले आयी गयी थी। भाई और बहन का सुखद मिलन होता है और वे सभी टौरिस से भाग जाते हैं और अर्तेमिस का चित्र अपने साथ लेकर ऐथन्स वापस आ जाते हैं।

- पाइलेडस अगामेम्नान की बहन का बेटा था। इस प्रकार वह ओरेस्टस का रिश्ते का भाई हुआ। वे दोनों बहुत अच्छे दोस्त थे और उनके सम्बन्धों में इतनी गहराई थी कि बहुत से लेखकों का यह मानना था कि वे प्रेमी थे। जब चुड़ैलों द्वारा पीछा किया गया ओरेस्टस पाइलेडस के पिता द्वारा आश्रय पाने से वंचित कर दिया गया तो पाइलेडस ने भी घर छोड़ दिया और एथिना के हस्तक्षेप तक उसके कष्ट बाँटकर ओरेस्टस का साथ दिया। *इरोट्स* (Erotes) में लूसियन ओरेस्टस और पाइलेडस के सम्बन्धों को होमोइरोटिक (Homoerotic) सम्बन्धों के प्रमुख उदाहरण के रूप में प्रस्तुत करता है।

हेलेन (Helen)

मेनेलॉस और हेलेन को लेकर आने वाला जहाज़ तूफ़ान में घिर गया, जिसके कारण दोनों को बरसों तक मिस्र में रहना पड़ा। आख़िर मेनेलॉस ने प्रोटियस (Proteus), समुद्र के आकार बदलने वाले बूढ़े पर काबू पा लिया और स्पार्टा पहुँचने के सबसे छोटे और सुरक्षित रास्ते का रहस्य जान लिया।

घर लौटने के बाद मेनेलॉस ने बाकी के दिन बड़े ही साधारण ढंग से हेलेन के साथ बिताए। यह कोई खुशहाल ज़िन्दगी नहीं थी; मेनेलॉस हमेशा उन यूनानियों से आक्रान्त रहता जिनकी मृत्यु ट्रॉय में हुई और जो कभी लौट कर घर नहीं आये। मेनेलॉस को यह अफ़सोस था कि हेलेन उसे बेटा नहीं दे सकी और वह अपनी ट्रोजन रखैल

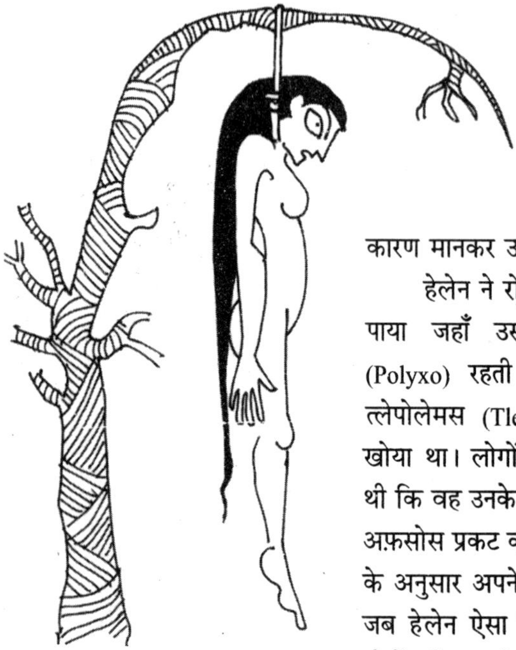

से जन्मे बेटे मैगापैन्थस (Megapenthes), की संगत पसन्द करता। जब मेनेलॉस मर गया तो मैगापैन्थस राजा बना और हेलेन को दुखों का कारण मानकर उसे निर्वासित कर दिया।

हेलेन ने रोड्स (Rhodes) में आश्रय पाया जहाँ उसकी सहेली पौलिक्सो (Polyxo) रहती थी जिसने अपने पति त्लेपोलेमस (Tlepolemus) को ट्रॉय में खोया था। लोगों ने हेलेन से अपेक्षा की थी कि वह उनके मृत राजा की समाधि पर अफ़सोस प्रकट करने की प्रचलित परिपाटी के अनुसार अपने बालों का गुच्छा दे। पर जब हेलेन ऐसा नहीं कर पायी और उन लोगों की त्रासदी से उदासीन रही, जिसके लिए वही ज़िम्मेदार थी, तो पौलिक्सो ने उसे पेड़ से लटका दिया।

- प्रसिद्ध पंक्ति 'वह चेहरा जिसने उतारे हज़ारों जहाज़, और जलायीं इलियम की शिखरहीन मीनारें' क्रिस्टोफ़र मार्लो के 1604 में प्रकाशित नाटक *डॉक्टर फ़ास्टस* से आयी है।
- होमर की *औडिसी* में टेलीमाकस, ओडिसियस का बेटा स्पार्टा जाता है, जहाँ उसे मेनेलॉस और हेलेन मिलते हैं।
- लगभग 400 बी.सी.ई. में यूरिपाइडस के लिखे नाटक *हेलेन* में असली हेलेन हेरा और एथिना द्वारा मिस्र ले जायी जाती है, जबकि यूनानी और ट्रॉयवासी हेलेन की प्रेत–छाया के लिए लड़ते हैं। युद्ध के बाद जब मेनेलॉस मिस्र से गुज़रता है, तो वह असली हेलेन से मिलता है।
- दूसरी शताब्दी सी. ई. में यूनानी यात्री और भूगोलशास्त्री पॉसेनियस (Pausanias) ने लिखा कि कैसे हेलेन रोड्स में मारी गयी और कैसे उसने अपना परलोक एक्लीस के साथ बिताया।

• ज़ियुस की पुत्री के रूप में हेलेन का चरित्र रहस्यमय और अपरिमेय है। सभी पुरुष हेलेन से प्रेम करते हैं, पर लगता नहीं वह किसी से प्रत्युत्तर में प्रेम करती थी। कभी वह व्यवहारकुशल लगती है तो कभी तटस्थ। इस विषय में कोई भी आश्वस्त नहीं कि वह अपने पति की परवाह करती है या प्रेमी की; ट्रॉयवासियों की या यूनानियों की। शायद इसीलिए यह निष्कर्ष निकाला गया कि वह भी नेमेसिस की बेटी थी, जिसका जन्म दम्भी मनुष्यों को समाप्त करने के लिए हुआ।

टैन्टलस का वंश

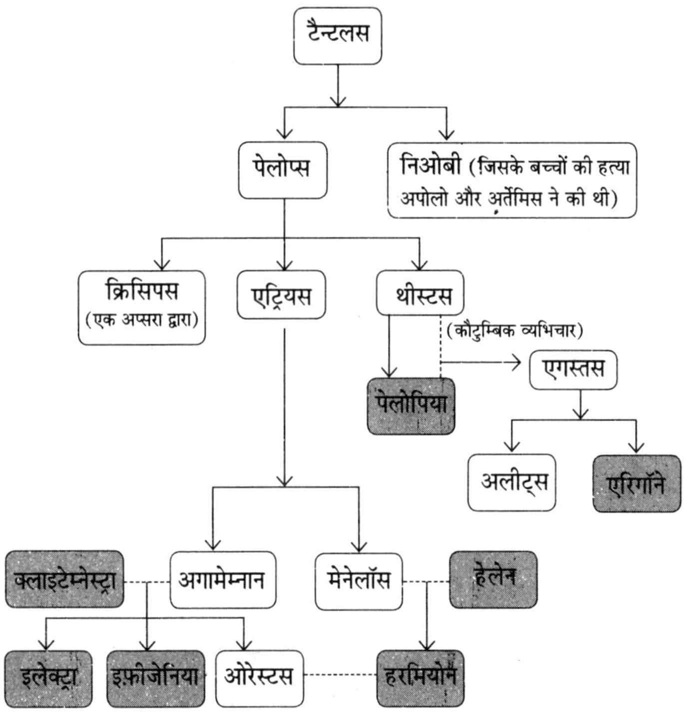

(क्लाइटेम्नेस्ट्रा और हेलेन बहनें हैं, टिन्डेरियस की पुत्रियाँ)

= पुरुष = स्त्री

----- = प्रणय → = वंशज

खंड सात

ओडिसियस

(Odysseus)

"कैसा त्रासद प्रतिशोध है! विजेता, जो कभी घर नहीं लौटे या लौटने पर पाया कि उनकी पत्नियाँ बेवफ़ा हैं और उनका घर अब उनका नहीं रहा," एक्लीस और अगामेम्नान की कहानियों से द्रवित नागा साधु ने कहा। फिर पूछा, "क्या कोई भी खुशहाल जीवन में नहीं लौटा?"

"केवल ओडिसियस ही लौटा, लेकिन बीस वर्षों के बाद, जिसमें से दस वर्ष ट्रॉयवासियों के साथ युद्ध में बीते और दस वर्ष समुद्र पर।"

भर्ती (Recruitment)

ओडिसियस, इथाका का राजा, हर्मीस का वंशज था। उसकी शिराओं में महा चोर ऑटोलिकस (Autolycus) और चालबाज़ सिसिफस का खून था, जिसने देवताओं तक को थका दिया था।

हालाँकि ओडिसियस हेलेन को ट्रॉय से वापस लाने में मेनेलॉस की मदद करने को बाध्य था, पर वह जाना नहीं चाहता था, क्योंकि यह कहा गया था कि अगर उसने घर छोड़ा, तो बीस साल तक वापस नहीं आ सकेगा। इतने दिनों तक पत्नी पेनीलोप और पुत्र टेलीमाकस (Telemachus) को न देख पाने का विचार असह्य था। अत: जब यूनानियों की ओर से उसकी नियुक्ति के लिए पैलामीड्स (Palamedes) आया, ओडिसियस ने पागल होने का ढोंग किया। वह हल में एक गधा और बैल जोत कर हल चलाकर नमक बोने लगा। पैलामीड्स ओडिसियस की चालाकी समझ गया और उसने टेलीमाकस को पेनीलोप की बाँहों से छीनकर खेत में हल के आगे रख दिया। 'पागल' ओडिसियस ने फ़ौरन हल को रोका और उसके 'पागल' होने के ढोंग का सच सामने आ गया।

इस प्रकार नियुक्त होकर बेमन से ओडिसियस यूनानियों के साथ ट्रॉय के लिए रवाना हो गया। उसे उम्मीद थी कि वह युद्ध जल्दी ही समाप्त करवाने में सफल हो जायेगा। पर ऐसा होना नहीं था।

जब ट्रोजन युद्ध दस वर्षों तक चलता रहा, ओडिसियस ने अपने नियोक्ता पैलामीड्स को अपने दुर्भाग्य के लिए दोषी ठहराया। हताश होकर उसने

पैलामीड्स पर घूस के तौर पर ट्रॉय से सोना लेने का झूठा आरोप लगाया और यूनानियों को ट्रॉय की घेराबंदी खतम कर वापस घर लौटने को प्रेरित किया। बिना निष्पक्ष जाँच के पैलामीड्स को पथराव करके मारा गया, ऐसा गुनाह जिसके कारण यूनानियों को बाद में पैलामीड्स के पिता नौपलियस के हाथों काफ़ी तकलीफ़ें झेलनी पड़ीं।

- साफ़ मन वाला एक्लीस और चालाक ओडिसियस, जो *इलियड* के मुख्य चरित्र हैं, एक-दूसरे से ऐसे भिन्न हैं जैसे नीति का अनुसरण करने वाले राम और नीति के विरुद्ध चलनेवाले कृष्ण।
- *औडिसी* होमर द्वारा लिखे सबसे पुराने यूनानी महाकाव्यों में से एक है, जिसका रचनाकाल करीब सातवीं शताब्दी बी.सी.ई. है।
- ग्रंथ में पायी खगोलीय गणना के आधार पर लगता है कि ग्रंथ को प्रेरित करने वाली घटनाएँ करीब 1200 बी.सी.ई. में घटीं।
- नये अनुभव प्राप्त करने और सोच के दायरे को बढ़ाने के लिए अपना घर, अपने सुविधाक्षेत्र को इच्छा या अनिच्छा से छोड़ने का विचार यूनानी मिथकशास्त्र का मूल विषय है।
- यूनान के लोग ओडिसियस की चतुराई को प्रशंसनीय मानते थे, लेकिन रोमवासियों ने उसे असम्मानजनक माना, विशेषकर जिस तरह से उसने अपनी भर्ती टाली और जैसे पैलामीड्स से बदला लिया। रोमन उसे युलिसेस (Ulysses) नाम से जानते थे।
- पैलामीड्स अपनी विवेकशीलता के लिए जाना जाता था और ओडिसियस इससे जलता था। पाँसे के खेल के अलावा पैलामीड्स ने गिनती, मुद्रा, शतरंज जैसे खेल, जिसे 'पेसोई' कहा जाता था, के अलावा चुटकुले भी ईजाद किये थे।

मत्तविलासी कमल-आहारी (Lotus-eaters)

ओडिसियस के बनाये लकड़ी के घोड़े के कारण, यूनानी अन्तत: शक्तिशाली ट्रोजन दीवारों को भेदने में सफल हो गये। और उसके साथ ही इतने दिनों तक चल रहे युद्ध का अन्त हुआ और यूनानी घर की ओर रवाना हुए। पर जब ओडिसियस और उसके साथी इथाका के लिए निकले, तो ओडिसियस को कोई अंदेशा नहीं था कि अभी और दस वर्षों के अभूतपूर्व अनुभव उनकी प्रतीक्षा में थे।

ओडिसियस और उसके साथी नाविक युद्ध के और वस्तुओं की खरीद-फ़रोख्त की बजाय उन्हें लूटने के इतने अभ्यस्त हो चुके थे कि इथाका के रास्ते में पड़ने वाले

पहले पड़ाव किकोना (Cicona) में उन्होंने शहर को लूटा, लोगों को मारा, स्त्रियों को गुलाम बनाया और जो चाहा वह ले गये। इसका उन्हें कोई अफ़सोस भी नहीं था, क्योंकि किकोनावासी ट्रॉय के मित्र थे। इन करतूतों से ज़ियुस इतना क्रोधित हुआ कि उसने ऐसा भीषण तूफ़ान खड़ा किया जो ओडिसियस के जहाज़ को भटका कर सिर्फ़ कमल-आहारियों के देश ले आया। जहाँ लोग कुछ भी नहीं करते थे सिवाय कमल-फल खाने के, जिसने उन्हें ऐसी प्रशान्ति से भर दिया था कि उन्हें किसी चीज़, यहाँ तक कि घर की भी इच्छा नहीं रह गयी थी। अनेक नाविकों को यह विचार बहुत भाया, वे कमल-फल के इतने वशीभूत हुए कि ओडिसियस को भी खाने को दिया। पर ओडिसियस ने वापस घर जाने की ठान ली थी। उसने अपने आदमियों को वापस जहाज़ में खींचा, उनके पैर ज़ंजीर से बाँध दिये जिससे कि वे पानी में कूद कर और तैरकर वापस द्वीप पर न जा सकें और एक बार फिर इथाका के लिए रवाना हो गया।

- भारत के घुमक्कड़ साधु, जो गृहस्थ जीवन को छोड़कर हिन्दुस्तानी गाँजे के नशे में धुत बीहड़ों में घूमते रहते हैं, यूनानी मिथकशास्त्र के इन सौम्य और अहानिकारक कमल-आहारियों जैसे माने जा सकते हैं।
- ओडिसियस चित्रित है ऐसे व्यक्ति के रूप में जो चालाक, साधन-सम्पन्न और स्वभावतः उत्सुक, कुछ नया खोजने-सीखने को व्यग्र है, जैसा कि हम उसके अनेक अभियानों में पाते हैं। वह मात्र 'देशों का लुटेरा' नहीं है बावजूद इसके, जो उसने किकोना में किया।
- कई बार लीबिया को कमल-आहारियों या मत्तविलासियों का देश माना गया है और नील नदी के नीले कमल को नारकोटिक ड्रग का स्रोत।
- कमल-आहारियों की कहानी *औडिसी* के मूल कथ्य पर आधारित है; भूलने के। ओडिसियस के समक्ष भूल जाने और एक निरर्थक आनन्द को समर्पित होने का अवसर आता है। लेकिन वह मना कर देता है, एक सच्चे नायक की तरह।

साइक्लोप्स (Cyclopes)

तब ओडिसियस उस द्वीप पर पहुँचा जहाँ साइक्लोप्स रहते थे। साइक्लोप्स भेड़ों को पालने वाले एक आँख वाले दैत्य थे। जब तक कि ओडिसियस ने खुद को पौलिफ़ेमस (Polyphemus) नामक साइक्लोप्स की गुफ़ा में कैद नहीं पाया तब तक उसे कोई आभास नहीं था कि वह कितने खतरे में है। पौलिफ़ेमस को अपने यूनानी साथी को पकड़कर कच्चा खाते हुए देख ओडिसियस भयभीत हो गया। भेड़ों की तरह, ओडिसियस को गुफ़ा के बाड़े में धकेला गया और वह अपनी किस्मत का इन्तज़ार करने लगा।

चतुर ओडिसियस को गुफ़ा में अंगूर मिले जिससे उसने शराब बनाई। उसने अपना नाम नेमो (Nemo) यानी 'कोई नहीं' बताया, साइक्लोप्स दैत्य पौलिफ़ेमस से दोस्ती की, उसे शराब पिला कर नशे में धुत्त कर दिया। जब वह सो गया, तो ओडिसियस ने पेड़ की एक शाखा से, जिसे वह दिनभर घिसकर नुकीला करता रहा था, साइक्लोप्स पौलिफ़ेमस की आँख फोड़ दी।

पौलिफ़ेमस दर्द से चिल्लाने लगा तो और साइक्लोप्स दैत्य उसकी मदद को गुफ़ा में आये। "किसने किया ये?" उन्होंने पूछा। "कोई नहीं," पौलिफ़ेमस ने कहा, इसलिए सबने उसे अकेला छोड़ दिया और चले गये।

पौलिफ़ेमस ने ठान लिया कि अपने हमलावर को वह ज़िन्दा बचकर जाने नहीं देगा। जब भेड़ों को बाहर छोड़ने का समय हुआ, यह जानने के लिए कि कोई उनकी पीठ पर बैठा न हो, पौलिफ़ेमस ने उनकी पीठ रगड़ कर देखी। पर ओडिसियस चतुर था और वह भेड़ के पेट से चिपक कर निकल गया।

जब पाल खोल दिये, तनावमुक्त और उत्तेजित ओडिसियस से रहा नहीं गया और वह ज़ोर से चिल्लाया, "पौलिफ़ेमस, मेरे आदमियों के हत्यारे, जान लो कि तुम 'कोई नहीं' बल्कि इथाका के राजा, पेनीलोप के पति और टेलीमाकस के पिता ओडिसियस द्वारा अंधे और मूर्ख बनाए गये हो।"

अपनी हेकड़ी ओडिसियस को भारी पड़ी, क्योंकि पौलिफ़ेमस ने अपने पिता

पॉज़ाइडन को गुहार लगाई और सागर के देवता ने तूफ़ान छोड़ दिये और पानी में तेज़ भँवरें पैदा कर दीं, जिससे ओडिसियस का जहाज़ दिशाहीन होकर भटकने लगा।

- होमर, साइक्लोप्स दैत्यों का वर्णन सरल व एक आँख वाले गड़रिये, पॉज़ाइडन की संतानों के रूप में करता है। होमर के ग्रंथों के समय में ही लिखी गयी हेसियाड की *थियोगौनी* साइक्लोप्स दैत्यों को गाया और यूरेनस की संतानें बताती है, जिससे वे टाइटंस के भाई-बहन माने जा सकते हैं।
- साइक्लोप्स दैत्यों ने ज़ियुस के लिए वज्र, पॉज़ाइडन के लिए त्रिशूल, अपोलो और अर्तेमिस के लिए तीर-कमान और हेडस के लिए शिरस्त्राण भी गढ़े। बाद में वे हेफ़ीस्तस के कारखाने के सहायक की भाँति निरूपित हुए।
- पहली सदी सी.ई. में ओविद की लिखी गयी लैटिन की पुस्तक *मैटामौरफोसिस* बताती है कि कैसे साइक्लोप्स पौलिफ़ेमस जलपरी गैलेटिया (Galatea) के प्रेम में था, जो गड़रिये एसिस (Acis) को चाहती थी। ईर्ष्यालु और उत्तेजित पौलिफ़ेमस ने एक चट्टान उठाई और एसिस को कुचल दिया।

इओलस (Aeolus)

आखिर में ओडिसियस एक टापू पर पहुँचा जो वायुदेव इओलस (Aeolus) का घर था। वायुदेव दयालु और उदार था, उसने महीने भर ओडिसियस और उसके साथियों की देख-भाल करने के बाद उसे यह कहते हुए एक थैला दिया, ''इसमें सारी हवाएँ हैं, सिर्फ़ पश्चिमी हवा को छोड़कर, जो आराम से तुम्हें तुम्हारे घर इथाका पहुँचा देगी।''

और सचमुच ही, मद्धिम पश्चिमी हवा ओडिसियस के जहाज़ को इथाका की ओर ले चली।

जब इथाका का किनारा दिखने लगा, ओडिसियस ने झपकी लेने की सोची। ''जहाज़ किनारे लगने पर मुझे जगा देना,'' उसने अपने साथियों से कहा।

पर जब उसने आँख बंद कर ली और खर्राटे लेने लगा, उसके साथियों ने रुपहले धागे से बँधे उस रहस्यमय थैले की सामग्री का निरीक्षण करने का फ़ैसला किया, जो इओलस ने ओडिसियस को दिया था। क्या इसमें खज़ाना है?

जैसे ही धागा खोला गया, सारी हवाएँ खुल गयीं और जहाज़ वापस इओलस के टापू पर धकेल दिये गये। जब ओडिसियस जागा और उसे एहसास हुआ कि उसके मूर्ख नाविकों ने क्या किया है, उसने फिर से वायुदेव से पश्चिमी हवाओं द्वारा उसकी सहायता करने की प्रार्थना की।

''मैं उसकी सहायता नहीं करूँगा जिसका विरोध देवता भी करते हैं,'' इओलस ने ओडिसियस के मुँह पर अपना दरवाज़ा बंद करते हुए कहा।

- इओलस, हवाओं का प्रबंधक, पॉज़ाइडन का बेटा था, जो बहते हुए टापू पर रहता था।
- कुछ कहानियों में इओलस के छह बेटे और छह बेटियाँ थे। उसने बेटियों की शादी अपने बेटों से कर दी और होमर के अनुसार वे प्रसन्नतापूर्वक रहते थे। पर अनाचारी सम्बन्धों की यह कहानी अन्य लेखकों को जँची नहीं, जैसे यूरिपाइडस जिसने यह कहानी कही कि कैसे इओलस ने अपनी बेटी, बेटे और उनके अनाचारी सम्बन्धों से हुए बच्चे को मार दिया।

लेस्ट्रीगोनियंस (Laestrygonians)

बदलते हुए बहावों से भ्रमित, जो पॉज़ाइडन लगातार यूनानियों के रास्ते में फेंक रहा था, ओडिसियस, उसके नाविक और जहाज़ काफ़ी दिनों तक भटकते रहे और अन्त में लेस्ट्रीगोनियंस के देश पहुँचे जहाँ एक लम्बी लड़की द्वारा उनका स्वागत हुआ। उस लड़की ने उन सबको अपने माता-पिता के घर रात के भोजन के लिए आमंत्रित किया।

लेकिन जब वे लड़की के घर पहुँचे तो उन्हें समझ आया कि उनके लिए तो वे ही भोजन थे, क्योंकि, लेस्ट्रीगोनियंस (Laestrygonians) नरभक्षी थे और वे अपने बंदरगाह पर भोजन की इतनी प्रचुर आपूर्ति से आनन्दित थे। ओडिसियस और उसके साथी—जो जाल

में फँसने से बच गये—किनारे की ओर भागे लेकिन लेस्ट्रीगोनियंस ने चट्टानों तक उनका पीछा किया और पत्थर फेंके, जिससे एक को छोड़कर सारे जहाज़ टूट गये। ओडिसियस और उसके मुट्ठीभर साथी ही जहाज़ तक पहुँच पाए। बाकी वहीं किनारे पर फँस गये जिन्हें बोटी-बोटी कर ज़िन्दा खाने के लिए नरभक्षियों ने पकड़ लिया।

- जब ओडिसियस ट्रॉय छोड़ता है उसके पास बारह जहाज़ होते हैं, लेस्ट्रीगोनियंस से भिड़ने के बाद उसके पास सिर्फ़ एक ही जहाज़ रह जाता है।
- ऐसा माना गया है कि लेस्ट्रीगोनियंस आजकल के सिसिली में रहते थे।

सर्सी (Circe)

ओडिसियस का अकेला जहाज़ आयाया (Aiaia) के टापू तक पहुँचा। ओडिसियस किनारे पर इन्तज़ार करता रहा, जबकि उसके साथी टापू पर खोज के लिए उतरे। बहुत देर के बाद केवल एक नाविक इस भयानक खबर के साथ आया; यह टापू किसी जादूगरनी सर्सी (Circe) का घर था, जो दयालु होने का दिखावा करती थी और अजनबियों को भोजन और पेय इसलिए देती थी ताकि उन्हें सुअर बना ले।

जादूगरनी सर्सी से अपने लोगों को छुड़ाने का निश्चय करके ओडिसियस उसके घर की ओर निकल पड़ा। रास्ते में ओडिसियस को देवता हर्मीस मिला जिसने खाने को एक बूटी दी, जो उसे सर्सी की जादुई औषधियों से सुरक्षित रख सकती थी।

सर्सी मेहमाननवाज़, आकर्षक और सम्मोहक थी, और उसने ओडिसियस को कुछ पेय दिया लेकिन यह देखकर वह हैरान हुई कि पेय का ओडिसियस पर कोई असर नहीं हुआ। तब ओडिसियस ने तलवार निकाली और सर्सी को मारने की धमकी दी अगर वह उसके नाविकों को अपने जादू से आज़ाद नहीं करती। सर्सी ने उसके सैनिकों को छोड़ दिया पर उसे कुछ दिनों के लिए वहाँ रहने और अपनी

शैया पर आने को कहा। तब तक उसके नाविक खा-पीकर, आराम करके तन्दुरुस्त हो जायेंगे। ओडिसियस जादूगरनी की ओर आकर्षित था और उसे नाराज़ करना न चाहते हुए मान गया।

कुछ सप्ताह बाद ओडिसियस ने तय किया कि अब जाने का वक्त है।

''तुम घर तभी पहुँचोगे जब तुम भविष्यवक्ता टायर्सियस (Tiresias) से सलाह लो और उससे पूछो, तुम्हारा सफ़र कैसे समाप्त होगा,'' सर्सी ने कहा।

''वो कहाँ है?'' ओडिसियस ने पूछा।

''विशाल समुद्र के पार स्टैक्स नदी के आगे आत्माओं के देश में। मैं तुम्हें रास्ता दिखाऊँगी। डरो मत।''

- घुमक्कड़ भारतीय भिक्षुक नाथ योगियों से जुड़ी लोककथाओं में योगिनियों या तांत्रिकों का भी ज़िक्र है, जो पुरुषों को अपनी खुशी के लिए गधा, सुअर या बकरी बना लेते हैं यह तब तक चलता है जब तक उनकी मुलाकात ऋषि जालंदरनाथ से नहीं होती, जो उनके जैसा चालाक था।
- सर्सी सूर्य यानी हीलियस की बेटी है। उसकी बहन पैसिफ़ी ने मिनोस से शादी की है। उसका भाई ईट्स कोल्चिस में सुनहरी ऊन का रखवाला है। इस तरह जादूगरनी मेडिया उसकी भाँजी है।
- नीरद सी. चौधरी 1955 में प्रकाशित अपनी पुस्तक *द कॉन्टिनेन्ट ऑफ़ सर्सी* में मौर्य और गुप्तकाल के आर्यों के सैन्यवादी भारतीय समाज को मुगल और यूरोपीय शासकों द्वारा अहिंसात्मक व निराशावादी समाज में परिवर्तित करने की तुलना यूनानी योद्धाओं को सर्सी द्वारा सुअर में परिवर्तित करने से करता है।
- *औडिसी* मेसोपोटामियन ग्रंथ *गिलगमेश* से प्रभावित है जो उस राजा की कहानी कहता है जो अमरबूटी की खोज में जाता है और यात्रा के दौरान अनेक रोमांचक अनुभव प्राप्त करता है। ओडिसियस की सर्सी से भिड़ंत की तरह गिलगमेश का सामना एक शक्तिशाली स्त्री, देवी सेलन (Selene), से होता है जो खमीर उठाने के साथ ही शराब से जुड़ी है।
- ऐसी देवी या योगिनी का विचार जो नायक की सहायता करती है और भटकाती भी है, विश्वभर के मिथकशास्त्र में पाया जानेवाला विषय है। *रामायण* में ऐसी ही भूमिका तापसी स्वयंप्रभा की है, जो भूखे वानरों को भोजन देती है जिससे वे अँधेरी गुफ़ा में खो जाते हैं। वानर वहाँ से जाना नहीं चाहते जब तक कि हनुमान उन्हें मजबूर नहीं करता और तब स्वयंप्रभा भारत के दक्षिणी छोर, गुफ़ा के दूसरे सिरे पर पहुँचने में उनकी सहायता करती है।

पाताललोक (The Underworld)

सर्सी द्वारा निर्देशित ओडिसियस आत्माओं के देश तक पहुँचा। अपने जहाज़ और नाविकों को विशाल सागर के तट पर छोड़ वह एक गुफ़ा में घुसा, जो उसे स्टैक्स नदी की ओर ले गयी, जो मर्त्यलोक को आत्माओं के देश से अलग करती है।

ओडिसियस ने नाविक कैरन (Charon), को दूसरी ओर पहुँचाने का शुल्क दिया फिर उसने हेडस के कुत्ते सेरबेरस को शहदवाला केक दिया और जब वह उन भूतों से मिला, जो दूसरी ओर रहते थे, उन्हें खून भेंट किया पर तब तक पीने नहीं दिया जब तक टायर्सियस ने उसके सवालों का उत्तर नहीं दिया। टायर्सियस आया और बोला, "तुम्हारे सवाल मैं जानता हूँ और मैं उनके उत्तर भी जानता हूँ; तुम्हरा सफ़र तब समाप्त होगा जब तुम पतवार हाथ में लेकर अपने घर से आगे इतनी दूर की यात्रा करोगे जहाँ के लोगों ने कभी समुद्र नहीं देखा, और तुम्हारे हाथ की पतवार को वे गेहूँ को फटकने वाला पंखा समझेंगे। डरो मत, ओडिसियस, तुम समुद्र में नहीं मरोगे, पर तुम्हारी मृत्यु का कारण समुद्र ही होगा।"

- हिन्दू मिथकशास्त्र में वैतरणी नदी के पार पितृलोक की यात्रा का वर्णन *गरुड़ पुराण* में है।
- टायर्सियस का ज़िक्र यूनानी मिथकशास्त्र की अनेक कहानियों में आता है। यह वही है जो एम्फ़िट्रियान को बताता है कि उसकी पत्नी अल्कमीनि का रहस्यमय प्रेमी कोई और नहीं बल्कि ज़ियुस ही है, टायर्सियस नारसिसस (Narcissus) की माँ को बताता है कि उसका बेटा तब तक सुरक्षित है जब तक वह स्वयं को न जान ले। टायर्सियस इडिपस को बताता है कि उसकी पत्नी उसकी माँ है, और यह कि उसने अपनी पत्नी के पहले पति को मार दिया था, जो इडिपस का पिता था।
- यूनानी में 'कैटाबेसिस' (Katabasis) का अर्थ है अन्तर्यात्रा, यानी अन्तर्तटीय या किसी वंशज की जीवितों के देश से मृतकों के देश की यात्रा। नेकिया (Nekyia) का अर्थ है आत्मा का आह्वान करना। स्पष्ट रूप से आत्माएँ नायकों के अभियानों में महत्त्वपूर्ण भूमिका निभाती हैं। बीसवीं सदी में जुंग (Jung) ने इन शब्दों का प्रयोग मनोविश्लेषण के संदर्भ में किया था।

- यूनानी मिथकशास्त्र में मृत्यु का अर्थ है निजता का खोना, बिना पहचान के आकृतिहीन प्रेत में बदलना। जब ओडिसियस मृतकों के देश की यात्रा करता है, तो वह मृतकों की अर्थहीन बड़बड़ाहट सुनता है, पूर्ण निर्वैयक्तिकरण, जो जीवन का अन्त है। यह हमारे जीवन को और भी सार्थक बनाता है कि इस जीवन की पूर्णता का अनुभव करना और इसके अचम्भों में आनन्द लेना चाहिए।

सायरन्स (Sirens)

मृतकों के देश की यात्रा करके ओडिसियस वापस सर्सी के द्वीप आया। सर्सी ने उसके घर के रास्ते में आनेवाले खतरों से आगाह करते हुए समझाया कि वह घर तक की यात्रा कैसे करे। उसकी राह की पहली रुकावट थीं सायरन्स (Sirens)।

सायरन्स पंछियों जैसी जीव थीं, जो अपने खूबसूरत गानों से नाविकों को सम्मोहित कर लेतीं और उनके जहाज़ों का रुख अपने बसेरे, पथरीले द्वीपों की ओर मुड़वा देतीं। यहाँ यात्रियों के जहाज़ चट्टानों में फँस जाते, और वे उनका भोजन करतीं।

सर्सी ने ओडिसियस को सलाह दी, "अपने कानों को मधुमोम से भर लो, जब तुम उनके पास से गुज़र रहे हो, ताकि तुम उनके अत्यंत मोहक गान नहीं सुन सको।" पर ओडिसियस सायरन्स के गीत सुनने के लिए आतुर था, अत: उसे सुनने की योजना बनाई। उसने अपने नाविकों को आदेश दिया कि वे उसे मस्तूल से बाँध दें और खोलें नहीं, भले ही वह आदेश दे या अनुरोध करे।

इस प्रकार ओडिसियस को मस्तूल से बाँधकर और मधुमोम से नाविकों के कान भरकर जहाज़ सायरन्स के द्वीप से आगे निकल गया। खुद गाना सुनने में असमर्थ नाविकों ने ओडिसियस की ओर देखा और पाया कि उसकी आँखें चाहत से भर जातीं जब भी वह उन जादुई जीवों का गीत सुनता। बाद में ओडिसियस ने बताया, कैसे उस गीत ने उसके शानदार अतीत के और भविष्य में होने वाले अद्भुत अनुभव के बारे में जानकारियाँ दीं।

"मैं और सुनना चाहता था... आज़ाद होकर...और तैरकर उनके पास जाना चाहता था।" ओडिसियस ने कहा, जब जहाज़ सुरक्षित और शान्त पानी में पहुँच गया था।

- भारत के पश्चिमी तट के दक्षिणी किनारे पर यक्षी, सम्मोहक सुन्दरियों की कहानियाँ हैं, जो युवा यात्रियों को मोह लेती हैं, अपने घर ले जाती हैं और ज़िन्दा खा जाती हैं।
- पारम्परिक रूप से सायरन्स स्त्रीपक्षी के रूप में परिकल्पित हैं, स्त्री का सिर और पक्षी का शरीर। आधुनिक लेखन में उन्हें मत्स्यांगना समझ लिया जाता है जो नाविकों को लुभाती हैं।
- सायरन्स एक संगीत स्पर्धा में म्यूज़-कला से हार गयीं जिन्होंने उनके डैने तोड़ दिये और पंखों का उपयोग अपने लिये मुकुट बनाने में कर लिया। उड़ने से लाचार मादा पैरों की जगह पंजे लिये सागर के बीच द्वीप में बैठ गयीं और अपने गायन का प्रयोग नाविकों को भरमाने के लिए करने लगीं।
- ईसाकाल में सायरन्स वेश्याओं के लिए रूपक थे जो नाविकों को उनके रास्ते से भटकाती थीं।

कैरिब्डिस (Charybdis) और स्किल्ला (Scylla)

तब आया दो दानवों, कैरिब्डिस (Charybdis) और स्किल्ला (Scylla), के बीच का सँकरा रास्ता जिसमें से होकर ओडिसियस और उसके साथियों के जहाज़ को निकलना था। कैरिब्डिस एक दानवाकार भँवर थी, जो निकट आने वाली हर वस्तु को निगल जाती। स्किल्ला छह सिरवाले कुत्तों के मुँह वाली स्त्री थी, जो पहुँच में आनेवाली हर चीज़ दबोच लेती और खा जाती।

पानी अशान्त था और जहाज़ चलाना आसान नहीं था। सर्सी ने ओडिसियस से कहा कि जहाज़ सीधा ही चलाये। ऐसा करने से कैरिब्डिस से तो पूरी तरह से जहाज़ बच निकला लेकिन स्किल्ला से नहीं, क्योंकि वह अपने छह में से हरेक सिर से छह नाविकों को दबोचने में सफल रही। नाविकों ने ओडिसियस से रुकने की मिन्नतें कीं, क्योंकि स्किल्ला उन्हें नोच-नोच कर ज़िन्दा खा रही थी। लेकिन ओडिसियस बढ़ता गया, और कोई चारा नहीं था। अगर वह बच निकलना चाहता था तो उसे आगे बढ़ते जाना ही था। बलिदान देने ही पड़ते हैं।

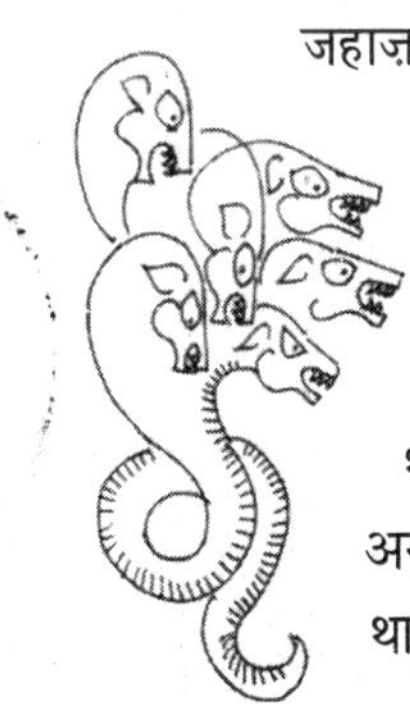

- हिन्दू मिथकशास्त्र में समुद्री रास्तों और समुद्र में प्रवेश की कहानियाँ अगर हैं भी तो बहुत कम हैं। पर द्वार अवश्य हैं, अक्सर भयानक जुड़वाँ द्वारपालों से रक्षित, जैसे, जय-विजय, जो वैकुंठ के द्वारपाल हैं, लय और मय शिव-शक्ति के वन के प्रवेश पर निगरानी रखते हैं।
- सर्सी सागर देव ग्लौकस (Glaucus) के प्रेम में पड़ गयी, पर वह स्किल्ला को पसंद करता था। क्रोधित सर्सी ने स्किल्ला को छह सिरवाले कुत्ते की शक्ल के राक्षस में बदल दिया।
- कैरिब्डिस पॉज़ाइडन की बेटी थी जिसने ज़ियुस को नाराज़ कर दिया था, अतः उसे समुद्री पानी की अमिट प्यास वाली दानव की थैली में बदल दिया था। जब वह पानी पीती है, तो भँवर बना देती है। अपनी कहानियों में इसप (Aesop) ने लिखा है कि पहले घूँट में कैरिब्डिस ने इतना पानी पिया कि समुद्र के तल पर जो पहाड़ थे वे दिखने लगे, दूसरे घूँट में द्वीप दिखने लगे और अंतिम घूँट में उसने समस्त समुद्र ही सोख लिया।
- एक सँकरे रास्ते के दोनों ओर, जहाँ से जहाज़ों को निकलना होता है कैरिब्डिस और स्किल्ला के होने की कहानी ने ही दो समस्याओं के बीच फँस जाना जैसे मुहावरे को जन्म दिया; शैतान और गहरे सागर के बीच, चट्टान और पथरीली ज़मीन के बीच, कड़ाही से बाहर आग के अन्दर वगैरह।
- मेसिना जलसंधि इटली के दक्षिण में सिसिली के पूर्वी और कैलबेरिया (Calabria) के पश्चिमी छोर के बीच एक सँकरा समुद्री रास्ता है, और अक्सर जाना जाता है सँकरे रास्ते के रूप में, जिसके दोनों ओर दो दैत्य खड़े हैं, कैरिब्डिस और स्किल्ला।

हीलियस (Helios)

काफ़ी दिनों तक शान्त और सुरक्षित पानी पर यात्रा करने के बाद, जिसमें उनकी सारी भोजन सामग्री खत्म हो चुकी थी, भूखे-प्यासे और थके हुए नाविक एक द्वीप के पास पहुँचे, जहाँ उन्होंने पशुओं को चरते देखा। ओडिसियस ने कहा, ''ये हीलियस का द्वीप है, सर्सी ने इसके बारे में मुझे बताया था। हमें यहाँ नहीं रुकना चाहिए, वर्ना हीलियस नाराज़ हो जायेगा।''

लेकिन नाविक रुकना चाहते थे। इतनी लम्बी-समुद्री यात्रा से वे थके हुए

थे। सिर्फ़ एक ही रात का तो आराम चाहते थे। आखिर ओडिसियस मान गया। उसने अपने नाविकों को चेतावनी दी थी कि वे द्वीप के पशुओं को मारे नहीं। नाविकों ने ओडिसियस को इस बात का पूरा आश्वासन दिया, लेकिन रात को जब ओडिसियस सो गया, उन्होंने उनमें से एक छोटी-सी गाय को मार दिया और जी भरकर खाया।

गुस्सैल हीलियस ने ज़ियुस से शिकायत की और ओडिसियस के जहाज़ के रवाना होने के तुरन्त बाद ही इस पर ज़ोरदार बिजली गिरी। जहाज़ टूट गया, मस्तूल डूब गया और सैनिक डूब गये। शहतीर के टूटे टुकड़े पर चिपक कर केवल ओडिसियस बचा रहा।

- हिन्दू मिथकशास्त्र में गोहत्या महान पाप है, क्योंकि गाय जीवनदायी दूध देती है। यही कारण है हिन्दू भोजन में गोमांस के निषेध का। हालाँकि साँड़ या भैंसे के बारे में ऐसी कोई कहानी नहीं है। जबकि यूनानियों में, गाय को मारने या खाने के विरोध में ऐसे कोई नियम नहीं हैं, लेकिन देवताओं के पवित्र पशुओं को नुकसान पहुँचाना सख्त मना था।
- ओडिसियस के साथी नाविक उसकी बात नहीं सुनते। स्पष्ट निर्देशों के बावजूद वे इओलस का थैला खोलते हैं और सारी हवा बाहर निकल जाती है, और हीलियस के पशुओं को मारते हैं। शायद यह बात इंगित करती है कि ओडिसियस समूह के एक नेता की बजाय अकेला ही अच्छा काम करता है। उसकी चतुराई से उसे राजा की मित्रता मिली, पर अपने लोगों की स्वामीभक्ति नहीं।
- अपनी बेटी द्वारा रक्षित हीलियस के पशु प्रजनन नहीं करते, न ही संख्या में कम होते हैं। दूसरे शब्दों में, वे अमर हैं।
- हीलियस कई बार अपोलो के रूप में भी पहचाना गया है, जैसे अर्तेमिस सेलन से जोड़ी गयी है।

कैलिप्सो (Calypso)

जहाज़ के टूट जाने के बाद ओडिसियस एक द्वीप पर जा पहुँचा, जो एक अप्सरा कैलिप्सो (Calypso) का घर था और जिसे ओडिसियस से प्रेम हो गया।

आने वाले कुछ सालों तक कैलिप्सो ने ओडिसियस की देखभाल की, वस्त्र पहनाये, खाना खिलाया, मनोरंजन किया, उसकी हर ज़रूरत का ध्यान रखा, पर जब भी वह घर जाने की बात कहता, टाल देती। दूसरे शब्दों में ओडिसियस एक खूबसूरत आरामदेह पिंजरे में कैद था जिसे वह कभी छोड़ नहीं सकता। समय के

साथ वह वापस जाने की बात को भूल जायेगा, इसके लिए अप्सरा कैलिप्सो आश्वस्त थी। लेकिन ओडिसियस कृत-संकल्प था कि वह नहीं भूलेगा। अन्त में वह दिन आया, जब देवी एथिना ओडिसियस का दुख और नहीं देख सकी। सालों से वह उसे समुद्र को देखकर घंटों बिताते हुए, घर के लिए रोते हुए देख रही थी। एथिना ने ज़ियुस से प्रार्थना की कि वह कैलिप्सो को ओडिसियस को छोड़ने का आदेश दे। "उसे जाने दो" ज़ियुस ने आदेश दिया। कैलिप्सो मान गयी, पर उसके पास अभी एक आखिरी चालाकी थी। कैलिप्सो ने अपने प्रेमी ओडिसियस के सामने प्रस्ताव रखा, जो उसके लिए कल्पनातीत था : अमरत्व।

ओडिसियस ने मना कर दिया, वह जानता था कि अमरत्व से अपनी पत्नी और घर की सभी यादें मिट जायेंगी। वह लम्बी उम्र तक जीना और अपनों के बीच मरना चाहता था। कैलिप्सो के पास अब उसे जाने देने के अलावा कोई रास्ता नहीं था। दुखी मन से वह देखती रही, अपने प्रियतम को बेड़ा बनाते, खाद्य सामग्री रखते और इथाका की ओर रवाना होते हुए।

- *रामायण* में जब हनुमान और उसके वानर साथी सीता की खोज में जाते हैं, तो युवती स्वयंप्रभा से भोजन और आश्रय पाते हैं। स्वयंप्रभा अकेली है और साहचर्य के लिए आतुर। इसलिए वह कोशिश करती है कि हनुमान अपना प्रयोजन छोड़कर उसके साथ रहें। पर हनुमान चलने के लिए ज़ोर देते हैं। हनुमान को रोकने में असमर्थ, उनकी एकनिष्ठता से प्रभावित स्वयंप्रभा उन्हें जाने देती है। कहानी में स्वयंप्रभा कैलिप्सो का काम करती है।
- कैलिप्सो टाइटन एटलस की बेटी है। उसे आशा है कि ओडिसियस अपने घर को भूल जायेगा और अमरत्व स्वीकार कर लेगा। पर ओडिसियस विरोध करता है। वह घर के लिए, संसार और समाज में अपनी जगह के लिए व्याकुल है और अपनी नश्वरता को स्वीकार करता है। वह जानता है, मृत्यु की तरह अमरत्व का अर्थ है, सांसारिक जीवन का त्याग, जिसका अनुभव सिर्फ़ मनुष्य ही कर सकते हैं।
- पौलिफ़ेमस और सर्सी के साथ अपने अभियान के विपरीत कैलिप्सो के द्वीप से अपने आप निकलने की शक्ति ओडिसियस में न तो शारीरिक रूप से न ही मानसिक रूप से बची थी। देवताओं को हस्तक्षेप करना होगा; इसलिए एथिना

ज़ियुस से शिकायत करती है, जो ओडिसियस को जाने देने का निर्देश देने के लिए कैलिप्सो के पास अपना दूत भेजता है।

- बीसवीं सदी में कैप्टन जैकस कौस्टौ, फ्रांसीसी नाविक, समुद्रतल की खोज से सम्बन्धित अपनी पुस्तकों और फ़िल्मों के लिए प्रसिद्ध हुआ। उसका जहाज़ कैलिप्सो उतना ही मशहूर हुआ जितना वह खुद। *औडिसी* अतीत की याद की तरह संरचित है। इसकी शुरुआत ट्रोजन युद्ध के दस साल बाद होती है, जब ओडिसियस तीन साल समुद्री यात्रा और सात साल अप्सरा की कैद के पूरे करने के बाद कैलिप्सो द्वीप पहुँचता है।
- होमर की *औडिसी* यूनानी भाषा में लिखी गयी है जिसे अक्सर होमेरिक ग्रीक कहते हैं।

फ़येशिन्स (Phaeacians)

ज़ियुस ने ओडिसियस की बहुत-सी गलतियाँ माफ़ कर दी थीं, लेकिन पॉज़ाइडन ने नहीं। वह जानता था, वह ओडिसियस को घर जाने से नहीं रोक सकता पर इसे आसान बनाने से पॉज़ाइडन ने इनकार कर दिया। अत: उसने एक तूफ़ान छोड़ा जिसने ओडिसियस का बेड़ा तोड़ दिया और उसे लहरों पर हिचकोले खाता, नंगा, नमक और गंद से भरा फ़येशिन्स के द्वीप तक धकेला जाता देखता रहा।

वहाँ स्थानीय राजकुमारी नौसिका (Nausicaa) बीच पर गेंद खेल रही थी और उसकी दासियाँ कपड़े धो रही थीं। ओडिसियस नौसिका से मिला, राजकुमारी ने उसे कपड़े दिये, और अपने पिता के घर में आमंत्रित किया, जहाँ राजा और रानी ने ओडिसियस का स्वागत तो किया, लेकिन उनके मन में कुछ शंका थी। ''अपनी कहानी सुनाओ,'' रानी अरीट (Arete) ने कहा, जब ओडिसियस नहाने के बाद खाना खा चुका। अत: ओडिसियस ने ट्रॉय छोड़ने के बाद के अपने साहसिक अभियान की कहानियाँ सुनायीं, जिनमें दैत्य, देवता, अप्सराएँ और नरभक्षी सभी थे। अन्त तक राजा और रानी आश्वस्त नहीं थे कि वह झूठ कह रहा था या सच। यह विश्वास करना उन्हें कठिन लगा कि यही वह ओडिसियस था।

"लेकिन ट्रोजन युद्ध तो दस वर्ष पहले समाप्त हो चुका है," उन्होंने कहा।

ओडिसियस रोने लगा, क्योंकि उसे लगा, उसका बेटा अगर जीवित है तो अब बीस वर्ष का हो गया होगा, और उसकी पत्नी वैसी युवा लड़की नहीं होगी, जिसे वह पीछे छोड़कर आया था। क्या उसका पिता अभी तक जीवित होगा? ओडिसियस के लिए दुखी होते हुए राजा अलसिनस (Alcinous) ने उसका विश्वास करने का निश्चय किया, "हमारे नाविक, तुम्हें इथाका ले जायेंगे।"

ओडिसियस गहरी नींद में था जब फ़येशिन जहाज़ इथाका पहुँचा। नींद में खलल डालना न चाहते हुए नाविकों ने तट पर उसे सोता छोड़ दिया और वापस लौट गये। जब ओडिसियस नींद से जगा, वह नहीं जानता था कि वह कहाँ है। उसने वहाँ से गुज़रते हुए एक गड़रिये से पूछा, जिसने उत्तर दिया, "इथाका!"

- केरल की शास्त्रीय नृत्य शैली मोहिनीअट्टम में सुन्दर युवा स्त्रियाँ अक्सर लोगों को मोहित करने के लिए गेंद (कंदुक) खेलती हैं। अक्सर कपड़े धोने, पानी भरने जैसे रोज़मर्रा के घर के बाहर किये जाने वाले कामों के बीच वे खेलती हैं। ऐसा ही दृश्य फ़येशिन द्वीप के बाहर सागर तट पर दर्शाया गया है।
- ऐसा संकेत मिलता है कि नौसिका और ओडिसियस के बीच एकतरफ़ा प्रेम था, क्योंकि उसके बारे में कोई भी बात ओडिसियस अपनी पत्नी पेनीलोप से साझा नहीं करता।
- चूँकि नौसिका पहला मिथकीय चरित्र है जिसे गेंद से खेलते दर्शाया गया है। माना जाता है कि वह गेंद के खेलों की आविष्कारक है।
- धुलाई के दृश्यों के इतने यथार्थ वर्णन के कारण विद्वानों का अनुमान है कि शायद नौसिका ही *औडिसी* की असली लेखिका है।
- अरस्तू के अनुसार कालांतर में ओडिसियस का पुत्र टेलीमाकस नौसिका से विवाह करता है।
- प्राचीन यूनानी महाकाव्यों में कहानी अक्सर नायक की ज़ुबानी होती है। *औडिसी* में, फ़येशिन्स के राजा के समक्ष ओडिसियस अपनी कहानी कहता है और *एनीड* (Aeneid) में एनियस अपने अनुभव डीडो (Dido) को सुनाता है।

पेनीलोप (Penelope)

इथाका पहुँच कर भी ओडिसियस ने अपनी पहचान किसी को नहीं बताई, क्योंकि टायर्सियस ने उसे बता रखा था कि जब वह घर पहुँचेगा तो कुछ मुश्किलें आएँगी।

चूँकि ट्रोजन युद्ध समाप्ति के दस वर्ष तक ओडिसियस की कोई खबर नहीं मिली, पड़ोसियों ने सोचा वह मर गया होगा। युवा टेलीमाकस के विरोध को नज़रन्दाज़ करते हुए वे उसकी सुन्दर पत्नी, उसकी ज़मीन और उसके पशु हड़पने को उत्सुक थे। उम्मीदवार रोज़ शाम को आते, रसोई या भंडार में पड़ा जो कुछ भी मिलता, नौकर से ज़बर्दस्ती मँगवाकर खाते। वे पेनीलोप को धमकाते, ''हममें से एक को अपना पति चुन लो। वर्ना हम तुम्हारा और दासियों का बलात्कार करेंगे। तुम्हारे बेटे को मार देंगे और घर में आग लगा देंगे।'' पेनीलोप ने उन्हें यह कहकर दूर रखा था कि वह अपने वृद्ध ससुर लार्टिस (Laertes) के लिए बुन रहे कफ़न को समाप्त करने के बाद उनसे शादी करेगी। सारा दिन वह कफ़न बुनती, पर रात को धागे निकालकर सुलझा लेती जिससे कफ़न कभी पूरा नहीं होता।

पेनीलोप अपने दिन इसी उम्मीद में काट रही थी कि उसका झूठ पकड़े जाने से पहले ओडिसियस लौट आये। लेकिन उसके लौटने के अभी तक कोई आसार नहीं थे, और अब पेनीलोप के पास कोई उपाय नहीं था सिवाय इसके कि वह उनमें से किसी एक को अपना पति चुने या बलात्कर, लूट का जोखिम उठाये।

- पतिव्रत या सतीत्व हिन्दू मिथकशास्त्र की एक अत्यंत महत्त्वपूर्ण धारणा है। पत्नी का सतीत्व पति की रक्षा करता है और उसका विश्वासघात कमज़ोर बनाता है। पेनीलोप के सतीत्व और पतिव्रत के चरम रूप की प्रशंसा के रूप में सतीत्व रोमन और ईसाई मत में भी सराहनीय है। हालाँकि इन मिथकशास्त्रों में सतीत्व किसी अलौकिक शक्ति से संबद्ध नहीं है।
- विधवा विवाह हिन्दू मिथकशास्त्र में दुर्लभ है और अधिकतर वानर, राक्षस (बर्बर) स्त्रियों तक ही सीमित है, उच्चवर्गीय नायिकाओं में नहीं।
- बुनाई यूनानी मिथकशास्त्र में स्त्रियोचित कार्य है। सर्सी और कैलिप्सो की तरह पेनीलोप बुनाई करती है। हेराक्लेस जब स्त्री की तरह कपड़े पहनता है, और ओमफ़ेल की सेवा करता है, वह भी तकली के साथ दर्शाया गया है।
- तीन वर्षों तक पेनीलोप अपने ससुर के लिए दिन में कफ़न बुनती है और रात को उसे उधेड़ती है। यह कार्य टार्टरस में फेंके लोगों के अर्थहीन, एकरस, अनवरत कष्ट जैसा लगता है।

उम्मीदवार (Suitors)

जब ओडिसियस अपने घर पहुँचा, उसने देखा पेनीलोप ने एक प्रतिस्पर्धा आयोजित की है, जिसे जीतने वाला पेनीलोप और ओडिसियस का घर इनाम में पाएगा। उसके प्रिय कुत्ते 'अर्गस' के सिवाय किसी ने ओडिसियस को नहीं पहचाना। ओडिसियस को देखकर कुत्ते ने आखिरी बार अपनी पूँछ हिलायी और फिर दम तोड़ दिया। नौकर भी, जो उन उम्मीदवारों की देख-रेख में व्यस्त थे, इतने अन्यमनस्क थे कि ओडिसियस पर ध्यान नहीं दिया।

पेनीलोप ने उम्मीदवारों के सामने घोषित किया कि वह उसी से विवाह करेगी जो एक विशेष पराक्रम दिखा सकेगा : ओडिसियस का धनुष चढ़ाना और कतार में रखी बारह कुल्हाड़ियों के धातु के छल्लों को तीर से बींधना। "ओडिसियस यह कर सकता था। मेरे अगले पति को भी यह करना होगा," पेनीलोप ने कहा।

प्रतिस्पर्धियों को यह विचार अच्छा लगा, और एक-एक करके कोशिश करने लगे। पर आश्चर्य, कोई भी धनुष पर डोरी तक नहीं चढ़ा सका। इससे उम्मीदवारों को गुस्सा आया : क्या यह पेनीलोप का कोई और प्रयास था उन्हें दूर रखने का?

अचानक ओडिसियस सामने आया और कहा, "मैं कोशिश करूँ?" अजनबी के उतावलेपन पर लोगों ने भवें सिकोड़ीं, पर पेनीलोप ने कहा, "ओडिसियस के घर से किसी मेहमान को वापस नहीं भेजा जायेगा।"

सबको हैरान करते हुए उस अजनबी ने बड़ी आसानी से धनुष पर डोरी चढ़ाई और कुल्हाड़ियों के बारह छल्लों में तीर छोड़ दिया। यह अजनबी नहीं था—यह ओडिसियस ही था। इससे पहले कि कोई कुछ कहता, ओडिसियस ने एक और तीर उठाया और उस आदमी पर छोड़ा जिसने उसकी पत्नी का अपमान किया था। तब उसने दूसरा तीर छोड़ा, फिर तीसरा। नौकर और टेलीमाकस भी मिल गये। जल्दी ही सभी उम्मीदवार मारे गये।

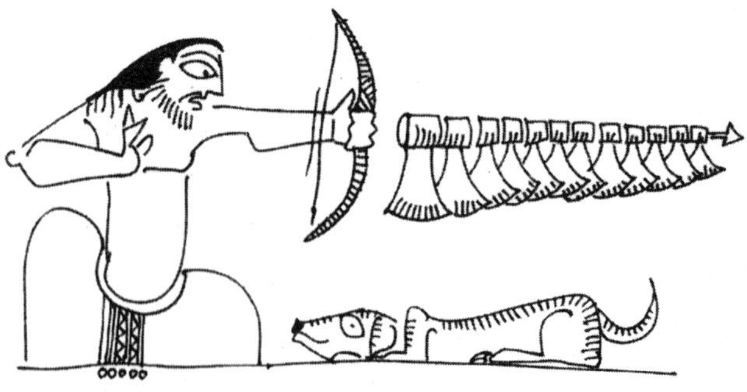

- *रामायण* और *महाभारत* की तरह *औडिसी* भी एक कुलीन स्त्री के लिए योग्य पति चुनने के तरीकों के रूप में धनुर्विद्या प्रदर्शन की बात कहती है। ऐसा प्रतीत होता है यह एक साँझा इंडो-यूरोपियन मूल है, एक पुरातन जनजातीय प्रथा, जिसके अनुसार किसी मतभेद की स्थिति में बेहतर तीरन्दाज़ ही महिला को पा सकता है।
- *औडिसी* का मुख्य उद्देश्य यह दर्ज करना है, कैसे ओडिसियस अपने संसार के साथ ताल-मेल बैठाता है, परिवार के मुखी के रूप में अपना दर्जा हासिल करता है और उन उम्मीदवारों का नाश करता है जो समाज में जब अपनी औकात भूल जाते हैं तो हेकड़ी दिखाते हैं।

पुनर्मिलन (Reunion)

अश्रुपूर्ण नेत्रों से पेनीलोप ने अपने पति ओडिसियस का स्वागत किया, और अपने बेटे टेलीमाकस का पिता से परिचय करवाया। एक पुरानी नौकरानी ने ओडिसियस की जाँघ देखी और शिकार में हुए एक पुराने घाव के निशान को देखा और तस्दीक की कि वह वाकई ओडिसियस था। ओडिसियस का पिता, बूढ़ा लार्टिस अपने बेटे को गले लगाने वापस आ गया, जिसने अपने बेटे के घर में रहने से मना कर दिया था, जब से पेनीलोप के उम्मीदवारों ने आना-जाना शुरू किया था। हर कोई खुश था।

पेनीलोप अभी भी संशय में थी।

"मैं नौकरों से कहूँ, हमारा पलंग आँगन में ले आयें, ताकि हम पुनर्मिलन की यह रात तारों की छाँव में बिताएँ?" पेनीलोप ने पूछा।

ओडिसियस मुस्कुराया, "मेरी चतुर और वफ़ादार बीवी, तुम्हें पता है पलंग हिलाया नहीं जा सकता, क्योंकि वह पुराने जैतून वृक्ष के तने को काटकर बनाया था जिसकी जड़ें अभी भी ज़मीन में हैं। क्या हमने अपना घर इसी स्थायी पलंग के इर्द-गिर्द नहीं बनाया था?"

खुशी से पेनीलोप मुस्कुराई और उसके पति ने उसे अपनी बाँहों में भर लिया। हाँ, उसका पति आखिरकार घर आ गया।

- विवाहित दम्पति को बाँधे रखने वाली रहस्य सम्बन्धी कथावस्तु, हम हिन्दू मिथकशास्त्र में भी पाते हैं। *रामायण* में राम और सीता वे बातें एक-दूसरे से साझा करते हैं जो वे किसी और को नहीं बताते। जब हनुमान सीता के पास आता है तो सीता ऐसी ही एक घटना हनुमान को बताती है—कैसे इन्द्र के बेटे रेवंत (Revanta) ने जंगल में गाय के रूप में सीता पर आक्रमण करने की कोशिश की, और कैसे राम ने उसे रोका—ताकि हनुमान राम के सामने साबित कर सके कि वह वास्तव में लंका में सीता से मिला था।
- हम यकीन करना चाहेंगे कि ओडिसियस की कहानी 'खुशी' से समाप्त होती है। लेकिन ऐसा नहीं होता। यूनानी मिथक संरचना को देखते हुए त्रासदी पुनर्मिलन के तुरन्त बाद ही आ जाती है।

टेलेगोनस (Telegonus)

ओडिसियस को पता था, जब तक वह पॉज़ाइडन को संतुष्ट न कर ले, स्थायी शान्ति असंभव थी। और इसके लिए, जैसे उसे टायर्सियस ने सलाह दी थी, उसे भीतर-देश जाना था और ऐसी जगह ढूँढ़नी थी जहाँ के लोगों ने कभी समुद्र नहीं देखा हो, कभी नमक नहीं खाया हो और इसलिए वे ओडिसियस की नाव की पतवार को, जिसे वह अपने कन्धों पर रखता था, फटकने वाला पंखा समझें। ओडिसियस को ऐसी जगह मिल गयी, वहाँ उसने एक वेदी बनाई, पॉज़ाइडन को नैवेद्य चढ़ाया, तभी शान्ति हुई।

पर तब उसे मृत्यु के भय ने घेर लिया। कुछ ओरेकल्स ने ओडिसियस से कहा कि उसका पुत्र उसका हत्यारा होगा और इसलिए उसने पेनीलोप की दलील पर कान न देते हुए टेलीमाकस को निर्वासित कर दिया। टायर्सियस के शब्द ओडिसियस को भयभीत करते थे कि वह समुद्र में नहीं मरेगा पर उसकी मृत्यु समुद्र से आएगी। अत: अजनबियों और समुद्री डाकुओं से सावधान वह समुद्र पर नज़र रखता।

एक दिन ओडिसियस ने एक युवक को अपने पशु चुराते देखा। बिना यह जानने की कोशिश किये कि वह कौन था, ओडिसियस ने उस पर हमला किया और जो लड़ाई हुई, उसमें ओडिसियस स्टिंगरे मछली के ज़हर से बुझे भाले से मारा

गया। बेशक यह मौत समुद्र से ही आयी थी। और हत्यारा उसका बेटा था, जिसके होने का ओडिसियस को पता नहीं था : टेलेगोनस (Telegonus), सर्सी का बेटा, जो अपने पिता को ढूँढ़ने इथाका आया था और उस टापू को अपने पिता के शहर के रूप में पहचान नहीं पाया।

टेलेगोनस पिता के शव को घर ले आया, पेनीलोप से मिला और टेलीमाकस को बुला लिया। वह माँ और बेटे को सर्सी के जादुई द्वीप में ले आया। वहाँ उसने अपनी सौतेली माँ पेनीलोप से शादी की और टेलीमाकस ने सर्सी से। टेलेगोनस ने इटालस (Italus) को जन्म दिया, जिसका नाम इटली (Italy) शहर को दिया गया। और टेलीमाकस ने लैटीनस (Latinus) को पैदा किया, जिसका नाम लैटिन्स (Latins) को दिया गया।

- *महाभारत* में बभ्रूवाहन आक्रमण कर अर्जुन को मार देता है, बिना जाने कि वह उसका पिता है। बाद में अर्जुन नागमणि, जादुई सर्प-रत्न के द्वारा पुन: जीवित किया जाता है, जो बभ्रूवाहन की माँ उलूपी से मिलती है। उलूपी बभ्रूवाहन को बताती है कि यह अपराध नहीं है, ऐसा एक श्राप की पूर्ति के कारण हुआ—अर्जुन गंगा द्वारा श्रापग्रस्त है कि जैसे उसने अपने पितामह भीष्म को मारा है, वैसे ही वह भी अपने पुत्र द्वारा मारा जायेगा। इस प्रकार पितृहत्या के संत्रास की कर्म द्वारा व्याख्या की गयी है।
- टेलेगोनस की कहानी अब लुप्तप्राय ग्रंथ *टेलीगौनी* से आती है।
- लैटीनस और इटालस की सूचना हमें हाइजेनस की *फैबुली* से मिलती है।
- यूनानी मिथकशास्त्र में लैटीनस और इटालस ओडिसियस के बेटे और पोते दोनों के रूप में वर्णित हैं, क्योंकि उसके बेटे टेलेगोनस और टेलीमाकस दोनों अपनी विमाताओं, पेनीलोप और सर्सी से विवाह करते हैं। पर समयसीमा यहाँ मेल नहीं खाती।

ओडिसियस का वंश

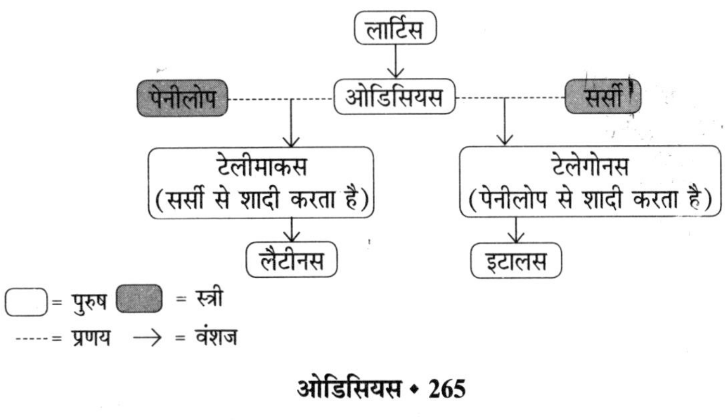

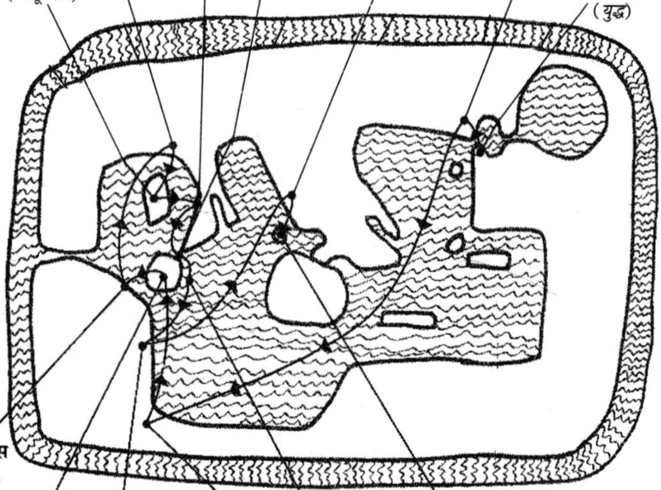

ओडिसियस के अभियान

(सम्भावित मार्ग : सही माप से नहीं बना)

खंड आठ

एनियस
(Aeneas)

''यह कैसी घर वापसी!'' ओडिसियस की कहानी सुनकर नागा साधु ने गहरी साँस लेते हुए कहा। ''और उनका क्या जो अपने घर गँवा चुके थे?''

''ओलिम्पियंस इंसानों में उम्मीद जगाये रखते हैं क्योंकि उम्मीद ही एक ऐसी चीज़ है जो पूरी तरह से टूटे-हारे इंसान को भी बचा लेती है,'' सिकंदर ने कहा। ''मैं तुम्हें एनियस की कहानी सुनाता हूँ जो ट्रॉय की आग से बच गया और फिर उसने एक बड़ा नया शहर बसाया।''

''और ओलिम्पियंस ने इसकी कीमत क्या रखी?''

''प्रेम को ठुकराना।''

एनचाइसेस (Anchises)

सिर्फ़ तीन ओलिम्पियंस अफ्रोदिति की शक्तियों से बचे हुए थे, एथिना, अर्तेमिस और हेस्तिया। अन्य सभी नश्वर प्राणियों से प्रेम करने को बाध्य थे। अफ्रोदिति को शेखी मारने से रोकने के लिए ज़ियुस ने उसे एनचाइसेस नामक ट्रोजन युवक से प्रेम करने को बाध्य करने का निर्णय लिया।

एनचाइसेस (Anchises) को, जो इडा (Ida) पर्वत की निकटवर्ती पहाड़ियों पर पशु पालता था, इस बात का इल्म नहीं था कि वह खूबसूरत औरत जिसने उसे बहकाया और प्यार किया, एक देवी थी। इस मिलन से एनियस (Aeneas) का जन्म हुआ।

''यह भेद किसी को मत बताना,'' जब उसके जाने का समय आया, अफ्रोदिति ने एनचाइसेस को सावधान किया। ''ट्रॉय के पतन के बाद हमारा बेटा एक नये राजवंश का जनक होगा,'' अफ्रोदिति ने भविष्यवाणी की।

दुर्भाग्य से, एक शाम बहुत शराब पीने के बाद एनचाइसेस अपने दोस्तों के आगे डींग मारने से खुद को रोक नहीं सका। उसकी गुस्ताखी के लिए ज़ियुस ने अपने वज्र से उस पर आघात किया और वह टाँगों का इस्तेमाल खो बैठा, और हमेशा के लिए अपने बेटे एनियस पर निर्भर हो गया।

यह बात हेलेन के अपहरण के बहुत पहले हुई जब ट्रॉय अपनी कीर्ति के शिखर पर था। ज़िन्दगी भर एनचाइसेस अपने शहर और नगरवासियों की भयावह नियति को जानता रहा, पर उसने किसी से कुछ नहीं कहा। देवताओं के भेद खोलने की भयानक कीमत कैसे चुकाई जाती है, यह एनचाइसेस अच्छी तरह जान चुका था।

- एनियस की कहानी सिकंदर कैसे कह सकता था जो विरजिल द्वारा लैटिन ग्रंथ *एनीड* में सिकन्दर के 300 वर्ष बाद से लिपिबद्ध की गयी थी ? शायद यह कहानी पहले भी ज्ञात थी।
- एनचाइसेस की तरह, जो ट्रॉय की नियति जानता है पर इसे बदलने के लिए कुछ नहीं कर सकता, *महाभारत* में भी सहदेव अपने कुल का भविष्य जानता है, पर युद्ध रोकने के लिए कुछ कर नहीं सकता।
- यह जिज्ञासा का विषय है कि रोमंस विजयी होते यूनानियों की बजाय हारते हुए ट्रॉयवासियों के पक्ष से क्यों जुड़े थे ? शायद यह रोमंस के यूनानियों के प्रति रुख की ओर इशारा करता है। एक स्तर पर रोमंस उनसे ईर्ष्या करते थे और यूनानियों का अनुसरण करते थे और उनके देवताओं, वास्तुकलाओं और उनके दार्शनिकों सहित अनेक यूनानी विचार ग्रहण करते थे, लेकिन दूसरे स्तर पर वे यूनानियों को बातूनी और छिछले समझते थे। परम्पराएँ, जो रोमन साम्राज्य की आधारशिला थीं, के प्रति निष्ठावान न होते हुए वे यूनानियों को हेय समझते थे।
- जुपिटर ग्रह के इर्द-गिर्द के सभी नक्षत्र ट्रोजन कहलाते हैं, और उनमें से एक वृहत्तर नक्षत्र एनचाइसेस है।

क्रूसा (Creusa)

जैसे ट्रॉय मिट रहा था, पुरुष मारे जा रहे थे, स्त्रियों की इज़्ज़त लूटी जा रही थी, एनियस को अपनी माँ अफ्रोदिति द्वारा स्वप्न में, शहर से भागने और पश्चिम में भूमध्यसागर के पार के देश की ओर रवाना होने की चेतावनी मिली।

उसने अपना सामान समेटा, पिता को लिया और भाग निकला। यूनानी सैनिकों ने, जिन्होंने उसे देखा, अवश्य मार दिया होता अगर अगामेम्नान ने यह कहकर उन्हें रोका न होता, "देखो, कैसे यह युवक अपने बूढ़े और कमज़ोर पिता को बचाने की खातिर अपनी जान जोखिम में डाल रहा है। वह जीने के योग्य है। उसके जैसे इस संसार में विरले हैं।" तब एनियस अपनी पत्नी, प्रायम की अनेक बेटियों में से एक क्रूसा (Creusa), को वापस लेने आया। पर दुर्भाग्य से तब तक वह मारी जा चुकी थी। क्रूसा के प्रेत ने उसे आगे बढ़ने, नया घर, नयी पत्नी ढूँढ़ने की सलाह दी।

एनियस अपने पिता और अपने युवा बेटे यूलस (Iulus) के साथ समुद्र के किनारे एक गुफ़ा में छिपा रहा, जब तक विजयी यूनानी गये नहीं। तब उसने अधिकतर बूढ़े और अशक्त कुछ ट्रॉयवासियों को इकट्ठा किया जो भागने में सफल हो गये थे, और शरण पाने और नया घर बनाने की उम्मीद में ढलते सूरज की दिशा में रवाना हो गया। वे सभी अपने को एनियड्स (Aeneads) कहने लगे।

- यूनानी और हिन्दू, दोनों मिथकशास्त्र अपने वंश-वृक्ष को बचाने की इंसानी चिंता प्रकट करते हैं। *महाभारत* में कुरुक्षेत्र युद्ध की समाप्ति के बाद पांडव-कुल का एक ही उत्तरजीवी बचता है, अर्जुन का अजन्मा प्रपौत्र।
- विरजिल की *एनीड* संकेत है, रोमन प्रजातांत्रिक गणतंत्र की समाप्ति और सीज़र्स के अन्तर्गत तानाशाही के उदय का। अपने शासन के दावे को न्यायोचित ठहराने के लिए नये शासकों का स्वयं को देवताओं से जोड़ना आवश्यक हो गया था। एनियस के माध्यम से रोमंस अफ्रोदिति से जुड़े थे। एनियस अपने जीवन को जोखिम में डालकर पिता की रक्षा करके पुत्रोचित शील भाव को प्रदर्शित करता है। एनियस के बेटे यूलस या जुलुस (जिसे एस्केनियस (Ascanius) के नाम से भी जाना गया), के नाम से ही जुलिया नाम प्रेरित है और जूलियस सीज़र और ऑगस्टस सीज़र इसी परिवार से थे। इस प्रकार यूलस ने रोमन मिथकशास्त्र में महत्त्वपूर्ण भूमिका अदा की।
- कुछ विवरणों में यूलस ट्रॉय में नहीं बल्कि इटली में, एनियस की लातीनी पत्नी से जन्मा था।
- एनियस की पत्नी क्रूसा, मेडुसा द्वारा मारी गयी कोरिन्थ की राजकुमारी क्रूसा, से भिन्न है।

पौलिडोरस (Polydorus)

एनियड्स पहले थ्रेस जाते हैं जहाँ का राजा ट्रॉय का मित्र था। लेकिन पथरीले द्वीप के किनारे पेड़ों से इंसानों का खून टपक रहा था। एनियस को यह चेतावनी-सी लगी। आगे बढ़ने की बजाय वह पेड़ के नीचे रुक गया, जहाँ उसका सामना प्रायम के सबसे छोटे और हेकाबी के प्रिय पुत्र, पौलिडोरस के प्रेत से हुआ।

प्रेत फुसफुसाया, ''मेरे पिता, ट्रॉय के राजा प्रायम ने यह सुनिश्चित करने के लिए मुझे थ्रेस भेजा है कि अगर ट्रॉय हार गया तो कम-से-कम परिवार का एक

सदस्य बचा रहेगा। अपनी देख-रेख की कीमत चुकाने के लिए मैं बोरा भर सोना साथ लाया था। पर जैसे ही ट्रॉय हारा, थ्रेस के राजा पोलिमेस्टर (Polymestor) को लगा, मुझे मारकर मेरा धन रख लेने में ज़्यादा लाभ है और इसलिए आतिथ्य के सभी नियमों का अनादर करते हुए पोलिमेस्टर ने आदेश दिया कि मुझे मार दिया जाये, और कायदे से दफ़न किये बिना मेरा शरीर समुद्र में फेंक दिया जाये। लेकिन समुद्र की लहरें मुझे वापस किनारे पर ले आयीं। जिन भालों से मुझे मारा गया था, वे ज़मीन में घुसकर पेड़ की जड़ें बन गये, और उन जड़ों से पेड़ पैदा हुए, जिनसे मेरा खून टपकता है। थ्रेस मत आना एनियस, कहीं और घर बनाओ जहाँ के लोग ज़्यादा मेहमाननवाज़ हों।''

- इस विचार का प्रतिपादन करने वाली कि कैसे कुछ लोग रिश्तों से ज़्यादा धन को महत्त्व देते हैं, हिन्दू मिथकशास्त्र की कहानियों में से एक शुन:शेप की कहानी है, जिसका निर्धन पिता अजीगर्त उसे राजा हरिश्चन्द्र को बेच देता है। राजा को एक दत्तक चाहिए जिसकी बलि वह अपने बेटे रोहित के स्थान पर देवता को चढ़ाये। पुरोहित नरबलि के लिए मना कर देते हैं, तो अजीगर्त (Ajigarta) कुछ अधिक मवेशी मिलने की सूरत में स्वयं अपने पुत्र का सिर काटने का प्रस्ताव रखता है। लगभग होमर की *इलियड* के कालबंध में ही सम्पादित हुई यह कहानी ऐतरेय ब्राह्मण से मिलती है।
- लगभग चार सौ साठ वर्ष सी.बी.ई. में लिखी हुई यूरिपाइडस की यूनानी त्रासदी *हेकूबा* (Hecuba) हमें पौलिडोरस की दर्दनाक कहानी सुनाती है। यहाँ हेकूबा अपने पुत्र की मृत्यु का बदला पोलिमेस्टर पर आक्रमण कर उसे अंधा करके लेती है।
- हाइजेनस की *फ़ैबुली* (Fabulae) में पौलिडोरस अपनी बड़ी बहन इलियोना (Iliona) के पास भेजा जाता है। अपने पति पोलिमेस्टर पर विश्वास न करते हुए इलियोना अपने बेटे को भाई और भाई को बेटा कहकर पालती है। ट्रोजन युद्ध के बाद अगामेम्नान पोलिमेस्टर को अपनी बेटी इलेक्ट्रा का हाथ देने का प्रस्ताव रखता है, अगर वह प्रायम के बेटे और बेटी को मार दे। पोलिमेस्टर ऐसा ही करता

है और इस प्रकार दुर्घटनावश अपने बेटे को मार देता है।

- पोलिमेस्टर पौलिडोरस की लाश को समुद्र में फेंककर उसे दफ़न की विधियों से वंचित रखता है। एनियस नियमपूर्वक अंतिम संस्कार करता है ताकि पौलिडोरस के प्रेत को शान्ति मिल सके और स्टैक्स के उस पार मृतकों के देश जा सके।

एंड्रोमेशी (Andromache)

नयी भूमि की तलाश का सफ़र एनियस को यूनान में एपिरस (Epirus) ले आया, जहाँ उसे ट्रॉय जैसा एक शहर दिखा—आयत में ट्रॉय से कुछ अधिक, भव्यता में बहुत कम। पूछताछ से मालूम हुआ कि भविष्यसूचक योग्यताओं के लिए प्रसिद्ध प्रायम का बेटा, हेलेनस वहाँ का राजा है और उसकी रानी है, हैक्टर की विधवा, एंड्रोमेशी।

हेलेनस ने बताया, "हेलेन को मुझे सौंपने की बजाय मेरे पिता प्रायम ने उसे मेरे भाई डीफोबस को सौंप दिया। इसी कारण मैंने ट्रॉय छोड़ दिया और यूनानियों का साथ दिया। मैंने उनके समक्ष सारे भेद खोल दिये, जिनसे ट्रॉय को पराजित करने में उन्हें मदद मिलती। इसके बदले में उन्होंने मुझे रिहा कर दिया। मैं एक्लीस के बेटे, पाइरस के साथ शामिल हो गया और उसके साथ एपिरस आ गया, क्योंकि मुझे भविष्यवाणी हुई थी कि जो भी पाइरस की सम्पत्ति है, एक दिन उस सबका मालिक मैं बन जाऊँगा।"

एंड्रोमेशी ने आगे कहा, "मैं पाइरस की रखैल थी। घर या राज्य में पाइरस की रुचि नहीं थी। उसे जीत पसंद थी और उसे लगा, उसे शादी के लिए मेनेलॉस और हेलेन की बेटी हरमियोन का हाथ चाहिए; पर वह उसके चचेरे भाई अगामेम्नान के बेटे ओरेस्टस (Orestes) की वाग्दत्ता थी। उन दोनों में द्वन्द्व युद्ध हुआ जिसमें ओरेस्टस जीत गया। पाइरस के जाने के बाद लोगों ने हेलेनस को

राजा चुना, क्योंकि उसमें शाही खून था और वह काबिल शासक था, और उसने मुझे अपनी पत्नी चुन लिया। तो देखो, देवताओं ने सुनिश्चित किया कि कम-से-कम कुछ ट्रॉयवासी कुछ यूनानियों पर शासन करें।''

'एंड्रोमेशी ने सफ़र के लिए एनियस को ज़रूरी सामग्री दी। हेलेनस ने एक भविष्यवाणी की : एनियस उस जगह पर एक नये शहर की स्थापना करेगा, जो कभी ट्रॉय शहर बसानेवालों का घर था। उसी स्थल पर तीस सुअर के बच्चों को दूध पिलाती वह एक भीमकाय सफ़ेद सुअरी पाएगा।

- ये कहानियाँ दर्शाती हैं कि कैसे समय के साथ युद्ध के परिणाम धूमिल हो जाते हैं, और कभी विजेता विजितों द्वारा शासित होते हैं।
- दो सौ अस्सी बी.सी.ई. में एपिरस के पाइरस ने रोमंस से युद्ध जीता जिसमें उसकी अपनी 'विजयी' सेना का इतना नुकसान हुआ कि उसे लगा कि कहीं अगली जीत के बाद उसे अकेले ही एपिरस न लौटना पड़े। 'पियरिक विक्टरी' (pyrrhic victory) का मुहावरा यहीं से आता है, जिसका अर्थ है, ऐसी जीत जिसमें होने वाला नुकसान इसे हारने के बराबर ही होता है।

डारडेनस (Dardanus)

ट्रॉय शहर को बसाने वाले लोग कहाँ से आये थे, एनियस मन-ही-मन सोचकर हैरान था! जहाज़ पर सबसे पुराने ट्रॉयवासी उसके पिता एनचाइसेस ने कहानियाँ याद कीं, जो वह बचपन में सुनता था, ''ये ज़रूर क्रीट होगा, क्योंकि ट्यूसर क्रीट से ही आया था।''

जब वहाँ अकाल पड़ा तो ट्यूसर ने क्रीट छोड़ दिया। ट्यूसर एशिया आया और भविष्यवक्ता ने उसे वहाँ बसने को कहा जहाँ उस पर मिट्टी से पैदा हुए जीवों द्वारा आक्रमण होगा। उसकी पहली रात को 'मिट्टी से पैदा हुए जीव', चूहों, ने उसके तम्बू पर हमला किया। ट्यूसर ने वहाँ पर ही अपना घर बनाया, और अपोलो की उपासना की, जिसने उस जगह को चूहों से मुक्त कराने में उसकी सहायता की। एनियस पूरब की ओर

क्रीट रवाना हुआ पर उसके जत्थे को किनारे पर उतरते ही बीमारी झेलनी पड़ी।

"तब यह इटली होगा, क्योंकि ट्यूसर का दामाद डारडेनस इटली से आया था," अपने पिछले निर्णय को गलत मानते हुए एनचाइसेस ने कहा।

पश्चिम की यात्रा का अर्थ था अनजान पानियों की यात्रा, जहाँ वह साइक्लोप्स, स्किल्ला, कैरिब्डिस और हारपीज़ से भिड़ा, जिसने एनियस को कहा, "जहाँ तुम और तुम्हारे नाविक भोजन के साथ प्लेट भी खा लें, समझना तुम्हें तुम्हारा घर मिल गया।"

ये अभियान एनचाइसेस के लिए भारी पड़े और वह जहाज़ के इटली पहुँचने के पहले ही मर गया।

- राजाओं और नायकों द्वारा नये शहर बसाने का विषय यूनानी मिथकशास्त्र में आम है, पर हिन्दू मिथकशास्त्र में इतना नहीं। मिथकशास्त्र में वर्णित अयोध्या, हस्तिनापुर जैसे बड़े शहर, लगता है हमेशा से ही थे। कुबेर लंका की स्थापना करता है और रावण द्वारा भगाये जाने पर उत्तर की ओर जाता है और अलका की स्थापना करता है। कृष्ण भी जरासंध द्वारा मथुरा को जलाने के बाद ही द्वारका की स्थापना करते हैं। पर यह अपवाद है नियम नहीं।
- विरजिल स्पष्टतः अपने नायक के सफ़र में अन्य नायकों—जेसन, जो पूरब की यात्रा करता है से ओडिसियस तक, जो पश्चिम में ही गुम हो जाता है—के अभियान भी सम्मिलित करना चाहता है। अतः एनियस साइक्लोप्स दैत्य और हारपीज़, दोनों के साथ मिलता है। इन नायकों की तरह एनियस भी स्टैक्स के उस पार आत्माओं के देश की यात्रा करता है।

पिग्मैलियन (Pygmalion)

एनियस के लिए उस स्थान तक का सफ़र, जहाँ उसे अपना घर बसाना था, आसान नहीं था। हेरा अभी भी ट्रॉयवासियों से नाराज़ थी कि पैरिस ने अफ्रोदिति को उससे ज़्यादा सुन्दर घोषित किया था। और इस तथ्य से कि एनियस अफ्रोदिति का बेटा और ट्रॉयवासी था, हेरा की घृणा और भी बढ़ गयी थी। अतः उसने वायुदेव इओलस (Aeolus) को ट्रोजन जहाज़ को पत्थरों से टकरा देने को कहा।

सागर के देवता पॉज़ाइडन को अपने क्षेत्र में हेरा का हस्तक्षेप रुचा नहीं। उसने इओलस की बढ़त रोकने के लिए सुनिश्चित किया कि एनियस के जहाज़ टकराएँ नहीं। इस प्रकार एनियस का जहाज़ सौम्य डीडो (Dido) द्वारा शासित, अफ्रीका के उत्तरी छोर पर एक शहर, कार्थेज (Carthage) जा पहुँचा।

अपने पिता की इच्छा के मुताबिक फूनीशिया की राजकुमारी डीडो और उसके भाई पिग्मैलियन (Pygmalion), दोनों को मिलकर राजधानी पर शासन करना था। पर महत्वाकांक्षी पिग्मैलियन ने गद्दी पर सिर्फ़ अपना दावा किया और खज़ाना हथियाने के विचार से डीडो के पति को मार दिया। अपने पति के भूत द्वारा निर्देशित डीडो को खज़ाना मिल गया और खज़ाने और अपने समर्थकों के साथ वह अफ्रीका रवाना हो गयी।

अफ्रीका के शासकों ने डीडो से कहा कि उसके धन के बदले वे इतनी ज़मीन दे सकते थे जितनी बैल की खाल द्वारा घेरी जा सके। अत: डीडो ने बैल की बलि दी, उसकी खाल से पतली-पतली पट्टियाँ काटीं और ज़मीन का काफ़ी बड़ा टुकड़ा घेरने के लिए उनके सिरों को जोड़ लिया।

डीडो की बुद्धिमत्ता से अफ्रीकन काफ़ी प्रभावित हुए और उसे वहीं रहने दिया। डीडो का राज्य कार्थेज, फूनीशिया के पुराने बंदरगाहों को मात देता हुआ, उनसे भी बड़ा व्यावसायिक बंदरगाह बन गया।

- पिग्मैलियन एक शिल्पकार था। वह एक मूर्ति गढ़ता है जिसे वह दुनिया की सर्वश्रेष्ठ सुन्दरी मानता है और मूर्ति के प्रेम में पड़ जाता है। ओलिम्पियंस ने उस मूर्ति को ज़िन्दा कर दिया और नाम दिया गैलेटिया (Galatea), जो पिग्मैलियन से शादी कर लेती है।
- खाल की पट्टियों का प्रयोग कर ज़मीन लेने वाली डीडो की कहानी ने गणित के एक पैरामीटर सम्बन्धी सवाल को जन्म दिया, जो 'डीडो सवाल' (dido problem) के नाम से जाना जाता है।
- कार्थेज और रोम प्रतिद्वन्द्वी शहर थे, जो भूमध्यसागर पर आधिपत्य के लिए आपसी प्रतिस्पर्धा में थे।
- कार्थेज के महान सेनानायक, हैनीबल (Hannibal), ने आल्प्स (Alps) को पार करने के लिए चक्करदार रास्ता लिया और हाथियों के साथ इटली में प्रवेश किया; वह जीत गया और पन्द्रह सालों तक इटली पर अपना अधिकार रखा। बाद में वह स्किपियो (Scipio), एक रोमन सेनापति जिसने हैनीबल की युद्धनीतियों को सन्निहित किया, द्वारा हराया गया और उसे सिकंदर और पाइरस के बाद के महान

सेनानायक के रूप में स्वीकार किया।

- पुराने समय में यूरोप जैसी कोई सत्ता नहीं थी। सभ्यताएँ भूमध्यसागर के इर्द-गिर्द पनपीं, पुरानी सभ्यताएँ जैसे यूनानी और रोमन उत्तर में, कार्थेज और मिस्र दक्षिण में, और फूनीशिया पश्चिम में। इतिहास में यूरोप, एशिया और अफ्रीका की रचना बहुत बाद में हुई, शायद इस्लाम के उदय के साथ, जिसने आठवीं सदी तक अरबों को अफ्रीका का अधिकांश भाग हथियाने को प्रेरित किया। उत्तर की ओर उनका प्रयास एकजुट यूरोप के देशों के उन राजाओं के नेतृत्व में रोका गया, जो आज फ्रांस और जर्मनी हैं, जिनके पूर्वज रोमन और यूनानियों द्वारा बर्बर माने गये थे।

डीडो (Dido)

कार्थेज पहुँचने पर एनियस ने डीडो को अपनी कहानी सुनाई, और डीडो ने एनियस को अपनी। पुराने घरों को खोने की और नये घर ढूँढ़ने की त्रासदी की, अपने परिवार की और प्रियजनों को खोने की बातें एक-दूसरे से करते हुए दोनों ने घंटों बिताए। और फिर वे एक-दूसरे को अपने बारे में बताने लगे, एक-दूसरे की आँखों में देखते हुए प्रेम में डूब गये।

अफ्रोदिति ने बेटे एनियस की सुरक्षा के लिए अपने बेटे और डीडो के बीच प्रेम का वातावरण बनाया पर ज़ियुस कृतसंकल्प था कि अन्ततः एनियस को डीडो को छोड़ना होगा और अपना बसेरा कहीं और बनाना होगा। अतः ज़ियुस ने एनियस को उसकी नियति की याद दिलाने के लिए हर्मीस को भेजा : कार्थेज उसकी प्रेमिका का घर था, उसका नहीं। उसे अपनी नियति पूरी करनी थी और ट्रॉयवासियों के लिए नया घर बनाना था। इसके लिए उसे प्रेम का बलिदान देना होगा।

डीडो का दिल तोड़ने की हिम्मत न होते हुए एनियस ने अपने नाविकों, सामग्री से लैस अपने जहाज़ के साथ चुपचाप कार्थेज से निकलने की योजना बनाई। पर डीडो मूर्ख नहीं थी। वह उसका संकोच जान चुकी थी। जब जहाज़ रवाना होने को हुआ वह बंदरगाह तक आयी, पर उसने ट्रोजन राजकुमार

एनियस को रोका नहीं। बल्कि उसने अपने नौकरों से एक बड़ा अलाव जलाने को कहा, उसमें उसने वे सारे उपहार फेंक दिये जो एनियस ने उसे दिये थे, और एनियस को श्राप दिया कि उसके वंशज हमेशा उसके (डीडो) वंशजों का बैर झेलेंगे। अन्त में उसने अपने सीने में चाकू मारा और आग की लपटों में कूद गयी।

- अपने सम्मान को बचाने या अपमान से बचने के लिए स्त्रियों द्वारा अपने पति की चिता पर जलने का आग्रह अनेक हिन्दू कथाओं में पाया जाता है। अनेक पुरुष नायक भी स्वयं को जला डालने की धमकी देते हैं, यदि वे अपना दिया हुआ वचन निभाने में असफल हों। स्वेच्छा से जल कर मरना वीरोचित माना जाता था।
- डीडो और एनियस की कहानी, स्पष्टत: रोम और कार्थेज के बीच के संघर्ष से प्रेरित है, जो प्यूनिक युद्ध (Punic Wars) के समय अपने चरम पर था। प्यूनिक युद्ध विरजिल से डेढ़ सौ वर्ष पहले हुआ था।
- कार्थेज के लोग रोम के वासियों द्वारा प्यूनिक कहे जाते थे।
- मिस्र के लोग नील की घाटी में रहते थे और बर्बर उत्तरी अफ्रीका के तटों पर रहते थे जिसे लीबिया कहा जाता था। प्यूनिक फूनीशिया और बर्बर दोनों के वंशज थे।
- मध्यकाल में डीडो और एनियस की कहानी ने अनेक बैले और नाटकों को प्रेरित किया। एक सशक्त महिला का अपनी इच्छाओं के प्रति जागरूक होने का विचार लोगों को असहज कर देता, इसलिए उसे 'बर्बर' (यानी जो अपने जुनून को नियंत्रण में न रख सके), यहाँ तक कि राक्षसी के रूप में दिखाया गया। चौदहवीं शताब्दी में इतालवी भाषा में लिखी दांते (Dante) की *डिवाइन कॉमेडी* में कामुक डीडो की कल्पना उसके नर्क में होने की, चक्रवातों द्वारा हमेशा के लिए उड़ा देने के रूप में की गयी है।
- बीसवीं सदी में मुसोलिनी की अधीनता में जब रोम की गलियों का विरजिल-ग्रंथों के पात्रों के आधार पर नामकरण हुआ, डीडो स्पष्ट रूप से अनुपस्थित थी, क्योंकि वह स्त्रियोचित कामनाओं, सेमिटिक मूल (फूनीशिया) और अफ्रीका का प्रतिनिधित्व करती थी, अत: फ़ासिस्ट शक्तियों द्वारा उसका राक्षसीकरण किया गया।

सिबिल (Sibyl)

हर्मीस के कथनानुसार, एनियस ने अफ्रीका से यूरोप तक सागर पार किया और इटली के तट तक पहुँचा, जहाँ मशहूर सिबिल (Sibyl) रहती थी।

''जब तक तुम वहाँ नहीं जाओगे, जहाँ तुम्हें सिबिल जाने को न कहे, तुम्हें

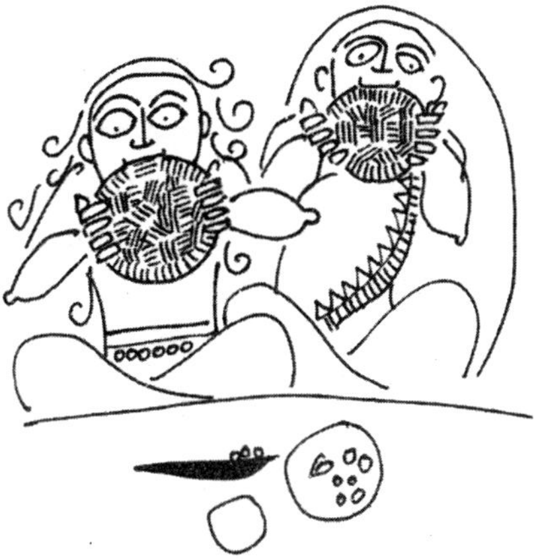

अपना घर नहीं मिलेगा,'' हर्मीस ने एनियस से कहा।

सिबिल यह देखना चाहती थी कि क्या एनियस ही भविष्यवक्ता था, जिसे रोम का शहर बसाना था। सिबिल ने अपनी पवित्र क़ब्र पर लगे सुनहरे बलूत वृक्ष की ओर इशारा किया और एनियस को उसकी एक शाखा तोड़ने को कहा। वह तभी ऐसा कर पाता अगर वह योग्य था, अगर वह इस कार्य के लिए चुना गया था।

दो फ़ाख़्ताओं ने एनियस को सुनहरे बलूत पेड़ का रास्ता बताया।

जब एनियस ने शाखा तोड़ी, एक नयी शाखा उसकी जगह पर उग आयी तो सिबिल ने कहा, ''यह एक अच्छा शगुन है।''

सुनहरी शाखा के साथ एनियस ने सिबिल की गुफ़ा में प्रवेश किया। सिबिल ने उसे नीचे और गहराई में जाने को कहा, जहाँ उसने स्वयं को स्टैक्स नदी के किनारे पर पाया। अपने से पहले के नायकों की भाँति एनियस को समझ में आया कि जीवितों के देश में अपना नया आवास ढूँढ़ने से पहले उसे मृतकों के देश की यात्रा करनी थी।

एनियस ने एक चाँदी का सिक्का कैरन (Charon) को दिया और वह उसे नदी के पार ले गया। उसने तीन सिर वाले सेरबेरस को शहदमिश्रित केक खिलाया और हेडस और पर्सीफ़ोन की अनुमति से अपनी पत्नी की और जो लोग ट्रॉय में मर गये थे और जो इटली की राह घर जाते हुए समुद्र में मर गये थे, उन सब की आत्मा से मिला। उसे डीडो भी दिखी, पर उसने मुँह फेर लिया। एनियस के पिता की आत्मा ने उससे कहा, ''वह महान नायकों का एक शहर बसायेगा जो संसार पर राज करेंगे।''

- चूँकि हिन्दू पुनर्जन्म में विश्वास करते हैं, नायकों द्वारा आत्माओं के देश जाकर अपने पूर्वजों से मिलने की यात्रा करने की इतनी कथाएँ नहीं हैं। लेकिन संन्यासी अपने पूर्वजों को स्वप्न में देखते हैं, जहाँ मृतकों के देश में वे कष्ट झेल रहे हैं। चूँकि उनके वंशज संतानोत्पत्ति से इनकार करके ब्रह्मचर्य का पालन करते हैं, तो वे पुनर्जन्म में असमर्थ हैं। इन संन्यासियों को नर्क में किसी तलहीन दरार के

ऊपर उलटा लटकाया जाता था और ये संन्यासी इस भय से ग्रस्त रहते कि कभी भी वे उस दरार में गिर सकते हैं।

- पाताललोक की यात्राएँ यूनानी मिथकशास्त्र में बार-बार आने वाला विषय है। हेराक्लेस, ओडिसियस और थीसियस जैसे नायक, सभी पातालकोक की यात्रा करते हैं जहाँ वे अतीत और भविष्य के दृश्य देखते हैं और फिर जीवितों के देश में वापस आ जाते हैं।
- सिबिल या भविष्यवक्ता प्राचीन भूमध्यसागर संस्कृति में लोकप्रिय थीं और उनमें से सर्वाधिक लोकप्रिय यूनान में डेल्फ़ी में रहती थीं। वे आवेश की स्थिति में देवताओं के बोल बोलतीं, जो अधिकतर पहेलियों के रूप में होते थे, नबी या गुप्त भाषा में। वे अपने नामों से नहीं बल्कि अपने निवास स्थान के नाम से जानी जातीं।
- जहाँ इब्राहमिक मिथकशास्त्र में पैगम्बर अधिकतर पुरुष होते थे, यूनानी मिथकशास्त्र में अधिकतर सिबिल जैसी महिला भविष्यवक्ताओं का ज़िक्र है।
- 1890 में स्कॉटिश पुरातत्ववेत्ता सर जेम्स जार्ज फ्रेज़र ने एक पुस्तक प्रकाशित की थी, *द गोल्डन बाउ : अ स्टडी इन कम्पेरेटिव रिलीजन*। यह मिथकशास्त्र का विस्तृत, तुलनात्मक अध्ययन है। यह शीर्षक, राजा के रूप में अपनी पात्रता प्रमाणित करने के लिए सिबिल द्वारा एनियस को पेड़ की शाखा ले जाने को कहने की कहानी पर आधारित है। यह रोमन-पूर्व देव-राजाओं की प्राचीन प्रथा का संदर्भ है, जिनका देवियों से विवाह होता और बाद में वे अपने उत्तराधिकारियों द्वारा मार दिये जाते। उनके जीवन और मृत्यु में कृषि की बुआई और कटाई का चक्र प्रतिबिंबित होता।

लैविनिया (Lavinia)

पातालोक से लौटने के बाद एनियस ने इटली के तट के किनारे अपना सफ़र जारी रखा। काफ़ी दिनों की यात्रा के बाद वह एक नदी के मुहाने तक आया जहाँ फलों और बेरियों से लदे पेड़ों की कतारें थीं।

एनियस ने लंगर डाला कि उसके नाविक कुछ देर आराम कर सकें और कुछ खा-पी सकें। यहीं पर ऐसा हुआ कि लोग खाने के साथ प्लेट भी खा गये, जैसा कि हारपीज़ ने भविष्यवाणी की थी : वे इतने भूखे थे कि सूखी, कड़क रोटियाँ भी खा गये, जिस पर उन औरतों ने इकट्ठा किया फल और पकाया हुआ मांस परोसा था। यहीं पर ऐसा हुआ कि एनियस और उसके बेटे को, जब वे देहात का मुआयना कर रहे थे, एक भीमकाय सफ़ेद सुअरी तीस सुअर के बच्चों को दूध पिलाती

मिली, जैसा हेलेनस ने बताया था। यह इटली था। यह उनका घर होगा। यहाँ एनियस एक शहर बनायेगा जो बाद में रोम के नाम से जाना जायेगा।

पर उससे पहले एक विवाह, युद्ध और एक अनचाही संधि होनी थी।

जब एनियस लैटीनस से मिला जो वहाँ का शासक था, वह तुरन्त जान गया, राजवंश से संबंधित दूर प्रदेश से आया अजनबी वही व्यक्ति था जो भविष्यवक्ता ने कहा था, उसकी छोटी बेटी लैविनिया (Lavinia) से शादी करेगा। उसने एनियस से अपनी बेटी का हाथ विवाह के लिए स्वीकार करने की प्रार्थना की। एनियस मान गया, यह सोचकर कि स्थानीय राजकुमारी से विवाह उसे वैधता प्रदान करेगा और उसके लोगों और उसे इटली में घर बनाने का अधिकार देगा। डीडो से मिलन के विपरीत इस मिलन को ज़ियुस का आशीर्वाद प्राप्त था।

लेकिन रानी अमाता (Amata) चाहती थी कि रुतुली (Rutuli) का राजा टर्नस (Turnus) उसका दामाद बने। वह अप्रसन्न थी और हेरा को रानी के इस गुस्से से लाभ था। देवी की प्रेरणा से रानी अमाता ने टर्नस को ट्रॉयवासियों के प्रति हिंसा से भर दिया, और उसने इटली में रहने वाले एटरस्कैन (Etruscan) और सेबाइन्स (Sabines) सहित सभी लोगों की एक बड़ी सेना को एकजुट किया। जल्दी ही इटली की जनजातियों ने मिलकर ट्रॉयवासियों के विरुद्ध युद्ध छेड़ दिया।

इस युद्ध में युवती-सैनिक, कैमिला (Camilla) की मौत हो गयी। कैमिला को उसके पिता ने घोड़ी का दूध पिलाकर बड़ा किया था। और एटलांटा की तरह, कैमिला, बिना अपने पैर भिगोये पानी पर दौड़ सकती थी और मक्की की एक भी बाली तोड़े बिना खेतों में दौड़ सकती थी।

हर जगह रक्तपात हो रहा था और सब कुछ नियंत्रण से बाहर जा रहा था। अन्त में, क्रोधित ओलिम्पियंस ने ज़ियुस के नेतृत्व में, हेरा से ट्रोजन प्रजाति के प्रति अपना रोष भूलने को कहा। ''केवल तभी अगर,'' हेरा ने कहा, ''एनियस ट्रोजन जीवन-शैली भूल जाये, इतालवी तरीके अपना ले और किसी यूनानी से मित्रता करे।''

ये शर्तें एनियस को बताई गयीं। एनियस ने घोषणा की, भविष्य में वह ज़ियुस को जुपिटर, हेरा को जूनो (Juno) कहेगा, हर्मीस मर्करी (Mercury) कहलाएगा, अर्तेमिस डायना (Diana) होगी, अपोलो फीबस (Phoebus) होगा, इरोस क्युपिड (Cupid) होगा, पॉज़ाइडन होगा नेपट्यून (Neptune), हेडस होगा प्लूटो (Pluto), अफ्रोदिति होगी वीनस (Venus) और एथिना होगी मिनर्वा (Minerva)।

एनियस ने तब एक यूनानी मित्र ढूँढ़ने के लिए द्वीप का चक्कर लगाया और उसे डायोमिडिस मिला, यूनानी योद्धा जो ट्रोजन युद्ध में लड़ा था।

जब डायोमिडिस यूनान, अपने घर लौटा था, उसकी पत्नी दूसरा पति ढूँढ़ चुकी थी और नयी ज़िन्दगी शुरू कर ली थी। अतः डायोमिडिस अपने शहर से निकल आया और नया घर ढूँढ़ा। पर जहाँ भी उसका जहाज़ रुका, पंछियों द्वारा उसका पीछा किया गया—उन लोगों की आत्मा, जो कभी उसके साथ थे। वे दिन-रात विलाप करतीं उसे उस जगह को छोड़ देने को बाध्य करते हुए, जब तक कि वह इटली के तट पर नहीं पहुँचा। यहाँ पंछियों ने उसे एक ट्रॉयवासी का इन्तज़ार करने और उसे एथिना की मूर्ति, पैलेडियम देने को कहा, जो डायोमिडिस और ओडिसियस ने ट्रॉय से चुराई थी। सिर्फ़ तभी उसे शान्ति और ठिकाना मिल सकता था।

डायोमिडिस ने एनियस से कहा, "मैं न तुम्हारे लिये युद्ध करूँगा, न कभी तुम्हारे विरुद्ध खड़ा होऊँगा। मैंने बहुत लड़ाइयाँ लड़ लीं। पर यहाँ, यह मूर्ति ले लो, जो मैंने तुम्हारे पिता एनचाइसेस के शहर से चुराई थी। इसे अपने नये शहर के बीचोबीच स्थापित करो।"

डायोमिडिस ने तब एनियस को इवान्डर (Evander) की ओर इशारा किया जो यूनानी था, पर ट्रोजन युद्ध के बहुत पहले ही यूनान छोड़ चुका था। इवान्डर ने एनियस को समर्थन देने और प्रवासियों के प्रति शत्रुता का अन्त करने का निर्णय किया। जो युद्ध हुआ, उसमें इवान्डर ने अपने बेटे पलस (Pallas) को खोया, पर टर्नस भी मारा गया और एनियस विजेता घोषित हुआ।

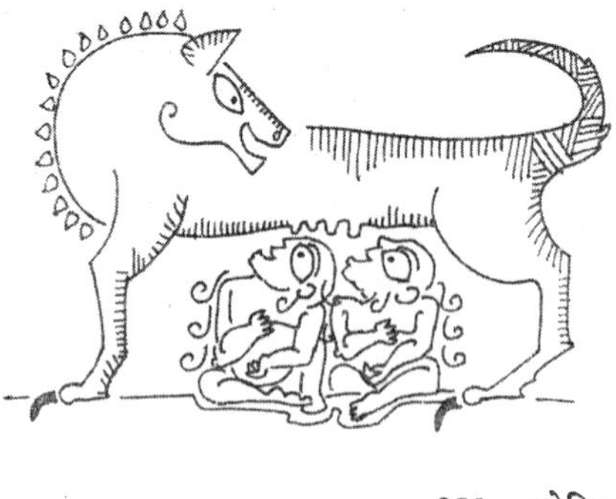

"अब शान्ति होने दो," एनियस गिड़गिड़ाया। वह युद्ध से थक चुका था। क्या हर जगह के निवासी कभी दूसरे देशों से आये प्रवासी नहीं थे? सभी ने हामी भरी। ट्रोजन, यूनानी और इतालवी, सभी

लोग एक-दूसरे से गले मिले। सभी ने एनियस और लैविनिया के विवाह और एनियस और इवान्डर की मित्रता के लिए जाम पिया।

एक साथ उन्होंने प्राचीन ट्रोजन-पैलेडियम को स्थापित करने के लिए एक मन्दिर बनाया जिसके इर्द-गिर्द एक महान शहर उभरा : रोम।

- *महाभारत* में पिता द्वारा घर से निकाले जाने के बाद यदु नागा लोगों से शरण पाता है, जिनका राजा धूर्मवर्ण उसे अपनी पाँच पुत्रियों से विवाह का निमंत्रण देता है। इस मिलन से यदु जाति का जन्म होता है, जो मथुरा में राज करते हैं। एक अन्य कहानी के अनुसार एक संतानविहीन राजा को एक लकड़ी के कुंदे से चिपका नदी में तैरता हुआ एक अंधा साधु दीर्घात्मा मिलता है और राजा उसे अपनी पत्नी के पास भेजता है ताकि उसके द्वारा वह संतान प्राप्त कर सके। इस प्रकार जन्म लेते हैं अंग, बंग, कलिंग, पुंड्र और सुह्म। अन्तत: हिन्दू मिथकशास्त्र में भी एक गृहविहीन योद्धा और साधु मिलकर राजवंशों का सृजन करते हैं।
- एनियस का मित्र 'लैटीनस' हेसियाड की लिखी *थियोगौनी* के मुताबिक टेलीमाकस और सर्सी का बेटा है, या *फेबुली* के अनुसार टेलीमाकस और सर्सी का बेटा है? रोमन लेखन में लैटीनस को फ़ॉनस, जंगल का सींग वाला देवता, पैन का स्थानीय संस्करण और मरिका अप्सरा, जो शायद अर्तेमिस का स्थानीय संस्करण है, का बेटा कहा गया है।
- लिवी (Livy), ने आगस्तस सीज़र के कार्यकाल में लिखा, रोमन मिथकशास्त्र के दस्तावेज़ तैयार किये। जहाँ यूनानी मिथकशास्त्र नायकों पर ध्यान केन्द्रित करते हैं, रोमन मिथकशास्त्र बात करते हैं, शीलवान पत्नियों जैसे ल्युक्रेटिया (Lucretia) जिन्होंने बलात्कार के बाद अपने पति के परिवार को अपमान से बचाने के लिए अपनी हत्या कर ली थी और स्कोवोला (Scoevola) जैसे महान नायक, जिसने शत्रु एटरस्कैन के आगे अपने को साबित करने के लिए कि उत्पीड़न के बावजूद वह रोम से गद्दारी नहीं कर सकता, अपने ही हाथ जला दिये थे।
- अगर यूनानी चिंतन से जुड़े थे तो रोमंस कर्म से। अगर यूनानी मानव स्थितियों की त्रासदियों पर केन्द्रित थे, तो रोमंस ने किसी और चीज़ से अधिक संघर्ष और सम्मान की बात कही। रोमन मिथकशास्त्र में ही हम सर्वप्रथम राष्ट्रीय देशभक्ति के चिह्न पाते हैं, क्योंकि यहाँ निष्ठा देश के प्रति है, जाति के प्रति नहीं। जाति के प्रति निष्ठा महिलाओं और बच्चों से अपेक्षित है।
- रिमस और रोमुलुस, जुड़वाँ जिन्हें मादा भेड़िया ने दूध पिलाया था, एनियस के सर्वप्रसिद्ध उत्तराधिकारी हैं। उनकी माता एक मानवी, एक पवित्र कुमारी (Vestal

Virgin) थी और पिता मार्स, युद्ध का रोमन देवता। कहानी यह है कि रिमस ने छह उकाब देखे और उसके कुछ ही देर बाद रोमुलुस ने बारह। रोमुलुस का दावा था कि उसे ज़ियुस का समर्थन प्राप्त था क्योंकि उसने ज़्यादा पक्षी देखे थे, जबकि रिमस का तर्क था कि उसे दर्शन पहले हुए थे, अतः समर्थन उसे मिला था। जब रिमस रोमुलुस की बनाई दीवार से यह दिखाने के लिए कूदा कि वह कितना मज़बूत और योग्य है, रोमुलुस ने उसे मार दिया और रोम का राजा बन गया। पत्नियाँ पाने में असमर्थ, रोमुलुस और उसके साथी सबीन कबीले की स्त्रियों का अपहरण करने को बाध्य थे। इन स्त्रियों ने बाद में अपने बंधक बनाने वालों से प्रेम करना सीख लिया और बलपूर्वक अपने पिताओं, भाइयों और पतियों के बीच युद्ध रुकवाया। ये रोमन कथाएँ सहोदर स्पर्धा के खतरे और घर-गृहस्थी बनाने और शान्ति बनाये रखने में महिलाओं के महत्त्व को दर्शाती हैं।

- ब्रिटेन के अस्तित्व का स्रोत भी ट्रॉय है। एनियस का एक उत्तराधिकारी ब्रिटौन (Briton) अपने पिता की गलती से हत्या करने के कारण इटली से निकाल दिया गया और वह अलबियन द्वीप की ओर चला आया, जो कालान्तर में ब्रिटेन कहलाया।
- यूनानी-रोमन दर्शन ने अमरीकी गणराज्य की स्थापना में महत्त्वपूर्ण भूमिका निभाई है, जिसे हम अमरीकी राज्य की वास्तु और राजनीतिक व्यवस्था के लिए सिनेट शब्द के प्रयोग द्वारा पाते हैं। पर यूनान और रोम का विधर्मी या गैर-ईसाई स्मारक भवन स्वीकार्य नहीं हुआ, बल्कि ईसाई ही देवता स्वीकार हुए।

एनियस का वंश

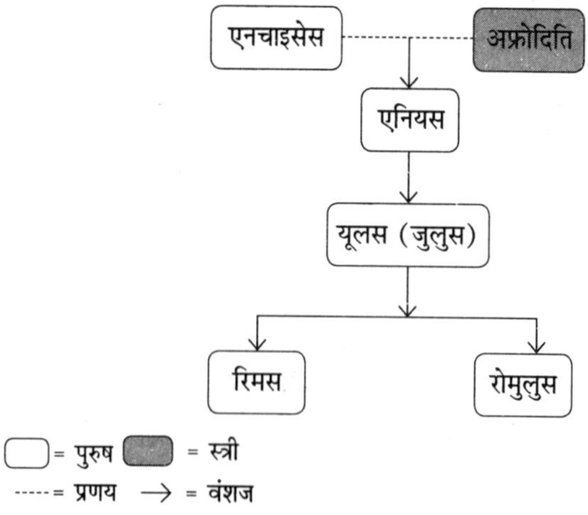

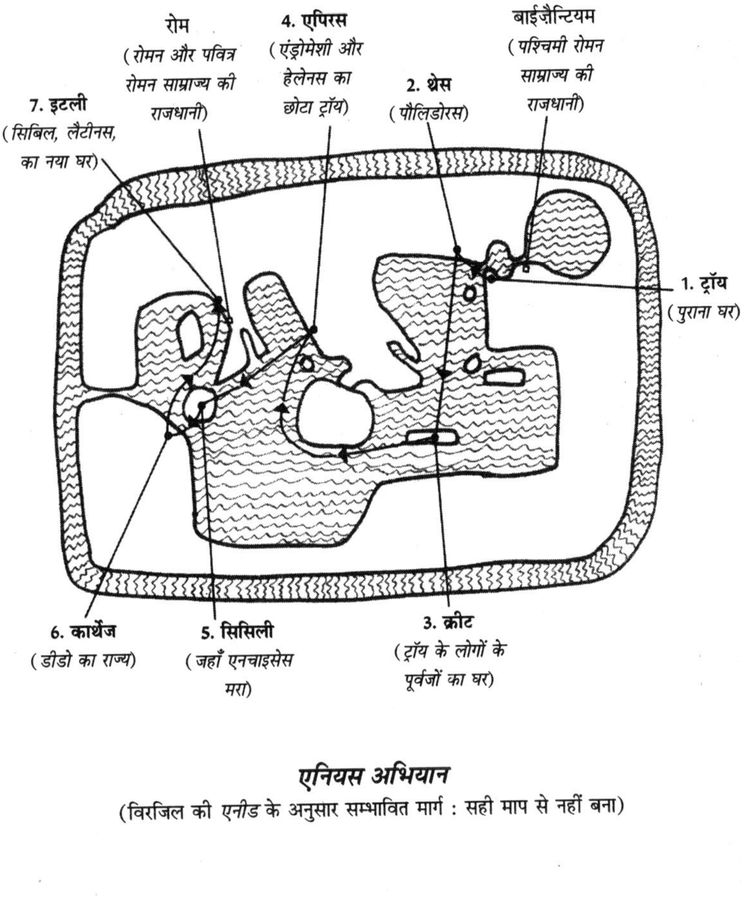

एनियस अभियान

(विरजिल की *एनीड* के अनुसार सम्भावित मार्ग : सही माप से नहीं बना)

उपसंहार

भारतीय असमंजस

जैसे ही कहानियाँ खत्म हुईं नागा साधु मुस्कुराया, "कैसी अद्भुत कहानियाँ हैं! नायकों की, जो जोखिम भरे अभियानों पर जाते हैं, दैत्यों को मारते हैं, सुन्दर युवतियों की रक्षा करते हैं और फिर वापस घर आते हैं, या नये शहर बसाते हैं। और तुम सिकंदर? तुमने दैत्यों को मारा, युवतियों को बचाया। अब तुम वापस घर जाना चाहते हो या नया घर बनाना चाहते हो?"

"मैं ओलिम्पस जाऊँगा," सिकंदर ने जवाब दिया, "और उससे भी आगे... दुनिया के छोर तक, जहाँ पहले कोई इंसान न गया हो, और वहाँ देवताओं का कृपापात्र बनूँगा। लेकिन मुझे डर है कि ऐसा कर पाने से पहले ही मेरी ज़िन्दगी खत्म हो जायेगी, जैसे थीसियस और ओडिसियस और हेराक्लेस और जेसन और एक्लीस और अगामेम्नान की हुई थी, त्रासदी में।"

"पहले भी ऐसा हुआ था। आगे भी ऐसा होगा।"

"क्या मतलब?" सिकंदर ने पूछा।

"हर नायक को लगता है कि उसका रास्ता अनूठा और मौलिक है। लेकिन यह जानकर निराशा होती है कि सारे रास्ते पहले भी विद्यमान थे। यह देश, जहाँ तुम प्रवेश करने वाले हो, उसका नाम एक महान सम्राट भरत के नाम पर है, जिसने संसार पर विजय पायी, और अपनी पताका लहराने और अपनी उपलब्धि की संसार में घोषणा करने के लिए सबसे ऊँचे पहाड़ पर चढ़ा। चोटी तक पहुँचने पर उसे सैकड़ों पताकाएँ मिलीं, उससे पहले के राजाओं की, और हरेक ने यह ही सोचा होगा कि उसने दुनिया को जीत लिया है।"

"मैंने इस भरत के बारे में तो नहीं सुना। क्या तुम्हारा मतलब है कि उसने मुझसे पहले दुनिया को जीत लिया? कब? मैंने उसके बारे में क्यों नहीं सुना? मैं तुम्हारा यकीन नहीं करता। मुझे नहीं लगता इस भरत का कोई अस्तित्व है," सिकंदर ने गुस्साते हुए तर्क किया।

''तुमने ओलिम्पस नहीं देखा। फिर भी तुम्हें विश्वास है कि ओलिम्पस है। तुम और मैं, हम अलग-अलग बातों में विश्वास रखते हैं,'' साधु बोला।

सिकंदर ने कहा, ''यह सच नहीं है। हम इतने अलग नहीं हैं। हम एक-सी चीज़ों में यकीन रखते हैं। ओलिम्पस की तरह, क्या तुम्हारे यहाँ लोग देवलोक की बात नहीं करते, जहाँ नायकों का सत्कार होता है? और मरने के बाद ऐसी सज़ा और तकलीफ़ों की जगह का, जैसे टार्टरस?''

''स्वर्ग! नरक! तुम ठीक कह रहे हो। तुमने बहुत कुछ सुना है, पर सब कुछ नहीं,'' नागा साधु ने शान्त स्वर में कहा। ''स्वर्ग में लालसा लिप्त होती है। नरक में लालसा अन्तहीन है। और कैलाश भी है जहाँ शिव का प्रवास है, जहाँ कोई लालसा ही नहीं रहती। और अन्त में वैकुंठ है, जहाँ औरों की लालसा की चिंता की जाती है। भिन्न-भिन्न जीवन के लिए भिन्न-भिन्न स्वर्ग।''

''भिन्न-भिन्न जीवन? मैं समझा नहीं,'' सिकंदर ने कहा।

''तुमने मुझे स्टैक्स नदी के बारे में बताया, वह नदी, जो जीवितों की भूमि को मृतकों की भूमि से अलग करती है। इस नदी को तुम सिर्फ़ एक बार पार करते हो। एक और नदी है, वैतरणी, जो जीवितों की भूमि को मृतकों की भूमि से अलग करती है, उसे तुम्हें अनेक बार पार करना है, ताकि तुम अनेक जीवन जिओ और अनेक गंतव्यों का अनुभव करो। स्वर्ग और नरक में हर किसी का वास अस्थायी है, कैलाश और वैकुंठ में तुम हमेशा रह सकते हो,'' साधु ने कहा।

''महान पराक्रम हमें इलीसियम (Elysium) में स्थान दिलाते हैं। वैकुंठ और कैलाश के लिए क्या चाहिए होता है?'' उत्सुक होकर सिकंदर ने पूछा।

''विवेक और चिन्तन,'' नागा साधु ने उत्तर दिया।

आकाश का रंग सुनहरा हो गया था और सैकड़ों हरे तोते पास के पेड़ों पर उतर आये। जो सुना था, उससे परेशान होकर सिकंदर थोड़ी देर तक चुप रहा और कुछ नहीं बोला। क्या उपलब्धियाँ कोई मायने नहीं रखतीं? अन्ततः यूनानियों के नायक ने कहा, ''मेरे हिसाब से कर्म, चिंतन से ज़्यादा मायने रखता है। अभी भी मुझे लगता है, हमारे संसार इतने भिन्न नहीं हैं जितना तुम कह रहे हो कि वे हैं। बेशक विष्णु अपने उकाब पर ज़ियुस की तरह है जैसे वज्रधारी इन्द्र; तांडव करने वाला शिव बाकस की तरह है और कृष्ण जो बैल और शेर और अनेक सिरों वाले नाग से लड़ता है, हेराक्लेस है। कार्तिकेय तुम्हारा ऐरेस (Ares) है, और काम तुम्हारा इरोस।''

''तुम केवल शरीर को देखते हो उससे परे नहीं; कथन के शाब्दिक अर्थ को देखते हो, उसके रूपविधान को नहीं,'' साधु बोला।

"क्या तुम दुनिया को बदलना नहीं चाहते, इसे बेहतर जगह नहीं बनाना चाहते?" सिकंदर ने पूछा।

"जो तुम्हारे लिये बेहतर है, हो सकता है मेरे लिये न हो। तुम ऐसा क्यों सोचते हो कि तुम मेरी आवश्यकताओं को जानते हो? हर पौधा अलग है। हर पशु अलग है। हर मनुष्य अलग है। हमारे संसार अलग हैं। तुम्हें अपना संसार अव्यवस्थित (chaotic) लगता है, अत: व्यवस्था के लिए प्रयत्नरत हो। मैं अपने संसार को प्रवाह में देखता हूँ जैसे समुद्र, अनवरत बदलता हुआ, संभवत: मेरी गति या इच्छा से नहीं, पर बदलता हुआ। तुम इस बदलाव को नियंत्रित करना चाहते हो, क्योंकि तुम्हें विश्वास है कि तुम कर सकते हो। मैं इस बदलते हुए संसार पर नियंत्रण नहीं करना चाहता, क्योंकि मुझे पता है मैं नहीं कर सकता। कौन सही है? क्या हम दोनों ही सही नहीं हो सकते?" नागा साधु ने कहा।

"जीवन का मकसद है अपने असाधारण कर्मों के कारण याद रखा जाना। हमारी सारी उपलब्धियों का कुल योग ही तो हमारे जीवन का मूल्य है।" सिकंदर ने कहा।

साधु ने कहा, "जब तुम मात्र एक बार जीते हो, तुम्हारे अस्तित्व का भाजक एक है और तुम जो कह रहे हो वह ठीक है। जब तुम अनेक जीवन जीते हो, तो अस्तित्व का भाजक अनन्त है और उपलब्धियों का कोई तात्विक मूल्य नहीं है। धीरे-धीरे, हम सब भुला दिये जायेंगे।"

"मैं हमेशा के लिए याद रखा जाऊँगा, समय के अन्त तक," शक्तिशाली यूनानी योद्धा गरजा। नागा साधु ने सिर इधर से उधर हिलाया और मुस्कुराया। सिकंदर ने पूछा, "अपना सिर ऐसे क्यों हिला रहे हो?"

"यह है हमारी सहमति या असहमति। इसका मतलब, शायद तुम ठीक हो, शायद गलत। कौन जानता है? वरुण की हज़ार आँखें, इन्द्र की सौ, तुम्हारी और मेरी, केवल दो।"

सिकंदर को, जो निश्चितता में ही सहज होता था, यह उत्तर पसन्द नहीं आया। वहाँ से यह सोचकर कि वह अपनी सेना को प्रोत्साहित कर सुदूर पूरब ले जायेगा, सिकंदर नागा साधु के पास से उठ आया।

लेकिन सिकंदर के साथियों की योजना भिन्न थी। वे थके हुए थे और वापस घर जाने को बेचैन।

आखिर सिकंदर को अपने साथियों की बात माननी ही पड़ी, लेकिन उसने यह शर्त रखी, "हम अपने कदम वापस नहीं लेंगे। जिस रास्ते से आये थे उस रास्ते से नहीं, बल्कि एक दूसरे रास्ते से जायेंगे!" इस प्रकार महान यूनानी सेना सिन्धु नदी से सागर की ओर और फिर समुद्रतट के साथ-साथ वापस बेबीलोन की ओर रवाना हुई, जहाँ से वे यूनान पहुँचने का सफ़र तय करते।

जब सिकंदर नदी और तटवर्ती क्षेत्र की ओर पहुँचा, उसने स्टैक्स और वैतरणी की बात सोची। एक वह, जिसे तुम सिर्फ़ एक बार पार करते हो और दूसरी वह, जिसे बार-बार पार करते हो।

क्या उसका जीवन उसके कर्म द्वारा पूर्वनिर्धारित था, या भाग्य द्वारा या फिर देवताओं द्वारा या यह उसके अपने दम्भ का परिणाम था? क्या वह यहाँ दोबारा वापस आयेगा?

जैसे सिकंदर और उसके साथी अपने रास्ते पर आगे बढ़ रहे थे, रास्ते में उसका प्यारा दोस्त और साथी, हेफ़ेस्शन (Hephastion) बुखार से मर गया। कई दिनों तक सिकंदर रोता और विलाप करता रहा। हेफ़ेस्शन के शरीर का दाह संस्कार करने के लिए एक बड़ी चिता जलाई गयी थी, जिसकी लपटें आकाश को छू रही थीं। "क्या मैं उससे इलीसियम में मिलूँगा? क्या मैं ओलिम्पस में अकेला होऊँगा? क्या हम यहाँ दोबारा आएँगे, जैसे पंछी या राजा, हमेशा एक साथ जैसे एक्लीस या पैट्रोक्लेस?" सिकंदर ने मन ही मन सोचा।

अपनी राजगद्दी पर अकेला, नाराज़ यूनानियों से घिरा, जिन्होंने उसके आगे झुकने से मना कर दिया, और भ्रमित पर्शिया के लोग, जो उसके आगे झुकने को तैयार थे, सुकरात का यह महान शिष्य, यूनानी नायकों की भाँति अभियान के बाद हताशा का अनुभव कर रहा था।

क्या यही था? एक और सीमान्त, विश्व का एक और किनारा, एक और युद्ध? क्या वह भी इकारस (Icarus), फ़ेटन (Phaeton) और बेलेरोफ़ोन (Bellerophon) की तरह आकाश छूने की गुस्ताखी के लिए धरती पर फेंक दिया जायेगा? या अपने प्रिय के साथ उसे ऊपर उठा लिया जायेगा, जैसे डायस्क्यूरी के साथ हुआ था या

फिर हेराक्लेस, गैनीमीड और ओडिसियस की तरह अकेला? उसे ऐसा क्यों लग रहा था कि उसके नियंत्रण में कुछ नहीं है?

धीरे-धीरे जैसे सूर्य उदय हुआ, सिकंदर ने महसूस किया, वह अपने जीवन की गतिविधियों को कितना भी स्वयं तय करना चाहे, अक्सर उसके लिए निर्णय संसार ने लिये। उसने लगभग पूरे विश्व को जीत लिया था। और विश्व ने उसे 'लगभग' जीत लिया था।

नागा साधु की तरह, सिकंदर ने इधर से उधर अपना सिर हिलाया और मुस्कुरा दिया।

- यूनानी नाटकों से भिन्न, संस्कृत नाटक त्रासद नहीं होते। वास्तव में सिद्धांत रूप से वे सुखान्त की धारणा यानी सुखद अन्त को स्वीकार करते हैं। लेकिन *रामायण* और *महाभारत* इन शुरुआती संस्कृत नाटकों से कुछ सदी पहले लिखे गये थे, जब इंडो-यूनानी प्रभाव उत्तर भारत में फैला था। शायद इसीलिए संस्कृत नाटकों की बजाय इन ग्रंथों के अन्त जैसे *रामायण* में सीता को छोड़ देना, *महाभारत* में कुरू और यादव वंश का अन्त, अधिकतर यूनानी नाटकों की तरह त्रासद हैं।
- साधु डंडामिस ने यह कहते हुए कि वह भारत में अपने जीवन से संतुष्ट था, सिकंदर के साथ जाने का निमंत्रण ठुकरा दिया था, लेकिन साधु कलनस ने राजा के साथ यात्रा की। दुर्भाग्य से कलनस, जिसका भारत में अच्छा स्वास्थ्य था, फ़ारस में बीमार पड़ गया और अन्त में अनेक कष्ट सहने के बाद उसने चिता पर सवार होने और स्वयं को जलाने का निश्चय किया। उस निश्चय ने यूनानियों को चौंका दिया और अभिभूत कर दिया। सिकंदर ने उसे अनेक वस्तुएँ भेंट कीं, जो यूनानी परम्परा के अनुसार चिता पर जला दी जातीं, पर कलनस ने वे सब अपने इर्द-गिर्द खड़े लोगों में बाँट दीं और देवताओं के भजन गाता हुआ निर्भीक होकर चिता पर चढ़ गया और मृत्यु का वरण किया। कलनस ने मरने से पहले सिकंदर की बेबीलोन में मृत्यु की भविष्यवाणी की।
- सिकंदर की मृत्यु के बाद सिन्धु घाटी पर उसके क्षत्रप सेल्युकस (Seleucus) द्वारा शासन हुआ। कहा जाता है कूटनीतिज्ञ चाणक्य की सलाह पर उसने अपनी पुत्री हेलेन को विवाह में चंद्रगुप्त मौर्य को दिया, चंद्रगुप्त ने तब मगध में नंदवंश के विनाश का आयोजन किया और बाद में मौर्य साम्राज्य का गठन किया, जो दक्षिण एशिया के बड़े भाग तक फैला। यह संधि दोनों के लिए उपयुक्त थी, क्योंकि सेल्युकस पूरब की बजाय पश्चिम में अधिक रुचि रखता था।
- मौर्यों ने सेल्युकस को पाँच सौ हाथी दिये, इन हाथियों ने उसे अपने शत्रु एंटीगोनस

को इप्सस के युद्ध में हराने में और अधिकतर मध्यपूर्व को अपने अधीन करते हुए सेल्युसिड साम्राज्य की स्थापना में सहायता की, जो करीब 300 वर्षों तक रहा।

- चन्द्रगुप्त मौर्य द्वारा पाटलिपुत्र को अपने साम्राज्य की राजधानी बनाने के बाद यूनानी राजदूत मेगास्थनीज़ आया। अपनी पुस्तक *इंडिका* में मेगास्थनीज़ ने दर्ज किया कि कैसे भारतीय सम्राट ने वीरांगनाओं (अमेज़ंस) की आकस्मिक सेना अपने अंगरक्षक की तरह रखी हुई थी।
- सिकंदर की तरह, चंद्रगुप्त भी एक नागा साधु, जैन मुनि भद्रबाहु, से प्रभावित था और बाद में अपना राजसी अधिकार छोड़कर नागा साधु बन गया था।
- मौर्यों ने फारसी सम्राटों द्वारा स्थापित राज-प्रबंधन की कई तकनीकों को अपनाया, जैसे राजा की इच्छा को साम्राज्य के दूरदराज़ के हिस्सों तक पहुँचाने के लिए लिखित शब्दों का प्रयोग करना। इसने स्वदेशी ब्राह्मी लिपि को जन्म दिया, जिसे राजा का संरक्षण प्राप्त था। चन्द्रगुप्त के पोते अशोक के कार्यकाल में यह पत्थर पर उत्कीर्ण की गयी। तब भारतीय विचारों का सम्प्रेषण लिखित की बजाय मौखिक ही होता था।
- करीब 2200 वर्ष पूर्व, यवन या गांधार या इंडो-यूनानी साम्राज्य सिंधु से गंगा के मैदान तक फैलाते हुए, दिमित्रियस द्वारा स्थापित किया गया था। पर यह एक संयुक्त साम्राज्य नहीं था। इसमें अनेक युद्धनेता थे, जिनकी राजधानी तक्षशिला, पुष्कलावती (पेशावर) और सकल (स्यालकोट) थे, वर्तमान में ये सभी पाकिस्तान में हैं।
- सर्वप्रसिद्ध इंडो-यूनानी राजा बौद्ध धर्म का संरक्षक मिलिन्द या मेनान्डर था। यूनानी भूगोलशास्त्री स्ट्राबो (Strabo) ने लिखा है, मेनान्डर ने सिकंदर महान से भी अधिक जनजातियों पर विजय प्राप्त की थी। उसके सिक्कों पर एथिना के चित्र थे।
- अनेक हिन्दू विधानों में इंडो-यूनानी धारणाओं का योगदान था, जिनमें से एक देवताओं को मानवाकृति देना भी था। बुद्ध, शिव और विष्णु की छवि की रचना सबसे पहले उन्होंने ही की थी, जो तब तक केवल प्रतीकों द्वारा निरूपित किये गये थे जैसे छाता, शंख या चक्र, और वे भी केवल शिलाखंडों या टीलों द्वारा।
- सिकंदर के समय में *रामायण, महाभारत* और पुराणों के आदि संस्करण मौखिक ही संप्रेषित किये गये थे। उसके बाद वाली शताब्दियों में इन्हें लिखा गया और करीब 500 वर्ष बाद वे उस रूप में आये जिसमें हम आज उन्हें पाते हैं। यूनानी धारणाओं का इन कथाओं पर कितना गहरा प्रभाव है, यह विचार का विषय है।

यूनानी, रोमन, हिन्दू मिथकशास्त्रों के देवी-देवताओं की सूची

यूनानी नाम	रोमन नाम	हिन्दू
अफ्रोदिति	वीनस	रति
अपोलो	अपोलो	विष्णु
ऐरेस	मार्स	कार्तिकेय
अर्तेमिस	डायना	रेवन्त (पुरुष)
एथिना	मिनर्वा	सरस्वती
क्रोनस	सैटर्न	शनि
दीमितर	सेरीस	भू-देवी
डायोनीसस	बाकस	शिवा
कैस्टर व पौलक्स	कैस्टर व पौलिड्यूसेस	अश्विनी कुमार
ईयौस	औरोरा	उषा व अरुण
एरिस	डिसकोर्डिया	कलह (अलक्ष्मी)
इरोस	क्यूपिड	काम
गाया	टेरा	पृथ्वी
हेडस	प्लूटो	यम
हेफ़ीस्तस	वल्कन	विश्वकर्मा
हेरा	जूनो	शचि
हेराक्लेस	हरकुलिस	वासुदेव व बलदेव
हर्मीस	मर्करी	बुद्ध
हेस्तिया	वेस्ता	योगिनी
पर्सीफ़ोन	प्रौसर्पाइन	पाताल-लक्ष्मी, शाकम्भरी
पॉज़ाइडन	नेपट्यून	वरुण
रिया	ओपस	अदिति
यूरेनस	यूरेनस	द्यौस, ब्रह्मा
ज़ियुस	जूपिटर	इन्द्र

□□□

स्थापित 1912
100 वर्षों की
श्रेष्ठ प्रकाशन परम्परा
राजपाल

राजपाल एण्ड सन्ज़ की स्थापना एक शताब्दी पूर्व 1912 में लाहौर में हुई थी। आरम्भिक दिनों में अधिकतर धार्मिक, सामाजिक और देश-प्रेम की पुस्तकें प्रकाशित होती थीं और हिन्दी के अतिरिक्त अंग्रेज़ी, उर्दू व पंजाबी भाषा में भी पुस्तकें प्रकाशित की जाती थीं।

1947 में भारत-विभाजन के बाद राजपाल एण्ड सन्ज़ को नए सिरे से दिल्ली में स्थापित किया गया और साहित्यिक पुस्तकों के प्रकाशन का आरम्भ हुआ। रामधारी सिंह दिनकर, महादेवी वर्मा, बच्चन, अज्ञेय, शिवानी, आचार्य चतुरसेन, विष्णु प्रभाकर, राजेन्द्र यादव, मोहन राकेश, रांगेय राघव, कमलेश्वर और अन्य साहित्यिक लेखकों की कृतियाँ यहाँ से प्रकाशित होने लगीं। राजपाल एण्ड सन्ज़ से प्रकाशित *मधुशाला, कुरुक्षेत्र, मानस का हंस, आवारा मसीहा, कितने पाकिस्तान, आषाढ़ का एक दिन* जैसी पुस्तकें हिन्दी साहित्य की 'क्लासिक पुस्तकें' मानी जाती हैं और आज भी लोकप्रियता के शिखर पर हैं। भारत के राष्ट्रपतियों और प्रधानमंत्रियों की पुस्तकें प्रकाशित करने का गौरव भी राजपाल एण्ड सन्ज़ को प्राप्त है। नोबेल पुरस्कार से सम्मानित अर्थशास्त्री डॉ. अमर्त्य सेन की सभी पुस्तकों के हिन्दी अनुवाद यहाँ से प्रकाशित हैं। अन्तरराष्ट्रीय चर्चित पुस्तकों के अनुवाद, विश्वविख्यात कोशकार डॉ. हरदेव बाहरी द्वारा सम्पादित 'राजपाल' शब्दकोशों की शृंखला और किशोरों के लिए सैकड़ों पुस्तकें राजपाल एण्ड सन्ज़ से प्रकाशित हुई हैं।

पाठकों के स्वस्थ और सुरुचिपूर्ण मनोरंजन और ज्ञानवर्धन के लिए समर्पित राजपाल एण्ड सन्ज़ से हिन्दी और अंग्रेज़ी में पुस्तकें प्रकाशित होती हैं जो देश के सभी बड़े पुस्तक-विक्रेताओं और विश्व भर के ऑनलाइन विक्रेताओं के यहाँ उपलब्ध हैं।

राजपाल एण्ड सन्ज़

1590 मदरसा रोड, कश्मीरी गेट, दिल्ली-6, फोन: 011-23869812, 23865483
email: sales@rajpalpublishing.com, facebook: facebook.com/rajpalandsons
website: www.rajpalpublishing.com

देवदत्त पट्टनायक की अन्य लोकप्रिय पुस्तकें

शिव के सात रहस्य

हिन्दुओं के अनगिनत देवी-देवताओं में से शिव सबसे अधिक लोकप्रिय हैं। महादेव के नाम से भी जाने जानेवाले शिव, विष्णु और ब्रह्मा के साथ हिन्दू देवताओं के त्रिमूर्ति माने जाते हैं। शिव के अनेक रूप हैं। कहीं तो वह कैलाश पर्वत की बर्फ़ीली चोटी पर बैठे अपने पर नियंत्रण रखनेवाले एक ब्रह्मचारी योगी हैं जो दुनिया का विनाश करने की क्षमता रखते हैं तो दूसरी ओर अपनी पत्नी और पुत्रों के साथ गृहस्थ आश्रम का आनन्द भोगते हुए गृहस्थी हैं। इनमें से कौन-सा है शिव का वास्तविक रूप? माथे पर तीसरी आँख, गर्दन में सर्प, शीश पर अर्द्धचन्द्र, केशों से बहती गंगा और हाथों में त्रिशूल और डमरू—इन सब प्रतीकों का क्या अर्थ है? शिव के अनेक रूप और प्रतीकों के पीछे छिपे हैं हमारे पौराणिक अतीत के अनेक रहस्य जिनमें से सात को समझने का प्रयास इस पुस्तक में किया गया है।

ISBN : 9789350642399
पृष्ठ : 232

•

प्रमुख स्थानीय व ऑनलाइन पुस्तक विक्रेताओं के यहाँ उपलब्ध या
इस वेबसाइट से मँगवाएँ
www.rajpalpublishing.com

देवदत्त पट्टनायक की अन्य लोकप्रिय पुस्तकें

विष्णु के सात रहस्य

हिन्दू धर्म में त्रिमूर्ति के तीन देवताओं में से एक विष्णु हैं जिन्हें जग का पालनकर्ता भी कहा जाता है। पौराणिक ग्रंथों में विष्णु को दस अवतारों वाला दशावतार माना गया है और श्रीराम और श्रीकृष्ण उनके सबसे प्रमुख अवतार हैं। विष्णु का निवास दो अलग-अलग जगहों पर है : दुनिया से दूर बैकुंठ में, और दूसरा, क्षीर-सागर में जहाँ पर वह अनन्त शेष पर विराजमान हैं। भगवद्गीता में विष्णु को विश्वरूप या विराटपुरुष भी माना गया है। इस जग पर अपना पूरा ध्यान केन्द्रित किए सदा प्रसन्न दिखने वाले विष्णु की चार बाँहें हैं जिनमें उन्होंने कमल का फूल, गदा, शंख और सुदर्शन-चक्र पकड़ रखा है। चार हाथों में पकड़ी अलग-अलग वस्तुओं का क्या रहस्य है ? उनके पाँच अस्त्र भी हैं, उनका क्या महत्त्व है ? विष्णु को मोक्ष या मुक्ति दिलाने वाला मुकुन्द क्यों कहा जाता है ? जानिए इन सब रहस्यों को इस पुस्तक में।

ISBN : 9789350642405

पृष्ठ : 224

प्रमुख स्थानीय व ऑनलाइन पुस्तक विक्रेताओं के यहाँ उपलब्ध या
इस वेबसाइट से मँगवाएँ

www.rajpalpublishing.com

देवदत्त पट्टनायक की अन्य लोकप्रिय पुस्तकें

देवी के सात रहस्य

हिन्दुत्व में स्त्री को देवी के समान माना गया है। देश के विभिन्न हिस्सों में देवी के अलग-अलग रूप पूजे जाते हैं। कहीं वह प्रकृति के रूप में माता है, कहीं पर मानवता की स्त्रष्टा है, कहीं पर ज्ञान की देवी सरस्वती है तो कहीं पर सम्पदा की देवी लक्ष्मी है। इन अलग-अलग रूप के क्या महत्त्व हैं और उस देवी से जुड़े प्रतीक और कर्मकांडों का क्या मतलब है, इन्हीं सब बातों को समझने का प्रयास इस पुस्तक में किया गया है।

ISBN : 9789350643013

पृष्ठ : 264

देवदत्त पट्टनायक की अन्य लोकप्रिय पुस्तकें

भारतीय पौराणिक कथाएँ

एक रहस्यमय और अनोखी दुनिया से रू-ब-रू कराती है यह पुस्तक और पौराणिक कथाओं की समृद्ध परम्परा की एक झाँकी दिखाती है। भारतीय पौराणिक कथाएँ प्राचीन पुराकथाओं के पात्रों की बुनावट को रेशा-दर-रेशा खोलती हैं और यह प्रदर्शित करती हैं कि कैसे इन कथाओं में वर्णित रीति-रिवाज़, कर्मकांड और कला अब भी जीवन्त बनी हुई है और आज की पीढ़ी को भी अपनी ओर आकर्षित करती है।

ISBN : 9789350642559, पृष्ठ : 208

पशु

हिन्दू पुराकथा शास्त्र में अनेक रोमांचक कहानियाँ हैं जो मनुष्य को अचम्भित करती हैं। पढ़िये कि क्यों भारतीय संस्कृति में कुछ पशु-पक्षियों को तो देवी-देवताओं के समान पूजा जाता है और कुछ को निकृष्ट बता कर उनसे दूरी रखी जाती है। क्यों कुछ पशु मनुष्य के शत्रु माने जाते हैं तो कुछ परम मित्र। ऐसे ही रोचक प्रश्नों के उत्तर देवदत्त पट्टनायक की इस पुस्तक में मिलेंगे।

ISBN : 9789350643686, पृष्ठ : 200

देवदत्त पट्टनायक की अन्य लोकप्रिय पुस्तकें

शिव से शंकर तक

प्रखर तपस्वी शिव, हिन्दू धर्म के सर्वाधिक पूजे जाने वाले देवता हैं। कहीं तो वह कैलाश पर्वत पर धूनी रमाये योगी का रूप लेते हैं और कहीं अपनी पत्नी पार्वती के साथ गृहस्थ का रूप धारण करते हैं। उनकी आराधना का सबसे लोकप्रिय प्रतीक रूप है शिवलिंग। क्या यह शिवलिंग मात्र एक यौन का प्रतीक है। इस लिंग रूप प्रतीक के आध्यात्मिक संकेतों और अर्थों को समझने के लिए शिव-भक्ति के साथ जुड़े सभी कर्मकांड, प्रतीक और कथाओं के गहन शोध के बाद आम पाठक के लिए प्रस्तुत है यह अति रोचक और ज्ञानवर्धक पुस्तक।

ISBN : 9789350642634, पृष्ठ : 160

सीता के पाँच निर्णय

भारत से लेकर दक्षिण-पूर्व के दूर-दराज के देशों में *रामायण* अनेक भाषाओं में उपलब्ध है और हरेक में कुछ अन्तर है, लेकिन सभी मुख्यतः श्रीराम को केन्द्र बनाकर लिखी गयी हैं। शायद यह पहली बार है कि *रामायण* की कथा सीता के दृष्टिकोण से बतायी गयी है। *रामायण* में सबसे महत्त्वपूर्ण भूमिका शायद सीता की थी और पाठक के मन में सीता की एक नयी छवि उजागर होती है—अपनी स्वतन्त्र सोच और स्वयं निर्णय करने की हिम्मत रखने वाली सीता की, जबकि जनसाधारण में यह विश्वास है कि सीता वही करती थीं जो श्रीराम कहते थे।

ISBN : 9789350643884, पृष्ठ : 136

प्रमुख स्थानीय व ऑनलाइन पुस्तक विक्रेताओं के यहाँ उपलब्ध या
इस वेबसाइट से मँगवाएँ

www.rajpalpublishing.com

देवदत्त पट्टनायक की अन्य लोकप्रिय पुस्तकें

शिखण्डी और कुछ किन्नर कहानियाँ

दो हजार वर्षों से भी पुरानी विशाल हिन्दू मौखिक और लिखित परम्पराओं में कई कथाएँ और उदाहरण पाये जाते हैं—जैसे महाभारत में शिखण्डी जो अपनी पत्नी को सन्तुष्ट करने के लिए पुरुष बना; या फिर महादेव जो इसलिए स्त्री बने ताकि अपने भक्त के बच्चे को जन्म दे सकें; या चूडाला जो अपने पति को ज्ञान देने के लिए पुरुष बनी—ये और ऐसी अनेक कथाएँ इस पुस्तक में प्रस्तुत हैं। दिलचस्प और हृदयस्पर्शी, यहाँ तक कि उद्विग्नता पैदा करने वाली, ये कथाएँ इस बात की साक्षी हैं कि हमारे देश में किन्नरता की कितनी पुरानी परम्परा है।

ISBN : 9789350642894, पृष्ठ : 192

भारत में देवी

भारत के हर प्रान्त, हर कस्बे और यहाँ तक कि हर गाँव में अलग-अलग देवी पूजी जाती हैं और प्रत्येक का अपना अलग स्वरूप और विशेषता है। प्राचीन हिन्दू पौराणिक कहानियों और किंवदंतियों के शोध से लेखक देवदत्त पट्टनायक ने पाया कि जितनी भी देवियाँ हैं, उन सभी की उत्पत्ति पाँच मुख्य स्वरूपों से हुई है। देवी के इन पाँचों स्वरूपों को लेखक ने बहुत ही रोचक लोककथाओं और कहानियों के ज़रिये पाठकों के सामने प्रस्तुत किया है।

ISBN : 9789350643389, पृष्ठ : 240

प्रमुख स्थानीय व ऑनलाइन पुस्तक विक्रेताओं के यहाँ उपलब्ध या
इस वेबसाइट से मँगवाएँ
www.rajpalpublishing.com